労働政策研究報告書　No.197
2018

現代先進諸国の労働協約システム（フランス）

独立行政法人　労働政策研究・研修機構
The Japan Institute for Labour Policy and Training

ま え が き

　現代日本においては、労働法制上は労働組合が使用者ないし使用者団体と締結する労働協約が使用者の定める就業規則に優越する法規範として位置づけられているにもかかわらず、企業別組合中心の労働社会においてその存在感は希薄であり、過半数組合ないし過半数代表者の意見を聴取するとはいえ使用者の一方的決定による就業規則が法規範の中心的存在となっている。例えば、菅野和夫『新・雇用社会の法』においても、就業規則を「雇用関係の基本的規範」と呼んでおり、規範としての労働協約の影は極めて薄い。

　これに対し、欧州諸国では全国レベルや産業レベルで労働組合と使用者団体との間で締結される労働協約が国家法と企業レベルを媒介する重要な法規範として労働社会を規制しており、その位置づけは極めて高いものがあるといわれている。その典型的な諸国としては、ドイツ、フランスおよびスウェーデンが挙げられる。こうしたマクロ社会的な労使の自治規範がほとんど存在しない日本においては、ミクロな企業レベルを超える問題は直ちに国家法の問題となるため、例えば労働時間問題などにおいても、過度に法律政策に依存したものになりがちとの指摘もある。

　もっとも近年は、これら諸国においても事業所協定や企業協約への分権化の傾向が指摘されており、産業別協約がどの程度規範としての力を保持しているのか、関心を呼んでいるところである。

　そこで、労働政策研究・研修機構においては、産業レベルの労働協約が中心である欧州諸国、具体的にはドイツ、フランスおよびスウェーデンを対象として、現代先進諸国における規範設定に係る集団的労使関係のあり方について調査研究することとした。具体的には、国、産業レベルの団体交渉、労働協約とその拡張適用、企業や事業所レベルにおける労働組合ないし従業員代表機関との協議交渉や協定等について、実証的かつ包括的に調査研究を行い、これからの日本の労働社会のあり方に関するマクロ的議論の素材とすることを目指している。

　本報告書においては、フランスにおける集団的労使関係システム、およびそれに基づく労働協約（企業別協定）をツールとした集団的労働条件決定（規範設定）の実相に迫るとともに、労働条件規整権限の「分権化」の実相がいかなるものであるのかを明らかにした。

　本報告書が多くの人々に活用され、今後の労働法政策に関わる政策論議に役立てば幸いである。

2018 年 3 月

独立行政法人　労働政策研究・研修機構

理事長　　菅　野　和　夫

執 筆 担 当 者

氏名 所属

細川　良　労働政策研究・研修機構研究員

目　次

はじめに …………………………………………………………………………………………1

第1章　フランスの労働協約システム …………………………………………………………2

　第1節　歴史 ……………………………………………………………………………………2

　　1　フランスにおける労働運動・労働組合の史的形成とその展開 …………………………3

　　　(1)「職業組合」としての労働組合の誕生 ………………………………………………3

　　　(2)　労働組合の連合体の形成 ……………………………………………………………5

　　　(3)　第一次大戦後〜第二次世界大戦前の労働組合運動の状況 ………………………8

　　　(4)　第二次大戦後〜1960年代の労働組合運動〜CGT、CFTC の分裂と

　　　　　五大労組体制の確立 …………………………………………………………………8

　　2　労働協約システムの史的形成 …………………………………………………………10

　　　(1)　労働協約の誕生 ………………………………………………………………………10

　　　(2)　1919年法による労働協約の立法化 …………………………………………………11

　　　(3)　1936年法－労働協約の拡張適用システムの導入 ………………………………12

　　　(4)　1950年法－現代的労働協約システムの確立 ……………………………………14

　第2節　フランスの労働協約制度の概要 …………………………………………………17

　　1　定義 ………………………………………………………………………………………17

　　2　法的性質 …………………………………………………………………………………18

　　3　機能 ………………………………………………………………………………………19

　第3節　労働協約の締結当事者 ……………………………………………………………20

　　1　労働組合 …………………………………………………………………………………20

　　　(1)　フランスの労働組合の現状 ……………………………………………………………20

　　　(2)「代表的労働組合」の概念と規範 …………………………………………………22

　　2　使用者 ……………………………………………………………………………………25

　　　(1)　フランスの使用者団体の現状 ………………………………………………………25

　　　(2)　労働協約の当事者としての「使用者」 ……………………………………………26

　第4節　団体交渉 ……………………………………………………………………………26

　　1　交渉事項 …………………………………………………………………………………26

　　　(1)　団体交渉の交渉事項と公序 …………………………………………………………26

　　　(2)　義務的交渉事項 ……………………………………………………………………30

　　2　交渉手続 …………………………………………………………………………………32

　　　(1)　情報提供義務 ………………………………………………………………………32

　　　(2)　交渉参加者に対する補償 ……………………………………………………………32

（3）交渉の合意および決裂の場合の取扱 ………………………………… 32
　3　労働協約の様式 …………………………………………………………… 33
　　（1）書面性 …………………………………………………………………… 33
　　（2）届出および掲示による公示 ………………………………………… 33
　　（3）労働者に対する情報提供 …………………………………………… 34
　　（4）承認 ……………………………………………………………………… 35
第5節　労働協約の法的効力 ………………………………………………… 35
　1　労働協約の効力 ………………………………………………………… 35
　　（1）即時効 …………………………………………………………………… 35
　　（2）強行的効力 …………………………………………………………… 36
　　（3）直律的効力 …………………………………………………………… 37
　2　労働協約の適用範囲 …………………………………………………… 37
　　（1）労働協約の規定による適用範囲の定め ………………………… 38
　　（2）使用者に起因する労働協約の適用範囲の修正 ………………… 38
　　（3）協約の競合 …………………………………………………………… 44
　3　産業別労働協約の拡張適用・拡大適用 …………………………… 45
　　（1）労働協約の拡張適用 ………………………………………………… 45
　　（2）労働協約の拡大適用 ………………………………………………… 47
　4　労働協約の不履行と制裁 ……………………………………………… 47
　　（1）民事上の制裁 ………………………………………………………… 48
　　（2）刑事上の制裁 ………………………………………………………… 50
　5　労働協約の改訂・破棄通告 …………………………………………… 51
　　（1）期間の定めのない労働協約 ……………………………………… 51
　　（2）期間の定めのある労働協約 ……………………………………… 55
第6節　フランスにおける産業別労働協約の現在 ……………………… 56
　1　フランスの産業別協約・交渉－概況 ……………………………… 56
　2　フランスの産業別交渉・協約－近況 ……………………………… 60
　3　フランスの産業別交渉・協約－２０１５年の状況 ……………… 63
第7節　フィヨン法および2008年法による分権化の試みとその影響 …… 64
　1　フィヨン法改正の経緯 ………………………………………………… 64
　2　フィヨン法および2008年法の影響 ………………………………… 66
第8節　本章での検討結果 …………………………………………………… 69

第2章　フランスの企業別労働協約をめぐる法理論 …………………… 73
　第1節　沿革 …………………………………………………………………… 73

第2節　企業別労働協約をめぐる法理論 ……………………………………………… 75

　1　交渉単位 ……………………………………………………………………………… 76

　　（1）公企業 …………………………………………………………………………… 76

　　（2）事業所 …………………………………………………………………………… 77

　　（3）地域レベルの交渉 ……………………………………………………………… 78

　　（4）企業グループ …………………………………………………………………… 79

　2　交渉当事者 …………………………………………………………………………… 81

　　（1）交渉当事者の枠組み‐原則 …………………………………………………… 81

　　（2）組合代表の構成 ………………………………………………………………… 82

　　（3）組合代表委員の権利 …………………………………………………………… 83

　　（4）組合代表委員を欠く企業における交渉 ……………………………………… 84

　3　交渉の展開 …………………………………………………………………………… 84

　　（1）団体交渉の流れ‐企業委員会との関係 ……………………………………… 84

　　（2）協定の締結 ……………………………………………………………………… 85

　4　交渉事項 ……………………………………………………………………………… 86

　　（1）交渉事項の自由と「有利原則」 ……………………………………………… 86

　　（2）法律に対する適用除外 ………………………………………………………… 87

　　（3）上位レベルの協約に対する適用除外 ………………………………………… 91

　5　義務的交渉事項 ……………………………………………………………………… 92

　　（1）交渉義務の内容 ………………………………………………………………… 93

　　（2）交渉義務に関する制裁 ………………………………………………………… 97

　6　経済的単位の移転の場合における企業別協約および協定の帰趨 ……………… 99

　　（1）沿革 ……………………………………………………………………………… 99

　　（2）労働協約の暫定的維持 ………………………………………………………… 100

　　（3）獲得された利益の確定的な維持 ……………………………………………… 100

　　（4）譲受人企業においてすでに存在する企業別協定との関係 ………………… 101

　7　小括 …………………………………………………………………………………… 101

第3節　企業別労働協約の実際 …………………………………………………………… 103

　1　沿革 …………………………………………………………………………………… 103

　2　総論‐フランスにおける近年の企業別交渉の概況 ……………………………… 104

　（1）概況 ………………………………………………………………………………… 105

　（2）企業別交渉における交渉事項 …………………………………………………… 107

　（3）企業別交渉における労働組合の動向 …………………………………………… 108

　（4）企業別交渉に関する産業別の状況 ……………………………………………… 111

第3章　フランスにおける規範設定の実態 ……………………………………114

　第1節　賃金決定システムにおける規範設定………………………………114

　　1　産業レベルにおける賃金決定……………………………………………114

　　（1）基本構造 …………………………………………………………………114

　　（2）賃金決定のプロセス ……………………………………………………119

　　2　企業レベルにおける賃金決定……………………………………………121

　　（1）賃金表と格付け …………………………………………………………121

　　（2）団体交渉と昇給…………………………………………………………122

　第2節　経済的解雇における規範設定………………………………………123

　　1　企業委員会 …………………………………………………………………123

　　2　経済的解雇における労使協議……………………………………………124

　　（1）経済的解雇における企業委員会との協議制度と、2013年雇用安定化法による改革

　　　………………………………………………………………………………124

　　（2）経済的解雇における労使協議の実際 …………………………………126

　第3節　小括 ……………………………………………………………………130

第4章　まとめ ……………………………………………………………………132

第1節　フランスにおける労働協約システムの特徴………………………………132

　1　フランスの伝統的労働協約システムの特徴と歴史的経緯 ………………132

　2　フランスにおける産業別労働協約の機能 …………………………………133

　3　フランスにおける企業別協定と分権化 ……………………………………134

　4　フランスの労働条件規範設定の実態 ………………………………………135

　5　フランスにおける分権化の法政策とその影響 ……………………………136

第2節　国際比較から見たフランスの労働協約システムの特徴 ………………138

　1　法制度から見た特徴 …………………………………………………………138

　　（1）憲法規範における労働基本権の保障 …………………………………138

　　（2）労働組合の法的要件 ……………………………………………………139

　　（3）労働組合の組織形態と組織率 …………………………………………140

　　（4）団体交渉の形態 …………………………………………………………141

　　（5）団体（協約）交渉法制 …………………………………………………141

　　（6）労働協約の効力 …………………………………………………………141

　　（7）労働協約の機能 …………………………………………………………142

　　（8）従業員代表機関の有無と役割 …………………………………………143

　　（9）就業規則の位置づけ ……………………………………………………143

　　（10）法定最低賃金制度 ………………………………………………………144

2　規範設定の実態から見た比較と特徴 ……………………………………………154

　(1)前提－労働協約システムの比較 …………………………………………………154

　(2)フランスの集団的規範設定実務の特徴 …………………………………………156

【主要参考文献】 ……………………………………………………………………………158

【聴き取り対象者】 …………………………………………………………………………159

【資料編】　フランス銀行業労働協約 ……………………………………………………168

　　　　　　金属産業における労働協約 …………………………………………………231

　　　　　　フランス労働法典【抜粋】 …………………………………………………247

はじめに

　現代の日本においては、集団的な労働条件の決定（規範の設定）について、労働組合法（以下、労組法）により、労働協約が就業規則に優越する法規範として位置づけられている（労働基準法 92 条）。にもかかわらず、企業別組合が中心となっている中で、労働協約の存在感は必ずしも濃いものとはいえず、使用者が定める就業規則が、集団的な労働条件の決定（規範の設定）において中心的な存在となっている。これに対し、フランス、ドイツ等の欧州諸国においては、産業レベル（全国レベル）で締結される労働協約が、伝統的に、国家法と企業レベルを媒介する重要な規範として労働社会を規制してきたとされている。

　もっとも、近年においては、欧州諸国においても、フランスにおいては企業別協約への、ドイツにおいては事業所協定への、集団的労働条件決定（規範設定）にかかる、いわゆる「分権化」の動きが生じているとの指摘も存在するところである。

　他方、日本においては、労働者の就労形態の多様化を踏まえた上での集団的労使関係の再構築、あるいは法律による画一的な規制によらず、労使関係の実情に合わせた集団的な労働条件の決定（規範の設定）を担うこと等を視野に、従来の労働組合による団体交渉を通じた枠組みとは別に、従業員代表制度の構築がしばしば提言されているところである。

　このような状況を鑑みるに、日本とは異なり、伝統的に産業別労働協約が集団的な労働関係規範の設定において中心的な役割を果たしてきたとされる欧州諸国において、それがどのような歴史的・社会的な背景のもとに成立し、どのような制度設計のもとで運営され、他方で、近年そこで生じてきているとされる企業レベルでの労働条件決定への動きが、どのように生じてきているのかを実証的に分析することは、これからの日本の労働社会における、集団的な労働条件決定（規範設定）のあり方を考察する上で、不可欠な素材となるものと考えられる。

　そこで、我々は、労働政策研究・研修機構のプロジェクト研究「規範設定に係る集団的労使関係のあり方研究プロジェクト」の一環として、「現代先進諸国の労働協約システム（独・仏・スウェーデン）」の研究に取り組んできた。フランスにかかる本研究の成果については、すでに細川良『現代先進諸国の労働協約システム - ドイツ・フランスの産業別協約 - （第 2 巻　フランス編）』（労働政策研究報告書 No.157-2）、同『現代先進諸国の労働協約システム－フランスの企業別協約』（労働政策研究報告書 No.178、2015 年）、西村純＝山本陽大＝細川良『現代先進諸国の労働協約システム－まとめと論点』（労働政策研究報告書 No.184、2016 年）として取りまとめてきたところである。本報告書においては、研究の取りまとめとして、上記報告書において検討を行ってきたことを集積し、研究の全体を通じて得られた知見を付け加えることで、その総括としたい。

－1－

第1章　フランスの労働協約システム[1]

第1節　歴史[2]

　フランスにおける労働協約システムの大きな特徴としてしばしば指摘されることは、第一に、その実態をとらえた上での特徴であり、すなわち、労働組合の組織率が8%弱[3]と非常に低いにもかかわらず、労働協約の適用率が90%を超える非常に高い水準を保っているという点である。そして第二に、その制度面に着目すると、上記の労働協約の適用率の高さが、代表的労働組合および産業別労働協約の拡張適用制度という独特のシステムによって支えられている点が挙げられる。これらの特徴は、伝統的に‘協約自治’の伝統が確立されてきたとされるドイツや、労働組合および使用者団体の極めて高い組織率を背景に強力な労使自治を実現してきたスウェーデンなどとは明らかに異なった、フランスの労働協約システムの特徴と言えるであろう。

　そして、こうした特徴を有するフランスの労働協約システムは、しばしば19世紀後半から20世紀初頭にかけて「発明」され、国家の支援のもとに確立された、人工的なシステムであると評価されている[4]。フランスにおける労使関係システム・労働協約システムは、例えば北欧諸国や米国などと比較すると、やや遅れて発展してきたとされ[5]、後述するように、労働協約が労働関係を規律する法律上の制度として確立したのは1919年の法律の制定によるものであるし、より一般的な制度的承認という観点から見ても、1919年の法律に結実する判例の蓄積が生じたのは19世紀後半から20世紀初頭にかけてのことであった。その意味で、フランスの労働協約システムは比較的新しいシステムということができる。

　このようなフランスの伝統的な労働協約システムの形成過程からは、一方では、フランスの労働組合運動の特殊性、さらにはフランスの社会情勢および経済情勢からの大きな影響が見て取れる。他方で、労働協約システムが形成されるまでの過程には、法理論的、あるいは法政策的にも、フランス民法典を貫く契約自由の原則との相克、労使自治に対する立法者の姿勢の変遷という背景からの影響が強く生じている。

　そこで、まず19世紀後半から労働協約システムの確立期にあたる1936年法の形成過

---

[1] 本章における記述の多くは、本プロジェクト研究において先に取りまとめた報告書（細川良『現代先進諸国の労働協約システム－ドイツ・フランスの産業別協約（第2巻　フランス編）』（労働政策研究報告書No.157-2、2013年））の内容について、再構成を行った上で、一部を加筆・修正し、再録したものである。加筆・修正にあたっては、上記報告書執筆後に行なった現地でのヒアリング調査のほか、主に以下の文献に拠っている。*Gilles Auzero et Emmanuel Dockès, Droit du travail, 29e éd., Dalloz*; *Jean-Emmanuel Ray, DROIT DU TRAVAIL DROIT VIVANT, 24e ed, Wolters Kluwer, 2015*。

[2] 本節の記述は、主として外尾健一『フランス労働協約法の研究』（外尾健一著作集第6巻）（信山社・2003年）、石崎政一郎『フランスの労働協約法』（勁草書房・1955年）および C. Didry, Naissance de la convention collective, Paris, éd. EHESS, 2002.；Gilles Auzero et Emmanuel Dockès,op. cit., p.8～p.29, p.1255～1267 を参照した。

[3] 公共部門において約14%、民間部門においては5%弱と言われている。

[4] Gilles Auzero et Emmanuel Dockès, op. cit., p.1256.

[5] Ibid.

程、さらにはフランスの伝統的な労使関係システムを形成した五大労組体制を確立した1960年代までの労働運動・労働組合の史的形成とその変遷を概観し（1）、続いて、労働協約の起源またはその萌芽的状況と1919年法による労働協約の規範的効力の承認から、1936年法による拡張適用制度の導入を経て、現在の労働協約システムの基礎を確立した1950年法および1966年のアレテ（arrêté）[6]による五大労組の確立までの法制度の変遷について、概観する（2）。

二　フランスにおける労働運動・労働組合の史的形成とその展開
（1）　「職業組合」としての労働組合の誕生

フランスの労働組合の淵源は、アンシャン・レジーム期の職人組合にあるとする見解が一般的である。この当時、様々な職人団体が組織化されており、彼らにより労働条件の維持改善を目的とした、相場としての賃率を遵守すべき旨を定めた集団的な協定が出現したのである。こうした協定の中には、単に職人のみが相互に協定したのみならず、親方（使用者）がこれを受諾した賃率協定も存在した。このように親方（使用者）が締結した協定は、親方に対して隷属的な立場に立ち、対立する関係にある職人組合が、親方たちと賃率についての協定を結んだものといえる。こうした点を捉えて、これらの協定は労働協約の起源または萌芽と捉えることができると評価されている[7]。

その後、フランス大革命勃発を経た1791年のル・シャプリエ法（loi Le Chapelier）[8]が、あらゆる職業団体の結成を（さらには職業上の利害を目的とした集会をも）禁止し、労働者の団結を一切禁止したことはよく知られたことである。もっとも実際には、上記のような賃率協定は引き続き活発に成立し、当初は行政当局によって認可されることもあったようである[9]。しかし、刑法による違法化に伴ってこうした賃率協定は下火へと向かい、1848年の二月革命期を除き、影を潜めた状態となった。

その後、1864年5月25日の法律による団結（コアリシオン）の罪の廃止に伴う事実上の団結および同盟罷業の解禁を経て、労働組合の設立に関する1884年3月21日の法律—いわゆるワルデック・ルソー法（loi Waldeck-Rousseau）—により団結権が法的に確立されることとなる[10][11]。この19世紀後半における職業組合は、かつての同業組合（コ

---

[6] 1もしくは複数の大臣、または他の行政庁（県知事、市町村長等）が発する、一般的または個別的な効力範囲を持つ決定（命令・処分・規則）の総称（参考：中村紘一ほか監訳・Terme juridique研究会訳『フランス法律用語辞典（第3版）』（三省堂・2012年）、山口俊夫編『フランス法辞典』（東京大学出版会・2002年）。

[7] 前掲注2外尾8頁。

[8] 大革命以前の同業組合の状況から大革命を経てル・シャプリエ法制定に至るまでの同業組合をめぐる動向については、中村紘一「ル・シャプリエ法研究試論」早稲田大学法学会誌20号（1968年）、田端博邦「フランスにおける『労働の自由』と団結」高柳信一・藤田勇編『資本主義法の形成と展開』第2巻（東京大学出版会、1972年）135頁以下等を参照。

[9] 前掲注2外尾11頁。

[10] 1884年法については、島田陽一「フランス団結権史に関する一考察—1884年法・労働組合承認立法の生成過程の分析」早稲田大学法研論集25号（1982年）、同「フランス1884年法における労働組合承認

ルポラシオン）がそうであったように、職業集団たる組合員の利益を守ることが主たる
目的であったようである。その意味で、この時期の職業組合は、大革命によりかつての
同業組合が消滅したことによる空白を埋める機能を有していたということができよう。
その一方で、20世紀に入って以降に確立するフランスの労働組合および労働協約システ
ムに影響をあたえ、その橋渡しとしての役割を果たしたものとも評価できよう。

　20世紀に入ると、1901年に結社の自由法および集会・出版の自由法が制定されたの
を契機に、フランスにおいても近代的な労使関係が形成されていくこととなる。すなわ
ち、いわゆるサンディカリスム（Syndicalisme）の普及と相まって、まず労働者の側に
おいて、初期には工場労働者、続いてホワイトカラー労働者の順に、労働組合が形成さ
れていき、次いで商工業における管理職が「職種別」の組合を形成していくことになる[12]。
また他方で、使用者の側においても「組合」が形成されていくことになる。このように、
労働者および使用者の双方において、職業（集団）の利益を守ることを目的とする「組
合」が形成されていったのである。

　この時期におけるフランスの労働組合運動は、労働者の生活および労働条件の改善を
追求し、時には社会の変革の追求を伴うものであった[13]が、この組合員のみならず、労働
者一般の生活および労働条件の改善のために、時には社会の変革をも追求するというサ
ンディカリスムの考え方は、後に確立する代表的労働組合、あるいは労働協約の拡張制
度を中心とした労働協約システムの在り方に大きな影響を与えた点で重要である。

　もう1つの重要な特徴として、この時期においては、（賃金）労働者にかぎらず、職業
に従事するあらゆる者について団体（組合）を結成する自由が認められており、現に非
常に様々な職種において労働組合が形成され、組合活動の自由が行使されたという点が
ある。その代表例は独立労働者（自営的就業者）による組合であり、手工業者、商人、
農業従事者のほか、医師・弁護士といった自由業者も、専門職の同業団体とは別に、職
業利益集団としての組合を結成していた[14]。そして特に重要なことは、破毀院（Cour de
cassation）[15]が、これらの職業に従事する者が幅広く結成した組合について、どのよう

　の論理」季刊労働法127号（1983年）を参照。
[11] 1884年法時期以前の労働組合運動の形成過程については、F. Soubiran-Paillet, L'invention du
syndicat (1791-1884), LGDJ, 1999 を参照。
[12] 公務員については、工場労働者の労働組合に合流する者がある一方、独自の自律した労働組合を結成し
た者もあったようである。
[13] この時期におけるサンディカリスムの潮流については、G. Lyon-Caen, Droit syndical et mouvement
syndical, Dr. soc. 1984. 5. を参照。
[14] さらには、学生がサンディカリスムを標榜した団体を結成することもあった。もっとも、これは「職業
活動に従事するもの」という要件に合致しないため、法的には労働組合とは認められていない。
[15] 破毀院は、司法裁判系統の民事および刑事裁判所について、その頂点に位置する最高裁判所。5つの民
事部および1つの刑事部から構成され、混合部として、また大法廷として裁判をする場合もある。法規
範の解釈の統一の促進を任務とし、破毀申立てを提起された法律問題についてしか審理を行うことがで
きないのが原則であるため、事実審裁判官の専権的判断問題とされる事実問題についての審理を行うこ
とは原則として認められない（参考：前掲注6中村ほか監訳128頁）。なお、行政裁判における最高裁
判所はコンセイユ・デタ（Conseil d'Etat）であり、また憲法問題については憲法院（Conseil

な基準で労働協約の当事者足りうるか否かを判断したのかという点にある。破毀院は、組合が労働協約の当事者足りうるか否かについて、それが職業組合（syndicat professionnel）であるか、事実上の集団（groupement de pur fait）にすぎないかという基準によって区別を図ったのである。すなわち、職業組合であるか否か、ひいては労働組合と認められるか否かは、「職業における集団的な利益－すなわち、職業に固有の利益であって、個人的な利益に含まれないもの－」を代表する者であるか否かによって決せられ、裏を返せば、労働組合は当該職業における全体の利益を代表する権利を有するという考え方が確立されたのである。そして、こうした判例の見解は、1920年法によって法律上も確認された。このことは、フランスにおける代表的労働組合に基礎を与えるとともに、労働組合が「『職業』の利益を代表する者である」という考え方の帰結として、フランスにおける労働協約が「職業の法」としての色彩を強く帯びること、ひいては産業別労働協約の拡張適用制度の理論的基礎となったのである。

（2）　労働組合の連合体の形成

　以上のようにして、19世紀末から20世紀初頭にかけて誕生したフランスの労働組合は、その後、第一次世界大戦期にかけて、連合体（fédération）を形成していくこととなる。フランスにおける労働組合の連合体の形成は、地方レベル、職業レベル、全国レベルという変遷を辿っている。

ア　連合体の形成
（ア）　地方および県単位の労働取引所における組合
　フランスの初期の労働組合は、雇用（求人）を公示し、職業紹介を行うことを目的とする施設である労働取引所（Bourse du travail）[16]に集まり、ここで労働組合のオルグ、出版、および組合員の相互扶助が行われた。こうした労働組合の地域レベルの集合は、今日における各労働組合総連合体（confédération）の、州（région）及び県（département）単位の地域連合にその性格が受け継がれている。

（イ）　職種別連合・産業別連合
　地域別に形成された労働組合間の横断的なつながりは、職種別連合および産業別連合という概念を通じて形成されていくことになる。すなわち、前者は職種（métier）を基礎にして構成されるものであり、例えば、大工は、地方ごとに大工連合として団結した。

---

constitutionnelle）の管轄である）。
[16] 現在では、労働取引所はその職業紹介機能を喪失しており、組合の会合の場を提供し、資料を収集することおよび労働者のための情報および援助を行う、いわば労働組合会館としての役割を果たすものとなっている（参考：前掲注6中村ほか監訳59頁）。また、P. Schottler, Naissance des bourses du travail, PUF, 1985. も参照。

こうした職種別連合の目的は、職業資格を有する労働者、さらには手工業者に近い上流工具の利益を守ることであり、職業資格のない労働者は加入が認められなかった。その意味で、こうした職種別連合は同業組合（コルポラシオン）との類似性を有するものであった。これに対して後者は、産業部門または経済活動の枠組みにおいて構成されるものであり、例えば、建設業におけるすべての労働者（石工、屋根葺き職人、塗装職人 etc.）は建設業連合として団結した。こうした産業別の連合は職種別連合より幅広い連帯を形成することとなり、使用者組織も同様に産業部門ごとに形成されることによって交渉が容易となったことと併せ、フランスにおける組合の主流を形成していくこととなる。こうして、（現在においてもなお一定の「職種別」労働組合[17]の存在に、当時の職種別連合の名残が認められるものの）、フランスにおける労働組合は産業別連合がその中心となったのである。

イ　労働総同盟（CGT）の結成

　フランスの労働組合における初期の総連合体（confédération）[18]としては、1886年にフランス労働党の支配のもとで創設された労働組合全国連合（Fédération nationale des syndicats）があるが、これは短くして勢力を失った。その後、これを継ぐものとして、労働総同盟（Confédération générale du travail、以下、CGT）が1895年のリモージュ大会において誕生した。さらに、1902年のモンペリエ大会において、労働取引所連合が合流し、CGTは地域別連合体および職業別（産業部門別）連合体に加入する単位組合から構成される総連合体として、労働者の全体の利益を代表する存在となったのである。

　CGT のイデオロギー的特徴として、「あらゆる政治からの自立」が挙げられる。CGTは1902年に「労働組合はあらゆる政治的党派の外で、労働者階級を消滅に導く戦いに自覚的な労働者を集結するものである」と宣言し、このことは1906年のいわゆるアミアン憲章[19]において圧倒的多数の支持をもって確認され、労働組合はあらゆる政党から独立していなければならないこと、あらゆる労働者は、その政治的な意見のいかんにかかわらず、政党に加入できるとされた。しかし、この「政治からの自立」という方針が、のちの CGT の分裂の大きな要因となる。

　CGT 内部の路線対立のもう1つの要因は、アナルコ・サンディカリストと改良主義者との対立である。すなわち、CGT におけるサンディカリスムの目的が労働者階級の廃止のための闘争であることに異論はないが、その方法論において2つの大きな派閥による対立が生じることになるのである。当時の多数派であったアナルコ・サンディカリスト

---

[17] 典型的には、民間航空会社における操縦士の労働組合等、高度な技術に基づく高い交渉能力を背景に形成された職種別組合。

[18] 産業別連合体（fédération）、（職際的）地域別連合体（union）、および個別の労働組合を結集した団体。いわゆるナショナル・センター。

[19] CURAP Picardie, L'actualité de la Charte d'Amiens, PUF 1987.

派は、「直接行動」を優先し、資本主義を打倒するためにゼネストを推進し、革命的暴力を容認するものであった。アナルコ・サンディカリストは政治家、法律、および政府に対して徹底して敵対的であった[20] [21]。なお、こうした革命的サンディカリスムの立場からは、労働協約法案も含めた労働立法はサンディカリスムの発展を妨げる存在であり、一時的な（戦闘的）組合活動または争議の停止や使用者との妥協・協力を前提とする労働協約に対して敵対的な態度が導かれることとなり、当初、こうした革命的サンディカリスムの影響により労働者側においても協約に対する消極的な姿勢が存在した。もっとも、その後労働組合の勢力が拡大し、使用者に対する強力な交渉力を獲得するにつれ、労働協約の締結を「労働者の権力強化の手段」あるいは革命的サンディカリスムの究極の目的であった「資本家階級の絶滅を容易化する手段」として肯定的に捉えられるようになった。

これに対して改良主義派は、国家の存在を受け入れ、組合活動の目的を労働者の境遇の漸進的改良のための経済制度の変化と定めるものである。この見地から、現行の制度における影響力および確立された権力との協力はまったく非難されるべきものではないことになる。すなわち、改良主義者の主たる関心は、要求プログラムの作成、国有化のような「構造改革」の実現などといったものであった。この両者の路線の違いは、アミアン憲章の採択を通じては妥協を実現したものの、後述のとおり、後の CGT の分裂の大きな要因となる。

ウ　フランス・キリスト教労働者同盟（CFTC）の結成

この時期、CGT とは別に、教皇の回勅において述べられている教義の実現を望む労働組合が創設されていた[22]。これらの労働組合は、1919 年に、フランス・キリスト教労働者同盟（Confédération française des travailleurs chrétiens、以下、CFTC）を結成した。

CFTC の基本構造は先に述べた CGT のそれに近いが、職人（métier）の大多数がこれに加入し、かつ工場労働者よりもホワイトカラー労働者の数が多い点に、CGT との対比における特徴がある。CFTC の綱領は、当初から資本家と労働者の協力を推奨しており、そのカトリック的性格から家族政策に主要な関心があったことも大きな特徴である。もっとも、労働界にカトリックの社会的教義のベクトルを反映するという宗教的な性格は、フランスにおける重要な原則である国家の非宗教性（laïcité de l'État）との関係が問題となりうるものであり、そのことが後の CFTC の分裂の大きな要因となる。

---

[20] P. Bance, Les fondateurs de la CGT à l'épreuve du droit, La Penseé sauvage, 1978.

[21] アナルコ・サンディカリストの無政府主義的姿勢は、大戦期には反軍国主義および戦闘的平和主義に結びつき、CGT の分裂の大きな要因となる。

[22] A. Supiot, La dimension juridique de la doctrine sociale de l'Église, Dr. soc. 1991. 916 ; J.-C. Lattes, Doctrice sociale chrétienne et droit du travail, in Libre Droit, Mélanges Ph. Le Tourneau, Dalloz, 2007.

（3）　第一次大戦後～第二次世界大戦前の労働組合運動の状況

　CGT は、当初から内部での路線の違いは存在したものの、アミアン憲章による政治からの自立のもとに結束を保っていた。しかし、第 1 次世界大戦後についに内部分裂を起こすこととなる。この内部分裂については大きく 3 つの原因が指摘されている。第一に、戦争（第一次世界大戦）に対する態度の相違であり、当初反戦争・反軍隊の立場をとっていた CGT は後に戦争への協力に参加することを受け入れたが、これに対して国際主義者（internationalistes）は断固とした協力拒否を貫こうとしたのである。第二に、10 月革命直後にモスクワで創設された赤色労働組合インターナショナル（Internationale des syndicats rouges）に対する立場の違いである。第三に、1920 年のトゥール大会における社会党（Parti socialiste）の分裂の影響である[23]。

　こうした経緯を経て、1919 年～20 年にかけて非常に活発に活動した強硬派の革命的サンディカリスト委員会（comités syndicaliste révolutionnaires）が排除され、続いて1920 年末に多数派と少数派の分裂が起こる。結果、少数派および先に排除されていた革命的サンディカリスト委員会は 1922 年に、サン＝テティエンヌにおいて設立された統一労働総同盟（Confédération générale du travail unitaire、以下 CGTU）として再統合する。CGTU は、強い革命主義的傾向を有しており、共産主義者（Benoit Frachon）およびアナルコ・サンディカリストに主導されていた。

　その後、15 年の時を経て、人民戦線の結成が再統一を促すこととなり、1936 年のトゥールーズ大会において、CGTU は CGT に再統合された。なお、この間、CFTC は単独行動をとっていた。この時期の労働組合運動は、フランスの労働組合運動の大きな特徴であり、時として重大な障害をもたらす、組合の分裂を早くも象徴することになった時期といえる[24]。

（4）　第二次大戦後～1960 年代の労働組合運動～CGT、CFTC の分裂と五大労組体制の確立

（ア）　CGT の分裂

　CGT は、ナチス・ドイツ占領下における、いわゆるヴィシー体制において解散させられた。その後、CGT は非合法状態で再建され、レジスタンス（la Résistance）に参加していたが、国土解放（Libération）とともに正式に再建された。しかし当初から、フランス共産党（Parti communiste français：PCF）に強い影響力を受けていた多数派と、フランス社会党（Parti Socialiste Français（Section Française de l'Internationale Ouvrière）：SFIO）に近いグループの間に対立が存在していた。そして、戦後しばらく

---

[23] Jean Pélissier, Gilles Auzero et Emmanuel Dockès, op. cit., p.17.
[24] Gilles Auzero et Emmanuel Dockès, op. cit., p.17.

は統一が保たれていたものの、1947年末に2つに分裂することになった。この分裂の背景には当時の国際情勢がある。この年は、周知のとおり世界を二分する冷戦の始まりの年であるが、CGTの多数派はいわゆるマーシャル・プランに敵対的であったのに対し、これに賛同する少数派がCGTから離脱することとなったのである。CGTは共産党の影響のもとに主導された同年冬のマーシャル・プランに反対するゼネストを実施したが、これに反発する少数派がCGTを離脱し、新たに「労働者の力（Force Ouvrier、以下、CGT-FO）」を創設した[25]。CGT-FOは、改良主義的方向性を有しており、同時にアミアン憲章の理念である「自由な」サンディカリスムの体現、すなわち、共産党の影響からの解放を望んだとされる[26]。現に、CGTが当時の東側諸国の影響力の強い世界労働組合連盟（Fédération syndicale mondiale）に参加したのに対し、CGT-FOは米国、英国、（当時の西）ドイツ等の西側諸国の労働組合が結成した国際自由労連（Confédération internationale des syndicats libres）に参加したのである。

（イ）　管理職労組CGCの結成

前述のとおり、フランスの労働組合運動は産業部門を単位とする産業別連合がその中心となっているが、産業横断的な職種別組合の代表が、1944年に結成されたフランス職制＝管理職総連合（Confédération générale des cadres、現CFE-CGC）である[27]。CGCは、企業の多くの管理職（cadre）－技師（ingénieurs）およびその他の上級ホワイトカラーに加え、技術者（techniciens）または職長（agents de maitrise）を組織しており、労働者全体の利益と異なるこれらの職種の独自の利益を確立し、要求を実現するための組織として結成された。具体的には、報酬、職階制度における階層制の保持、並びに1948年の職際協定により創設された補足退職年金制度（1948年の職際協定により創設）の保護とされる[28]。CGCはこれらの職種の代表であることに疑いはないが、これらの職種に属する者が他の総連合体に加入する組合に加入することも当然に存在する。

（ウ）　CFTCの分裂

結成当初から独自路線を貫いていたCFTCだが、1960年代に入って分裂劇に見舞われることとなった。当時の多数派は、あらゆる宗教的指向および闘争における急進化の除去を推進し、反資本主義的および第三世界主義的方向性を標榜しており、結局、1964年

---

[25] なお、CGTとCGT-FOの間の選択を拒否して、教育労働組合連盟（Fédération de l'Éducation nationale、以下FEN）は自主独立を選択した。

[26] FOがCGTを冠しているのは、FOこそが政治からの自立というCGTの理念を体現していることを示す趣旨だとされている。

[27] なお、CGTにおけるヒアリング調査においては、CGTが当時、管理職層に対するオルグを強めようとしていたため、CGTの影響力の拡大を恐れて独自の管理職組合の結成が働きかけられたとの見解が聞かれた。

[28] L. Boltanski, Les cadres. La formation d'un groupe social, Éd. Minuit, 1982.

11 月の大会において、圧倒的多数の得票を得てフランス民主主義労働総同盟（Confédération francaise démocratique du travail、以下 CFDT）へと変更する規約修正がなされたのである。これに対し、カトリック教会の社会的教義に則った活動方針の不変を望んだ少数派は、CFTC を維持することを選択した。もっとも、CFTC の勢力および影響力は衰退の一途を辿っている[29]。

2　労働協約システムの史的形成
（1）労働協約の誕生

　1 で述べたように、フランスにおける労働協約の歴史的淵源は、アンシャン・レジーム期における同業組合による賃率協定にあると考えられている。その後、大革命期における団結の否認の時代から、1884 年法および 1901 年法による団結の承認を経て、20 世紀に入ると、労働協約の締結数が増加に転じることとなった。

　これらの初期において事実上締結されていた労働協約に対し、当初の判例は、フランス大革命以降の「自由の原理」に基づき、労働協約に対して一貫して否定的な態度をとっていた。すなわち、団結それ自体が禁止されていた時期は言うに及ばず、1864 年法によるコアリシオン罪の廃止以降も、組合による協約の締結は、個人の自由を侵害するものとして公序に反するものとして無効であるとしたのである。こうした判例の立場は、1884 年のワルデック・ルソー法により団結権が法的に確立されたことを受けて、修正されることになる。すなわち、同法 3 条は、職業組合の目的として「組合員の経済的利益の擁護」を掲げていたが、これが労働協約締結権を認める趣旨である解する見解が学説上の主流となり[30]、判例も労働協約に契約上の効力を認める方向へと修正されていくこととなったのである。こうして、判例も次第に、労働協約に契約上の効力を認める立場に転じていくこととなった。

　もっとも、この時期の労働協約は、あくまでも私法上の契約にとどまるとされていた。その結果、私法上の基本原則である契約の自由の原則に服するものと考えられていたのである。従って、労働協約の内容および形式に関する要件は一般法の要件がそのまま適用された。すなわち、協約に挿入される条項は当事者によって自由に交渉されなければ

---

[29] ヒアリング調査で聞かれたところによれば、後述する代表的労働組合の資格を得るための基礎となる職場選挙について、産業レベルおよび全国レベルにおける代表性を得るために必要な支持率は、当初企業レベルにおけるそれと同様に 10％とすることが政府の方針であったが、これが最終的に 8％に変更されたのは、CFTC に対する配慮があった（10％の獲得は不可能であるが、8％であれば獲得が可能であろう）とのことである。当初、こうした修正にもかかわらず、CFTC がその代表性を維持するのは相当困難であると目されていたようであるが、現在のところ、CFTC は全国レベルでの代表性を維持し続けている。

[30] なお、1900 年 9 月 17 日のオルドナンス（Ordonnance：行政権によって発せられる命令の一種（参考：前掲山口編『フランス法辞典』））により、ワルデック・ルソー法 3 条に基づいて組合が労働協約締結権を有する旨が明示されている

—10—

ならず、当事者がその内容の決定を自律的に支配していることが要求され、意思表示の瑕疵（典型的には要求が受け入れられない場合の労働争議の実施が脅迫に該当するか）が問題となり得た。そして、労働協約が私法上の契約自由の原則に服することの帰結として特に重要な点は、契約の相対効の原則（民法典1165条）が適用されることにより、労働協約はその当事者相互間においてのみ効力を有し、第三者を拘束することはできないとされた点にある。すなわち、締結組織に加入する使用者と、労働組合員を代表し、労働組合の名義での協約の締結を委任された労働組合員にのみ署名権限が与えられ、かつその効力は当該組合に所属する組合員以外には対抗し得ないとされたのである。加えて、協約が加入者による委任に基づく契約であると解される以上、加入者は脱退によってその委任が解除され、協約の効力から離脱することが可能であり、また個々の加入者が協約に違反する契約を締結することも、単にその合意によって新たな契約を締結するにすぎないものとして許容されていた。

（2）1919年法[31]による労働協約の立法化

　伝統的な契約理論を貫く判例の立場に対し、学説はこれを強く批判しつつ、様々な理論構成を試みることを通じて、個別的労働契約の当事者に対して労働協約の遵守を強制するための方法論を試みた[32]。そして、19世紀末から20世紀初頭にかけて始まった労働協約の立法化の動き[33]とあいまって、1919年3月23日の法律が成立する。この1919年法が、フランスにおいて労働協約の制度を初めて立法化した法律である。

　1919年法は、労働協約の条項に反する労働契約の条項は書かれていない（non écrit）ものとみなされ、労働協約の条項に法律上当然に置き換えられることを規定した。すなわち、労働協約の規範的効力を承認したという点で非常に重要な立法であった。その一方で、同法は、伝統的な自由主義的な契約法の理論も維持しており、すなわち協約締結における組合員の委任の必要、締結の自由（具体的には、協約当事者の範囲を幅広く認めたこと）、内容の自由、および契約の相対効（脱退による協約の適用からの離脱の可能性の容認）の原則を保っていた。その影響もあり、1919年法の成立後も、労働協約の締結が劇的に増加するには至らなかった[34]。すなわち、1919法は伝統的な契約法の理論を維持しており、脱退による協約の適用からの離脱の可能性を容認していたため、協約の拘束によって自由が失われることを危惧した者が（使用者のみならず、労働者の側からも）脱退によってこれを逃れようとすることが少なくなかったのである。この結果、労

---

[31] 1919年法の内容の詳細については、前掲注2外尾167頁以下、同石崎91頁以下を参照。
[32] この時期の学説の詳細については、前掲注2外尾，68頁以下を参照。
[33] 労働協約の立法化の動きについての詳細は前掲注2外尾，160頁以下を参照。
[34] 1919年法制定前後の労働協約の締結数は、1918年：257件、1919年：557年、1920年：345件となっているが、その後は減少の一途を辿り、1935年には労働協約の締結数はわずかに29件、協約の適用率も商工業の労働者全体で7.5%に過ぎなかった（Dolléans et Dehove, Histoire du travail en France, t.3, 1955, p.28.）。

—11—

働協約を締結したとしてもその遵守が十分に確保されないとして、労働協約の締結に消極的な態度が広がったのである[35][36]。

（3）1936年法－労働協約の拡張適用システムの導入

ここまでも述べてきたように、フランスの労働協約システムの最大の特徴の1つは労働協約の拡張適用制度にあると言える。そして、この労働協約の拡張適用システムを導入したのは1936年6月24日の法律（以下1936年法）である。その意味で、1936年法は、現代のフランス労働協約システムの基礎となった法律と言える。実際、この拡張適用制度の導入を契機に、フランスの労働協約システムは劇的な発展を遂げることとなった[37]。

ア　1936年法の制定過程～マティニョン協定の意義

ここで、1936年法の内容に入る前に、同法の制定過程について言及しておく。周知のとおり、1929年末にアメリカで発生した大恐慌は、程なくして世界恐慌となり、フランスにおいても1931年代頃には深刻な経済危機に襲われることとなる。そして、恐慌によって生じた政治・経済・社会的混乱に対応するために、経済および社会の再建のための方策が検討され、1934年11月30日の全国経済会議（Conseil National Economique）において、社会経済組織の再編成のために、労働協約について、①現在の労使関係の組織を協約制度によって改善することができないか、②労働組合と使用者団体との間で自由に締結された労働協約に基づき、協約の一般化を図るべきであるか、③行政命令によって労働協約の規定する効力を拡張していくべきか、という方策が提案・検討された。その後、1936年5月の総選挙における人民戦線（Front populaire）の勝利を経て、同年6月の大規模ストライキの収拾のため、使用者団体のフランス経営者総同盟（Confédération générale du patronat français、以下CGPF）の代表とCGTの代表との間を政府が仲介し、1936年6月8日にいわゆるマティニョン協定が成立した。このマティニョン協定の成立が、1936年法の成立に大きな影響を与えることとなる。

マティニョン協定の内容は、①労働者の言論の自由・労働組合に加入する自由の承認、②賃金の増額、③従業員代表委員（délégué du personnel）の設置等を内容とするものであった。そして、とりわけ1936年法との関係で非常に重要なことは、この協定がCGPF

---

[35] 前掲注2石崎39頁。

[36] このほか、1919年法により労働協約の締結が広がらなかった要因として、当時の二大労組であったCGTとCFTC（フランス・キリスト教労働者同盟）のイデオロギーの違いから生じる、労働協約に対する考え方の違いが挙げられる。すなわち、CFTCは労働協約を通じた使用者と労働者の協力の実現を指向したのに対し、CGTはあくまでも使用者に対する対抗・闘争を主眼としており、労働協約の締結を通じた使用者（団体）との協力に対して否定的な態度を貫いたのである。

[37] 1936年法直前の1935年における労働協約の締結数はわずか29であったものが、1936年法成立から1938年末の感に約6,000もの労働協約が締結され、うち600が拡張適用されるに至っている。

－12－

とCGTという労使の代表的な組合組織によって締結され、両組合組織が当時のフランスの全使用者および全労働者を包摂している団体ではなかったにもかかわらず、協定の締結当事者ではなかった（すなわち、1919年法による労働協約の原則からすれば協定に何ら拘束されるものではなかった）労働組合および使用者がこの協定を尊重したことを通じて、その効果がフランスの労使全体に実質的に強行的な作用をもたらしたことにある。加えて、マティニョン協定の締結が、使用者団体および労働組合（CGT）の組織力の拡大をもたらした[38]ことにより、1936年法による労働協約の拡張適用制度の基盤が整備されたことも重要であった[39]。

イ　1936年法[40]

　1936年法は、1919年法を廃止してこれに置き換わるという形ではなく、1919年法を補充し、一定の追加・修正を加えるという形式を採用している。すなわち、労働協約の一般原則については1919年法を踏襲し、1936年法で追加された拡張適用制度の対象とならない協約については1919年法がそのまま適用されることとなっているため、実質的には「拡張適用制度の対象となる労働協約」と、「拡張適用制度の対象とならない労働協約」という2つの類型の労働協約が規定されることとなった。

　1919年法との対比において1936年法の第一の特徴は、労働協約の締結を促進するために、国家がこれに一定の関与を行うことを認めたことである。すなわち、労働大臣（全国協約の場合）または県知事（地方レベルの協約の場合）は、労使当事者の一方による請求もしくはその職権により、労働協約の作成・締結を目的とする労使混合委員会（Commission mixte）を招集することで労使当事者の協議の場を整備し、労働協約の締結を促したのである[41]。

　そして、1936年法の第二の特徴－これが最も重要なものである－は、公権力が労働大臣のアレテを通じて労働協約の拡張適用の手続を行うという制度を新たに設けたことである。すなわち、特定の地域または産業部門[42]における最も「代表的な」組合（syndicats les plus représentatifs）によって署名された労働協約について、それが必要記載事項（①組合の自由および労働者の言論の自由の承認、②10人以上の従業員を有する事業場にお

---

[38] 当時の労働者800万人のうちCGTの組合員だけでも1937年時点で534万人に達したとされる（前掲注2外尾245頁）。

[39] 前掲注2石崎40頁以下、同外尾236頁以下参照。

[40] 1936年法の詳細については、前掲注2石崎147頁以下、同外尾239頁以下を参照。

[41] なお、労働大臣は労使の意見が一致しない場合に、斡旋することができるが、締結されるべき協約の内容を「裁定」することはできない。労働大臣は労使間の交渉を促すにとどまるのであって、協約の内容についてはあくまでも当事者の自由な合意によって成立すべきものという契約法的な位置づけは保たれている。ただし、拡張適用制度の対象となる労働協約については必要記載事項が定められている点については留意する必要がある。

[42] 1936年法においては商工業部門に限定されており、すべての職業部門への拡張適用制度の拡大は、後述する1950年法で実現されている。

－13－

ける従業員代表委員の設置、③職種別または地域別最低賃金、④有給休暇、⑤職業教育、⑥集団的紛争処理の調停仲裁手続、⑦調停仲裁手続）を定めているという実質的要件を満たすものであれば、当事者の申請または労働大臣の職権によって拡張適用手続が開始され、拡張適用のアレテが発せられることにより、当該労働協約は当該地域の同一の産業部門におけるすべての労働者および使用者に対して（署名組合への加入の有無にかかわらず）拡張適用されることとなった。すなわち、労働協約に署名した使用者団体の構成員ではない企業も、同様にその従業員との関係において当該労働協約を遵守しなければならず、これを下回る内容の労働契約の条項は当然に無効とされ、当該協約の条項に置き換わるとされたのである[43]。

1936年法の第三の特徴として、拡張適用制度の導入により、代表的組合が、職業における利益の「代弁者（porte-parole）」としての位置づけが明確になったことが挙げられる。これ以降フランスにおいては、労使関係における集団的な規範の設定（労働条件決定）に関して、代表的労働組合がすべての労働者の利益を代表するという位置づけがなされ、他方で、労働協約の（直接の）当事者であるか否かの区別がその意義を薄めていくことになったのである。

（4） 1950年法－現代的労働協約システムの確立
ア 1936年法の停止[44]

1936年法は、労使の組合の組織力を劇的に強化し、労働協約はその締結数の飛躍的な増加および拡張適用制度を通じて、「職業の法」として一般に普及していった。しかし、第二次世界大戦の勃発とともに、フランスは戦時統制立法の時代を迎え、労働協約についても1939年9月1日の法律によりその効力が停止されることになる。その後、対独戦におけるフランスの敗北に伴ってヴィシー政権が樹立され、《労働・家族・祖国》をスローガンとする全体主義的構想の下で、1940年11月9日のヴィシー政府のデクレ[45]によりCGT, CFTCおよびCGPFは解散させられる。さらに、1941年10月4日の労働憲章（Charte du travail）[46]によって、労働関係は全体主義的構想に基づく規制下におかれることとなった[47]。

---

[43] この点を捉えれば、1919年法は労働協約を純粋に市民法上の契約として捉えていた（署名組織からの離脱により協約の適用を免れることができる点がその典型的な現れである）が、1936年法は、公権力を媒介とすることによって私法上の契約である労働協約に公法的な性格を与え、「職業の法」としての法規的な効力をもたせたものと評価することが可能である（前掲注2外尾，240頁）。

[44] Gilles Auzero et Emmanuel Dockès, op. cit., p.17 et s. ；前掲注2外尾245頁以下参照。

[45] なお、1944年8月の国土解放後、ヴィシー政府時代の法令は原則として全て無効とする措置が取られているため、この間のフランスの実定法が何であったかという点には争いがある。

[46] 労働憲章についての詳細はP. Pic et J. Kréher, Le nouveau drot ouvrier francais dans le cadre de la Charte du travail, LGDJ, 1943. 参照。

[47] 労働憲章のもとでは、各産業の中に職業家族団（famille professionnelle）が構成され、その中に設置された社会委員会（comités sociaux）が労働協約を締結して労働大臣の命令により拡張適用することとされていた（1941年11月30日の法律）。もっとも、社会委員会は全体主義的理念のもと、「協調的に」

—14—

イ　1946年法

　1944年の国土解放（Libération）後、ヴィシー政府時代の労働憲章は当然に廃止されることとなり、CGT, CFTC等の労働組合も再建されることとなった。そして、1946年12月23日の法律（以下1946年法）により、労働協約制度が新たな形で復活することになった。

　1946年法の構想は、僅かな期間で修正を迫られることとなるが、当時におけるディリジスム（Dirigisme）[48]の影響を色濃く受けて、いくつかの大きな特徴を有している。第一に、労働協約の締結・発効に公権力（労働大臣）の承認（agrément）が必要とされていた[49]こと、第二に、労働協約で定める事項が必要的記載事項および任意的記載事項の形で法定化され、協約内容についての自治が認められなかったこと（さらに、戦後の経済復興のための統制経済を背景に、賃金についても行政に統制されていた）、第三に、適用範囲について、全国レベルの産業部門別労働協約を原則とし、各産業部門における代表的な組合による労働協約が締結された上で、その枠内に限って地方レベル、地域レベル、事業場レベルの協約が締結できるとされていたことである。また、全国レベルでの協約の締結を基本とすることおよび労働大臣の承認手続の要件に伴い、拡張手続は不要となり、労働大臣に承認された労働協約は自動的に当該産業の全労働者および使用者に適用されることとなった。

ウ　1950年法[50]

　1946年法は、その公権力による統制という側面を強調した結果、硬直的に過ぎるものとなった。このことは、必然的に労使当事者の双方から労働協約の締結に対する関心を奪うこととなり、1946年法の構想は早々に挫折が明らかとなった[51]。

　そこで、1950年2月11日の法律（以下1950年法）は、1946年法を廃止し、1936年法における労使の自由な交渉およびその結果としての協約の締結内容の自由に回帰することとなった。また、戦後の統制経済の下で外されていた賃金額の決定も、当然のことながら協約の内容に含まれることとした。すなわち、1950年法は、1936年法の拡張

　職業の組織化と労働条件の規制を行うものであって、労働者と使用者との交渉により締結される本来的な意味での労働協約と同種のものと評価できるかどうかは疑問とされる（前掲注2外尾245頁以下）。
[48] 第二次世界大戦直後に実行された、国家が経済社会活動を直接的または間接的に関与すること（計画化、国有化、補助金）によって、経済を方向付け、監督する管理体制（前掲中村監訳参照）。
[49] さらに、1936年法とは異なり、混合委員会において労使の意見対立が生じ、斡旋も不成立に終わった場合、労働大臣は命令により当該産業の労働条件が決定できるとされていた。もっとも、労働大臣は行政権力による労働条件の決定には消極的（それは議会による立法の役割であるとする）で、こうした命令は容易に発されることはなかったようである（前掲注2外尾250頁）。
[50] 1950年法の詳細は前掲注2石崎194頁以下、前掲注2外尾252頁以下を参照。
[51] 1946年法の問題点を指摘するものとして、R. Jaussaud, Les difficultés d'application de la loi du 23 déc. 1946, Dr. soc., 1949, p.93. 参照。

適用制度を復活させ、労働組合と使用者団体との間の自由な契約としての労働協約と、拡張適用手続により当該産業・職業におけるあらゆる企業に適用される「職業の法」としての労働協約との2つの類型を復活させ、同時に、1946年法の挫折への反省から、団体交渉による協約内容の決定に柔軟性を与えるために、1946年法における公権力の承認制度を廃止するとともに、その適用領域に関しても、全国レベルの協約のみならず、地域レベルの労働協約、地方レベルの労働協約についても（全国レベルの協約の締結を待たずして）自由に締結することが可能となった[52]。このように見ると、1950年法に基づく現在のフランスの労働協約システムの基礎は、ある意味において、1936年法においてすでに成立していたとの評価も可能であるが、1950年法は加えて、いくつかの重要な改革を行なっている。

　第一に、事業所ごとの特殊性に適合させることを目的とした、一または複数の事業場を単位とする事業所協定（accords collectif d'établissement）の締結が可能となったことである。事業所協定は、労働協約と同様に使用者または使用者団体および当該事業場における代表的労働組合の署名により成立するものである。ただし、産業部門および職種における労働条件の不統一の危険への配慮から、1950年法における事業所協定は、後述の有利原則が適用になるのみならず、当該産業部門および職種に適用される全国、地域、地方レベルの労働協約が存在しない場合には、賃金およびこれに付随する手当以外の事項を定めることができないとされていた点に留意が必要である。

　第二に、1936年法においては商工業部門に限定されていた労働協約の適用領域を大幅に拡大し、あらゆる職業についてこれを適用することとした（具体的には、農業労働者のほか、自由業、家内労働者等に適用領域が拡大された）点である。これにより、フランスにおけるすべての職業従事者については、労働協約を通じて集団的な規範設定（労働条件決定）を行うというシステムが確立したということができる。

　第三に、労働協約の規範的性格の強化である。繰り返し述べたとおり、伝統的な契約自由の理論を維持しつつ成立した1919年法およびそれを受け継いだ1936年法における労働協約は、締結の自由および契約の相対効が強調され、署名組織からの脱退による協約の拘束からの離脱が可能であることが明示されていた。1950年法は、こうした規定を削除し、所属する組織が協約を締結し、またはすでに締結されている協約に加入した場合、そののちに当該組織を脱退したとしても、協約の有効期間中はこれに拘束されると解されるようになったのである。このことは、第二の点と併せ、労働協約を通じた規範設定を行うというシステムを強化するものであったといえる。

　フランスにおいては、1936年の人民戦線内閣においてさまざまな労働立法がなされ、

---

[52] ただし、それぞれの労働協約の適用関係については、いわゆる「有利原則」が働くことになる（詳細は後述）。

これによる労働条件の法定最低基準の規制は、国土解放後も引き継がれることとなった[53]が、1950 年法の成立により、フランスの労働法政策は、社会的公序[54]に関しては労使の交渉に委ねるという姿勢に傾いていったといえる[55]。

　その後、前述した 1966 年 3 月 31 日のアレテによって、CGT、CFDT、CGT-FO、CGC、CFTC の 5 つが、無条件に代表性を有する労働組合と認められ、以降、この五大労組を中心とした労働協約による集団的規範設定（労働条件決定）システム[56]のもとで、フランスの労使関係が形成されていくこととなったのである。

第 2 節　フランスの労働協約法制の概要[57]

　第 1 節で述べたような変遷を経て形成されてきたフランスの労働協約システムであるが、本節では、この労働協約システムが現状においてどのような法システムになっているかを概観する。以下、労働協約の定義（1）、労働協約の法的性質（2）、労働協約の機能（3）について、その概要を示す。

1　定義

　フランスにおいては、労働協約（convention collective）は一般に以下のように定義される。すなわち、「使用者あるいは使用者団体と 1 または複数の労働者を代表する労働組合組織との間で締結される協定であって、集団的に雇用条件および労働条件、ならびに福利厚生について一般的に決定するもの」である。したがって、労働協約の本質的な特徴は、雇用条件、労働条件、および福利厚生に関する条件の決定について、集団的な決

---

[53] 1950 年法においては、上記の労働協約システムの確立のほか、最低賃金制度（Salaire minimum interprofessionnel garanti : SMIG）の創設、集団的労使紛争手続の調整（斡旋、仲裁）手続の整備、（労働者に重大な非行がある場合を除く）ストライキを理由とする解雇の無効が定められている。

[54] フランス労働法における「絶対的公序」および「社会的公序」の概念については後述する。

[55] 実際、第 4 共和制期においては、1950 年法以降、労働関係立法はそれほど多くなく、代表的なものとしては 1956 年法による法定休日の拡大、1958 年法による解雇の最低予告期間の創設くらいのものである。他方、失業のリスクに対する補償を行う機関である商工業雇用協会（Association pour l'emploi dans l'industrie et le commerce : ASSEDIC）およびその全国組織である全国商工業雇用協会連合（Union nationale pour l'emploi dans l'industrie et le commerce : UNEDIC）が労使によって創設されている。

[56] 端的に言えば、五大労組の 1 つでも当該労働協約に署名した場合、他の代表的労働組合（および他の代表制を有さない労働組合）が反対であったとしても、拡張適用手続を通じて、それが当該労働協約の適用範囲たる産業、職種等に適用されることになる。

[57] 本章における本節以下の記述は、ヒアリング調査を通じて得られた知見に基づくほか、主として Gilles Auzero et Emmanuel Dockès, op. cit., p.1255〜1364 ; F. Gaudu et R. Vatinet les contrat du travail, LGDJ, 2001 ; G. Couturier Traité de droit du travail t. 2 : Les relations collectives de travail, PUF, 2001, n°196 s. を参照した。このほか、フランスの労働協約法システムについて論じた主な文献として M. Despax, Négociations, conventions et accords collectifs, Dalloz 1989, 2e éd. ; N. Aliprantis : La place de la convention collective dans la hiérarchie des normes, LGDJ, 1980 ; J.-P. Chauchard : La conception française de la convention collective (Th., Paris 1, 1985) ; V. Bonnin, Les rapports entre le contrat de travail et la convention collective, thèse Bordeaux, juill. 1993 ; M.-L. Morin, Le droit des salariés à la négociation collective, LGDJ, 1994 ; N°s speciaux de Droit social, not. avr. 1998 : Négociation collective et emploi, juin 2004 : Loi du mai 2004 を参照。

定によって個別の（契約による）決定を置き換えることにあるといえよう。

　なお、フランスの労働法においては、広義の労働協約に含まれるものとして、狭義の労働協約（convention collective）と、集団協定（accord collectif）という区別が存在している点に注意を要する。広義の労働協約は、雇用条件、労働条件、および福利厚生のすべてを決定する機能および役割を有するものとされ、これに対して集団協定は、上記の労働条件その他のうち、1 または複数の、所定の事項に限ってその対象とするものであるとされている[58]（典型的には、労働時間協定（accord sur la durée du travail）あるいは賃金協定（accord de salaire）といったもの）。こうした狭義の労働協約と集団協定の区別は、後述する交渉レベルの違いにかかわりなく存在している（産業別労働協約と産業別全国協定、企業別協約と企業別協定等[59]）[60]。

2　法的性質

　言うまでもなく、労働協約は規範を設定する合意であるが、フランスにおいては労働協約の法的性質はしばしば混合的あるいは二元的であるといわれている[61]。

　第 1 節において述べたように、フランスにおいては、当初において伝統的な契約自由の理論を前提に、労働協約の契約としての側面が強調されてきた。そして、労働協約の契約として側面は現在でも引き継がれており、すなわち、労働協約は、形式要件を遵守しなければならないとされ、その署名者に対する債務的な効力を尊重するものとされる。そして、他のあらゆる契約と同様に、労働協約は、新たな法律の発効によって事後的に取消あるいは修正することはできない[62]とされる。

　これに対して、労働協約の労働契約に対する適用に際しては、協約は一種の法規範として扱われると解されている。すなわち、フランスにおいては、多くの議論を経た上で、いわゆる化体説ではなく、外部規律説が採用されており、労働協約は規範的効力を有し、その適用範囲内に含まれる個別の労働契約を規律すると解されているのである。この労

---

[58] 労働法典 L.2221－2 条

[59] 言うまでもないことだが、全国レベルでかつ産業および職種を越えて適用される、いわゆる全国職際レベルにおいては、狭義の労働協約は存在せず、特定の事項についてのみ定める全国職際協定（accord national interprofessionnels：ANI）のみが存在する。

[60] もっとも、このフランスにおける狭義の労働協約と集団協定の間には、その対象事項を除いては（例えば、その交渉・締結過程・手続、あるいはその効力について）違いがあるわけではなく、両者をまとめて広義の「労働協約」（convention collective）として論じられることが（フランスにおいてもこれを紹介・分析する邦語文献においても）少なくない。以下、本報告書においては法律の規定、個別の協約および協定について扱う際に適宜用語の使い分けを行うこととするが、その意義および機能については上記のとおり大きな違いがないことを前提としていただきたい。

[61] P. Durand：Le dualisme de la convention collective, RTD civ. 1939.353.

[62] なお、労働協約の解釈にあたって、協約締結時において有効であった法律に基づいて解釈されるべきか、適用時に有効である法律に基づいて解釈されるべきかについては争いがある（Ass. plén. 12 mai 1989, JCP 1989. 2. 21322, concl. Cabannes, note G. Lyon-Caen（銀行業の労働協約と祝祭日についての法律との関係が問題となった事案）. Paris 15 déc. 1999 RJS 1/2000, n°55（労働時間の削減の協定の効力が問題となった事案）。

－18－

働協約の規範的性質は、単にこれに反する労働契約を無効にするという機能にとどまらない。フランスにおいては、労働監督官（Inspection du travail）は、法律および行政立法と同様に、労働協約についても、その適用を監視しなければならないとされており[63]、裁判官は、法律を適用するのと同様に労働協約を適用しなければならず、破毀院がその解釈の統一性を保証するものとされている[64]。すなわち、裁判官は、労働者がその司法上の請求にあたって所定の労働協約に基づいた請求を行なっていなかった場合であっても、裁判官は、当該労働者に適用される労働協約があるかどうか探求（chercher）し、必要に応じて、裁判官がその適用される労働協約を定めた上で判決するものとされている[65]のである。

3　機能

　フランスの労働協約システムにおいて伝統的に主導的な役割を果たしてきた産業別労働協約の機能について見ると、そこには大きく分けて 2 つの機能があると考えられてきた。

　その第一は、伝統的な契約自由の原則と資本主義社会の発展がもたらした、使用者と労働者との間の、経済的な、そしていわゆる従属労働の概念から導かれる、法的な不平等の是正、すなわち、集団的な手法によって、使用者と労働者の間の力の均衡の回復を追求するものであったことは疑いない。現在においても産業別労働協約の重要な機能の 1 つは、産業部門別または職種別の労働条件の最低基準を規律することであると考えられている。

　しかし、フランスの（産業別）労働協約には、もう 1 つの重要な機能があると考えられている。それは、協約が当該産業の使用者および賃金労働者の代表によって産業部門のレベルで締結されることによる、市場競争の社会的規制の役割である。すなわち、産業部門レベルの労働協約の締結により、同じ産業に属する企業は、労働条件の地平においてそのルールが統一された市場において競争することになるという機能である。これにより、（産業別協約による拘束がある以上）、個別の企業はもはや、賃金あるいは労働条件を同一産業における他の企業よりも低下させることを通じて、競争力の優位を追求することができなくなり、企業間の競争はその生産物あるいはその役務の質についてのみ及ぶこととなる（いわば、「労働条件引き下げ競争」の防止）。このようにして、労働者が市場競争の手段として扱われるとしても、それは労働者の（能力あるいは労働条件の）「質」の向上に資することになると考えられている。こうした、単に労働条件を向上

---

[63] 労働法典 L.8112−1 条
[64] J. Y. Frouin : L'interpretation de la norme collective, RJS 3/96, p.137 et s.Ass. plén. 6 fevr. 1976, JCP 1976. 2. 18481, note H. Groutel ; Ass. Plén. 18 mars 1988, D. 1989.221, note J.-P. Chauchard ; Soc. 28 avr. 1988, Bull. civ. V, n°262, p.171.
[65] Soc. 20 fevr. 1996, CSB 1996, n°80 A. 28, note A. Philbert.

させるにとどまらない、市場における一般利益の確保という機能は、フランスの産業別労働協約が、国家による一定の手続の下に、その規範的効力を当該産業に属するあらゆる企業に（当該企業が署名組織に加入しているか否かを問わずに）拡張適用する根拠の1つと考えられている[66]。

　ただし、1971年法以降導入された企業レベルの協約は、こうした競争の社会的規制機能を欠くものであり、近年の分権化の動きが、上記のようなフランスの伝統的な産業別労働協約システムの機能を減退させるという懸念が示されている点に注意が必要である。すなわち、一般に、企業レベルの協約は、同じ産業に属する労働者の地位の「多様化（diversification）」をもたらすものと考えられてきた。この点、従来はいわゆる「有利原則」にもとづき、企業別協定が産業別労働協約に服するとされてきた。したがって、この「多様化」はあくまでも労働者の処遇を改善する方向にのみ機能すると考えられ、大きな問題とはされて来なかった。しかし、近年の法改革による分権化の推進を通じて、企業別協定が産業別労働協約に服さないとする余地が拡大し、いまや企業別協定が優先するという原則が確立したことから、産業の中での企業間の社会的競争（concurrences sociale）を促す作用をもたらす可能性が指摘されている（詳しくは後述）。

第3節　労働協約の締結当事者

1　労働組合

（1）フランスの労働組合の現状

ア　組織率の低下と労働組合の影響力

　元来、他の先進諸国と比べても組織率の低さが指摘されるフランスの労働組合であるが、この30年間、組織率の減少は一層顕著となっている。現在、組織率は（自由職等を除く）従属労働者の10%を下回る（公務員を含む[67]）とされており、民間部門の労働者のみを考慮した場合、組織率は約8%とされる[68] [69] [70]。こうして、フランスの労働組合の組織率はこの25年で半減しており、1950年当時に比して1/3以下となっている[71]。こ

---

[66] この労働協約の市場における社会的機能は、自由競争の阻害に厳しい姿勢をとるヨーロッパ共同体司法裁判所（Cour de justice des Communautés européennes：CJCE）が、全国レベルで適用され労働条件を規律する産業別労働協約について、これをカルテルの禁止の原則から適用除外する理由の1つと考えられている（CJCE, 21 sept. 1999, Albany, aff. C-67/96, RJS 3/00, n°348, Dr. Soc. 2000. 106, obs. Prétot；CJCE, 21 sept. 2000, Van der Woude, aff. C-222/98, RJS 12/00, n° 1310.）。EU条約38条も参照。

[67] 組合員の6割が公共部門で就労する者であるとされる（Gilles Auzero et Emmanuel Dockès, op. cit., p.29.）。

[68] Dares, avr. 2008 n°16-1, sem. soc. lamy 2008, n°1351.

[69] なお、EUにおける労働組合の組織率の平均は25%とされる。

[70] 最近の傾向としては、管理職の組合員数は増加傾向にあり、他方、小企業における組合員は非常に少ないようである（Gilles Auzero et Emmanuel Dockès, op. cit., p.29.）。

[71] 裏を返せば、組織率が高水準であった1950年当時でさえ25%程度であったということでもある。

の数値は、他の OECD 諸国に比して並外れて低い[72]。この組織率の低下をして、後述する労働組合の分裂状況と合わせ、フランスにおけるサンディカリスムの危機を主張する声も少なくない[73]。

　他方で、フランスの労働組合の組織率の低さ（およびその低下）を捉えて、労働組合の「危機」を過剰に煽るべきではないとする見解も存在する[74]。こうした見解によれば、第一に、確かにフランスの組合組織率は非常に低い上に、長いスパンで見れば大幅な減少傾向にあるが、この 10 年間はおおよそ落ち着いていることが指摘されている。第二に、組織率の低下にもかかわらず、企業における組合のプレゼンスは比較的高い状態を維持しているとされ、40％の労働者がその就労場所において組合のプレゼンスが存在していると述べているとされる。第三に、フランスにおいては労働者の 90％が労働協約の適用を受けており、この協約適用率は世界で最も高いレベルにあることが挙げられる。第四に、近年の使用者組織との全国職際交渉を通じた、立法過程における影響力の行使があげられる[75]。

　確かに、これまで指摘してきたことからすれば、フランスの労働組合の組織率が他国と比較して低いとしても、それはフランスの労働運動のあり方および労働協約システムからの帰結ともいえよう。すなわち、伝統的にフランスの労働組合は、その組合員のみのためではなく労働者全体のために活動し、交渉し、それによって獲得された労働協約の効力は、社会保障および職業教育といったものも含め、組合員であるか否かを問わず、すべての労働者が享受することになる。そのように考えた場合、労働組合および労働協約の利益を組合の構成員に限定している国と、同列に論じることはできない[76]とも言えよう。

イ　労働組合の分裂と細分化

　先に述べてきた五大労組体制の確立の後も、フランスの労働組合の分裂の傾向は、この 30 年間なお続いている。近年に誕生した五大労組に次ぐ勢力を誇る労働組合としては、以下の 2 つが挙げられる。

　第一は、連帯労組連合（Union syndicale solidaire、以下 USS）である。USS は 1981 年に 10 の労働組合および独立産業別連合の間で創設された労働組合連合（G10）の系譜

---

[72] デンマークおよびスウェーデンは 80％を超える組織率を有しており、イタリアは 50％超、ドイツおよび英国はおよそ 20％前後であって、米国のように比較的組織率の低い国においてもフランスの 2 倍近い組織率を保っている。

[73] V. P. Rosanvallon, La question syndicale, Calmann-Lévy, 1988 ; G. Caire, <<Crise>> du syndicalisme ?, Étude offertes à Marcel David, Calligrammes, 1991, p. 75 ; D. Andolfatto et Dominique Labbé, Sociologie des syndicats, La Découverte, 2001 ; Les syndicats en France (dir. D. Andolfatto), La Doc. française, 2004.

[74] Gilles Auzero et Emmanuel Dockès, op. cit., p.29.

[75] このほか、他の団体に比べれば、圧倒的な動員力を誇っているとの評価が可能との指摘もある（Gilles Auzero et Emmanuel Dockès, op. cit., p.29.）。現に、フランスにおける主要政党の党員数の合計よりも、労働組合の加入者の合計の方が 3 倍以上高い。

[76] Gilles Auzero et Emmanuel Dockès, op. cit., p.29.

を受け継いでいる。USS は今日、40 の加盟組合を数え、その代表的なものとしては、連帯統一民主労組（solidaires-unitaires-démocratiques、以下 SUD）が含まれている。

　第二は、独立組合全国連合（Union nationale des syndicats autonomes、以下 UNSA）であり、これは「独立系」と称する複数の組合と、FEN[77]の分裂に伴うその一部の勢力とが結集して 1993 年に誕生したものである。

　こうした総連合体の分裂に輪をかけてフランスの労働組合の状況を複雑にしているのは、総連合体および職際連合に加入していない、企業別組合、職人組合、産業別連合および地域連合である。こうした組合は、フランスの個人主義の伝統に加え、組合活動の自由の帰結としての複数組合主義を背景にして存在するものであり、ごくごく小規模な組織も存在する。もっとも、これらの小規模組合の存在を無視することができないのもまた事実である。現に、こうした小規模組合の中には特定の産業部門または職種において、（総連合体に加入していないにもかかわらず）大きな影響力を有しているものもある。例えば、統一組合連盟（Fédération syndicale unitaire、以下 FSU）は、公務員のみを結集する労働組合であるが、教員の大部分を組織しており、職場選挙における支持率について、教員部門においては最も高い力を有している。さらに、一定の巨大企業においては、1 の使用者に対して、10 を超える代表的労働組合が存在するケースも有るようである。こうした状況は、使用者にとって、組合間の対立に付け込んで交渉を有利に進めることが可能となりうる[78]ことができる一方で、複数組合主義の帰結としてすべての労働組合と交渉しなければならないという負担を生じさせる事にもなり、企業内の交渉を阻害する要因の 1 つとしてあげられている[79][80]。

（2）「代表的労働組合」の概念と規範

　フランス労働法典は、労働協約の労働者側の当事者性について「（労働協約または集団協定は）協約あるいは協定の適用領域における 1 または複数の代表的組合組織によって」締結されなければならないと規定している[81]。したがって、フランスにおいては「代表的労働組合」のみが協約に署名する能力を有していることになり、いわば労働協約の締結権限がこの「代表的労働組合」に独占されているのである。

---

[77] 教育労働組合連盟（Fédération de l'Éducation nationale）。前掲注 45 も参照。

[78] 実際、ある企業において労働組合が 1 つしかないとき、使用者は、第一組合の分裂および弱体化を図るために、他の組合支部の出現を促そうとすることがしばしばあるようである（いわゆる「分割して統治せよ」の格言の実践）。

[79] Medef におけるヒアリング調査による。

[80] なお、後に詳述する 2008 年 4 月 9 日の共通見解および 2008 年 8 月 20 日の法律に始まる労働組合の代表性に関する改革は、この状況を変化させ、労働組合の再編を促すことになるとの見通しがなされている。すなわち、職場選挙における支持の獲得のラインの設定や、労働協約の締結における支持率の必要性等の改革により、労働組合の合従連衡が促され、部分的な再編成につながるものと考えられている。

[81] 労働法典 L.2231-1 条

ア　代表的労働組合システムの確立

　1936年法によって確立した労働協約の拡張適用制度は、その要件として当該協約が「代表的労働組合」により署名・締結されたことを挙げている。この代表的労働組合による署名という要件は現在まで受け継がれている。これは、フランスの労働組合が職業の利益を代表するものであり、そのうちの最も代表的な労働組合が締結した労働協約には、拡張適用手続を通じて「職業の法」としての効果を付与するとの考え方に基づくものである。そこで、この「代表的労働組合」とは何かという点が大きな問題となるところである。

　この労働組合の代表性については、労働協約システムが確立した1936年当初は圧倒的に優位な勢力を誇っていたCGTが事実上独占していた。しかし、1950年法において、以下の基準に基づき、労働大臣がその評価と決定を行う[82]こととされた。すなわち、①組合員数（les effectifs）、②独立性（l'indépendance）、③収入（les cotisations）、④組合としての経験および年数（l'expérience et l'ancienneté du syndicat）、⑤占領期における愛国的態度（l'attitude patriotique pendant l'occupation）の5つの要素である。その後、1966年3月31日のアレテによって、CGT, CFDT, CGT-FO, CGC, CFTCの5つ[83]が、無条件に代表性を有する労働組合と認められ、以降、この五大労組を中心とした労働協約による集団的規範設定（労働条件決定）システム[84]のもとで、フランスの労使関係が形成されていくこととなったのである[85]。

イ　代表的労働組合システムの機能～複数組合主義と少数派の代表的組合による労働協約の締結

　フランスでは、個人の団結の自由を尊重するため、伝統的に複数組合主義（複数組合の併存）の姿勢が取られてきた。そして、組合間の平等取扱を促進するため、その協約の適用領域において少数派である労働組合であっても、「代表性」を有すると認められるのであれば、有効に労働協約を締結することができるとしてきた。労働協約が組合員のみならず、締結した使用者団体に加入する企業（さらには、拡張適用手続によれば、使用者団体に加入していない企業も含め）に属するすべての労働者に適用されるにもかか

---

[82] この決定に異議がある場合、行政裁判所に訴えを提起することができる。

[83] ヒアリング調査で聞かれたところによれば、必ずしも大きな勢力を有するとはいえなかったCGT-FOや、さらには圧倒的に少数であったCFTCに代表性が認められたのは、当時圧倒的な勢力を誇るCGTが基本的に使用者との妥協を認めない姿勢を貫いており、労働協約の「締結」に否定的であったところ、これらの組合に代表性を認めることを通じて、労働協約の適用の可能性を広げることが大きな目的の1つであったようである。

[84] 端的に言えば、五大労組の1つでも当該労働協約に署名した場合、他の代表的労働組合（および他の代表性を有さない労働組合）が反対であったとしても、拡張適用手続を通じて、それが当該労働協約の適用範囲たる産業、職種等に適用されることになる。

[85] この代表性をめぐる問題は、フランスの労働組合の本質に関わる問題として古くから多くの議論が蓄積されてきた。また、後述のとおり、2004年法および2008年法による「代表性」の改革の結果、五大労組による代表的労働組合システムは大きな動揺が生じている。

わらず、少数派の労働組合が労働協約を有効に締結できるというこのフランスに独特のルールは、労働協約が労働者の処遇を改善する方向にしか作用しない限りにおいては特段の不都合を生じることはなく、むしろ、CGT のように極めて戦闘的な組合、すなわち、権利要求活動において先鋭的である組合と、CGT-FO や CFDT のような「経営管理的（労使協調的）」色彩の強い組合、すなわち、使用者との交渉から得られた成果について妥協しやすい組合とのある種の「役割分担」を果たすことを可能としてきた[86]のである。

ウ　代表的労働組合システムの動揺

　このように、少数派の代表的労働組合が協約締結能力を認められるという規範は、伝統的にはむしろフランスにおける個々の組合活動の自由の尊重と労働協約システムの実際的機能との両立を図る上で有効に機能してきたが、いわゆる「ギブ・アンド・テイク（donnant-donnant）」交渉－典型的には、雇用の保障等と引き換えに、労働者を保護するいくつかの法規定を排除するいわゆる「適用除外」協定、あるいはその集団的な規範（労働条件）を下方修正するもの－が生じることになった結果、少数派による労働協約の締結を正当化することへの疑義が生じてきた。こうした「ギブ・アンド・テイク（donnant-donnant）」交渉は、1980 年代初頭のいわゆるオルー改革以来、雇用の救済および競争力の確保という名目で促進されてきたが、これに対して、こうした方法による適用除外や労働条件の引き下げは、労働者の多数の合意の確保なしには許容されないのではないか[87]との見解が生じ、結果として少数派の労働組合に協約締結能力を認めるフランスの労働協約システムのあり方を大きく揺るがすことになった。そこで、これ以降、この種の労働協約の締結を正当化する「代表性」とは何かという議論が生じ、2000 年代以降における労働組合の「代表性」の改革と、労働協約締結における「民主化」が図られるようになったのである。

　すなわち、労働組合組織の代表性の要件は 2008 年 8 月 20 日の法律（以下、2008 年法）によって大幅に改正された[88]。2008 年法以降、労働組合の代表性は、団体交渉のそれぞれのレベル（企業および事業所単位、企業グループ単位、職業部門単位、全国職際レベル）において、7 つの基準によって決定される[89]。

---

[86] 具体的には、CGT のような戦闘的な組合が使用者側に対してより徹底した要求を行い、CGT-FO や CFDT が交渉の過程で妥協点を見出して、協約を締結するという手法である。前述のとおり、分裂によって極めて少数派となった CFTC にも代表性を認めたのは、こうした少数派組合に代表性を認める＝協約締結権を認めることで、交渉の妥結、労働協約の締結を促す意図があったとされる（J. Freyssinet 教授のヒアリング調査における発言による）。

[87] A. Supiot, Les syndicats et la négociation collective, Dr. soc., 1983, p.63.

[88] 2008 年法の影響については後述する。なお、フランスの代表的労働組合概念とその変容については、小山敬晴「フランスにおける代表的労働組合概念の変容（1）・（2）」早稲田大学法研論集 140 号、141 号に詳しい。

[89] L.2121-1 条、L.2122-4 条、L.2122-9 条。

－24－

エ　労働協約の締結における多数決主義の導入

　労働協約の締結における多数決主義は、当初、労働者の多数を代表する組合に「反対権（droit d'opposition）」を認めるという手法を採用した[90]。すなわち、企業における適用除外協定の締結に際して、適用対象の労働者の過半数の支持を受けた労働組合が反対権を行使した場合、この異議申立を受けた協約の条項は、書かれていないものとみなされるとされたのである。この多数派による反対権は、その後、産業部門別協約の改訂の場合に適用が拡大され[91]、企業別交渉にその内容を委任する産業部門別協定の条項についても適用が拡大された[92]ほか、労働時間削減交渉[93]、集団的解雇手続の整備[94]についても適用されるなど、徐々に適用対象が拡大されていき、2000年代における多数決主義の原則化の基礎が形成されていくこととなった[95]。

　2000年代に入ると、労働協約の締結における多数決主義はその色彩を強めていくことになる。2001年の「団体交渉の深化の方法および手段についての共通見解」[96]は、労使当事者による多数決主義の促進を示すものであり、2004年5月4日の法律および2008年8月20日の法律によって、労働協約の締結における多数決主義は確立されたと考えられている。すなわち、これらの法律により、労働協約の締結が有効と認められるためには、当該協定は労働者の過半数代表の承認を得なければならないことが原則とされたのである。

2　使用者

（1）フランスの使用者団体の現状

　合併と分裂を繰り返してきた労働組合とは異なり、フランスの使用者団体は、伝統的に、全国レベルおよび職際レベルにおいては、主に2つの組織の中に結集している。すなわち、フランス企業運動（Mouvement des entreprises de France＝フランス経団連、以下Medef）および中小企業総同盟（Confédération générale des petites et moyennes entreprises、以下、CGPME）である。このほか、上記の全国職際組織に加入していない、職種別の使用者組織がいくつかあり、主なものとしては、手工業職業連合（Union

---

[90] M. Despax, L'exercice du droit d'opposition de l'article L. 132-26 C. trav. à l'encontre d'accords sur la durée et l'aménagement du temps de travail, Dr. soc. 1991. 292.

[91] 1992年12月31日の法律92－1446号33条。

[92] 1996年11月12日の法律6条のⅣ。

[93] 2000年1月19日の法律2003-37号、いわゆる第二オブリ法19条（現在では廃止）。

[94] 2003年1月3日の法律2003-6号2条。

[95] 団体交渉に関する過半数原則の導入について論じた主な文献としては、G. Borenfreund：La représentation des salariés et l'idée de représentation, Dr. soc. 1991. 685 ; A. Supiot：Parité, égalité et majorité dans les relations collectives de travail, Mélanges H. Sinay, Francfort, Peter Lang, 1994. 59 s. ; J. Pélissier ; Droit des conventions collectives. Évolution ou transformation, in Mélanges J.-M. Verdier, Paris, Dalloz, 2001. 95 s. ; L. Bonnard-Plancke, Aux origines de l'idée majoritaire en matière de negociation collective, Dr. soc. 2005. 866. 等がある。

[96] Liaisons soc. 2001, Ca, n°174, Dr. soc. 2003. 92.

professionnelle artisanale、以下 UPA)、全国農業経営者組合連合（Fédération nationale des syndicats d'exploitants agricoles、以下 FNSEA)、全国自由職団体連合（Union nationale des professions libérales、以下 UNAPL) 等である。

（2）労働協約の当事者としての「使用者」

　フランス労働法典は、労働協約の使用者側の当事者性について、「1または複数の使用者組合、または他のあらゆる使用者団体、あるいは1または複数の個別に要求を受けた使用者」と規定している[97]。すなわち、使用者側については特段の代表性の要件を設けていない[98]。さらに、使用者組織について、その組織形態について組合契約によらなければならないわけではなく[99]、あらゆる使用者団体および個別に労働者側の当事者から要求を受けた使用者は、適法に労働協約または集団協定を締結することができる。このほか、1901年法に基づく非営利社団（結社）または同業組合組織[100]も、経営者団体と同様に労働協約を締結することが可能である。

第4節　団体交渉
1　交渉事項
（1）団体交渉の交渉事項と公序

　労働協約あるいは集団協定は、通常、労働者の地位を改善する目的および効果を有するものとされる。そして、フランス労働法典は「労働協約あるいは集団協定は、労働者にとって現行の立法規定より有利な約定を含むことができる。労働協約あるいは集団協定は、公序の性格を帯びる規定に対する適用除外をすることはできない」[101]と規定している。こうして、フランスにおいては、絶対的公序（Ordre public absolu）と社会的公序（Ordre public social）の2つの概念が存在し[102]、労働協約は後者についてのみ定めることができると考えられてきた。すなわち、法律は国家によって定められた絶対的な公序であって、それが最低限を保障する限りにおいて不可欠であり、（たとえ労働者にと

---

[97] 労働法典 L.2231-1 条。

[98] ただし、現在、使用者団体についても労働組合と同様にその代表制の審査を導入すべきではないかとする議論がみられるようになっている。今後の議論に注目する必要がある。

[99] フランスの代表的な使用者団体の全国組織である Medef（Mouvement des entreprise deFrance：フランス企業運動（フランス経団連））は、前身の CNPF（Conseil national du patronat français：フランス経営者団体協議会）ともども、非営利社団であって、組合ではない。

[100] 公証人高等評議会がその代表例である。

[101] L.2251-1 条。

[102] フランスにおける絶対的公序と社会的公序については、N. Aliprantis, La place de la convention collective dans la hiérarchie des normes, LGDJ, p.173；G. Lyon-Caen：La négociation collective et la législation d'ordre public, Dr. soc. 1973. 89 ；Ph. Langlois, Droit public et droit social en matière de négotiation collective, Dr. soc. 1991. 933；M.-L. Morin, La loi et la négociation collective：concurrence ou complémentarité, Dr. soc. 1998. 419；F. Gaudu：L'ordre public en droit du travail, in Mélanges J. Ghestin, LGDJ, 2001, p.363；G. Borenfreund et M.-A. Souriac, Les rapports de la loi et de la convention collective：une mise en perspective, Dr. soc. 2003. 72 N. Meyer, l'ordre public en droit du travail, LGDJ 2006；F. Canut L'ordre public en droit du travail　LGDJ 2007. に詳しい。

って有利な方向であっても）その規定を修正することはできない。労働協約は、絶対的公序に属さない事項について、労働者に対して法律より有利なものを与えるときにのみ法律上の規則あるいは行政立法上の規則を例外的に排除することができると考えられてきたのである。

ア　絶対的公序

　1973年3月22日のコンセイユ・デタ（Conseil d'État）[103]の答申[104]は、国家を起源とする条文は、労働協約に関して、それが「労働法の領域の限度を超える」ときには、絶対的に強制されるとしている。絶対的公序の典型とされるものは、第一に最低賃金（SMIC）[105]、第二に「その性質上、協約の適用が認められない給付あるいは保障」であるとされる。後者については、コンセイユ・デタによって2つの事項が明文で示されており、すなわち、①行政官および裁判所の権限に属する事項、②法律の定めによる違法である。これにより、例えば、労使当事者は解雇に関する手続上の保護システムを労働協約で定めることができるが、他方で、解雇の適法性判断基準を協約で定めることはできないとされる。このほか、同様の理由から、個別的労働紛争において、労働者が労働裁判所に提訴する権利は労働協約によって侵害することはできないとされている。

　さらに、判例の蓄積により、現在では以下の事項が絶対的公序に属するものとされている。すなわち、個別的労働関係に属する事項においては、社会的保護の絶対性という観点から規定されており、前記の①最低賃金のほか、②法定有給休暇[106]、③解雇手続、④解雇予告期間、⑤解雇についての法定最低補償がその代表とされる。これらの事項に関する最低限の地位を奪うような協約の条項は、絶対的に無効とされ、判例はその効力を一律に取消している。次いで、集団的労使関係に属する事項においては、主として団結の自由および複数組合主義（組合間差別の禁止）に関する事項が絶対的公序と解されている。典型的には、労働協約は署名した組合の組合員に対し雇用を割り当てる条項（いわゆる、ユニオン・ショップ条項）を含むことができない[107]とされている[108]。このほか、労働協約により、より多くの数の組合代表委員（délégué syndical）、より多くの代表活

---

[103] 裁判権限および行政権限を併せ持つ、行政系統の最高裁判所（司法系統の最高裁判所は破毀院（前掲注14参照）。行政裁判における終局裁判所であるとともに、行政機関として、政府から付託を受けた問題または政府提出法律案に対する答申を、義務的または任意に表明するという重要な役割を有している（参考：前掲中村ほか監訳『フランス法律用語辞典（第3版）』）。

[104] Dr. soc. 1973. 514；Dr. ouvrier 1973. 190.

[105] このほか、賃金に関しては、物価スライド方式の一般的禁止も絶対的公序に属するとされ、労働協約中の物価スライド条項は（それが労働者にとって有利であっても）無効とされる。

[106] Soc. 30 nov. 2004, Bull. civ. V, n°316

[107] 労働法典 L.2134-2 条

[108] また、一般に組合員に特別な利益を保証する条項は、多くの場合、使用者に対し組合への所属あるいは組合活動の実施をその決定、とりわけ募集、指揮命令および仕事の配分、職業教育、昇進、報酬等について考慮に入れることを禁止する労働法典 L.2141-5 条の規定に抵触するものとして無効とされてきた（Soc. 29 mai 2001, Bull. civ. V, n°185）。

—27—

動時間、より多くの企業外における従業員の勧誘の自由を定めることは許容される一方で、上記の複数組合主義を根拠に、これらの条項は、法律上当然に全ての賃金労働者および組合に、区別なく適用される[109]とされている。例外的に、組合間に相対的に適用することが認められるのは、企業委員会の構成および選挙人団の構成[110]、および労使同数機関その他労働協約によって創設された機関について、それへの参加を協約に署名したあるいは加入した組合に割り当てられることである。また、労働協約は、ストライキ権の行使について定めることができる一方、フランスにおいては、ストライキ権は個人に認められている権利であることおよび労働協約は労働者にとって有利な方向にしか定めることができないとする有利原則の帰結から、労働協約は個別の労働者のストライキ権の行使を制限することはできないとされている。したがって、フランスにおいては、労働協約の締結は署名した組合に対してストライキを呼び掛けない義務（いわゆる平和義務）を生じさせるわけではない[111]。また、ストライキ権の行使に関する労働協約の条項（例えば、交渉義務を伴うストライキ予告期間を課すような条項）は、署名した組合のみを拘束するものであって、個別のストライキ参加者には対抗できない[112]とされている。

イ　社会的公序と有利原則

　前述のとおり、労働協約は労働者にとって、現行の法律および行政立法より有利な規程を含むことができるというのがフランス労働協約法における一般原則である。そこから導かれるフランスの労働協約システムにおける大きな特徴の1つが、いわゆる「有利原則（principe de faveur）」である。フランスにおける有利原則とは、一般に労働者の地位は、異なる規範が抵触する場合には、そのうち最も有利なものによって規律されるというものである[113]。すなわち、「集団協定は、法律および行政立法あるいはより広い射程を有する労働協約に対しては、労働者にとってより有利な方向にしか、適用除外することを認めることはできない」[114]とするのである。そして、この原則は異なる規範の競合（法律－労働協約－契約）の場合のみならず、労働協約の競合の場合にも認められる（より高い交渉レベルの労働協約で定められた最低限の基準は、より低い交渉レベルの協約による場合、労働者に有利な方向にしか修正することができない）とされてきた。

　この有利原則は、古くからフランスの労働協約システムにおける基本原則として定着

---

[109] Soc. 20 nov. 1991, Bull. civ. V, n°522, Dr. soc. 1992. 52, rapp. Waquet, Grands arrêts, 4e ed., 2008, n°163.

[110] Soc. 4 févr. 1987, Bull. civ. V, n°68.

[111] Soc. 21 mai 1959, Dr. soc. 1959. 485.

[112] Soc. 7 juin 1995, Dr. soc. 1995. 835 ; 12 mars 1996, Dr. soc. 1996. 541 ; Soc. 17 juill. 1996, RJS 10/96 n°1079. V. chron. Radé : Exercice du droit de grève et négociation collective, Dr. soc. 1996. 42 ; M.-A. Souriac : Conflits du travail et négociation collective Dr. soc. 2001. 705.

[113] Soc. 17 juil. 1996, B. civ. V, n°196 et 297, Dr. soc. 1996. 1049, concl. P. Lyon-Caen, obs. J. Savatier, Grands arrêts, 4e éd., 2008, n°180 ; CE 27 juil. 2001, (Féd. nat. des transports FO), RJS 1/02, n° 107, chron. Bocquillon.

[114] CC 29 avr. 2004, Déc. 2004-494 DC, §9.

してきたが、憲法適合性判断を担う憲法院（Cour constitutionnelle）[115]は、これを「労働法の基本原則」であって、「共和国の諸法律によって承認された基本原則」ではない、すなわち「有利原則」は絶対的公序ではないとした。このことは、立法によって有利原則の射程を狭める自由を有することを意味し[116]、フィヨン法による「有利原則」の修正に大きな根拠をもたらすこととなったのである。すなわち、2004年5月4日のフィヨン法は、法律および労働協約との間の関係において、有利原則の適用範囲を狭め、企業レベルで適用除外協定を締結する手続を容易にし、一般的に企業別協定がより高い交渉レベルの協定を適用除外する権限を認めた[117][118]のである。この適用除外制度は、労働条件決定の「柔軟化」を目的とするものであり、具体的には、産業部門あるいは企業の実態に応じた労働法の適用の多様化、および企業の競争力の確保の目的で導入されたと説明されており、当初は労働時間の調整および不安定雇用（いわゆる非典型雇用）の利用に関して導入され、さらに今後は経済的理由による解雇に関して検討されている（具体的には、経済的理由による解雇について、一定の場合に企業委員会の情報提供および意見照会の手続を適用除外する条項）[119]。

　この適用除外制度の導入については、当初は適用除外の権限を原則として部門別協定あるいは部門別協約の締結に服する、すなわち、企業別協定による適用除外を認める旨の産業部門別協約あるいは協定の規定がない限り、適用除外は認められないという手法をとるものと考えられていた。特に、労働組合は、産業部門別交渉の方が、交渉力の均衡が、企業レベルの交渉に比べてよりよく保障されると考えられることから、適用除外に関する産業部門別協約の留保を維持するように主張してきた。これに対し、使用者団体であるMedefは、法律および産業・職業別の規律からできる限り解放された「企業レベルの集団的契約」の促進を主張していたが、フィヨン法および2008年法は、それまでは部門別協定に留保されていた適用除外の権限を、企業別協定に一般的に開放する手法を選択したのである[120]。

　このフィヨン法および2008年法による改正は、明らかに有利原則に抵触するものとして憲法院に提訴されたが、憲法院は有利原則を「共和国の諸法律によって承認された基

---

[115] フランスにおける憲法裁判所。法律の合憲性を審査するのがその主な任務である。

[116] CC 20 mars 1997. 97-388 DC, Dr. soc. 1997. 476, note Prétot ; 13 janv. 2003. 2002-465 DC, Dr. soc. 2003. 260, obs. Prétot, Grands arrêts , 4e éd., 2008, n°181 ; 29 avr. 2004, Déc. 2004-494 DC, préc. V. A. Jeammaud : Le Principe de faveur Dr. soc. 1999. 119 ; F. Bocquillon : Que reste-t-il du <<principe de faveur>> ?　Dr. soc. 2001. 255. M. Bonnechère : La loi, la négociation collective et l'ordre public en droit du travail : quelques repères, Dr. ouvrier 2001. 411 ; J. Pélissier ; Droit des conventions collectives : évolution ou transformation, Mélanges Verdier, Dalloz, 2001, p. 95 s.

[117] M.-A. Souriac, L'articulation des niveaux de négociation, Dr. soc. 2004. 579.

[118] さらに、2008年法は、労働時間に関する法律上の規定に対する適用除外協定を、原則として（産業部門別労働協約ではなく）企業別協定によって定めるものとした。このことも企業別協定により重きを置く改正と評価することもできる。

[119] P.-H. Antonmattei, Dr. soc. 2003. 486 et Dr. soc. 2005. 399.

[120] 2004年5月4日の法律43条およびとりわけ2008年8月20日の法律。

本原則とみなされるものではなく…その代わりに、憲法の条文の意味で労働法の基本原則を構成し、その内容および射程を決定することは立法者の役目である」と評価した[121]。最も有利な規範を労働者に適用するという原則は単に立法的な価値を有するにすぎず、憲法的な価値を有するわけではないので、したがって、「立法者が、その規則によって明確な方法でこの適用除外の対象および条件を定義している限りにおいて」という留保の下で、適用除外協定を有効なものと認めたのである[122]。

（2）　義務的交渉事項
　フランスの労働協約システムにおいては、法律によって義務的な交渉事項が定められていることが大きな特徴の 1 つである。この、義務的交渉事項は、産業部門別および職種別交渉についてと、企業別交渉について、交渉レベルに応じてそれぞれ定められている。

ア　産業部門別協約
　産業部門別協約（または職業別協定）によって拘束される組織に対しては、以下のような交渉義務が課されている。
（ⅰ）年次的交渉事項
①賃金および男性と女性の間の報酬の格差の解消計画作成[123]

（ⅱ）3 年毎の交渉事項
①男性および女性の間の職種別平等[124]、②職業教育[125]、③労働条件および雇用能力予測管理[126]

（ⅲ）5 年毎の交渉事項
①格付け[127]

　この団体交渉義務は、産業部門別協約または協定を既に締結した組織にのみ課され、協約を締結していない組織については特に交渉義務は課されない。また、産業部門別交渉については、交渉拒否が刑事制裁の対象とならないという点に特徴がある。なお、義務的交渉事項でない事項についても、産業部門における代表的労働組合が一定の交渉事

---

[121] CC Déc. 2004-494 DC, 29 avr. 2004, §9.
[122] CC Déc. 2004-494 DC préc. §8.
[123] L.2241-1 条
[124] L.2241-3 条
[125] L.2241-6 条
[126] L.2241-4 条
[127] L.2241-7 条

項を要求する権利が認められている[128]。

イ　企業別協約
　企業別交渉・協約については第二章において検討するものであるが、ここでは参考までに企業別協約における義務的交渉事項を記す。
（ⅰ）年次的交渉事項
①実賃金[129]、②実労働時間、③労働時間の体系、とりわけ労働者の要求に応じたパートタイム労働の実施

（ⅱ）3年毎の交渉事項[130]
①当該企業における男性および女性の間の職業上の平等に関する目標、およびその達成を可能とする措置[131]、②障害を有する労働者の雇用への組み込みおよびその維持[132]

（ⅲ）協定の締結まで年次交渉義務が生じる事項[133]
①疾病扶助の制度の実施[134]、②利益参加、参加、または企業貯金制度の実施[135]

（ⅳ）大企業またはグループ企業[136]において3年毎に交渉が義務付けられる事項[137]
①企業の戦略および雇用および賃金に対するその予想される効果についての委員会への情報提供および助言の方式、②雇用能力予測管理[138]の実施、③高年齢賃金労働者の雇用へのアクセスおよび維持、およびその職業訓練へのアクセス

---

[128] この任意的交渉事項について申し立てる方式は部門別協約または職業別協定によって定めるものとされている（L.2222-3条）。

[129] L.2242-8条。実賃金とは職務分類ごとの税引き前賃金であり、協約または協定の適用から生じる手当および給付が含まれるとされる。なお、ここでいう賃金交渉はあくまでも職部分類ごとの賃金であって、個別の労働者の賃金を対象とするものではない（Circ. DRT n°15 du 25 oct, 1983, Liaisons soc., n°5412 du 9 nov. 1983, p.7）。なお、交渉の義務は従業員の一部の実賃金の総額に影響を与えるような事項にもおよぶとされる（Soc. 28 nov. 2000, UAP, Bull. civ. Ⅴ, n°398；Dr. soc. 2001. 212, obs. Radé）

[130] 当該事項を対象とする協約または協定がない限り、使用者は毎年交渉を開始しなければならないが、協約または協定が締結されて以降は、交渉の周期が3年となる

[131] L.2242-5条

[132] L.2242-13条

[133] 当該事項を対象とする協約または協定が締結されれば交渉義務はなくなる

[134] L.2242-11条

[135] L.2242-12条

[136] 少なくとも300人の賃金労働者を使用しているか、または共同体規模であってかつフランスにおいて150人以上の事業所を有する企業または企業グループ

[137] L.2242-15条

[138] 雇用能力予測管理に関する交渉については、F. Favennec-Héry, H. Rouilleaut, <<Obligation triennale de négocier, où en est-on ? >>, Dr. soc. 2007. 988；<<La GPEC；l'environnement juridique >>, Dr. soc. 2007. 1068；H. Legrand, <<Sur un nouvel objet juridique non identifié：la GPEC>>, Dr. soc. 2006. 330；B. Teyssie, <<À propos d'une négociation triennale：commentaire de l'article L. 320-2 du code du travail>>, Dr. soc. 2005. 377. に詳しい。

上記の義務的交渉事項については、その交渉を同時に行うことが義務付けられている
わけではないが、全体としての合意の基礎を見出すため包括的交渉が実施されることが
一般的であるとされる。なお、特定の職種の従業員に関する事項を交渉から排除するこ
とは禁止される[139]。

2　交渉手続

　団体交渉は、原則として交渉当事者が選択した方式に従って展開されることとなる。
ただし、フランス労働協約法は、使用者に対して以下の（1）、（2）の 2 つの義務を課
している。

（1）情報提供義務

　使用者（および使用者組織）は、労働組合組織に対して、交渉の開始日の少なくとも
15 日前までに交渉に関する報告書を交付しなければならないとされる。この報告書は、
当該産業部門の経済的および社会的状況について作成したものであり、主として雇用の
状況および実際の平均賃金の展開についての情報を職種別および性別ごとに記載しなけ
ればならないとされる。

（2）交渉参加者に対する補償[140]

　労働法典は、交渉に参加する労働者に報酬を支払うことを直接定めているわけではな
い。しかし、産業部門別協約または協定は交渉参加のために欠勤する権利を行使する方
式を明示的に定めなければならない旨を規定しており、さらに、これに伴う賃金の維持
または賃金の喪失の補償に関する規定、交渉当事者が企業に属する労働者である場合に
出張費の補償に関する事項を定めなければならないと規定している。

（3）交渉の合意および決裂の場合の取扱い

　交渉が暗礁に乗り上げた場合、使用者団体によってなされた最後の提案は最低限の合
意とみなされる[141]。ただし、この提案は勧告の形態をとることができ、その場合には使
用者団体の構成員の意思に基づいて、当該勧告は構成員たる各使用者に対する単なる助
言としての価値を有する[142]か、強行的な性質を有する[143]かが判断されることになるとさ

---

[139] Crim. 28 mars 1995, RJS 10/95, n°1033：GT カーの運転手の報酬の改正を賃金交渉に含めることを拒
　　否した使用者が有罪判決を受けた事例
[140] 労働法典 L.2232-8 条
[141] Soc. 4 mars 1981, Bull. civ. Ⅴ, n°180；11 juin 1981, Bull. civ. Ⅴ, n°525 （なお、企業別交渉につい
　　ては、この旨が明文で定められている（L.2242-4 条））
[142] Soc. 21 mars 1984 (Jurisp. UIMM, 1986.472)；4 févr. 1987, Bull. civ. Ⅴ, n°60；8 oct. 1987. Bull. civ.
　　Ⅴ, 543；28 avr. 1988, Jurisp. UIMM, 1988. 505, D. 1989. 85, Bull. civ. Ⅴ, 205.

-32-

れる[144]。

3　労働協約の様式

　フランスにおいては、労働協約は契約と考えられてきたことから、その締結は原則として当事者の自由に基づいて行われる。もっとも、フランスの労働協約は「職業の法」としての規範的性質を有することから、その法的安定性の確保を目的に、いくつかの要件を課している。

（1）書面性

　労働協約は書面性が要求され、これを欠く場合は無効となる[145]。そもそも、フランスにおいては契約に書面性が要求されるため、労働協約についても書面でしかありえない。と同時に、労働協約の書面性の要請は、以下に示す公示の原則の前提として必要不可欠なものでもある。

　なお、労働協約および集団協定は、フランス語で書かれていなければならず、外国語で書かれたあらゆる条項は、それが不利益をもたらすような形で労働者に対抗することができないとされる[146]。

（2）届出および掲示による公示

　労働協約は公的機関に対して届け出なければならない[147]。届出は、2通の労働協約を、その1通は紙で、1通は電子媒体で、当該協約を管轄する[148]労働大臣の部局に対してなされる[149]。労働協約あるいは集団協定はまた、締結地の労働裁判所書記課に届け出られなければならない（D.2231-2条）。なお、前記のとおり、労働協約については過半数組織による反対権が認められているが、この労働協約あるいは集団協定の締結後、過半数組合組織の異議申立の有無が明らかでない状態において上記の届出をすることはできない[150]。すなわち、部門別協約あるいは職業別協定に関しては協定および協約の通知の日

---

[143] Soc. 4 mars 1981, Bull. civ. V, n°178 ; 31 mars 1981, Bull. civ. V, 287.

[144] 使用者団体の勧告は、当該使用者団体の全ての構成員に強制されるものと解するには、これを義務的なものとする団体の意思が明示的なものである必要があるとされ、その意思は明確であって曖昧であってはならないのであり、かつその意思は使用者が当該決定をした時点で評価されなければならないとされる。すなわち、当該勧告を使用者に強制するという通達が、労働組合に対する提案の後になされた場合には、当該使用者団体はその勧告に強行的な性質を与える意思を有していなかったものとして強制力を有さないとされる（concl. Jacques Duplat, Dr. soc. 1999. 798.）。

[145] L.2231-3条

[146] L.2231-4条

[147] L.2261-1条

[148] 産業部門別協約および職業別協定または職際協定は、労働大臣の中央局に対して（D.2231-3条）、企業別あるいは事業所別の労働協約および集団協定は企業、競争、労働および雇用を担当する地域の部局に対して届け出られるものとされる（D.2234-1条）。

[149] D.2231-2条。

[150] L.2231-7条

から起算して 15 日、企業別協約あるいは協定に関しては協定あるいは協約の通知から起算して 8 日の期限切れ以降にのみ届出の手続ができることになる。

さらに、協約あるいは協定は、署名した組織のうち主導的な者によって、署名手続の後にすべての代表的組織に対して通知がなされなければならない[151]。これは、反対権の行使の保護を目的とするものであって、協約または協定の届出を受けた管轄行政機関は、その受領の前に、当該協約または協定が交渉に参加したすべての代表的組合に通知され、反対可能期間が満了していることを確認しなければならないとされる。すべての代表的組合に対する通知が履行されなかった場合、上記の異議申立可能期限は、当該通知を受けなかった組織についてはこれが進行しないとされ、なお反対権を行使することができることとなる[152]。

なお、協約または協定の届出により、これに反する約定がない限り、当該協約および協定の条文は、その翌日から適用可能となる[153][154]。

（3）労働者に対する情報提供

労働者に適用される協約上の権利その他については、使用者から労働者および従業員を代表する者に対して情報提供がなされるものとされ、その方式は原則として、産業部門別または職種別協約により定義されるものとされる[155]。産業部門別または職種別協約による定めがない場合、R.2262-1 条以下の規定が適用され、使用者は以下の方法により労働者にその適用される労働協約上の権利を通知しなければならない[156]。すなわち、①雇入れ時の通知、②当該企業において適用されるさまざまな協約の冊子を作成し、従業員を代表する者に対して交付すること、③労働者が当該企業においてどの条文が現在適用されるかを相談できる場所について情報提供するための掲示、④当該企業にそれがある場合には、イントラネットサーバー上に労働協約の条文を置くこと、である。このほか、賃金明細に、当該労働者に適用される産業部門別協約を記載することが義務付けられている[157]。上記の情報提供を欠く場合、労働者に対して彼らについて当該労働協約か

---

[151] L.2231-5 条

[152] なお、代表的組合に対する協約または協定の通知は、あくまでも反対権の行使期限を進行させる効力を有するのみであるため、通知の有無は当該協約または協定の有効性および労働者に対する適用可能性には影響しない。

[153] L.2261-1 条。なお、届出を欠くことは労働協約の無効をもたらすわけではないが、届出のない協約は、労働者に不利益に対抗する能力を有さない（Soc. 3 oct. 1962, Dr. soc. 1962-630.）。

[154] 拡張適用される労働協約についてはより厳格な公示の手続が規定されており、官報（Journal officiel）に拡張適用のアレテが公示される。拡張適用手続についての詳細は後述。

[155] L.2262-5 条

[156] これらの通知がなされなかった場合、それによって生じた労働者の不利益について、損害賠償請求の根拠となるとされる（Soc. 29 mai 1989, Dr. ouvrier 1980. 105）。

[157] ただし、賃金明細中の集団協定の適用の記載は、当該協定が適用される旨の単純推定の効力のみをもたらし、反証が可能である（Soc. 17 nov. 2010, n°09-42. 793 RJS 2/11 n°119）。

ら生じる義務を対抗することができなくなる[158]。ただし、このことは、当該労働協約が労働者に認めている権利を奪うものではなく、あくまでも労働者にとって不利益に対抗することができないのみである。

（４）承認[159]

一定の労働協約については、承認の手続が要求され、公権力による労働協約の内容に対する監督を認めている[160]。なお、承認手続は協約の契約的な性質に影響を及ぼすものではないため、その効力発生は協約の締結日に遡及する[161]。

承認手続が必要とされるのは、主として以下のものである。すなわち、①失業保険に関する協約、②共済組合および社会保障機関さらには社会的および保健衛生的性格を有する非営利の施設および役務に関する労働協約あるいは集団協定[162]である。

第5節　労働協約の法的効力

1　労働協約の効力

労働協約が締結された場合、当該協約は、即時効、強行的効力、直律的効力の 3 つの効力が生じるとされている。以下、それぞれについて述べる。

（1）即時効

労働法典は、「使用者が協約あるいは協定の条項によって拘束されるとき、これらの条項は当該使用者との間で締結された労働契約に適用され、ただし、（協約あるいは協定の定め）より有利な規定についてはこの限りではない」[163]と規定しており[164]、労働協約は、それが発効して以降に締結された個別の労働契約のみならず、すでに締結され、履行の最中であるあらゆる契約をも規律するとされる[165]（即時効の原則）。なお、前述のとおり、労働協約は、原則として、管轄の行政機関に対する届出の翌日から適用となるが、署名当事者は、労働協約が発効する日付を別に定めることができる。

---

[158] Soc. 15 avr. 1992 RJS 1992, n°766；6 juil. 1994, RJS 8-9/94, n° 1023；28 fevr. 1996, RJS 4/96, n°426；8 janv. 1997 RJS 2/97, n°184；23 avr. 1997 RJS 6/97, n°648.

[159] 労働協約の承認制度については、J. Barthélemy, L'agrément des accords collectifs, Dr. soc. 1987 p. 623. に詳しい。

[160] 労働協約の拡張手続についても同様の機能が認められる（後述）が、ここで述べる承認手続は、拡張適用手続とは異なる制度である。

[161] Soc. 6 juil. 2005, Bull. civ. n°537. Comp.；Soc. 16 nov. 2005, Bull. civ. Ⅴ, n°327. これに対し、上記のとおり、通常の労働協約の届出手続については、届出の後に協約の効力が発生するのが一般的である。

[162] 1975 年 6 月 30 日の法律（1986 年 1 月 6 日の法律により改正）

[163] L.2254-1 条

[164] 協約が発効した際に出向中の労働者についても、労働契約上の規定より有利な協約上の規定が適用されると解されている(Soc. 17 juil. 2001, Bull. civ. Ⅴ, n°273；Dr. soc. 2001. 1017, obs. Radé)。

[165] 試用期間の長さについて、すでに試用期間として就労中のものに対してもより有利な協約上の期限が適用された事例(Soc. 19 nov. 1997. RJS 1/98, n°75)や、解雇予告期間中の賃金労働者に対し全国協約によって新たに定められた賃金率が適用された事例(Soc. 26 mai 1976, D. 1976. IR. 207) がある。

—35—

（2）強行的効力

　労働協約が労働契約に対して強行的効力を有することについては、現在争いがないところであるが、この強行的効力をどのように説明するかについては、日本においても（主として外部規律説と化体説との間に）理論的な対立が古くから存在する。フランスにおいても、労働協約と労働契約との関係をどのように捉えるかについては、初期の段階から激しく議論されてきた。

　この点、現在では、一般に以下のように捉えられている。すなわち、フランスの労働協約は、法律が労働協約に対してなすように労働契約を規律するが、労働者はその契約が当該協約に服さなくなった場合、直ちに労働協約によって定められた権利を援用することができなくなることを原則とし、他方で、「既得の個別的利益」の維持が認められるとされている。

　この点、労働協約が個別的労働契約に対して（代表者による署名を通じて）組み入れられている（化体している）と解釈すれば、労働者は当該労働協約がその効力を有さなくなった後においても、当該労働協約によって定められた権利を行使することができることになるはずである。しかし、この労働契約の中に労働協約の条項が組み入れられる（化体する）という解釈は、フランスにおいては判例によって退けられている[166][167]。すなわち、フランスの判例は、労働協約は労働契約へ化体するのではなく、（労働契約に対する）法規的な性質を有するという考え方を基本としているのである。

　以上のような見解を前提にすると、例えば、労働協約によって定められた手当金は、労働者の同意なく契約上の報酬に組み入れることはできず[168]、また、労働者は労働協約によって認められた権利を放棄することはできないとされている[169][170]。すなわち、労働協約はその内容を個別的契約の当事者に強制し、使用者に対して義務を課すのであって、具体的には、労働協約によって定められた賃金は、少なくとも最低基準として、個別的労働契約の賃金として強制されることとなるのである[171]。このほか、休暇に関する権利あるいは各種補償金について、法定外の利益を労働協約が定めているとき、労働者は、当該労働協約から（使用者との合意を媒介とせずに）直接的に権利を取得することにな

---

[166] Soc. 27 juin 2000, JCP G 2000. 10446, note L. Gamet ； 10 juin 2003, Dr. soc. 2003. 887, obs. Radé.

[167] ただし、後述のとおり、「既得の個別の利益」の維持をどのように説明するかという問題が残る。

[168] Soc. 23 oct. 2001, Godart, Bull. civ. Ⅴ, n°330.

[169] Soc. 3 mars 1988, Bull. civ. Ⅴ, n°161, Grands arrêts, 4e éd., 2008, n°161；19 oct. 1999, RJS 11/99, n°1392；13 nov. 2001, Bull. civ. Ⅴ, n°344.

[170] 個別の適用除外あるいは放棄は一切認められない旨を説くものとして Soc. 4 déc. 1990, Bull. civ. Ⅴ, n°608；Soc. 6 juil. 1994, CSB 1994, A. 53.

[171] 労働者は、企業が経営難に陥った場合であっても、労働協約が定める利益（たとえば、賃金の最低基準）を放棄することができない。このことから、フランスにおける産業別労働協約においては、まさに当該産業における最低基準を定めることを基本とし、賃金の基準については、「経営難にある企業であっても支払うことが可能であろう賃金額」を定めるとのことである（AFB におけるヒアリング調査による）。

るのである。

　それでは、労働協約は労働契約においては書かれていない、労働者の負担となる義務を作り出すことができるか否かという問題はどうであろうか。判例は以下のように捉えている。すなわち、労働協約が雇入れの時点で発効していた場合で、かつ当該労働協約が賃金労働者に通知されていた場合、これらの義務は当該賃金労働者に課されるものとされる[172]。これに対し、労働者はその雇入れの後に労働協約によって生じ、自身の契約によっては定められていない義務については、理論的にはこれを拒絶することができるはずである。しかし、この点判例は、義務の目的に応じてこれを区別している[173]。例えば、使用者は集団協定によって制定された競業避止条項[174]あるいは移動条項[175]を、契約上そのような条項を含まない労働者に対して適用することはできないとする一方で、労働協約によって制定された特別拘束制度については、労働者による「労働契約の修正が有効になされていない」とする抗弁を退け、労働者に課されるとしている[176]。

（3）直律的効力

　労働協約の条項に反する個別的契約の条項は、法律上当然に労働協約の条項に置き換えられるとされている。すなわち、個別的労働契約の条項が無効となるのではなく、労働協約が定める最低基準に、その内容が置き換えられることとなる[177]。労働協約が定める事項について、個別の労働契約においてこれを規定していない場合についても同様に労働協約の規定に置き換えられるものとされる。このことは、法律上明記されていないが、学説・判例ともに、労働協約の規定に反する個別的労働契約の条項は、厳密な意味における無効とは区別されるとするのが伝統的な理解であるとされる[178]。

2　労働協約の適用範囲

　フランスの労働協約はその適用範囲においては署名した労働組合に所属する者以外の労働者に対しても適用されることとなるため、その適用範囲の確定が重要な問題となる。労働協約の適用範囲（職業的・地理的範囲）は、労働協約の当事者によって当該労働協約によって確定されるのが基本である。一般に、（後述する拡張適用手続による場合を除き）労働協約の適用範囲は、署名した使用者団体に属する企業であり、他方、労働者の労働組合への帰属の有無は、協約の適用可能性については影響しない。

---

[172] Soc. 8 janv. 1997, Bull. civ. V, n°8, Dr. soc. 1997. 323, obs. Couturier, Grands arrêts, 4e éd., n°165 ; Soc. 23 avr. 1997, Bull. civ. V, n°143.

[173] こうした判例の見解については批判もある(v. Gilles Auzero et Emmanuel Dockès, op. cit., p.1296)。

[174] Soc. 17 oct. 2000, Bull. civ. V, n°334, D. 2001. Jur. 2061, note J. Mouly.

[175] Soc. 27 juin 2002, RJS 10/02, n°1074.

[176] Soc. 13 févr. 2002, RJS 5/02, n°570.

[177] Soc. 19 nov. 1997, Bull. civ. V, n°386 ; Soc. 17 juil. 2001, Dr. soc. 2001. 1017, obs. Radé ; RJS 11/01, n°1282.

[178] Jean Pélissier, Gilles Auzero et Emmanuel Dockès, op. cit., p.1297.

（1）労働協約の規定による適用範囲の定め

あらゆる労働協約は、その地域的および職業的適用範囲を明確にしなければならない[179]。一般に、この労働協約中の職業的適用範囲は、経済活動の用語で定義するものとされるが、交渉当事者に幅広い自由が与えられているため、フランスにおいては労働協約を締結する産業部門の数は非常に多い（現在、700を超える産業部門が存在する）。結果として、大きくかつ経済規模の大きい産業部門においても、それが細かく分割された結果、産業部門別交渉についても非常に細かく細分化されているという実態が存在する（詳細は後述）。

フランスにおいては、産業部門別の全国協約のほか、州および地方レベルで締結される労働協約が存在する。これらの協約は多くの場合、全国協約を補完するものとなっている[180][181]。

（2）使用者に起因する労働協約の適用範囲の修正

上記のとおり、労働協約の適用範囲は、各使用者の署名使用者団体への加入および当該労働協約が定める適用範囲に依拠するのが基本であるが、いくつかの（使用者に起因する）場合において、その適用範囲の修正が生じることがある。以下、詳述する。

ア　使用者組織の加入

すでに存在する労働協約に、新たな使用者組織が加入する場合、この組織の代表性がこの協約の適用範囲と一致しているときには、当該協約の地域的または職業的適用範囲には影響を及ぼさない[182]。この場合において、加入した組織は当初の署名者と同じ権利および義務[183]を有するものとされる。

これに対し、当該労働協約の適用範囲に存在しなかった産業領域または地理的領域にあった新たな使用者組織の加入については、前述のとおり、加入を望む組織および加入される協約の署名者たちとの間の集団協定の形態をとらなければならない。この場合、当該協約の適用範囲が結果として修正されることとなる[184]。

---

[179] L.2222-1条
[180] 特に、当該産業・職種における全国協約が存在する場合、州および地方レベルの産業別・職種別協約は、全国レベルの協約と重畳的に適用されるのが原則であり、有利原則により、州および地方レベルの協約は全国レベルの協約で定められた事項に、（労働者にとって有利な）条項を付け加える、または上乗せすることができないためである。
[181] このほか、地域別職際協定も一部存在する。
[182] 労働法典 L.2261-4条
[183] 産業部門別協約によって設立された同数制度への参加、条文の改正または修正についての交渉への参加を含む。
[184] L.2261-5条

イ　使用者組織への一使用者の加入

　一使用者が、労働協約の署名者である使用者団体へ加入することにより、当該労働協約は当該使用者に適用されることとなる。

　使用者が産業部門別協約または協定に署名した使用者団体の構成員でなければ、（後述する拡張適用手続の対象となる場合を除き）当該協約の条項に拘束されない[185]。この原則は、使用者が、署名使用者団体の構成員である親会社の、子会社であるときであっても適用される[186]。この原則は事業譲渡の場合においても同様に適用されてきており、署名使用者団体の構成員ではない譲受人使用者は、その組合加入の自由を理由に、譲渡人が適用する義務を負っていた労働協約を適用し続ける必要はないとされてきた[187]。ただしこの規則は、オルー法[188]により現在では以下のとおり修正されている。すなわち、譲受人使用者が譲渡人の適用される労働協約の署名団体に加入していないとき、当該企業において新たに適用される協約の規定を定めるための交渉を開始しなければならないとされ、新たな協定が署名されない限り、譲受人企業の企業長は（当該譲渡から1年間は）譲渡人において適用されていた協約を譲受人企業において適用しなければならない[189]とされている。この場合、1年の期限において何らの協約も締結されなかった場合、労働者は、事業譲渡時点で適用されていた労働協約の適用下で獲得していた既得の個別の利益を保持するとされる。これに対し、譲受人使用者が譲渡人において適用される労働協約の署名団体の構成員である場合、当該使用者はその企業が当該協約によってカバーされる地理的および職業的適用範囲の中にあるとき、原則として当該協約を適用しなければならない[190]。

ウ　使用者の使用者団体からの脱退

　前述のとおり、伝統的にはフランスの労働協約は脱退によってその適用を逃れること

---

[185] Ass. plén. 6 avr. 1990, RJS 1990, n°490, p.345　（拡張適用された労働協約の付加文書は、この付加文書が同様に拡張適用されない限り、署名組合に加入していない使用者には適用されないとした例）；Soc. 29 mai 1996, Dr. soc. 1996. 613　（修正の付加文書は、当該協約に署名したが、当該付加文書には署名していない使用者団体の構成員である使用者には適用されないとした例）。なお、署名組織に加入していないことの証明責任を負うのは当該使用者であるとされる（Soc. 20 nov. 2001, Micheli, Bull. civ. Ⅴ, n°352）。

[186] 親会社が子会社の労働者に対する指揮監督権限を実際には掌握していることが立証された事案においても、当該労働協約は「当該協約の署名者でもなく、加入してもおらず…（そして）署名使用者団体の構成員でもない」子会社においては適用されないとした例がある（Soc. 30 avr. 2002, Bull. civ. Ⅴ, n°140；Dr. soc. 2002. 791, obs. G. Coutiturier；Grands arrêts, 4ᵉ éd., 2008, n°169.）

[187] Soc. 17 oct. 1979. Bull. civ. Ⅴ, n°744.

[188] 現 L.2261-14 条

[189] これは、L.1224-1 条（旧：L.122-12 条第2項）に定める条件における、経済的一体の譲渡の場合においてのみ適用される（Soc. 22 mai 2002, Dr. soc. 2002. 1031, obs. Mazeaud）。

[190] L.2262-1 条。ただし、使用者団体における特別な議決により、その義務の適用可能性を制限することは可能であるとされている（具体的には、協約の適用を当該協約の署名に委任を与えた使用者にのみ適用される旨を定めた上で締結された労働協約については、この委任を与えていない譲受人使用者には適用されない（Soc. 29 avr. 1985, D. 1988. 232, note G. Borenfreund, Bull. civ. Ⅴ, n°262））。

ができるとされていたが、現在においては、使用者は、署名使用者団体からの脱退によって当該労働協約に由来する義務から逃れることはできない[191]。すなわち、脱退による労働協約の適用からの解放は、特定の協定の署名前の脱退の場合[192]または労働協約を事後的に修正する付加文書について[193]のみ有効である。労働協約の契約的側面（相対効）を重視していた以前とは異なり、使用者団体への加入によって生じた労働協約上の義務を脱退によって消滅させることはできないという規範は、現在では明確に確立したものといえる[194] [195]。

エ　複数の事業活動を営む使用者における労働協約の適用
（ア）「主たる事業活動」の基準
　複数の事業活動を営む使用者について、産業別労働協約をいかに適用するかという点は重要な問題であり、この点は、特に後述する拡張適用される労働協約の適用について、大きな問題となる。
　原則として、産業部門別協約は、企業の主たる事業活動がその職業的適用範囲の領域に属する限りにおいてのみ適用されるものとされている[196]。よって、企業の主たる事業活動がいかなる産業部門別労働協約の適用範囲にも入らないという場合には、当該企業の二次的な事業活動について、これを規律する拡張適用される労働協約があったとしても、それが適用されることはない[197]。
　そこで、この「企業の主たる事業活動」をいかにして決定するかという点が大きな問題として議論されてきた。たとえば、法人の定款上の記載は、その主たる事業活動を記載するものと言えるが、判例はこれによって「企業の主たる事業活動」が決定されることはないとしており[198]、遂行されている実際の事業活動によって決せられるとされている[199]。具体的には、複数の事業活動を営む企業において「主たる事業活動」と「二次的な事業活動」を区別するための要素としては、①それぞれに関わる従業員数[200]、②それ

---

[191] L.2262-3条
[192] Soc. 1er févr. 1957, Dr. ouvrier 1957. 402.
[193] Soc. 8 déc. 1966, Dr. soc. 1967. 377.
[194] Soc. 10 fevr. 1999, Dr. soc. 1999. 422, obs. Ph. Langlois. この最近の判決は当該使用者がその脱退の前に締結された協約および協定の適用しかないとき、その脱退の後の協定にも拘束されることを明確にしている。
[195] ただし、使用者が使用者団体から除名された場合については必ずしも明らかにはされていないようである。判例によれば、当該労働協約が破棄通告された場合（後述）を除き、当該労働協約は有効に適用されると解されているようである（Soc. 30 juin 1965, Bull. civ. IV, n°517）。
[196] L.2261-2条
[197] Soc. 6 juin 1984, Jurisp. UIMM, 1985, p.169.
[198] Soc. 26 janv. 2005, RJS 3/05, n°385 ; Soc. 4 déc. 2001, RJS 2/02, n°204.
[199] Soc. 19 juil. 1995, RJS 10/95, n°1034 ; Soc. 30 mai 2000, Bull. civ. V, n°208, Dr. soc. 2000. 803, obs. G. Couturier ; Soc. 4 déc. 2001, RJS 2/02, n°204 ; 7 déc. 2005, Bull. civ. V, n°361 ; 15 mars 2006, RJS 6/06, n°755. 真の事業活動の決定は事実審裁判官の評価の専権に属し（Soc. 12 mars 2003, RJS 5/03, n°585）、労働監督官は従って適用しうる協約を決定する権限を有さないとされる。
[200] Soc. 23 avr. 2003, Bull. civ. V, n°140.

ぞれの事業活動によって運営されている取引額を考慮するものとされている[201]。たいていの場合、企業の事業活動が製造業であるときは従業員数が参照される。なお、この主たる事業活動の決定はあくまでも客観的に決定するものとされ、労働協約中に、「複数の事業活動を遂行している企業について、一定の場合に、（二次的な事業活動が属する）他の産業部門別協約の適用を選択することを認める」旨の条項が含まれている場合について、こうした選択権条項は破毀院によって無効であるとされている[202][203]。こうした選択権の行使の場合とは異なり、主たる事業活動に基づき当該企業を拘束する産業部門別協約に加えて、二次的事業活動の範囲に属する他の労働協約を、当該事業活動に従事する従業員の全部または一部に（重畳的に）適用する旨を規定することは禁止されない[204]。なぜなら、このように産業部門別労働協約の競合関係が生じた場合、フランスにおいては有利原則によって当該重畳的に適用される条項のうち、最も有利な条項が労働者に適用されることになり、労働者に不利益が生じる余地がないためである。

（イ）「自律した事業所における区別可能な事業活動」の基準

　（ア）で述べたように、産業別労働協約の適用に当たっては、原則として、当該企業のすべての従業員に対し、当該企業の主たる事業活動に基づいて同一の産業部門別協約が適用される。その理由は、従業員の全体に対してまぎれのない集団的地位を確立すること（労働条件の統一性）および、可能な限り、同一企業における産業部門別協約の競合を避けるということである。しかし、ある労働者が、当該企業の他の労働者の従事する業務と比べ、明らかに異なる業務に従事し、かつ自律した組織のもとで、区別された場所において集団的に就労しているときには、上記の労働条件の統一性の要請が妥当しないと解することが可能である。そこで、近年の判例は、企業の主たる事業活動に基づく労働協約の適用は「労働者が自律した事業所において明らかに異なる業務を遂行している場合」は排除されると解している[205]。具体的な適用にあたっては、あくまでもその自律性が判断基準とされ、ある自律した事業所における「主たる事業活動」とは異なる事業活動が、企業全体の事業活動に比べて極めて小規模であってとしても適用されると

---

[201] Soc. 23 mai 1979, Bull. civ. V, n°447. 一般に、製造業においては従業員数が、商業およびサービス業については取引額が主に参照されるようである。

[202] Soc. 26 nov. 2002, n°00-46873, Bull. civ. V, n°359

[203] ただし、その後の立法により、企業の合併により協約の適用範囲について主たる事業活動の基準が不明確となるような事業活動の多元性が生じた場合には、労働協約は、当該企業が適用される協約および協定を自ら決定するための条件を規定することができる（L.2261-2条2項）とされ、合併による事業の複数化の場合には、適用されうる労働協約の双方が選択権を認める条件を定めている場合に限り、例外的に当該企業による適用労働協約の選択が認められている（例えば、建設業のブルーカラー労働者の全国労働協約および公土木工事の全国労働協約はいずれも当該2つの事業活動を遂行する企業において、従業員代表者との合意の上で、これら2つの労働協約から1つを選択することを認めている）。

[204] Soc. 23 avr. 2003, n°01-41196, RJS 7/03, n°919.

[205] Soc. 21 mars 1990, RJS 5/90, n°399 （会社が卸売を主たる事業活動としていたのに対し小売店舗の従業員に対し靴の小売商の全国労働協約を適用した事例）

している[206]。他方、「主たる事業活動」とは異なる事業活動が、当該企業の中心的な事業活動が行われている場所に付属して行われていた場合、その内容が明らかに「主たる事業活動」とは異質のものであったとしても、「主たる事業活動」に適用される労働協約が適用されなければならないとされる[207]。

オ　事業活動の変更

　企業が事業活動を変更する場合、変更前に適用されていた産業部門別労働協約はもはや当該企業において適用されないのが原則である。しかし、このような場合にも、労働協約の適用についての影響は法律により制限されている。すなわち、事業活動の変更以前に適用されていた労働協約は1年間、またはそれに置き換わる協約が発効するまでの間、その効力を有し、新たに適用される労働協約が締結されないまま1年の期間を満了した場合、以前に適用されていた労働協約については、期間満了の時点において当該労働者が協約の適用を通じて獲得した既得の個別の利益についてはこれが維持される。もっとも、企業活動の変更の際には、使用者はその新たな事業活動に対応する使用者団体に加入するのが一般的であり、この使用者団体が産業部門別協約に署名していた場合、この産業部門別協約は直ちに適用されることとなる。この場合においても、新たな産業部門別協約は、以前に適用されていた労働協約に直ちに置き換わることはなく、旧協約は最長1年間重畳的に適用され続ける[208]。

カ　地理的適用範囲

　労働協約は、それがカバーする地理的な空間の中に位置する企業および事業所のみに適用される。このことは、労働協約が全国的な射程を有するときには、（少なくともフランス国内においては）[209]特に問題を生じることはない。すなわち、当該協約は、使用者が署名した使用者団体の構成員であるとき、フランス国内にある限りにおいて、当該産業部門のあらゆる企業に適用される。

　これに対し、労使当事者は、より限定的な地理的領域において交渉することも自由である。すなわち、全国レベル、州レベル、地方レベルのいずれのレベルで交渉すること

206　Soc. 20 juil. 1982, préc.

207　例えば、食料品等を販売するスーパーマーケットに設置されたカフェテリアで就労する従業員について、ホテル－カフェ－レストランの労働協約ではなく、食料品および日用品の販売店の協約が適用されるとした例がある（Soc. 16 juin 1982, Bull. civ. V, n°394.）。

208　新たに労働協約が締結され、「以前の協約の規定は新たに適用される協約の規定に置き換わる」旨の規定がなされた場合には、旧協約の規定は効力を失う（Soc. 14 mai 1992, Bull. civ., Ⅴ n°310, Grands arrêts, 4e éd., 2008, n°170 ; Soc. 24 févr. 1993, RJS 1993, n°429 ; Soc. 1er déc. 1993, D. 1994. 334, note Emmanuel Dockès, RJS 1994, n°168 ; Soc. 9 févr. 1994, Dr. soc. 1994. 384, obs. G. Bélier ; Soc. 31 janv. 1995, RJS 3/95, n°277.）。

209　国外に事業所を有する企業における労働協約の適用の問題については P. Rodière La convention collective de travail en droit international,Th. Paris, Litec, 1987 参照 ; Soc. 28 nov. 2001, RJS 2/02, n°150 参照

も可能である。もっとも、実務上は、ほとんどの産業において全国レベルで交渉しており、州レベルで交渉することを基本とするのは、主要産業の中では金属産業のみである[210]。

　協約または協定が限定的な地理的射程しか有さないとき、当然ながら、当該地理的範囲に位置する企業または事業所のみがこの協約または協定の適用のもとにおかれる。そこで、企業または事業所がある地方から他の地方に移転したとき、当該企業が当初設置されていた地方における労働協約は当該移転によって再検討の対象とされる。そして、移転の1年後に当該企業の労働者に対する適用が停止されることになる[211]。企業が複数の地方に事業所を有し、かつこの産業部門における労働協約が地方ごとに締結されている場合、当該企業においては、これらの事業所毎に異なる協約を適用しなければならない[212]。

キ　使用者の加入

　署名当事者たる使用者団体の構成員ではない使用者は、イで述べた使用者団体への加入のほか、個別の名義で協約に加入することができる。この個別的加入は当該協約の署名者に通知されなければならず、県労働局および労働裁判所書記課への届出の対象とされなければならない[213]。この加入により、当該労働協約は当該企業において適用されることとなる。

ク　加入を伴わない自発的適用

　加入の手続を伴わない場合であっても、使用者は労働協約の規定の全部または一部を適用することを決定することができる。この場合、加入の場合とは異なり部分的な適用も可能であり[214]、特定の職種に属する労働者のみに適用することも可能である[215]。また、労働協約の自発的な適用は、将来的に生じうる付加文書または置き換え協定の適用を直ちに認めるものではない[216]。

　この労働協約の自発的適用の意思は、労働者が特定の労働協約によって認められた権利を受けることになる旨を明示する労働契約中の記載によって示されるのが一般的であ

---

[210] 交渉レベルの選択は、ある問題類型について、いつもの交渉レベルとは異なるレベルで交渉することを排除しない。例えば、金属産業においては、労働協約については州レベルでの交渉を基本とする一方、労働時間の削減についての全国協定、雇用保障についての全国協定、月給制化についての全国協定、管理職についての全国労働協約といった多くの全国レベルの協約または協定も締結されている。

[211] Soc. 3 mars 1998, RJS 4/98, n°496；21 mai 1997, RJS 7/97, n°848.

[212] Soc. 20 nov. 1991 RJS 1992, n°59 （当該企業がその会社所在地がパリであり、トゥールーズ事業所が第二の事業所であるにもかかわらず、パリ地域における書籍小売業の労働協約はトゥールーズで就労する賃金労働者に対しては適用されないとした例）

[213] 手続の詳細は本節2 (4) 参照。

[214] Soc. 27 avr. 1988, Bull. civ. Ⅴ, n°252

[215] Soc. 5 oct. 1993, RJS 1993, n°1122

[216] 将来的な付加文書をも適用する明白な意思が存在するとされ、その適用が認められた例もある（Soc. 7 avr. 2004, Dr. soc. 2004. 675, obs. Radé）。

る[217]。これにより、当該協約上の権利は個別の契約上の権利となる（化体する）。したがって、当該労働協約の破棄通告は、当該協約を自発的に適用するとした使用者と労働者との間の関係においては何らの影響も及ぼさない。これは、当該労働者は、その契約上の権利を有しているのであって、協約上の権利を有しているのではないからである[218]。労働契約中の明示の記載のほか、これを徴憑する記載からも生じうることが判例により認められている。例えば労働契約または勤務評価表における「協約の定めによる」との記載[219]、使用者が賃金明細において協約によって規定された報酬一覧表を参照している場合[220]などである。このほか、賃金明細上における当該企業において適用される協約の記載は、当該協約の適用可能性を推定させるものとされている[221]。

（3）協約の競合

　これまで述べてきたように、労働協約の交渉当事者は、労働協約の適用範囲を決定するあらゆる自由を有しており、その結果、複数の労働協約が同一の企業（あるいは同一の労働者）に適用されることも日常的に存在する。典型的には、企業別協約、その事業活動部門についての地域的協約、産業部門別全国協約および全国職際協定が適用されるといったケースである[222]。

　このような場合、伝統的には、有利原則の適用により、最も広い射程を有する協約が労働者に付与する権利は、より狭い適用範囲を有する協約によって制約される、あるいは優越される可能性はなかった。すなわち、より狭い射程を有する協約は労働者にとってより有利な規定を含むことのみが可能であった。同一の目的に関する2つの条項が、同一の労働者に適用される2つの独立した協約に含まれている場合、当該労働関係に対しては労働者にとって最も有利である条項[223]が適用されるのである。

---

[217] 使用者が所属していない労働協約の規定を適用する旨の労働契約中の記載は当該企業に移し替えることができる規定に限られる（Soc. 16 déc. 2005, Bull. civ. V, n°369）。

[218] この自発的適用が労働協約の一定の条項に限られているとき、賃金明細上のこの適用の記載のみでは賃金労働者に対しその他の規定を享受する権利を与えることはない（Soc. 10 juin 2003, RJS 8-9/03, n°1040）。この解決は異論の余地があるところであり、というのもこの解決は賃金労働者を一方的に集団的な規約に服させる決定（賃金明細の無条件の記載から生じる）とこの規約の一定の要素の契約化（個別の契約への労働協約の一定の条項の繰入）とを混同しているからである。

[219] Soc. 7 avr. 2004, Dr. soc. 2004. 675.

[220] Soc. 18 janv. 2000, RJS 3/2000, n°305. たとえば明細条に記載された協約の規定を援用することを賃金労働者に認める権利は、当該企業において通常適用される協約のより有利な規定を援用することを当該労働者に禁止するものではない（Soc. 7 mai 2002, RJS 7/02, n°860）。

[221] この場合、使用者は反証をなしうる（Soc. 15 nov. 2007, D. 2008. 325, note B. Reynès；RDT 2008. 44, obs. H. Tissandier；RJS a/08 n°54；Grands arrêts, 4e éd., 2008, n°168.；Soc. 2 juil. 2008 RJS 10/08 n°1012；Soc. 17 nov. 2010 n°09-42. 793 RJS 2/11 n°119；Soc. 16 nov. 1999, Bull. civ. V, n°295, Dr. soc. 2000. 921, rapp. Frouin；18 juil. 2000, Bull. civ. V, n°295, RJS 11/00, p.712, concl. J. Duplat；10 janv. 2001, RJS 3/01, n°320；Soc. 16 déc. 2005, RJS 2/06, n°250.；Soc. 18 juil. 2000, Bull. civ. V, n°296；10 janv. 2001, préc.；Soc. 15 nov. 2007 préc.）。

[222] 4つのレベルが競合することは必ずしも多くはないとされるが、2つのレベルの競合は珍しいことではないようである。

[223] この「最も有利な条項」の評価はしばしば問題となるが、判例によればその評価は従業員全体に対して

—44—

しかし、2004年のフィヨン法により、産業部門別協約または協定は、原則としてより高い地理的または職業的レベルの協約よりも不利な規定を含むことができるとされた[224]。フィヨン法以降、より広い射程を有するこれらの協約の署名者が、明示的に当該協約を全体としてまたは部分的に適用除外することができない旨を規定している（いわゆる「閉鎖条項」）ときに限り、有利原則は適用されることとなっている[225]。たとえば、産業部門別協定が同一の労働者に適用されうる職際協定に比べて、労働者にとって不利な条項を含む場合、当該職際協定がそれを明文で禁止していない限り、適用されるのは産業部門別協定の条項ということになる。いわば、特別法は一般法を破るという規範が有利原則に置き換わったといえよう。

3　産業別労働協約の拡張適用・拡大適用
（1）労働協約の拡張適用
　フランスにおける産業別労働協約が、労働組合の組織率が極めて低いにもかかわらず、なお強い影響力を有している理由としては、労働組合への加入の有無にかかわらず、協約の署名当事者たる使用者団体に加入する企業の労働者に当該労働協約が適用されるというシステムに加え、産業別労働協約の拡張適用制度が挙げられる。すなわち、産業部門別協約あるいは職種別協定または職際協定の条項は、所定の条件を満たすことにより、労働大臣のアレテを通じて、当該協約または協定の適用範囲に含まれるすべての労働者および使用者に対して（署名組織への加入の有無にかかわらず）これを義務付けることができるというものである。

ア　実体的要件
　労働協約の拡張適用手続の対象となるためには、当該労働協約に以下に関する条項が含まれていることが必要となる[226]。
①地理的および職業的適用範囲に関する事項
②更新、改訂、および破棄通告に関する事項
③労働者の交渉への参加についての保証に関する事項
④組合の権利の行使および労働者の意見表明の自由、労働組合の責任を行使する労働者のキャリアの展開およびその職務への従事
⑤従業員代表委員、安全衛生労働条件委員会、企業委員会、およびこれらの委員会によ

　包括的になされるのであって、関係する1人の賃金労働者に対して個別になされるものではないとされている（Soc. 17 janv. 1996, RJS 3/96, n°290 ; 8 juin 1999, Dr. soc. 1999. 852 obs. J. Savatier ; 18 janv. 2000, RJS 3/2000, n°307.）。
[224] M.-A. Souriac, L'articulation des niveaux de négociation, Dr. soc. 2004. 579.
[225] L.2252-1条
[226] L.2261-22条

って運営される社会的および文化的活動の財務

⑥職務の格付けおよび職業資格のレベルの決定に資する主要な要素

⑦無資格の労働者の職業別全国最低賃金および職種別カテゴリーごとに適用される賃金の算定に影響する要素のすべて、並びにその改訂について定める手続および周期性

⑧有給休暇

⑨労働者の募集の条件

⑩労働契約の破棄の条件

⑪職業生活全体にわたる職業教育の体系および機能の様式

⑫女性および男性の間の職業上の平等、報酬の格差の除去および認識されている不平等の改善に努める措置

⑬労働者間の取扱いの平等および差別の予防措置

⑭障碍のある者の労働権を具体化するための独自の条件

⑮当該産業部門における必要に応じた以下に関する条項。すなわち、a）妊娠女性、産前または授乳中の女性、および若年労働者の労働に特有の条件、b）パートタイムの従業員の雇用および報酬の条件、c）家内労働者の雇用および報酬の条件、d）その活動に海外で従事する地位にある労働者に対する保障、e）派遣労働者または外部企業の労働者の雇用条件、f）知的所有権法典 L.611-7 条第 3 項の規定に基づいて使用者に帰属する発明の作者たる、労働者の報酬の条件、g）主要都市県に居住する労働者および海外県、サン・バルテルミー島、サン・マルタン諸島、またはサン・ピエール島およびミクロン島、マイヨット島、ワリス・エ・フトゥナ諸島、およびフランス領南方・南極地域において就労する地位にある労働者に対する保障

⑯当該協約によって拘束される使用者および労働者の間で生じうる集団的労働紛争が規律されることとなる協約上の斡旋手続

⑰疾病の相互扶助制度へのアクセスの様式

⑱労働者の利益参加、参加、および貯蓄に関する規程の実施様式

⑲一または複数の代表的労働組合組織から発せられた交渉の主題に関する要求についての当該産業部門または当該企業における考慮の様式

イ　手続的要件

　労働協約の拡張適用の手続は以下のとおりである。すなわち、①労使同数委員会において協約の内容が交渉され、拡張適用手続を行う旨が合意されること[227]、②当該協約について、団体交渉全国委員会によりその内容が合理的であるとの意見が付されること[228]、③①、②の要件が満たされた場合、労働大臣は遅滞なく拡張適用手続を実施するものと

---

[227] L.2261-19 条
[228] L.2261-24 条

される[229]。

（2） 労働協約の拡大適用

　労働協約の拡張適用制度に加え、特定の産業部門または地理的領域において協約または協定の締結が、労働組合組織または使用者組織を欠くことにより持続的に不可能であるとされたとき、労働大臣は、代表的組合組織の請求に応じて、団体交渉全国委員会の構成員の過半数による書面によりかつ合理的な理由のある異議申立がある場合を除き、労働協約の拡大適用をなしうるとされる[230]。具体的には、①当該地理的領域において、異なる地理的領域においてすでに拡張適用されている産業部門別協約または協定を義務付けること（1号）[231]、当該職業領域において、すでに他の職業領域で拡張適用されている職種別協約または協定を義務付けること（2号）[232]、ある拡張適用された職際協定の適用範囲に含まれていない1または複数の活動部門にその適用を義務付けること（3号）、協約または協定の拡大適用が前項に従って命じられたとき、この拡大適用により定められた領域においてその後に拡張適用された付加文書または付属文書を義務付けること（4号）である。これに加え、産業部門別協約が少なくとも5年間付加文書または付属文書の対象とならなかったか、あるいは、協約を欠いてから少なくとも5年間そこで協定が締結されなかったとき、同様に拡大適用の手続をとることができるとされる。

　（1）で述べた拡張適用手続に加え、この拡大適用の手続を通じて、産業別労働協約または職種別協定を通じた集団的労使関係における規範設定（労働条件決定）を隅々まで行き渡らせることが、政策上意図されているということができよう。

4　労働協約の不履行と制裁

　これまで述べてきたように、労働協約はこれに署名したすべての者および署名した組織の構成員であるすべての者に対して強制される[233]。伝統的な契約理論、すなわち民法典1134条から導かれるものであるが、労働法典はさらに、署名した組織は「その（労働協約の）誠実な履行を危うくする性質を有するようなことを一切なさないようにしなければならない」[234]と規定している。労働協約の不履行に対しては、通常は民事的な制裁

---

[229] L.2261-24条。ただし、労働大臣は、①法律上の規定に反すると思われる条項を当該拡張適用から除外すること、②その基本構造を修正することなく当該協約または協定から切り離しうるものであって、かつ当該適用範囲における産業部門の状況に沿わない条項を除外すること、③法律上の規定に照らして不十分な条項について、法律上の規定に反しない旨の留保をつけて拡張適用すること、ができる（L.2261-25条）。

[230] L.2261-17条

[231] 拡大適用のアレテの対象となる地理的領域は、適用されることとなる、拡張適用がすでになされた領域のものと類似の経済的条件を示すものでなければならない。

[232] 拡大適用のアレテの対象となる職業領域は、従事する雇用に関して、拡張適用がすでになされた領域のものと類似の条件を示すものでなければならない。

[233] L.2262-2条

[234] L.2262-4条

がなされるが（1）、刑事的な制裁の原因となることもある（2）。

（1）民事上の制裁

　ある者が、労働協約によって拘束されているにもかかわらず、これを遵守しないとき、この協約の強制的な履行の訴えを起こすことが可能である。この場合、労働協約に定める債務を使用者に履行させるのがもっとも一般的であり、労働協約の直律的・強行的効力により、その強制は通常容易に認められる[235]。このほか、労働者は、損害賠償金の支払い請求あるいはフォート[236]に基づく不履行を原因とする損害の填補を主張することも可能であるとされる。

ア　団体訴権

　労働協約に署名した組合（団体）は、団体の利益それ自体を目的として、それぞれが裁判上の訴えを起こす権利を有する。

（ア）協約の他方当事者に対する訴え

　労働協約に署名した組織は、それぞれ他方当事者に対して、その義務の不履行について、訴えを起こすことができる。これが労働協約にかかる団体訴権の典型的な類型である。たとえば、労働組合は使用者団体に対して訴えを起こす場合、使用者組織が構成員に対する通達において、協約で定める手当に関する条項を誤って解釈したケースなどが想定される。このような場合、損害賠償の訴えあるいは労働組合が主張する解釈に沿った履行の訴えを起こすことになる[237]。使用者団体の賃金労働者の組合に対する訴えも理論的には可能である。なお、労働協約に署名していない組合は、当該協約の規定が拡張適用手続の対象となっている場合[238]を除き、職業の集団的利益を守るために組合に対して裁判上の訴えを起こす権利を与えている L.2132-3 条（旧 L.411-11 条）を根拠に当該労働協約の適用の訴えを起こすことはできないとされていた[239]が、その後、企業内の組合が同条に基づいて、当該組合自身は署名しなかった企業別協定の無効を請求するため

---

[235] 提訴された裁判官は、たとえ原告である労働者が当該協約の適用を主張しなかったとしても、当該事案に適用される労働協約を探求し、これを適用しなければならないとされる（Soc. 17 déc. 1991, CSBP mars 1992, p.67, A. 12 ; Soc. 20 févr. 1996, CSB 1996, n°80, A. 28）。また、当事者が労働協約を援用する場合、裁判官はあらゆる手段によってその条文を手に入れなければならないとされる（Soc. 29 janv. 2003, RJS 4/03, n°414 ; Soc. 19 févr. 2003, RJS 5/03, n°646）。

[236] 懈怠、不注意、悪意によって、契約上の約務または他人に対して損害を生じさせない義務を果たさない態度をいう。「過失」との訳語が当てられることがあるが、日本の民法学における過失の概念とは異なる（参考：前掲注 6 中村ほか監訳 198 頁）。

[237] Soc. 27 avr. 1964. Dr. soc. 1964. 576 ; 2 mars 1974, Dr. soc. 1974. 417 ; 23 mars 1982, Bull. civ. V. 214.

[238] Soc. 12 juin 2001, Euro Disney, Bull. civ. V. 221, D. 2002. Jur. 361, note H. Nassom-Tissandier et P. Rémy, JCP G 2002. 10049, F. Petit, Dr. soc. 2001. 1019, obs. Antonmattéi ; 18 févr. 2003, RJS 5/03, n°645.

[239] Soc. 3 mars 1998 RJS 4/98, n°498 ; Soc. 10 mai 1994 RJS 6/94

に、当該署名者による団体訴権に加わることができるとした例[240]があり、現在の破毀院は協約の署名当事者に限らず労働協約にかかる団体訴権を行使することは可能であると解されているようである[241]。

（イ）　組織の構成員に対する訴え

各署名組織は、署名した協約を遵守しない個々の構成員に対して訴えを提起することができるとされる[242]。もっとも、労働法典上の団体訴権に基づいて構成員に対する訴えを提起することは、実務上は少ないとされ、一般的には当該組織の規約に基づいて制裁がなされるようである[243]。

（ウ）　協約の署名当事者に所属する者に対する訴え

労働協約の署名組織は、それぞれ当該協約が適用されるすべての者に対して訴えを起こすことができる[244]。典型的には、労働組合は、労働協約の適用を受けるにもかかわらずこれを遵守しない個別の使用者に対して訴えを提起することができる。この訴えの類型は、以前は非常に少なかったが、近年その件数が増加しているようである[245]。

イ　個別の訴え

労働協約による利益を享受する者は、協約上の規定に責任を負う者に対し、個別に損害賠償（あるいは強制執行）の訴えを起こすことができる[246]。典型的には、協約の適用を受ける使用者に対する個別の労働者による訴えがそれである。もっとも、実務上は、個別の労働者がこの権利に基づいて訴えを起こすことは少ないとされる。というのもこの手法によらずとも労働協約の直律的効力および強行的効力の効果を受けた、個別的労働契約に基づく訴えによることが可能であり、こちらが一般的である[247]。

この労働協約に基づく個別の訴えは、代理訴権として労働組合に利用されることが一般的である。むしろ、訴訟能力を有し、かつ構成員が協約の適用を受けるあらゆる団体は、その構成員のために当該協約から生じるあらゆる訴権を行使することが認められている[248]（いわゆる、組合によって代理行使される個別の訴え）。こうした代理訴権が認め

---

[240] Soc. 26 mai 2004, Dr. soc. 2004. 842, et obs. J.-M. Verdier p. 845
[241] Gilles Auzero et Emmanuel Dockès, op. cit., p.1299.
[242] L.2262-11 条
[243] Gilles Auzero et Emmanuel Dockès, op. cit., p.1299.
[244] L.2262-11 条
[245] Soc. 6 déc, 1979, Bull. civ. Ⅴ, n°957 ; Soc. 25 juin 2002, RJS 10/02, n°1154 ; Soc. 22 fév. 2006, RJS 6/06, n°758.
[246] L.2262-12 条。Soc. 12 juil. 2006, n°04-47.550, Bull. civ. Ⅴ, n°263 ; RDT 2007, p.48, obs H. Tissandier.
[247] Gilles Auzero et Emmanuel Dockès, op. cit., p.1299.
[248] L.2262-9 条。この場合、当該組織が協約の署名者であるか否かは問題とならない（Soc. 14 févr. 2001, Bull. civ. Ⅴ, n°56 ; Dr. soc. 2001. 572, obs. Miné）。

られる理由は、一般に、個別の労働者は労働協約およびそこに存する権利について十分な知識を有さず、単独でその使用者に対して訴えを起こすことを躊躇すると考えられるからである[249]。この代理訴権の行使による訴えについては、例外的に、組合は個別の構成員からの委任を立証する必要がなく、手続中に当事者の名を示す必要がなく[250]、単に組合によって自らのために訴権が行使される旨が当該組合員に通知され、当該組合員が反対の意思を示していないことで足りるとされる。

このほか、組合は、組合員の1人によって開始された訴訟手続へ参加することもできる[251]。その理由は、当該訴訟の解決が組合の構成員全体のためになるという集団的利益にある[252]。このため、この場合において当初に訴えを提起した個別の組合員による訴権と、そこに参加する組合の訴権は独立の関係にあり、個別の組合員たる労働者が訴えを取り下げた場合であっても、組合は使用者との間の訴訟手続を継続することができる[253]。

（2）　刑事上の制裁
ア　労働監督官の監督権限

従来、労働協約の適用にかかる労働監督官の権限は、拡張適用された労働協約の適用に関するものに限られていたが、現在では全国職際協定、産業部門別協約、企業別協約のすべてについて、その適用を監督する権限を有している[254]。労働監督官は、労働協約上の規定の不履行について調書を作成し、送検することもその権限上可能ではあるが、このようなケースは、協約の不履行が明白かつ著しい一定の場合に限られる。実務上は、監督官は使用者に対して協約上の義務を示唆し、あるいは労働者または労働組合に対して、協約上の権利に基づく民事上の訴えを提起する可能性[255]を示唆することにとどまるのが一般的のようである[256]。

イ　賃金に関する犯罪

以上のように、労働協約の不履行が刑事犯罪を構成するケースは少ないが、そのうちでも最も一般的な類型は、協約で定められた賃金の不払いであり、古くから存在する。すなわち、拡張適用された協約あるいは協定によって定められた賃金を支払わない使用者は、第4等級の違警罪（contravention）[257]として所定の罰金刑を課されることになる[258]。

---

[249] Gilles Auzero et Emmanuel Dockès, op. cit., p.1300.
[250] 「何人も代理人の名において訴訟することなし」とする民事手続法の原則の例外とされる。
[251] 代理訴権の場合と同様、この権利はその構成員が当該協約に拘束されている限り、当該協約に署名していない組合にも認められる（Soc. 9 avr. 2002, RJS 7/02, n°815）。
[252] Gilles Auzero et Emmanuel Dockès, op. cit., p.1300.
[253] Soc. 25 oct. 1961, D. 1962. note Verdier, Dr. soc. 1962. 229 ; Soc. 9 juin 1971, Dr. ouvrier 1972. 277.
[254] L.8112-1条（1982年11月13日の法律による改正以降）。
[255] L.2262－1条およびL.2262-12条
[256] Gilles Auzero et Emmanuel Dockès, op. cit., p.1302.
[257] フランス刑法における最も軽い犯罪（他に、重罪および軽罪が存在する）。違警罪に対する刑罰は、罰

ウ　適用除外規定にかかる協約条項違反

　近年、労働協約に適用除外規定を置くことが可能となったことに伴い、適用除外規定に違反した場合の理論的問題が生じている。すなわち、法律上の規定が適用除外協定の可能性を認めている場合において、これを定める条項に違反する行為は刑事制裁の対象となり[259]、その場合、当該適用除外条項の違反は、適用除外対象となっている法律上または行政立法上の規定の違反に対する制裁を課されることになるとされる[260]。

5　労働協約の改訂・破棄通告

　労働協約は、期限に到達したとき（期間の定めのある協約の場合）または署名者によって破棄通告されたとき（期間の定めのない協約の場合）、法的な効果を失うのが原則である。しかし、労働協約は、労使にとっての集団的な規範の根拠となることから、フランス労働法典は協約上の規定を存続させる一定の規範を定めている。その中心は、労働協約の改訂の促進および新旧2つの協約の間の移行期間の調整である。

（1）期間の定めのない労働協約

　期間の定めのない協約は、実務上改訂を通じて効力を継続するのが一般的である（ア）が、他方で、署名者によって破棄通告することが可能であり（イ）、このほか、当事者の意思とは独立した原因によりその適用が再検討の対象となることがある（ウ）。

ア　改訂[261]

　労働協約および集団協定は、これを更新あるいは改訂する方式を規定しなければならないとされている[262]。この規定に反する方式によってなされた改訂の同意は無効となるとされる[263]が、この更新および改訂に関する規定は、当該協約の存続期間中においてすべての署名者の同意によって修正することが可能であり、協約中に改訂手続に関する規定を欠く場合においてもこの方法により新たに更新または改訂の方式を定める「改訂」を行うことは認められる[264]。

　協約中に改訂に関する規定を欠く場合について、判例は、契約の更新にかかる基本原

　金刑、一定の権利剥奪刑または権利制限刑、補充刑および損害賠償制裁とされている。罰金刑の最高額は自然人については3,000ユーロ、法人については15,000ユーロとされている（参考：前掲注6中村ほか監訳120頁）。

[258] R.2263-3条
[259] 労働法典 L.2263−1条
[260] 日本において36協定を逸脱する時間外・休日労働が労基法36条ではなく労基法32条等の違反を構成するのと同様である。
[261] 労働協約の改訂については B. Palli, La révision des convention collectives à l'épreuve de la réforme de la représentativité syndicale, RDT 2010. 155 et s. を参照。
[262] L.2222-5条。
[263] Soc. 27 oct. 2004, Bull. civ. V, n°277, RJS 1/05, n°64, Rapp. Duplat, p.19
[264] Soc. 11 mai 2004, RJS 7/04, n°833

則を踏襲し、当該協約に署名し、あるいはこれに加入したすべての代表的組合組織の署名を得る場合に限って改訂が認められ、これを満たさない場合、協約の破棄通告によってのみ使用者は当該労働協約の適用を免れ得るとした[265]。これらの場合を除いては、労働者は旧協約および修正後の協約の規定について、有利原則に基づき最も有利な規定を享受するとしたのである。この点については、現在は立法による修正が図られており、労働協約を改訂する場合には、通常の労働協約の締結と同様の条件で協約を改訂する付加文書を締結することで足りるとしている[266]。すなわち、改訂の付加文書が有効に締結されるためには、当該付加文書が、署名者あるいは加入者である、1または複数の代表的組合組織によって署名され、当該代表的組合組織が企業委員会の直近の選挙において有効投票の少なくとも30％を獲得していることおよび当該付加文書が、署名者あるいは加入者であり、同様の選挙において有効投票の過半数を獲得した1または複数の代表的組合組織による異議申立の対象となっていないことが必要である[267]。これに加え、判例上、集団協定は代表的組合組織の全てがその交渉に参加していなければ締結あるいは修正することができないとされており[268]、改訂の場合についても同様に、すべての代表的組合が交渉に参加していなければならない[269]。そして、これに従って締結された改訂の付加文書は法律上当然に修正後の協約あるいは協定の規定に取って代わり、労働協約あるいは集団協定によって拘束されるすべての使用者および賃金労働者に対抗できる[270]。これに対し、協約を改訂する付加文書について、使用者団体の一部が署名していない場合にどうなるかという問題もある。判例は、当該付加文書はそれに署名した使用者団体の構成員ではない使用者に対抗することはできないとしている[271]。ただし、この判例の見解については、L.2261-8条の規定が協定の改訂をもたらす付加文書はこの協約によって拘束される「使用者のすべて」に対抗できると規定していることに矛盾するとの批判がある[272]。

イ　破棄通告

　労働協約の当事者は、労働協約を新たな経済的あるいは社会的条件に適合させるために、当該労働協約の破棄を選択することが可能である。すなわち、労働協約の署名者は、

---

[265] Soc. 9 mars 1989, Dr. soc. 1989. 631., note Despax, Dr. ouvrier 1989. 359, note P. Bouaziz ; J. Savatier, RJS 1989, p.491.
[266] 労働法典 L.2261-7 条。
[267] L.2232-2 条、L.2232-6 条、L.2232-12 条
[268] Soc. 17 sept. 2003, Bull. civ. Ⅴ, n°240, Grands arrets, 4ᵉ éd., n°160
[269] 改定の対象となる旧協約に署名していなかった代表的組合も交渉に参加しなければならない（Crim. 28 oct. 2008, n°07-82. 799, RDT 2009. 245）。
[270] L.2261-8 条
[271] Soc. 29 mai 1996, Bull. civ. Ⅴ, n°212 ; Dr. soc. 1996. 613, rapport J.-Y. Frouin.
[272] Gilles Auzero et Emmanuel Dockès, op. cit., p.1287.

期間の定めのない労働協約を常に破棄通告する権利を有している[273]。ただし、破棄通告は当該労働協約の全体を破棄することが条件となる。労働協約は「契約の集合体」であり、署名当事者のある者が他の部分については引き続き署名当事者を拘束したいからといって労働協約の一部を破棄することは認められない[274]。当該労働協約自身に部分的破棄通告を認める条項が含まれていたとしても、当該条項は無効になる[275]。

　破棄通告をする場合、署名当事者は当該労働協約によって定められた破棄通告の条件、特にその予告期間を遵守しなければならない。予告期間に関する協約上の明文規定を欠く場合、破棄通告に先行する予告期間は 3 カ月である[276]。雇用および労働条件に関係する協約の破棄通告が企業長から発せられる場合、破棄の前に企業委員会に諮問しなければならない[277]。

　破棄通告を行う場合、破棄通告を行う者は、これを当該協約の他の署名者に対して通知するとともに[278]、労働局および労働裁判所書記課にその旨を届け出なければならない[279]。なお、この届出の日付から、後述の破棄通告後の労働協約の効力期限が進行する。所定の手続に基づかない破棄通告は無効とされ、効果を有しない[280]。

（ア）使用者側あるいは労働者側の署名者の全てから発せられた破棄通告
　使用者側の署名者のすべて（あるいは企業別協定の場合における使用者）または賃金労働者の側の署名者の全てによって破棄通告の権利が行使された場合、当該破棄通告は以下の効果をもたらす。
①破棄通告後、利害関係者の 1 の請求に基づき、当該破棄通告の日付から 3 カ月以内に新たな協約を締結するための交渉が開始されなければならない[281]。
②新たな協約が締結され、破棄通告された旧協約と置き換えられない限り、破棄通告された協約は引き続き適用され続ける[282]（いわゆる余後効）。ただし、この効力は破棄通告の予告期間満了後から起算して 1 年を超えて延長することは原則としてでき

---

[273] L.2261－9 条
[274] Soc. 12 oct. 2005, GOOD Year Dunlop, Bull. civ. Ⅴ, n°289.
[275] Soc. 16 oct. 1974 Bull. civ. Ⅴ, n°478 ; Soc. 30 mars 1977 Jurisp. UIMM, n°376, p.301.
[276] L.2261－9 条
[277] Soc. 5 mars 2008, Sem. soc. Lamy 31 mars 2008, p.11.
[278] L.2261－9 条。Soc. 16 févr. 1989, Dr. ouvrier 1989. 359 ; 19 avr. 1989, Bull. civ. Ⅴ, n°289（組合代表委員ではなく企業委員会の組合代表に通知した破棄通告が手続違法で無効とされた例）
[279] Chambéry, 9 janv. 1986, Dr. ouvrier juil. 1986. 264
[280] Soc. 24 févr. 1993 Dr. soc. 1993. 464 （労働組合ではなく企業内組合支部に通知された破棄通告が効果を有さないとした事例）
[281] 改訂のための交渉が当該破棄通告以前から開始されていた場合においても、L.2261-10 条所定の「新たな交渉」は、破棄通告の後に別途になされるものとされ、すべての代表的組合組織が破棄通告後の新たな交渉に参加しなければならない（Soc. 9 févr. 2000, RJS 3/2000, n°306）。
[282] Soc. 23 mai 2000, Bull. civ. Ⅴ n°199 ；この解決は破棄通告された協定を置きかえることを目的として締結される協定の取消の場合と同じである （Soc. 9 nov. 2005, RJS 1/05, n°69）。

ない[283]（ただし、労働協約それ自身が破棄通告時のより長い余後効を規定する条項を有する場合は除かれる[284]）。

③②による暫定的な余後効の期間経過後についても、旧協約が適用される企業の労働者は、彼らが当該協約の適用のもとで獲得した既得の個別の利益[285]を保持する[286]

（イ）一部の署名者による破棄通告

a　協約の適用範囲に影響を与えない場合

　破棄通告が署名者の一部を構成する1または複数の労働組合から発せられる場合、当該破棄通告は協約の適用については原則として影響を与えないと考えられている。これまで述べてきたように、フランスにおける労働協約は署名した使用者組織に加入する使用者に属する労働者については、協約に署名した労働組合への所属の有無を問わずに適用されるためである。したがって、この場合に生じる影響は、当該労働協約が署名した労働組合に対して付与している契約上の権利（債務的効力）が及ばなくなるのみであるとされている。

　これに対し、破棄通告が当該協約の署名者の一部を構成する使用者組織によって発せられる場合、破棄通告した使用者団体の構成員である企業において、当該協約の適用が停止されることとなる（一使用者が、自身の加入する使用者団体から脱退することによって協約の適用を逃れることができないのとは異なり、署名した使用者団体自身が協約を破棄通告することにより協約の適用から離脱することは認められる）。ただし、この場合には前記（ア）②③の場合と同様に、破棄通告の届出後、一定期間当該労働協約の適用が維持されるともに、それ以降についても既得の個別的利益の保持が認められる。

b　協約の適用範囲に影響を与える場合

　複数の使用者団体が署名する労働協約について、その1の使用者団体のみが協約の破棄通告をした場合において、当該使用者団体が、当該労働協約の職業的適用範囲によって対象とされている、特定の活動部門における唯一の代表的使用者団体である場合、あるいは複数の代表的労働組合が署名する労働協約について、その1の労働組合のみが協約の破棄通告をした場合において、当該労働組合が協約の地理的適用範囲におけるこれ

---

[283] Soc. janv. 1985, Bull. civ. V, n°49 ; 7 juin 2005, Bull. civ. V, n°192 ; 12 oct. 2005, Bull. civ. V, n°290.

[284] Soc. 12 fevr. 1991, CSBP mars 1991, p. 59 (A16)：余後効の条項は期間を定めて規定しなければならず、「破棄通告の場合、協定は新たな協定の締結まで効力を有する」といった約定は1年を超えて労働協約の余後効を延長する効力を有しない。

[285] この「既得の個別の利益」の意義については、学説・判例において複雑な議論が存在する。詳細は Gilles Auzero et Emmanuel Dockès, op. cit., p.1288 et s. 参照。なお、この個別の既得の利益の維持は、新たな協約が締結されなかった場合にのみ認められるものであって、新たな協約が締結された場合にはこの利益は失われる（既得の利益と新協約による利益との間の有利原則は働かない）。

[286] L.2261-13 条。この規則は公企業においては適用されない（Soc. 17 mai 2005, RJS 8-9/05, n°919）。

を構成する特定の地域における唯一の代表的組合である場合については、当該労働協約
の効力そのものは引き続き有効であるが、当該破棄通告を行った組織によって代表され
ていた職業的または地理的適用範囲については修正されることとなる[287]。これらの場合
においても前記（ア）の場合と同様に、利害関係のある労働組合組織は、破棄通告が行
われた職業的または地理的領域において新たな交渉の開始を要求することができるとと
もに、一定期間当該労働協約の適用が維持され、それ以降についても既得の個別的利益
の保持が認められる[288]。

ウ　再検討

　ある経済的実体（一般には企業または事業所）がこの協約の適用領域から離脱する場
合に、労働協約の再検討制度が適用される場合がある[289]。具体的には、合併、譲渡、分
割および事業変更から生じるのが通例である。このほか、企業の所在地がある地域から
他の地域へ移転する場合[290]、あるいは署名した組織の消滅[291]によっても生じる場合があ
る。ただし、協約あるいは集団協定の署名者であるすべての組合組織が代表的組合の資
格を失った場合には協約の再検討を引き起こさない[292]。

　再検討の条件が生じたとき、使用者の署名者あるいは賃金労働者の署名者の全てから
発せられた破棄通告と同様の法的効果が生じるものとされている[293]。すなわち、新たな
交渉[294]が 3 カ月以内に当該企業において開始されなければならず、旧労働協約はこれに
置き換わる労働協約が発効するまで、もしくは新たな協約が締結されない場合において
は 1 年の間、効力を有し続ける。さらに、再検討の対象となる旧協約が 1 年の期間満了
までに新たな協約の締結によって置き換えられなかった場合については、旧協約の適用
を受けていた労働者は、彼らがこの協約の適用のもとで獲得した個別の既得の利益を維
持する。

（2）期間の定めのある労働協約

　労使当事者は期間の定めを付して労働協約を締結することができる[295]。ただし、この

---

[287] L.2261-12 条

[288] L.2261-10 条 3 項

[289] L.2261-14 条

[290] Soc. 3 mars 1998 RJS 4/98, n°496 ; Soc. 21 mai 1997 Dr. soc. 1997. 762（企業の会社所在地のある県
　　から他の県への移転は県の労働協約の再検討をもたらし、当該再検討の必要は自動的に生じるため、企
　　業長は旧労働協約の破棄通告手続をとることを要しないとした例）。

[291] Soc. 15 mars 1995 Bull. civ. V, n°91.

[292] L.2261-14-1 条

[293] L.2261-14 条

[294] この場合、実施されるのは組織変動等によって新たに適用される部門等の協約への置き換えか、あるい
　　は新たな労働協約の作成となるのが一般的であるとされる（Gilles Auzero et Emmanuel Dockès, op.
　　cit., p.1292.）。

[295] L.2222-4 条 1 項

場合に労働協約の期間は 5 年を超えてはならない[296]。これは、労働条件および賃金については、一定の頻度で再交渉されるべきであり、当事者（特に労働者）が古い労働協約の規定に過剰に拘束されることを防ぐ趣旨であるとされる[297]。なお、期間の定めのある協約であっても、すべての署名者がこれに同意する場合には、期限の到来前にこれを修正することができる[298]。

　期間の定めのある労働協約であっても、期限の到来によって当然にその効力を失うのではないとされる。期間の定めのない労働協約と同様にその効果を有し続け[299]、当該協約の適用を止めるには破棄通告による必要がある[300]。つまり、期間の定めのある労働協約において定められた期限とは、実質的に、「破棄通告が可能となる時期」を意味することになる。ただし、期限の到来により当然に効力を失うことが締結時に合意されている場合はこの限りではない。[301]。期間の定めのある労働協約については、期限の到来またはその後の破棄通告によって適用が止められた場合、余後効および「既得の個別の利益」の維持の原則が適用されることはない。すなわち、期間の定めのない協約の破棄通告の場合とは異なり、期間の定めのある労働協約については、その期限後についてはその適用の維持についての特別な保護は存在しない。これは、期間の定めのない労働協約との異なり、期間の定めのある労働協約の適用の停止は、労働者にとって不意にその利益を失わせる性格のものではないためとされている。

第6節　フランスにおける産業別労働協約の現在

1　フランスの産業別協約・交渉－概況

　以上のようなフランスの労働協約システムの中で、産業部門別協約および産業部門別交渉の実態はいかなるものであるか、以下、近年における産業レベルの協約および交渉の実態を概観する。

　労使関係データ年次報告（Déclaration annuelle des données sociales : DADS）によれば、2009 年 12 月 31 日時点において、715 の部門別協約が 1,540 万人の労働者をカバーしている。もっとも、この 700 を超える部門別協約の多くは、（極めて）小規模な「部門」をカバーする労働協約となっている。すなわち、約 100 の部門別労働協約は、当該協約を適用されている労働者の総数がその適用範囲全体で 1,000 人未満となっている。これらの労働協約が適用されている労働者は、そのすべてをあわせてもフランスの労働

---

[296] L.2222-4 条 3 項
[297] Gilles Auzero et Emmanuel Dockès, op. cit., p.1293.
[298] Soc. 11 mai 2004, Bull. civ. Ⅴ, n°130.
[299] L.2222-4 条 2 項
[300] Soc. 25 janv. 1994. CSB 1994, A. 14.
[301] L.2222-4 条 2 項は、「これに反する約定がない限り」との留保を設けている。ただし、判例はこの「反する約定」について、厳格に解する立場をとっている（Soc. 26 juin 1991, Bally, RJS 8-9/91, n°983 ; Soc. 28 sept. 2010, n°09-13. 708 ; RJS 12/10 n°963

者の総数のわずか 0.2%に過ぎない。他方で、50,000 人を超える労働者に適用される労働協約は、部門別協約の総数の 1 割に満たない 61 であるが、その適用対象者たる労働者の総数は、フランスの労働者全体の 70%を超えている。

　なお、これらの部門別協約の約半数は、州・県・地方単位の協約である。そして、上記のとおり、フランスの部門別労働協約の多くは小規模な「部門」をカバーするものとなっており、約 6 割の協約が適用労働者数で 5,000 人を下回っているが、その 2/3 は、この州または県・地方単位の協約である。全国レベルの部門別協約についても、その 4 割以上が適用労働者数の合計で 5,000 人を下回っている小規模な「部門」をカバーする協約あるが、州または県・地方別の協約は小規模な協約の割合がさらに高く、その 4/5 が適用労働者数の合計で 5,000 人を下回っている（表 1 － 6 － 1 参照）。

表 1 － 6 － 1　　全国レベル／地方レベルの部門別労働協約の適用労働者数毎の件数比率

	適用労働者数 5,000人以上	適用労働者数 5,000人未満	合計
全国協約	28.6	20.6	49.2
州・県・地方別協約	10.2	40.5	50.8
合計	38.8	61.2	100.0

（数値は%）

出典：Ministere du travail, La negociation collective en 2011, 2012

　ちなみに、適用対象労働者の最も多い産業部門別協約は、技術者・ソフトウェア・情報産業・研究者（bureaux d'études techniques Syntec）の労働協約（2009 年 12 月 31 日時点で約 697,200 人）[302]であり、次いで食料品の小売業および卸売業の労働協約（約 649,500 人）、10 人以上のブルーカラー労働者を擁する建設業（約 612,000 人）、ホテル・カフェ・レストラン業（約 580,100 人）、自動車関連サービス業（約 434,400 人）と続く。

　1,000 人以上 5,000 人未満の賃金労働者をカバーする労働協約が 121（24.7%）、対象労働者数が 32.3 万人（2.1%）であり、5,000 人以上の賃金労働者をカバーする労働協約（前記 50,000 人以上が対象のものも含む）が 268（54.7%）、対象労働者数が約 1506.4 万人（97.7%）となっている。

　なお、州・県・地方別労働協約で適用労働者数が 5,000 人を超える労働協約は、そのほとんどが金属産業の州・県・地方別協約である[303]。

　このように、産業部門（または職種別）という枠組みをとりながら、大量の部門別協

---

[302] 賃金労働者の員数についてのデータはすでに公表されているデータの結果に応じてごくわずかに修正されている。
[303] 巻末資料参照。

約が存在していることも、フランスの産業別労働協約システムの大きな特徴の 1 つであるといえる。その背景には、フランスにおける複数組合主義の伝統と、その背景にある、フランス人の個人主義的性質があるようである[304]。加えて、制度的な側面から述べれば、産業部門を「創る」ことについて法的な枠組みが一切存在しないということが、ここまで産業部門の数が増えたことの大きな理由の 1 つであるとされる。すなわち、使用者は、使用者団体を離脱することによって産業別労働協約の適用を逃れることはできないが、「新たな」産業を作り、独自の労働協約を設定することによって、産業が異なる＝適用対象外であるとして旧協約の適用を逃れることが可能であるため、こうした手法が小規模な産業・企業を中心にしばしば生じているという[305]。他方で、労働組合の側も同一の産業部門においてさらに職種別に分かれて団体交渉および労働協約の締結を要求するケースも少なくないようであり、こうしたことが産業部門別協約の細分化にさらに拍車をかけている[306]。たとえば、映画産業においては、その中にさらに職種別協約が 6 種類存在している[307]。

　こうした状況を背景に、フランスの産業レベルの交渉／協約については、「産業部門別」といっても、一括りに評価することはできないのが実情のようである。すなわち、大規模な「産業」と小規模な「産業」とでその実情は大きく異なっており、大規模な産業（金属、化学、プラスチック、公共部門）においては労使対話が適正に機能している一方で、サービス産業を中心に、とりわけ小規模企業が多い産業[308]（産業部門のうちの約半数）においては、労使対話がほとんど機能していないという、産業毎の格差が大きくなっているのが実態のようであり、州・県・地方レベルの協約を中心に、約半数の労働協約は、5 年以上もこれに関わる協定および付加文書が新たに締結されていない（＝交渉が事実上行われていないもしくは形骸化していると推測される）状態にある[309]（表 1－6－2 参照）。

---

[304] Medef におけるヒアリング調査による。

[305] ヒアリング調査における J. Freyssinet 教授の発言に基づく。極めて狭い領域をカバーする産業部門別協約の典型例としては、「自転車修理業」の労働協約、「アマゾンにおけるツアーガイド」の労働協約などがある。

[306] Medef におけるヒアリング調査による。

[307] 映画制作全国協約、映画吹き替え・アフレコ全国協約、映画現像所・字幕スーパー全国協約、アニメーションフィルム制作全国協約、映画配給全国協約、撮影家全国協約。

[308] Medef におけるヒアリング調査では、その代表例として、理容業、美容業が挙げられたほか、G. Lyon-Caen 教授は、小売業を労使対話が機能していない産業部門の代表例として指摘された。

[309] これに対し、直近の協定・付加文書締結からの経過年数が 1 年以内となっている協約（全国レベルで 37.7％、州・県・地方レベルで 13.6％）については、定期的に正常な交渉が持たれている可能性が高いものと推測できる。

表１－６－２　直近の協定・付加文書締結からの経過年数

	1年以内	1年～2年	2年～3年	3年～5年	5年超	合計
全国協約	37.7	3.3	1.3	1.3	5.6	49.2
州・県・地方別協約	13.6	2.0	1.2	1.2	32.9	50.8
合計	51.2	5.3	2.5	2.5	38.5	100.0

（数値は％）

出典：Ministere du travail, La negociation collective en 2011, 2012

　　こうした労使対話が機能していない産業においては、労働協約は実質的には法律上の規定をそのまま引き写したものも少なくない。なお、この状況は、行政サイドとしても問題があると考えており、今後、産業部門別協約を整理することを検討しているという。具体的には、比較的小規模な産業の州・県・地方別労働協約については、これを当該産業の全国協約に統一すること、あるいは関連性の深い複数の産業について、統一的な労働協約にまとめる[310] [311]ことによって交渉の実効性を確保すること、さらには労働協約の改訂に際して一定の制約を課した上で、これを満たさずに新たな協約を締結することができなかった産業については、他の関係の深い産業部門別協約、職種別協約の拡大適用によってカバーすることが想定されている[312]。

　　もっとも、このような産業の規模による交渉実態の差異があるとはいえ、産業別労働協約が現に存在し、これが拡張適用されることによって、産業別労働協約が主として（法律から上乗せされた）最低基準としての規範として作用することに重要な意義があることは間違いない。特に、後述するように、産業の規模の大小を問わず、中小規模の企業においては産業レベルに輪をかけて労使交渉が機能していないというのが実態である。こうした中小企業が多い産業において、労働条件の引き下げ競争（いわゆる「社会的競争」）を防止する機能が、産業別労働協約の重要な機能であることは、今なお変わりがない[313] [314]。

---

[310] 特に、その関係性ゆえに慣行的に統一交渉が行われている、あるいは同時期に交渉が行われる慣行となっている産業について、こうした手法が取られている。

[311] こうした結果生じた統一協約については（場合によっては移行措置として）１つの協約の中に複数の格付け表あるいは賃金表が存在すること、また協議の労働協約は全国統一であるが、賃金については団体交渉において地域別に定められ、これが賃金協定または賃金付加文書地域別に反映されるというケースが多いようである。

[312] ヒアリング調査における C. Didry 教授および A. Jobert 教授の発言による。

[313] 企業別交渉（企業別協定による産業部門別協約の適用除外）を推進する立場にある Medef のヒアリング調査においても、産業別労働協約による最低基準設定機能の意義は否定しておらず、産業部門別交渉を否定しているわけではないとのことであった。Medef の立場は、産業別交渉による最低基準の設定を前提としつつも、企業ごとの独自性を発揮するための、企業別交渉による自発的決定の余地を認めるべきというものである。

[314] このほか、銀行業を営む A 社のヒアリング調査においては、産業別労働協約の機能として、①政府に対して労使の自律的決定を尊重させること、②産業の腐敗を防止することがあげられるのではないかとの見解が聞かれた。

2　フランスの産業別交渉・協約－近況

　フランスの場合、産業部門別協約（convention collective de branche）は、当該産業における労働条件の全体としての枠組みを形作るものであり、めったに改定されることがない。たとえば、2015 年に新たな（改正）協約が締結されたのは、わずかに 6 つの産業部門しかない[315]。そして、賃金額など、そのときどきの変化に応じて細かい修正が必要となる事項については、当該事項に関する集団協定（accord collectif）を締結するか、あるいは付属文書（avenant）の合意とするという形式を取るのが一般的である。そこで、産業部門レベルでの交渉の状況を把握するためには、この集団協定および付属文書にかかる交渉・締結状況を検討する必要がある。

　そこで、2000 年以降の産業レベルの集団協定の締結件数の年度別推移を見ると、2000 年から 2003 年にかけては年間 800 件から 900 件の署名件数であったのに対し、2004 年に一気に 1,100 件近くに到達した。それ以降、2012 年まではおおむね 1,100 件から 1300 件の間で推移してきていた。特に、2009 年から 2012 年までは、毎年、1,300 件を超える集団協定が締結されている。これに対し、2013 年の集団協定の締結件数は大幅に減少し、1,007 件にとどまっている。また、続く 2014 年も 1006 件にとどまった。もっとも、2015 年における締結件数は、暫定値の段階で前年比 4%増と微増している[316]。

　次に、産業別協約の地理的状況について確認する。フランスにおいては、産業別協約においてその地理的な適用範囲を定めることが可能である。労働協約（convention collective）については、すでに大半の地域別労働協約が全国レベルの協約に吸収される形で廃止され、現在もなお地域別で労働協約（convention collective）を締結している産業は、金属産業のみとなっている。もっとも、集団協定（accord collectif）については、現在もなお地域レベルで締結されるものも少なからず存在している。すなわち、2015 年に締結された産業部門レベルの集団協定のうち、約 70%が全国レベルで適用される協定となっているのに対し、州単位（régional）で締結された協定が約 22%、より下位の地方レベル（県など）で締結された協定が約 7%となっている。この地域別の比率は、近年おおむね安定している傾向にあり、2000 年～2015 年の間では、全国レベルの集団協定の件数が占める割合は、64%（2007 年）～75%（2009 年）の範囲で推移している（図1－6－3）。　州および地方単位で協定が締結されているのは、労働協約（convention collective）がそもそも州および地方単位で締結されている金属産業（métallurgie）に加え、建設業（batiment）および公土木工事（travaux publics）が主である。これらの産業部門については、（当該産業における全国レベルでの交渉・協約の影響力を強く受けつつも）なお州・県・地方単位での交渉・協約を通じた労働条件・雇用条件規制が残され

---

[315] 巻末に資料として掲載誌ている銀行業の産業別協約の場合、1950 年代に改正が行われて以降、約 50 年間、協約本体の改正はなされなかった。

[316] Ministere du travail, La negociation collective en 2015 (2016).

ているようである。このほかに、州・県・地方別で締結される協定としては、特定の地域における特別な産業・事業活動に関わるものである。代表例としては、パリ地域の空港における荷物管理・清掃業、ロックフォールチーズ製造業、シャンパン製造業、マルチニーク島における砂糖・ラム酒製造業、またはグアドループにおける陸上輸送および関連産業などである。

図１－６－３　年度別新規署名部門別協定・付加文書の地理的レベル別分布（単位は％）

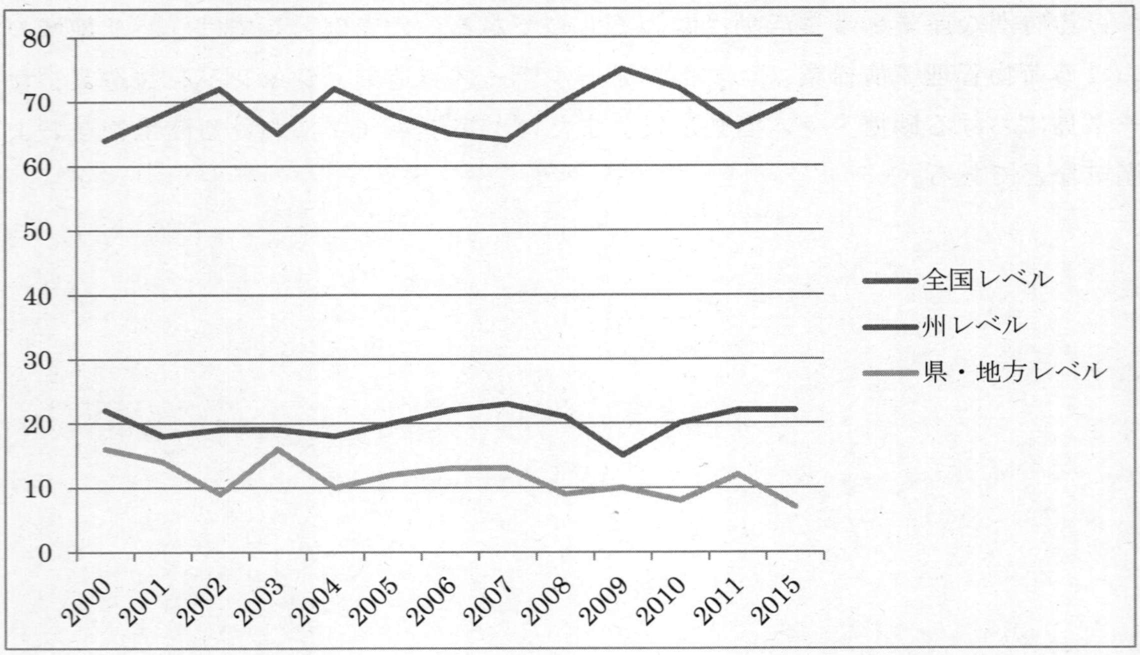

（図：折れ線グラフ。縦軸は0〜80、横軸は2000〜2015年。凡例：全国レベル、州レベル、県・地方レベル）

出典：Ministere du travail, La negociation collective en 2011, 2012, 2015

　州・県・地方別の付加文書の多くは賃金に関わるものであり、全国レベルでは締結された付加文書に占める賃金付加文書は 1/4 強であるのに対し、州・県・地方レベルの付加文書については、賃金に関するものが 2/3 近くを占めている（表１－６－４）。このように、部門別交渉については、全体としての労働・雇用条件を全国レベルで統一的に定めつつ、賃金については地域の実情を考慮して決定するという傾向が進んでいる。

表１－６－４　付加文書に占める賃金付加文書の占める割合の推移

（全国レベル・地方レベル）

年	全国レベルの賃金付加文書の数	全国レベルの付加文書全体に占める割合（％）	州・県・地方レベルの賃金付加文書の数	州・県・地方レベルの付加文書全体に占める割合（％）	賃金付加文書の総数	付加文書全体に占める割合（％）
2000	191	32.3	187	60.3	378	41.9
2001	263	35.1	199	66.3	435	44.8
2002	224	33.1	162	63.5	386	41.4
2003	214	32.7	205	66.8	419	43.6
2004	230	28.0	200	66.4	430	38.4
2005	279	33.0	263	72.1	542	44.8
2006	288	36.7	260	65.8	548	46.5
2007	268	37.2	258	66.5	526	47.6
2008	318	38.3	242	67.2	560	47.1
2009	235	24.6	201	64.4	436	34.5
2010	228	25.7	230	61.7	458	36.5
2011	250	29.3	266	63.5	516	40.6
2012	299	34.1	299	69.5	598	45.6
2013	218	29.1	220	72.4	438	41.6
2014	193	26.0	202	69.2	395	38.2
2015	174	22.3	195	68.7	369	34.6

出典：Ministere du travail, La negociation collective en 2015, 2016

3 フランスの産業別交渉・協約－２０１５年の状況

　産業部門レベルにおける団体交渉ではどのような事項が主たる交渉事項となっているのであろうか。この点を中心に、以下では２０１５年における産業部門別交渉／協約の状況を検討する。

　２０１５年に署名された産業部門部門レベルの協定および付加文書の内容を見ると（表１－６－５参照）、2010 年に比べて件数は減少しているものの、賃金に関する協定／付加文書が最も多い。これに対し、手当金についての協定は 2010 年に比べて大幅に減少している（2010 年の 205 件に対し、2015 年は 142 件）[317]。また、産業レベルの協約の最も重要な機能である、格付けについての交渉は非常に少なく、これに関する協定および付加文書の数は 2010 年の 47 件でかろうじて集計対象に含まれていたが、2015 年はついに件数の減少により集計対象外となっている。

　これに対し、協定の交渉・締結条件、職業教育・見習契約、補足退職年金／相互扶助、労働契約の要素については、いずれも 2010 年に比べて件数が顕著に増加しており、また全体に占める割合も大きくなっていることがうかがえる。これらは、この間に当該交渉事項に関するさまざまな立法や改正が行われ、それに対応するために産業部門レベルでの交渉および協定の締結がなされたものと予想される。あわせて、2010 年には集計の対象に入っていなかった、「協定の適用条件」が 175 件で項目別の第 6 位に入ってきたことは、（具体的な協定の内容が現時点では明らかでないため不明瞭な部分もあるが）協約による規範設定の規範階層に係る法改正の影響が、分権化という形で具体的に現れ始めた兆候という可能性が見て取れる。なお、重要な労働条件の 1 つである労働時間については、2008 年の法改正以降法律の規定を適用除外する方法が企業別協定によることを原則としたことの影響もあり、産業部門レベルにおいては中心的な交渉事項となってはいないことが窺われる。

---

[317] 景気後退の影響という可能性が考えられるが、あるいは手当に関する交渉／規範設定の権限が企業レベルへと分権化していっている可能性も考えられる。

表１－６－５　産業部門レベルの協定／付加文書の対象事項（2010 年、2015 年）

2015年の順位	事項	2015年の締結件数（暫定値）	2010年の締結件数（確定値）	2010年の順位
1	賃金	369	456	1
2	協定の交渉・締結条件 （協定の締結、企業別協約の公示、部分的適用除外、交渉の同数性の調査、交渉のルール、交渉委任労働者、同数委員会）	264	217	3
3	職業教育／見習契約	232	208	4
3	補足退職年金／相互扶助 （補足退職年金、相互扶助、補足的疾病補償）	232	175	5
5	労働契約の要素 （雇入れ、試用期間、有期契約、派遣労働、休暇（母性休暇・養子縁組休暇・育児休暇）、解雇（予告期間・解雇）、辞職）	207	114	8
6	協定の適用条件	175		
7	男女間の職業上の平等	167	162	7
8	手当のシステム・増額	142	229	2
9	疾病	136		
10	労働時間 （労働時間、労働時間調整）	60	76	9
11	労働条件・安全衛生	59	58	10
12	組合の権利	49		

＊「協定の適用条件」、「疾病」、「組合の権利」については、2010 年は件数が少なく集計外だった

出典：Ministere du travail, La negociation collective en 2011, 2012, 2015

第７節　フィヨン法および 2008 年法による分権化の試みとその影響

1　フィヨン法改正の経緯

　フィヨン法による「有利原則」の修正の直接の端緒となったのは、1995 年 10 月 31 日の全国職際協定[318]である[319] [320]。同協定は、その後の 1999 年における修正と併せ、労働組合の企業内支部がない企業における団体交渉を拡大することを主な目的とするもので

---

[318] 「すべての交渉レベルにおける契約実務を連続的に発展させること(de développer la pratique contractuelle, de façon articulée, à tous les niveaux)」を目的とする全国職際協定。

[319] この協定は、使用者側は CNPF（現：Medef）、CGPME および UPA によって、労働者側は、CFDT、CFTC および CGC によって署名されている。同協定については、G. Coin, Dr. soc. 1996. 3 et s.；Cohen, Dr. soc. 96, p. 18；M.-L. Morin, Dr. soc. 1996. 11 et s.；G. Bélier, Sem. soc. Lamy, n°768, p.3. 参照。

[320] なお、

あった。具体的には、産業部門別協定の承認のもとに、従業員から選出された代表者または「組合によって委任された」労働者により、企業別協定を締結することを認めるというものである。上記1995年の職際協定を受け、この内容が1996年11月12日の法律（以下、1996年法）によって立法化されたのである。この1996年法により認められた新たな企業別協定の締結方法は、労働組合以外の者に協約の締結権限を付与するものであり、（代表的）労働組合にのみ労働協約の締結権を認めてきたフランス労働協約システムから逸脱するものであった。この点、憲法院は、労働組合は「団体交渉に関する労働者の代表性の独占」を享受するものではないとした上で、1996年法によって認められた企業別協定の締結手法は「代表的組合組織の関与を妨害する目的も効果も有しない以上、選挙によって指名された者あるいはその代表性を有する組合から委任された者もまた、労働条件の集団的な決定を行うことができる」として、その憲法適合性を承認している[321]。これにより、労使関係における企業レベルでの集団的規範設定（労働条件決定）の促進（＝産業部門レベルの役割の後退）および代表的労働組合の権限の後退が、（少なくとも法形式上は）生じることとなったといえよう。

　1996年法に続き、労使は、2001年7月16日に「団体交渉の抜本的改革の方法および手段についての共通見解」[322][323]を採択した。この文書においては、①組合が設置されていない企業における団体交渉について一般的に組合の委任を受けた者に協約締結権を付与すること、②産業部門別交渉と企業別交渉の関係について、産業別協約の承認のもとに企業別協定がこれを適用除外しうること、③労働協約の締結に係る多数決主義の採用、を推進することを主な内容とするものであった。

　この2001年の労使共通見解を受け、フィヨン法は、以下の2つの大きな改正を行った。すなわち、第一に、産業部門別協約および職種別協定、並びに企業別協定の有効性を、企業委員会、あるいはそれがないときには従業員代表委員の直近の選挙の第1回投票で少なくとも有効投票の過半数を集めた代表的組合の反対によって覆しうるとすることにより、多数決原則の部分的な承認をしたこと、そしてその第二が、企業別協定によって、産業部門別協約の規定および一定の法律上の規定を適用除外する自由を幅広く認めたことである。これにより、フランス労働協約システムにおける伝統であった協約の階層性および労働者に最も有利な規範を適用するという原則、すなわち「有利原則」を大幅に修正したのである[324]。

---

[321] CCD.96-383 du 6 nov. 1996, Dr. soc. 1997. 31, ss. obs. M.-L. Morin ; Grands arrêts, 4ᵉ éd., 2008, n° 157. V. G. Lyon-Caen : La constitution française et la négociation collective Dr. Ouvrier 1996. 479 ; J. Pélissier, Droit des conventions collectives : évolution ou transformation, Mélanges Verdier, Dalloz, 2001, p.95 s.

[322] Liaisons soc. 2001, C1, n°174, Dr. soc. 2003.92.

[323] この文章はCGTを除くすべての代表的な使用者団体および労働者団体によって署名されている。詳細はG. Bélier : Des voies nouvelles pour la negociation collective, Sem. soc. Lamy, n°1038 du 23/7/01. 参照。

[324] この改正については、P. Rodière, L'émergence d'un nouveau cadre de négociation collectives, Sem.

なお、これに引き続き 2008 年法は、労働時間に関する法律上の規定の適用除外について、企業別協定によることを原則とし、産業部門別協定による適用除外規定は企業別協定を欠く場合についてのみ効力を有する旨の改正を行った。この改正は、厳密には産業別労働協約の適用除外を認める趣旨のものではないが、産業部門別協約こそが集団的な規範を設定し、企業別協定はその枠内において（労働者に有利な方向でのみ）適用についての条件設定を行うことしかできなかったとする伝統的な協約の階層性を覆すものであり、企業別協定を主たる規範設定手段とし、産業部門別協定はこれを補足するものと位置づけるという意味で、労働協約の階層性の修正を象徴するものとも言える。

2　フィヨン法および 2008 年法の影響

　以上のようなフィヨン法および 2008 年法改正については、フランスの労働協約システムにおける大原則であった「有利原則」を大幅に修正するものとの評価が一般的である[325]。それでは、両法による「有利原則」の修正は、フランスの労働協約システムにいかなる影響を与えたのであろうか。

　この点、これらの改正の影響について調査を実施した 2012 年のヒアリング調査における回答はおおよそ以下のとおりである。すなわち、使用者団体においては「フィヨン法によっては、実際の変化はほとんど生じなかった[326]」（Medef）、「（金属産業では）現在のところ適用除外を採用していない[327]」（UIMM）、「（銀行業においては）フィヨン法および 2008 年法改革の影響はほとんど存在しない」（フランス銀行協会[328]）という回答であり、企業レベルにおいても「適用除外が使われた例は存在しない」（A 銀行）という回答であった。これに対し、労働組合におけるヒアリングにおいても、「産業部門レベルの協約に対する適用除外は、製造業における大規模産業で一部みられる程度で、実際にはほとんど普及していないのではないか」（CFDT）、「実際には適用除外が用いられるケースはほとんどなかったようである」（CGT-FO）、「一般的には適用除外は少ないといわれているが、断言することはできない。企業別協定の実態はほとんど把握されていないため、実際のところはわからない」（CGT）というものであり、CGT において得られた回答は結論を一応留保するものであるものの、労使双方ともにフィヨン法および 2008 年法

---

soc. Lamy, 2003, n° 1125, および以下の業績を参照。M.-A. Souriac, J.-E. Ray, P.-H. Antonmattéi et G. Borenfreund, réunis dans le numéro special de Droit Social, Le nouveau droit de la négociation collective, juin 2004, p. 579 s. G. Borenfreund et al., La negociation collective à l'heure des révisions, Paris, Dalloz, 2005.

[325] Gilles Auzero et Emmanuel Dockès, op. cit., p.1267.

[326] なお、「これを受けて、2008 年法によって労働時間については企業別協定が事実上優先するという形を実現したが、その影響については明確には把握していない」との回答があわせて得られている。

[327] なお、あわせて「労働時間については企業レベルで決めるようになってきている」との回答が得られたが、これは法律によって（産別協約を通り越して）企業別協定で法律の適用除外を定めることになったためであり、「産別協約の適用除外」とは異なるとの認識が示されている。

[328] Association Française des Banques 以下、AFB。

によって適用除外が著しく進んだとの認識は持ち合わせていないようである。また、識者に対するヒアリング調査においても、「(フィヨン法および2008年法は)理論的には産別協約によって守られている小企業において問題を引き起こす懸念を有するものであったが、実際には適用除外はほとんど用いられていない。」(J. Freysinnet 教授)、「フィヨン法、2008年のいずれにおいても影響はほとんどない[329]」(C. Didry 教授・A. Jobert 教授)という回答であり、やはり、フィヨン法および2008年法によって企業別協定による産業部門別協約の適用除外はほとんど進んでいないという認識のようである。

それでは、なぜ以上のようにフィヨン法および2008年法による影響がほとんど生じないという事態になったのであろうか。その原因としては、いくつかが指摘されている。

その第一は、適用除外協定の締結に労働組合の合意が得られないというものである[330]。実際、前述のとおり、フィヨン法のもととなった2001年の全国職際協定については、いわゆる五大労組のうちCGTを除く4つの代表的労働組合がこれに署名しているが、これは適用除外制度が導入されたとしても、その実際の締結は産業別組合(あるいは総連合体)によって歯止めをかけることを念頭に置いたものであるとの指摘がある[331]。最も多く用いられているのは、適用除外協定を禁止する、いわゆる「閉鎖条項(clause de fermeture)」を設定するという方法である。こうした方法は実際に非常に多くの産業において採用されているようであり[332]、もっとも一般的な適用除外に対する対抗手段のようである。また、適用除外協定を一律に禁止することはせずに、その締結の条件を設定するケースもある。CFDTは、適用除外協定の締結について「労働者の50％以上が賛成していること」等を条件に設定し、傘下の組合に通達している。このほか、法律により公序に属する事項(①産業別最低賃金、②労働時間の上限、③安全衛生に関する事項、④休日規制)についてはそもそも法律上適用除外が禁止されていることについても留意する必要があろう。

第二の理由として、使用者団体においても必ずしも企業別協定による産業別労働協約の適用除外に賛成しているとは限らないという点があげられる。実際、金属産業の使用者団体であるUIMMは、適用除外制度を採用しない方針を採用している。これは、とりわけ大産業においては、当該産業における労働条件の最低基準を産業別協約によってコントロールしたいという考え方が根強く存在することによると指摘されている[333]。すなわち、産業別労働協約の伝統的な機能である、社会的競争(労働条件の引き下げ競争)

---

[329] なお、A. Jobert 教授からは、2008年法による労働時間規制の適用除外が企業別協定によることを原則としたことの影響は生じているとの指摘を受けた。具体的には、管理職の労働時間が長期化する傾向が生じているとのことである。

[330] UIMM およびA銀行におけるヒアリング調査でこうした趣旨の回答が得られた。

[331] ヒアリング調査における J. Freyssinet 教授の発言による。

[332] CGT-FO におけるヒアリング調査による。また、CGT でのヒアリングでは、産業部門レベルの75％が閉鎖条項を設定しているとの回答があった。

[333] CFDT、CGT および A. Jobert 教授のヒアリングにおいてこうした知見が得られた。

を通じた過剰な企業間競争をコントロールすることが、使用者にとってもむしろ有益であるとの考え方がなお根強く存在するということである[334]。

　第三の理由として、そもそも適用除外協定の締結の基礎となる、企業レベルでの労使関係が十分に成熟していない点があげられる。すなわち、適用除外協定を締結するためには、その前提として企業内での労使交渉を行う必要があるが、この企業内労使交渉を行うことを個別の使用者が嫌っているというものである。このことは、とりわけ企業内労使関係が脆弱な小企業において顕著であり、小企業の使用者は、適用除外についての交渉を企業単位で実施することによって逆にさまざまな問題が噴出することを恐れ、結局、産業部門レベルの交渉および協約による労働条件設定を継続することを選択したというものである。したがって、今後についても、企業別協定による産業別労働協約の適用除外の利用が進むとすれば、それは企業レベルの労使関係が十分に成熟している大企業に限られ、（中）小規模の企業においては、今後も産業別労働協約による集団的な規範設定（労働条件決定）が継続していくことが見込まれている[335]。

　第四の理由としては、そもそもフィヨン法の制定以前から、実際には産業別労働協約と企業別協定との役割分担が進んでおり、適用除外協定によって企業の実態にそぐわない規範を修正する必要性が必ずしも高くなかったということがあげられる[336]。このことと関連し、賃金とともに企業の実情に応じて決定される要請が高いものと考えられる労働時間について、2008年法により労働時間規制の適用除外がそもそも産業部門レベルではなく、企業レベルでの協定によることを原則としたことにより、産業部門レベルの協約を適用除外する必要性は一層低下したといえる[337]。

　最後に、この適用除外協定が普及しない理由として、法律理論上の問題が指摘されている。それは、労働協約によって労働条件を不利益に変更する場合、これは個別の労働契約を拘束するのかという問題である。すなわち、フランスにおいては、伝統的な契約理論が重視されてきた結果、労働協約はあくまでも法規範として労働契約を規律するものであって、その内容が労働契約になるという理論を採用していない。この結果、仮に労働協約を労働者に不利益な内容に変更したとしても、これによって直ちに労働契約の内容を修正することはできないとされているのである。この点については、判例の立場は必ずしも明確ではなく、この点の不透明さも、使用者が適用除外協定を用いることを

---

[334] むろん同時に、産業別労働協約の機能低下による産業レベルの使用者団体の地位の低下に対する懸念も存在するものと考えられる。

[335] ヒアリング調査における J. Freyssinet 教授の発言による。

[336] 産業別労働協約と企業別協定の役割分担については本節4（2）を参照。

[337] ただし、このことは産業部門レベルの交渉および協約のプレゼンスを低下させる効果を有するものであることには留意する必要がある。ただし、J. Freyssinet 教授によれば、この企業別協定による労働時間規制の適用除外も、中小規模な企業においてはほとんど採用されていないとのことであり、その要因はやはり企業別協定の締結のために企業内労使交渉を行うことが、中小規模企業の使用者に忌避されていることとされる。

躊躇する要因の1つであるとの指摘がなされている[338]。

第8節　本章での検討結果

　本章においては、集団的労使関係における規範設定（労働条件決定）において、フランスにおける産業別労働協約はどのような機能を有し、またいわゆる企業レベルでの労働条件決定への分権化という潮流が生じている中で、フランスの産業別協約は今なおいかなる機能を果たしているのかという点を検討してきた。端的に結論を示すならば、フランスにおいては現在もなお、集団的労使関係における規範設定（労働条件決定）においては、産業別労働協約は大きな影響力を有しており、2004年のフィヨン法および2008年法による、いわゆる伝統的な有利原則の修正、すなわち企業別協定による産業別労働協約の適用除外が可能になったにもかかわらず、実際にはこうした適用除外協定を用いたいわゆる集団的労使関係における規範設定（労働条件決定）の「分権化」はほとんど生じていないのが実態である。

　以下、本章における検討を踏まえ、その内容を総括したい。

（1）

　まず、基本的な前提理解として、フランスの労働協約システムは、労働組合の組織率がわずか8%前後という非常に低い状況にあるにもかかわらず、労働組合の労使関係におけるプレゼンスは今なお一定の地位を保っており、かつ労働協約の適用率が約97%という極めて高い状況にあるという特殊性を踏まえておく必要がある。

　こうした状況がなぜ生じているのか、フランスの労働協約システムの理解には、その歴史的背景を踏まえておく必要がある。第1章第1節において詳述したように、フランスの労働協約システムは、大革命以降の基本原理である契約の自由に基づく伝統的な契約理論に対して、実態として集団的労使関係における規範を設定する機能を有する労働協約を、いかようにして整合させるかという努力が図られてきたという点が第1の歴史的特徴である。これは、1919年法における立法による規範的効力の承認、ついで1936年法による公権力の承認を前提とした労働協約の拡張適用制度によって立法的に克服されてきたといえる。第2の特徴として、労働協約システムを支える労働組合運動において、個人の組合活動の自由（団結の自由）を尊重するという視点から、複数組合主義が強調されるとともに、20世紀初期において大きな影響力を発揮したサンディカリスムの理念に基づき、労働組合運動とはその意志のある者によって当該職業における労働者全体の利益を代表して行動することが、その基本的な行動様式となったことが指摘できよう。こうしたサンディカリスムの影響および労働組合運動の歴史的な経緯のもとに、労働協約は「職業の法（loi de profession）」という位置づけが与えられ、このことが1936年法以降確立した、労働協約の拡張適用制度に基づき、労働協

---

[338] CFDT、CGTおよびA. Lyon-Caen教授に対するヒアリングでこうした知見が得られた。

－69－

約が（組合員であるか否かを問わず、さらには当該使用者が署名使用者団体に属していない場合であっても）当該職業における集団的な規範設定を行うというシステムを確立するに至ったといえる。こうしたフランスの労働協約システムは、一方ではフランスの労働組合運動における理念を前提としたものであるといえる一方、伝統的な契約理論の克服、サンディカリスムの理念の裏返しとしての労働組合の組織率の低さという実態のもとで、労働協約の定める規範をいかに定着させるかという実際上の要請に基づいた、極めて人工的なシステムであるとも言える。この点で、フランスの労働協約システムはあくまでも国家および法の裏付けによって形成されてきたものであり、ドイツのような純粋な労使自治の理念から生じてきたものではないということを留意する必要がある。この、フランスの労働協約システムの人工的な性格は、1966年アレテによる五大労組システムの確立に如実に現れている。すなわち、第1章第1節において述べたように、いわゆるフランスの五大労組システムは、戦後圧倒的な影響力を持った CGT が、サンディカリスムの（さらには当時のソビエト連邦の）強い影響力のもと、労使交渉においては一切の妥協をしないという姿勢を貫き、労使交渉が十分に進まないという状況を克服するために、ここから分裂した CGT-FO、管理職組合である CGC、CFDT が誕生した結果極めて少数の組合となった CFTC に「自動的に」労働協約の締結資格たる「代表的労働組合」の地位を付与することにより、これらの（CGT に比して少数派の）組合による労働協約の締結を通じて、産業別労働協約による集団的労働規範設定を確保してきたのである[339]。すなわち、フランスにおいて労働組合の組織率がわずか 8％前後でありながら、労働協約の適用率が約 97％という極めて高いという状況は、歴史的および実際的必要性を背景に、立法等によってきわめて政策的に確立されてきたシステムであるということができよう。

（2）

このようにして形成された産業別労働協約による集団的規範設定（労働条件決定）機能は、大きく分けて、①産業別の最低労働条件の設定、②産業内における社会的競争（労働条件引下げ競争）防止を通じた産業内市場秩序の維持という2つの機能を果たすに至っている。とりわけ、企業内労使関係が成熟していない中小企業が多い産業においては、実質的に産業別労働協約が個々の企業における（最低基準にとどまらず）実際の労働条件の設定機能を有しているものといえる。その一方で、金属産業を典型に、極めて小規模な企業から、巨大企業まで含む産業においては、まさしく産業別労働協約は産業における最低基準を設定し、小規模企業においてはこれがそのまま適用される一方、大企業においては独自の労働条件が設定

---

[339] あるいは、憲法院が 2004 年法および 2008 年法について、「有利原則」あるいは代表的労働組合の労働協約締結権の独占を憲法的規範とは認めず、法律による修正を許容したのは、こうしたフランスの集団的労使関係システムが人工的・作為的なものであるという歴史的経緯を踏まえたものであるとの評価も可能であろう。

−70−

され、産業内におけるある種の労働条件格差が生じる実態が存在する[340]。

（3）

　こうしたシステムを支えてきたのは、1936年法（あるいは1951年法）で確立された産業別労働協約の拡張適用システムおよび有利原則、並びに代表的労働組合の制度であることは疑いのないところである。このようなシステムによって産業別労働協約が集団的労働規範設定を一手に担う形となったのは、他方では、フランスにおいては企業内に労働組合が入り込むことが許されなかった[341]結果、企業レベルでの集団的労使関係がまったくといっていいほど形成されていなかったことによるものである。これに対し、現実の労使関係に最も近いのは企業内の労使関係であり、本来的には企業レベルでの労使交渉によって労働条件を設定することが実態に叶うとの理念に基づき、企業内労使交渉を促進する政策が、1971年法による企業別協約の導入以降とられてきたのである。2004年のフィヨン法および2008年法による改革は、こうした企業内労使交渉の促進政策の延長線上に位置づけることができよう。しかしながら、こうした政策的意図とは裏腹に、企業別協定に基づく適用除外制度はまったくといっていいほど用いられず、労使当事者は今なお産業別労働協約による集団的な規範設定システムを維持している。その背景には、労働組合の意思、すなわち、産業レベルに比べ、企業レベルにおける労働者の交渉力の脆弱さに対する懸念から、容易には企業別協定による適用除外を認めないとする立場に加え、使用者の側においても、産業別労働協約の機能（最低条件設定機能はむろんのこと、社会的競争の防止機能）を意義のあるものと捉え、必ずしも企業別協定による企業単位の労働条件設定を良しとするばかりではないという立場がある。こうした、産業別労働協約の機能に対する評価に加え、企業別協定による適用除外が進まない要因として強調しておくべきは、適用除外協定を締結する前提となる、企業内における集団的労使関係の未成熟さであろう。すなわち、使用者の多くが適用除外協定の締結に消極的な要因は、産業別労働協約の社会的防止機能の尊重もさることながら、その前提となる企業別交渉に対する忌避の姿勢にある。このことは、1971年法以降、企業レベルにおける労使交渉の基盤整備を意図してきた各種の立法政策が、実際にはおよそ十分には機能していないことを明らかにしたものといえよう。すなわち、法律上、企業別交渉および企業別協定に集団的労使関係における規範設定（労働条件決定）機能を付与したところで、その前提となる企業レベルでの交渉基盤が未成熟であったがために、そうした機能はおよそ働かなかったというのが、フィヨン法および2008年法の影響についての端的な評価といってよいものと思われる。

---

[340] さらに、第2章第1節で述べたように、小規模企業が多い産業および産業そのものの規模が極めて小さい産業においては、産業レベルにおいても労使交渉が十全に機能していない状況にある。もっとも、こうした産業においても、一度は設定された産業別労働協約およびこれを補完する法律による最低条件の設定によって、労働条件の最低基準は確保されていると評価できよう。

[341] 企業内組合の設置が可能となったのは1960年代以降のことである。

（4）

　もっとも、企業内労使交渉を推進する立場にある労働省および使用者団体の Medef は、こうした状況を受けて、企業内労使交渉を促進するための政策を今後も採用していくことになる[342]。労働時間に関する法規制の適用除外について、産業別労働協約を通過して企業別協定による適用除外を認めた結果、こうした労働時間協定が激増しているように、産業部門レベルの労働協約のプレゼンスが徐々にではあるが低下していく傾向にあることは間違いないようである。今後、企業レベルの労使関係の基盤の整備が進むにつれて、少なくとも大企業においては、産業別労働協約から企業別協定への集団的労使関係における規範設定（労働条件決定）にかかるプレゼンスの移転が生じていくのではないかと思われる。

　以上のようなフランスにおける労働協約システムの機能の現状については、あくまでも産業別労働協約の視点から見た結果にすぎない点は留保しなければならない。現に、1980 年代において 5,000 件程度であった企業別労働協約が、現在においては 35,000 件にのぼっているという事実は、上に述べたような状況にもかかわらず、企業別協約がフランスの労働協約システムにおいて無視できない存在となっていることを示すものであろう。この観点からすれば、フランスにおける企業別協約の実態を見ることによって、フランスの労働協約システムの全体像が明らかになるものと思われる。この点については、引き続き第 2 章において検討する。

---

[342] オランド政権の誕生を受けて 2012 年 11 月から開始された労使対話においても、企業内交渉の促進に関する施策がテーマの 1 つとして掲げられている。

第2章　フランスの企業別労働協約をめぐる法理論[343]

第1節　沿革

　フランスにおける労働協約システムは、伝統的に産業部門および職種別のレベル[344]を基本として設計されてきた。すなわち、フランスの労働協約法は、伝統的に、企業別交渉および企業別協定[345]に対しては副次的な位置付けしか与えてこなかったのである。

　もっとも、この労働協約法の中に企業別交渉および協定が位置づけられていなかった時期において、企業レベルの団体交渉および企業別協定の締結が存在しなかったというと、そうではない。むしろ、国有部門（secteur nationalisé）における企業別交渉および協定は、フランス国内における団体交渉および労働協約の締結について、ある種の先駆的な役割を果たしていた。例えば、ルノー公団（Régie Renault）が1955年に締結した、労働組合との交渉方針についての合意は、その後の自動車産業および食品産業における団体交渉の交渉方式の先鞭をつける形となったことが知られている[346][347]。

　その後、労働協約法において、企業レベルにおける労働協約の締結が正面から認められることとなったのは、1971年のことである。1971年7月13日の法律は、労働者の団体交渉権を明文で保障し、代表的労働組合の排他的交渉権限を承認した。これらを通じて、賃金協定のみならず、企業レベルのさまざまな労働協約の締結が認められたのである。

---

[343] 本章における記述の多くは、本プロジェクト研究において先に取りまとめた報告書（細川良『現代先進諸国の労働協約システム－フランスの企業別協約』（労働政策研究報告書 No.178、2015年））の内容について、再構成を行った上で、一部を加筆・修正し、再録したものである。加筆・修正にあたっては、上記報告書執筆後に行なった現地でのヒアリング調査のほか、主に以下の文献に拠っている。
Gilles Auzero et Emmanuel Dockès, Droit du travail, 29e éd., Dalloz.; Jean-Emmanuel Ray, DROIT DU TRAVAIL DROIT VIVANT, 24e ed, Wolters Kluwer, 2015。

[344] 以下、本章においては、産業部門レベルと職種別レベルの協約・交渉を、あわせて単に「産業別」、「部門別」、あるいは「産業部門」と表記することがある。

[345] フランスにおいては、労働協約を指し示す用語として、'convention collective' という用語と、'accord collectif'という用語が存在し、前者を「労働協約」と訳すのに対して、後者に対しては「（集団）協定」という訳語が当てられることがある（前掲注6中村ほか監訳5頁および124頁参照）。この両者は、法律の定義の上では、convention collective は、「労働者の雇用条件、労働条件、および福利厚生条件の総体を決定することを目的とする。」（傍点筆者）のに対し、accord collectif は、「特定の事項のみを対象とする」点で異なっている。もっとも、両者はその締結の要件、その法的効果等の点において異なる点はなく、両者をあわせて convention collective、また「労働協約」と称されることもしばしばである。また、法律上の convention collective に該当するような協約は、（制度上は企業レベルでも締結可能となっているが）実際には産業部門レベルにおいて締結されるのが一般的であって、企業レベルではあまりみられないこともあり、産業別協約・協定を総称して convention collective、企業別協定を accord collectif とする用語法もしばしばみられる。以上のような状況を踏まえ、本章においては、産業部門レベルで締結される集団的合意については「（労働）協約」の訳語をあてるとともに、一般名詞としての広義の「協約」として用いる場合には、その個別に指し示す内容が企業別のものであったとしても「協約」との用語を用いることがある。これに対し、（産業部門別協約に対置する意味で）企業・事業所等のレベルでの集団的合意として用いられている場合においては、原則として企業別（または事業所別）「（集団）協定」の語をあてることとする。

[346] Jaussaud, <<L'accord Renault>>, Dr. soc. jamv. 1956.

[347] 1950年代のフランスにおける団体交渉の動態については、松村文人「戦後フランス団体交渉の成立 --1950年代における金属産業賃金交渉 」日本労働協会雑誌29巻4号（日本労働協会、1987年）34頁以下に詳しい。

-73-

その約 10 年後に行われたいわゆるオルー（Auroux）改革、特に 1982 年 11 月 13 日の法律では、産業部門レベルおよび企業レベルのそれぞれについて、代表的労働組合との団体交渉義務が定められた（産業部門レベルは 5 年毎、企業レベルは毎年の交渉義務）。これにより、フランスの労働協約システムにおける、産業部門レベルおよび企業レベルという、二元的協約システムが、制度上確立されたと評価されている[348]。

　このオルー改革による二元的労働協約システムの確立は、当時、必ずしもコンセンサスを得られたものではなかったようであり、以下のような幾つかの危惧が示されていた。すなわち、企業別交渉の発展が、産業部門別交渉からその実質を取り除くのではないか、あるいは組合支部が定着していない企業において、労働者の協約による保護が後退するのではないかといった危惧である[349]。実際、産業部門別協約は、使用者および労働者の双方について、（労使のそれぞれが固有の利益を有する）2 つの共同体を構成し、交渉によってこれを調整した成果となる。これに対し、企業別の労使関係の発展の結果、労働者の特定の企業の「従業員」としての帰属が、同一部門の他の労働者との連帯よりも優先されるようになることが考えられる。その結果、企業別交渉の発展は、労働者全体の代表としての「労働組合」と、当該企業における利益にあずかる「従業員」の代表との関係という問題を提起し[350]、企業別交渉の発展が、使用者の組合無視および労働者の分裂を助長するのではないかという懸念が示されていた[351]。

　もっとも、オルー改革の当時において示されていた上記の懸念は、その後のフランスの労使関係の展開において、必ずしも妥当したわけではない。すなわち、産業部門別交渉は、1982 年法以降も、明らかな衰退傾向までは認められていない[352]。他方で、企業別団体交渉は、企業レベルの賃金決定等の労働条件決定のみならず、労働時間の柔軟化[353]、あるいは一定の－例えば、ワークシェアリングのような－雇用政策を企業に浸透させる[354]といった、さまざまな方法で用いられることとなった。

　この間の企業別交渉の発展について、指摘される 1 つの特徴として、「ギブ・アンド・

---

[348] Gilles Auzero et Emmanuel Dockès, op.cit., p.1405, v. Y. Chalaron, Négociation et accords collectifs d'entreprise, Litec 1990, n° 28, p.27.

[349] v. Gilles Auzero et Emmanuel Dockès, op. cit., p.1405 ; R. Soubie, L'obligation de négocier et sa sanction, Dr. soc. 1983. 55 et s. ; G. Bélier, Le double niveau de négociation dans les lois Auroux : un atout pour la politique contractuelle, Dr. soc. 1983. 74 et s. ; P. Rodière, Accord d'entreprise et convention de branche ou interprofessionnelle, Dr. soc. 1982. 711 et s.

[350] v. J. Barthélémy, Collectivité du personnel et notion d'entreprise, D. 2000. Chron. 279.

[351] Gilles Auzero et Emmanuel Dockès, op. cit., p.1405.

[352] フランスにおける産業別協約・交渉の状況については、本報告書第 1 章を参照。

[353] v. M. –A. Souriac et G. Borenfreund, La négociation collective entre désillusion et illusions, Mélanges Verdier, Dalloz, 2001. 383 ; J. –E. Ray, La négociation collective : quell avenir? , Mélanges Despax, PU Toulouse, 2002, p. 445 et s.

[354] 主に、週 35 時間労働の超過時間に関する協定として用いられた。すなわち、フランスにおいては、法定労働時間である週 35 時間を超える労働時間は、超過勤務時間（heures supplémentaires）とされ、週 48 時間かつ任意の連続する 12 週を平均して週 44 時間の枠内で可能とされる。そして、超過勤務時間は、割増賃金の支払または一定の期間の休日を得る権利をもたらすこととされている。こうした超過勤務時間についての取扱について（法定の基準を前提に）企業レベルでの協定を通じてこれに関する規範設定がなされている。

－74－

テイク（donnant-donnant）」協定と言われる協定の実務の発展が指摘されている[355]。とりわけ、近年は雇用の保護を名目とする労働条件の変更（主として不利益変更）がその傾向としてみられる。

　この点における法制度上の大きなメルクマールは、2004年5月4日の法律－いわゆるフィヨン（Fillon）法－とされる。フィヨン法は、一定の条件のもとで、企業別協定が産業部門別協約の条項を適用除外することを認めた。これにより、（雇用の保護等を引き換えとした）企業別協定による労働条件の（不利益）変更の可能性が、より広がることとなった。続いて、2008年8月20日の法律は、労働時間の体系[356]、例えば、超過勤務時間の年間割当（contingent annuel d'heres supplémentaires）、包括労働時間制（forfait en heures ; forfait-heures）、年間労働日数制（forfait en jours ; forfait-jours）、労働時間調整（aménagement du temps de travail）について、企業別協定に主導的な地位を与えており、企業別協定による労働条件の変更の可能性を広げるという傾向は加速している[357]。また、2013年6月14日の法律－いわゆる雇用安定化法（la loi relative à la securisation de l'emploi）－も、企業別協定の重要性を増す改正内容を含んでいる。すなわち、雇用安定化法は、雇用の維持および企業内移動に関する協定（accord de maintain de l'emploi et de mobilité interne）の締結を認め、労働契約を根拠とした企業別協定による労働条件の変更への対抗力を減殺している。

第2節　企業別協約をめぐる法理論[358]

　1970年代以降、フランスにおいては、企業レベルでの交渉が可能であることは、労働法の基本原則であるとされている[359]。本節においては、企業別交渉の展開についての基本的な法制度について述べる。具体的には、まず、企業別交渉の枠組みに関して、交渉単位（企業別、事業所別、企業グループ別等）について述べ（1）、続いて、交渉の当事者について述べる（2）。続いて、交渉の展開について述べる（3）。さらに、交渉事項についての基本的なルールを確認した上で（4）、フランスの企業別交渉（協定）に関する法制度において、もっとも重要な特徴の1つである義務的交渉事項について述べる。最後に、企業別協定の適用をめぐる重要な問題の1つである、社会経済単位の移転と企業別協約の帰趨について述べる（6）。

---

[355] R. Soubie, Les accords donnant-donnant, Dr. soc. 1985. 614.

[356] 以下に述べるフランスの労働時間制度における諸制度の詳細は、労働政策研究・研修機構編「諸外国のホワイトカラー労働者に係る労働時間法制に関する調査研究」（2005年）129頁以下、同「労働時間規制に係る諸外国の制度についての調査」（2012年）39頁以下等を参照。

[357] もっとも、これらの法改正により、企業別協定による産業別協約の適用除外は、必ずしも著しく進んでいるわけではないようである（本報告書第1章〇〇頁参照）。

[358] v. G. Bélier et H. Legrand, la négociation collective en entreprise, éd. Liaisons, 2011 ; La négociation collective d'entreprise : question d'actualité, Dr. soc. sept.-oct. 2009.

[359] CE 21 juill. 1970, Dr. soc. 1971. 112.

1 交渉単位[360]

便宜上、産業部門別の交渉および協約と対置する形で、企業別交渉および協定と称されるものの、実際には、フランスの労働協約法は、企業の枠内にとどまらない、さまざまな交渉単位を認めている。ここでは、通常の民間企業における企業単位の交渉に加え、こうしたさまざまな交渉の枠組みについて述べる。

（1）公企業

フランスにおいては、私企業のみならず、公企業（entreprise publique）においても団体交渉を行うことができる。かつて、フランス銀行（Banque de France）、フランス国有鉄道（SNCF）、フランス電力（EDF）などといった公企業においては、団体交渉が禁止されていた。もっとも、このような法律の規定に反して、これらの公企業においても団体交渉の実務は存在していた。その後、1969年に公企業における団体交渉の禁止は廃止されることとなった。

現在、公企業および商工業的公施設法人（établissement public a caractere industriel et commercial）[361]の経営陣は、雇用および労働の条件について、また特別な法律（loi）上および行政立法（réglement）上の身分規程（statut）[362]に服することのない従業員に関しては、社会的付加給付保障（garantie sociale des personnel）について交渉することができる（労働法典 L.2233-1 条）とされている。また、経営陣は、身分規程が定める規定を補完し、あるいはその適用の方式を決定するために、身分規程によって定められた制限の範囲内で、その適用を受ける従業員と団体交渉を行うことができる（労働法典 L.2233-2 条）とされている[363]。ただし、集団協定が身分規程を補完できるとしても、それは規定を付け加えることによる間接的な修正にとどまり、身分規程の規定に反する協定は認められない[364]。なお、公共部門における民主化のための 1985 年 7 月 26 日の法律（la loi sur la démocratisation du secteur public）により、あらゆる公企業において、団結権（droit syndicale）の行使についての方式を決定するための交渉が義務付けられている（L.2144-2 条）。

---

[360] v. M.-L. Morin, La firme et la négociation collective. la question des frontières en économie et en droit, Mélanges Despax, PU Toulouse, 2002, p. 497 et s.

[361] 公施設法人（établissement public）とは、法人格を付与され、公役務活動をその限定された目的の範囲内で管理することを任務とする、（地方公共団体とは異なる）公法上の存在を指し、中でも商工業的公施設法人は、商工業的性質の活動を、私企業に類似する条件で管理する公施設法人とされる（参考：前掲注 6 中村ほか監訳 187〜188 頁）。

[362] 公務員法において、官吏全体または特定の官吏の権利義務を定める規定の総体（参考：前掲注 6 中村ほか監訳 404 頁）

[363] v. N. Maggi-Germain, Négociation collective et transformation de l'entreprise publique a statut, Th. Nantes, LGDJ, 1996.

[364] Soc. 12 juill. 1999, Bull. civ. V, n° 349 ; Soc. 27 oct. 1999, Dr. soc. 2000. 189.

（2）　事業所[365]

　企業内に複数の事業所が存在する場合、当該企業全体に関する企業単位の団体交渉が実施できることに加え、当該企業内における事業所または事業所集団を単位として交渉を行うことも可能とされている（労働法典 L.2232-16 条）。こうした事業所レベルでの交渉は、企業レベルでの交渉と同一の条件で展開されることとされ、この点において、企業別交渉と事業所別交渉に、交渉レベルの違いに基づく制度上の差異は存在しない[366]。

　この結果、（同一の企業内において）ある事業所と他の事業所とで、異なる協定を締結することが可能となる。すなわち、ある事業所の労働者が、自身が属する事業所における協定の適用下において、同一企業の他の事業所における労働者が受けている利益を享受することができないからといって、そのことのみをもって直ちに差別を受けていることにはならないとされる[367]。また、例えば、企業別協定において、その具体的な支給については各事業所協定により定めるとする、特別な報酬を定めることも可能とされる[368]。

　実際、事業所別の団体交渉は、産業部門別交渉に対する企業別交渉の主な機能の 1 つがそうであるように、同一企業における異なる事業所に属する労働者の間で、異なる取扱い（主として労働者にとって有利となる「上積み」）を実現することを目的としている。もっとも、こうした同一企業内における（事業所の異なる）労働者間の異別取扱いが無条件で正当化されるか否かについては議論がある[369]。この点について破毀院（**cour de cassation**）[370]は、事業所の異なる労働者間における労働条件の差異は、差別的な性格を有するものではないことが要請されるとしている。具体的には、「取扱の違いが、裁判官がその実態および適切性を審査できる客観的な理由に基づいている場合に限り、同一労働または同一価値労働を遂行する、同一企業の異なる事業所における労働者間の取扱の差異の存在は許容される」という[371]（厳密には、この判決は、使用者による一方的決定によって生じた労働条件の差異に関する事案であるが、その射程は事業所別（企業別）協定によって生じた労働条件の差異に対しても及ぶと解されている[372]）。これにたいし学説は、こうした労働条件の差異は、あくまでも事業所別協定によって定められる限りにおいて許容されるものであり、企業別協定それ自体によって各事業所において就労する労働者について異なる取扱いを定めることは、それを正当化しうる特別な事情の有無に

---

[365] v. I. Desbarats, L'entreprise à établissements multiples en droit du travail, Th. Toulouse, LGDJ, 1996 ; B. Lardy-Pélissier, L'établissement, in Syndicats et droit du travail, Dalloz, 2008, p. 53 et s.

[366] Gilles Auzero et Emmanuel Dockès, op. cit., p.1407. なお、以下では、便宜上、企業別交渉・協定と、事業所別交渉・協定をあわせて単に「企業別交渉」、「企業別協定」と記すことがある。

[367] Ibid

[368] Soc. 18 janv. 2006, RJS 4/06.

[369] Gilles Auzero et Emmanuel Dockès, op. cit., p.1408.

[370] 司法系統の民事および刑事裁判所について、階層構造の頂点に位置する裁判所（参考：前掲注 6 中村ほか監訳 128 頁）。すなわち、フランスの司法系統における最高裁判所に当たる。

[371] Soc. 21 janv. 2009, n° 07-43. 452, RDT 2009. 321.

[372] Gilles Auzero et Emmanuel Dockès, op. cit., p.1408.

かかわらず認められないとしている[373]。他方で、こうした学説にあっても、平等取扱い原則は、当該事業所別協定の適用範囲内で生じることはあっても、事業所別協定の適用範囲外にいる労働者までがこれを援用することはできないと解されている[374]。すなわち、事業所 A の労働者は、平等取扱い原則に基づいて、事業所 B において締結された協定で定められた利益の享受を主張することはできない[375]。

　なお、このように同一企業内に複数の事業所が存在する場合に、企業単位の交渉を選択するか、事業所レベルの交渉を選択するかというイニシアチブは、使用者側に存する。すなわち、企業長（chef d'entreprise）が、企業レベルの交渉を選択するか、または事業所レベルの交渉を選択するかを決定することになる。企業または事業所における代表的労働組合は、自らが望む交渉レベルでの交渉を実現するためには、使用者（企業長）に対してストライキ等による圧力をかけることができるにとどまり、法律に基づいて（例えば事業所レベルでの）交渉を要求することはできない。あくまでも、法律に基づいた団体交渉の要求が可能なのは、交渉が義務付けられている事項に関する企業単位での交渉に限られる（後述）。

（3）　地域レベルの交渉：職業別労使同数委員会または職際労使同数委員会

　1982 年のオルー法は、職種別協定、職際協定、または企業横断協定を作成することができる労使同数委員会の創設を認めた。これは、小企業のための交渉を実現するために、これらの企業における代表的労働組合組織の欠如を補う方法として制度化されたものであった。

　この協定締結のための労使同数委員会の仕組みは、制定後、ほとんど利用実態が存在しなかった。そこで、2004 年 5 月 4 日のフィヨン法によって、小企業のみならず、全ての企業に関わる地域レベルの交渉を促進することを目的とする改正が行われた（現 L.2234-1 条および L.2234-2 条）。この改正以降、実務においても、一定の地域的レベル（都市圏、雇用のエリア、商業圏）を単位として、複数の企業に共通する多くの問題について、交渉による解決が取り組まれているようである[376]。

　L.2234-1 条は、職業別または職際の労使同数委員会の設立を認めるとともに、地方レベル、県レベルまたは州レベルの労使同数委員会の設立を認めている。

　これらの労使同数委員会の創設は、一方の当事者を関係する企業の企業長またはその代理人とし、他方の当事者を代表的労働組合組織とする集団協定によって行うものとされている。この地方同数委員会を創設する協定には、委員会の仕事に参加することが必要とされる労働者の地位（欠勤の権利、報酬の維持、出張費の補償、および解雇からの

---

[373] Ibid.
[374] Ibid.
[375] これを認めると、協定が定める「適用範囲」の意義が問題となることがその理由として挙げられている。
[376] v. M. -L. Morin, Espaces et enjeux de la négociation collective territoriale, Dr. soc. 1999. 681.

保護）を定めなければならない（L.2234-3 条）。なお、この協定では、地方同数委員会の構成につき職場選挙の実施結果を考慮すること、および L.2234-2 条所定の任務の一部のみを行うことを定めることができるとされている（L.2234-1 条 2 項）。

　この地方同数委員会の任務は近年拡大する傾向にあり[377]、当初、その主要な機能であった、労働者の個別的または集団的異議申立てについての調査にとどまらず、労働者の雇用条件および労働条件に関するあらゆる問題を調査することができるとされている。また、各種の交渉レベルで締結される労働協約および集団協定の作成および適用に協力することができるほか、「地域的利益、とりわけ雇用および継続職業教育に関する協定について、交渉および締結をする」と規定されている（L.2234-2 条 1 号）。

（4）　企業グループ

　企業グループ（groupe）単位の団体交渉については、従来、法律上の規定が存在しなかった。しかし、実務においては企業グループレベルの交渉および協定の締結が増加傾向にあり、当初は、判例[378]を通じてその枠組がコントロールされてきた[379]。

　その後、2004 年 5 月 4 日のフィヨン法により、企業グループ単位の協約または協定に関する法律上の規定が置かれ、従来からの実務に法的基礎を付与している（L.2232-30 条以下）[380]。

　まず、企業グループ協定の適用範囲は、当該協約または協定それ自身によって定めることとされている。すなわち、企業グループ協定は、グループを構成する全ての企業をその適用対象とすることも、その一部を適用対象とすることも可能とされる（L.2232-30 条）。

　次に、企業グループ協定に関する交渉方式については、グループ単位という性質上、一定の特別な規則が定められている。すなわち、使用者側にあっては、支配的企業（entreprise dominante）の使用者、または交渉の委任を受けた、その適用範囲内にある企業の 1 または複数の代表が交渉に参加する。労働者側については、グループ、または当該交渉に参加する全ての関係企業における、あらゆる代表的労働組合組織が参加するのが原則である（L.2232-31 条）。ただし、これらの代表的労働組合組織が組合代表委

---

[377]　アネット・ジョベール「フランスにおける団体交渉の最近の展開－伝統、制度の刷新と現在の検討課題」ビジネス・レーバー・トレンド 468 号（2014 年）59〜60 頁も参照。

[378]　Soc. 30 avr. 2003, Dr. soc. 2003. 732.

[379]　v. J. Savatier, L'organisation de la représentation syndicale dans les groupes de sociétés. L'exemple des accords du groupe AXA, Dr. soc. 2001. 498 ; M.-A. Rotchild-Souriac, Les accords de groupe, quelques difficulties juridiques, Dr. soc. 1991. 491 ; P. Rodière, l'émergence d'un nouveau cadre de négociation collective?, Sem. soc. Lamy, 2003, n° 1125, p. 6 ; M.-A. Morin, Les accords collectifs de groupe, RJS 10/03, chron. p. 743.

[380]　v. R. Vatinet, Négociation d'entreprise et négociation de groupe, JCP S 2012. 1238 ; J.-F. Cesaro, La négociation collective dans les groups de societies, Dr. soc. 2010. 780 et s. ; H.-J. Legrand, Accords collectifs de groupe et d'unité économique et sociale : une clarification inachevée, Dr. soc. 2008. 60 ; P.-H. Antonmattéi, l'accord de groupe, Dr. soc. 2008. 57 ; Gilles Auzero, La vie des conventions et accords collectifs de groupe, RDT 2006. 230.

員から 1 または複数の交渉担当者を指名し、この交渉担当者に交渉および協定への署名を授権することも認められている（L.2232-32 条）。

　企業グループ協定の有効性は、2008 年 8 月 20 日の法律第 8 条の 8 による改正後[381]の L.2232-34 条によって定められた 2 つの条件に服する。第一に、当該協定は、企業委員会または単一従業員代表委員、あるいはそれを欠くときには、従業員代表委員の、直近の選挙における第 1 回投票において、投票者数のいかんにかかわらず、有効投票の少なくとも 30％の支持を獲得した、1 または複数の代表的労働組合組織によって署名されなければならない（L.2232-34 条 1 項）。第二に、協定の有効性は、同選挙において、投票者数のいかんにかかわらず、有効投票の過半数の支持を獲得した 1 または複数の代表的労働組合組織による反対がない場合にのみ認められる。この異議申立ての（反対する）権利を行使しようとする労働組合組織は、当該協定の通知の日から起算して 8 日の期間内にその異議を表明しなければならない（L.2232-34 条 2 項）。

　このほか、企業グループ協定について指摘しておくべき重要な点として、他の交渉レベルとの関係がある。

　まず、適用除外協定の可否について、企業グループ協定は、企業別協定とは異なり、当該産業部門別協約が明文でこれを認めている場合（いわゆる開放条項（clause d'ouverture））を除き、当該企業グループが属する産業部門別協約を適用除外することはできない（L.2232-35 条）[382]。

　次に、企業別協定との関係について、法律は企業グループ協定と企業別協定との間の関係については特に定めを置いていない。フィヨン法以前の判例は、企業グループレベルの交渉事項について、当該企業グループに関係する企業に属する従業員に共通する利益に関する議題に限定してきた[383]。しかし、フィヨン法改正後の法文は、法律に反しない限りにおいて、多様な企業グループ協定を締結することを認めていると解されている。すなわち、フィヨン法による改正で、それまで企業グループ協定の交渉事項を限定してきた判例は無効化されたものと考えられている[384]。判例は他方で、企業グループレベルの交渉は、企業別協定に関する交渉に置き換えることはできない[385]としており、この判

---

[381] なお、同法律は企業グループ協定に関する規則の改正に関しては何らの移行措置を規定していないが、企業別協定の有効性に関する規則と同様に、2009 年 1 月 1 日から適用されるものと解されている。すなわち、この日付までは、企業グループ協定の有効性は 2008 年 8 月 20 日の法律以前の L2232-34 条によって定められた条件に服するものと解されている（v. Gilles Auzero et Emmanuel Dockès, op. cit., p.1410）。

[382] 逆に、企業別協定については、明文でこれを禁止する条項（いわゆる閉鎖条項）が存在する場合を除き、産業部門別協約を適用除外する条項を定めることができる。

[383] Soc. 30 avr. 2003.

[384] Gilles Auzero et Emmanuel Dockès, op. cit., p.1410.

[385] すなわち、義務的交渉事項については、企業グループ協定で定めがあろうとも、別途企業別での交渉・協定の締結が必要であり、また企業グループ協定の規定は企業別協定の規定と競合の関係となって、各事項について労働者にとって有利な条項が適用される、いわゆる有利原則が適用される。

例の射程は、現在も維持されていると解されている[386]。

企業グループ協定の効果については、企業別協定の効果と同様とされている（L.2232-33条）。すなわち、企業グループ協定は、その適用範囲内にある全ての企業に直接的に適用される。

法律は企業グループの範囲が変更された場合の協定の効力について特に規定を置いていないが、企業別協定に同様の状況が生じた際に適用される規則（この点については後述）が同様に適用されると解されている[387]。

2　交渉当事者

（1）　交渉当事者の枠組み‐原則

企業別交渉の当事者は、使用者側は企業長（事業所レベルの交渉の場合は事業所長）であり、労働者側は原則として当該企業（または事業所）における代表的労働組合組織である[388]。この団体交渉および協定の署名権限に係る労働組合の代表性（représentativité）は、1971年7月13日の法律に基づき、かつては全国レベルの代表的労働組合組織に加入することで無条件にもたらされていた（いわゆる「代表性の推定」）。しかし、2008年法による労働組合の代表性に関する改革以降は、全国レベルの代表的労働組合組織への加入によって、無条件に企業レベルでの代表性がもたらされることはなくなった[389]。すなわち、2008年法以降、代表的労働組合組織と認められるのは、L.2121-1条の基準（共和国の価値の尊重、独立性、少なくとも2年の活動実績等）を満たす労働組合組織であって、企業委員会または単一従業員代表委員、あるいはそれを欠くときには、従業員代表委員の、直近の選挙における第1回投票において、投票者数のいかんにかかわらず、有効投票の少なくとも10％の支持を獲得した労働組合組織となる（L.2122-1条）。

使用者は団体交渉を行うに当たっては、全ての代表的労働組合組織に通知をしなければならない。すなわち、特定の代表的労働組合組織のみとの間で交渉を行うことは、法律によって禁止される組合差別行為（L2141-7条およびL.2146-2条）を構成する[390]。

そしてその帰結として、全ての代表的労働組合による参加がなされないままに締結された協定は無効とされる[391]。この義務は協定の改正の場合にも適用される。すなわち、

---

[386] Gilles Auzero et Emmanuel Dockès, op. cit., p.1410.

[387] Ibid.

[388] v. V. Bonnin, Les choix de l'organe de représentation des salariés lors de la conclusion d'un accord collectif, Dr. ouvrier, 1988. 340 et s.

[389] 労働組合の代表性に関する改革の経緯については、本報告書第1章、および小山敬晴「フランスにおける代表的労働組合概念の変容（1）、（2）」、早稲田大学法研論集140号（2011年）143頁以下、141号（2012年）153頁以下、同「フランスにおける労働組合の代表性の機能とその正当性」日本労働法学会誌124号（法律文化社、2014年）181頁以下等を参照。

[390] Soc. 13 juill. 1988, Bull. civ. V, n° 454.

[391] Soc. 10 mai 1995, RJS 6/95, n° 676 ; Soc. 2 déc. 1998, RJS 1/99, n° 78.

協定の改正の場合においては、改正前の協定に署名した組合のみならず、当該企業に存在する全ての代表的組合に交渉の実施を通知しなければならない[392]。

　もっとも、使用者は組合に対して当該交渉への参加を強制する権限は有さない。したがって、一定の代表的労働組合組織が交渉の席につくことを望まないときには、企業長がその他の代表的労働組合組織と交渉を開始し、これを続けることは妨げられない。つまり、全ての代表的労働組合組織が交渉に「呼ばれる」ことが必要ではあるが、全ての代表的労働組合が当該企業における全ての交渉に「参加」することは、必ずしも要求されていない。なお、L.2232-19 条は、当該企業のある地域において、または当該企業が管理する作業場において活動している、企業外の代表的労働組合についても、その請求がなされたときには、交渉に参加させなければならない旨を定めている。

　使用者は全ての代表的労働組合組織を、単に交渉に参加するように通知しなければならないだけでなく、全ての労働組合組織を同一の会合に呼び出さなければならない。すなわち、組合ごとに分かれて交渉を行うことは禁止されている[393][394]。

　代表的労働組合が企業内に存在しない場合、これに代わるものとして従業員から選挙で選ばれた、従業員代表者との間で集団協定を締結することが可能とされる（後述）。ただし、当該企業に代表的労働組合が存在し、年次交渉義務事項に含まれる内容について締結した協定が存在するときは、企業長が従業員代表者との間で集団協定を締結することは、組合活動妨害罪に当たるものとされ、禁止される[395]。

（2）　組合代表の構成

　L.2232-17 条は、労働者側の交渉当事者である組合代表（délégation syndicale）の構成について定めている。同条によれば、組合代表には、1 名または 2 名の組合代表委員（délégué syndicale）[396]が含まれていなければならない（1 の組合代表支部につき複数の組合代表委員が指名されているときは、必ず 2 名が含まれていなければならない）。組合代表委員の数が 2 名を超えるとき、各組合組織の代表はそのうちの 2 名を含むものとされ（L.2232-17 条 1 項）、必要に応じて、1 名が補充される。ただし、当該使用者および交渉に参加する労働組合組織との間で、労働者にとってより有利な、すなわち、これを超える委員数を認める協定が締結されている場合は、この限りではないとされる[397]。裏を返せば、組合代表が 2 名を超える組合代表委員を含むことができるのは、その旨を

---

[392] Soc. 26 mars 2002, Sem. soc. Lamy, n° 1071 du 15 avr. 2002.
[393] Soc. 13 juill. 1988, Bull. civ. V, n° 454.
[394] v. J. Pélissier, La loyauté dans la négociation collective, Dr. ouvrier 1997. 498 et 499.
[395] Crim. 18 nov. 1997, Bull. crim. n° 90.
[396] 組合代表委員（délégué syndicale）とは、（企業内）組合支部を企業長に対して代表する者をいう。組合代表委員、（団体交渉における）組合代表、企業委員会組合代表（représantant syndicale）は、それぞれ概念上区別されている（参考：前掲注 6 中村ほか監訳 145 頁）。
[397] Soc. 5 janv. 2011 n° 09-69. 732, RJS 3/11, n° 259.

定める協定が、当該企業における交渉に参加する労働組合と使用者との間で締結されている場合に限られる。

　組合代表の役割は、企業別協定について交渉することである。交渉に際して、使用者はその権限の有無を確認する必要はない。組合代表に権限がないことの証明は、それを主張する組合が行うものとされる。すなわち、労働組合が組合代表に対して付与した委任の停止を望む場合、協定の締結より以前に、委任を停止する旨を交渉に参加する他の当事者に通知しなければならない。この通知を欠くとき、労働組合が署名された協定に対して、権限を欠くことを理由として異議を申し立てることはできないとされる[398]。

　組合代表には、任意に、当該企業の 1 または複数の労働者を追加することができ、その人数は当該使用者および代表的労働組合組織全体との間で締結された協定によって定めるものとされる（L.2232-17 条 2 項第 1 文）。こうした協定を欠く場合、組合代表には、これを構成する組合代表委員の数を超える数の労働者を追加で含むことはできないとされる（L.2232-17 条 2 項第 2 文）。ただし、組合代表のメンバーが組合代表委員ただ 1 人であるときは、組合代表委員を補助するために例外的に 2 名の労働者を選任することができるとされる（L.2232-17 条 2 項第 2 文ただし書）。なお、組合代表のメンバーに追加で含まれる労働者を指名するのは、当該企業における組合支部ではなく、当該支部が所属する代表的労働組合組織とされる。

　これらの組合代表に参加する（組合代表委員ではない）労働者は、組合代表委員ではない以上、その解雇に関する特別な保護制度、およびこれに類する措置を享受しないと解されている。もっとも、組合代表のメンバーは労働組合と同様の役割を果たしており、これに参加する労働者は、（組合員ではなかったとしても）組合の活動に参加していると評価できることから、組合活動を理由として制裁を受け、また解雇されてはならない旨を定める L.1132-1 条の規定を援用することはできると解されている[399]。

　なお、企業グループ協定に関する交渉については、特別な規則が適用されることは前述のとおりである。

（3）　組合代表委員の権利

　各組合支部は交渉の準備のための包括的な代表活動時間（crédit d'heures）を有しており、各組合支部は交渉の代表者の間でその時間を自由に分配することになる（L.2143-16 条）。この代表活動時間数は、その年における当該企業において締結された協定の数にかかわらず、年単位の合計で割り当てられる[400]。また、労働者であって、組合代表委員の構成員である者は、交渉に要した時間について報酬が支払われる（L.2232-18 条）。

---

[398] Soc. 19 févr. 1992, CSBP avr. 1992, p. 19.
[399] Gilles Auzero et Emmanuel Dockès, op. cit., p.1412.
[400] Soc. 2 juin 2004, RJS 11/04, n° 1165.

（4）組合代表委員を欠く企業における交渉

　フランスにおいても、小企業においては組合支部の設置が進まず、団体交渉の展開が困難なものとなっている。こうした認識から、立法者は、企業別交渉に代わるものとして、産業部門別交渉、および1（3）で述べた地域レベルの交渉を強化してきた。これに加えて、1990年代以降、組合代表委員が存しない企業における、労働組合との交渉に代替する方式の確立が模索されている。その最初の試みは、1995年10月31日の全国職際協定（accord national interprofessionnelle : ANI）を受けて成立した1996年11月12日の法律である。この法律は、拡張適用された部門別協定によって認められ、かつ体系化された範囲において、当該企業内における従業員の選挙によって選ばれた代表者、または労働組合によって委任された労働者と使用者との間で協定を締結することを認めたものである。

　こうした組合代表委員を欠く企業における交渉の様式は、その後、2001年7月16日の労使当事者による共通見解（la position commune des partenaires sociaux du 16 juillet 2001）を受けて、2004年5月4日のフィヨン法によって一般的なものとして確立された（L.2232-21条）[401]。

　加えて、2008年8月20日の法律により、組合代表委員を欠く企業における適用除外協定の締結について、一定の移行期間を経て施行されている[402]。なお、2008年8月20日の法律の公布以前にL.2232-1条ないしL.2232-29条の規定の適用のもとで締結された部門別協約および協定は、その従業員数にかかわらず、当該協約または協定の適用範囲内にある全ての企業について効力を持続する。したがって、当該協約または協定が破棄ないし改訂されない限り、原則として下記の適用除外制度の対象とすることはできない。

3　交渉の展開[403]
（1）　団体交渉の流れ‐企業委員会との関係

　（後述する義務的交渉事項にかかる交渉を別にした）労使当事者が任意に行う交渉にあっては、交渉の展開（進め方）について、立法による規制は特に存在しない。労使当事者が、実際に交渉を開始する前に企業または事業所の組合代表委員に対して企業長によって手渡されるべき情報を、協定によって定める旨が規定されている（L.2232-20条）

---

[401] v. G. Borenfreund, La négociation collective dans les entreprises dépourvues de délégués syndicaux, Dr. soc. 2004. 606.

[402] この結果、2009年12月31日まではフィヨン法の規則が適用され、2010年1月1日からは、組合代表委員を欠き、産業部門別協約または職種別協定に服さない全ての企業について、新たな規定が適用されることとなっている（2008年8月20日の法律14条）。

[403] v. J. Pélissier, La loyauté dans la négociation collective, Dr. ouvrier 1997. 496 et s. ; Y. Chalaron, La conduit de la négociation, Dr. soc. 1990. 584 et s. ; M. Miné, La loyauté dans le processus de négociation collective d'entreprise, Travail et Emploi n° 84, 2000, p. 47 et s.

程度である。また、企業長および組合代表委員は、定期交渉およびその対象事項を定めておくことも可能である（L.2232-20条）。

　ただし、企業委員会に対する諮問についての規則との関係が問題になることがある。すなわち、交渉の目的が労働法典L.2323-6条に定められた問題（企業の一般的な組織、運営および取引に関わる問題、人員の総量または構成に影響を与える性質を有する措置に関わる問題、労働時間、従業員の雇用、労働および職業教育の条件に関わる問題）を含むときには、使用者は組合と交渉するに際して企業委員会に諮問をしなければならない。この点に関連して、破毀院は、「企業長の決定に、企業委員会の諮問が先んじなければならない」という同条の規定について、この決定が使用者による一方的決定であるか、または企業別協定についての交渉に基づいた決定の形態を採るかによって区別される余地はなく、あらゆる企業長の決定に適用されるとしている[404]。すなわち、上記の事項に関する団体交渉が実施される場合には、企業委員会に対する諮問が必要となる。この諮問の時期については、団体交渉の開始と同時になされるか、遅くとも当該協定の署名より前になされなければならないとされる[405] [406]。

　もっとも、企業委員会に対する諮問を欠いて企業別協定が締結された場合に、諮問を欠くことを理由に当該協定が無効となる、あるいは当該協定を理由に労働者に対抗することができないという効果が生じるわけではない[407]。企業委員会に対する諮問の義務に対する違反は、企業委員会の運営を規律する規則に応じて、刑事上の妨害罪、あるいは民事上の損害賠償という制裁が課される可能性が生じるにとどまる。

（２）　協定の締結

　企業別協定の有効性は2つの条件に服する。その第1は、当該協定の署名に関するものである。具体的には、企業別協定は、企業委員会または単一従業員代表委員の、あるいはそれを欠くときには、従業員代表委員のにつき、直近の選挙における第1回投票において、投票者数のいかんにかかわらず、有効投票の少なくとも30％の支持を獲得した、1または複数の代表的労働組合組織によって署名されなければならない（L.2232-12条）。破毀院は、集団協定の有効性に関する上記の条件は、公序（ordre public）に基づくものであるとしている。すなわち、法律によって定められた条件とは異なる方法に基づいた、

---

[404] Soc. 13 nov. 2001, Vivendi, Bull. civ. V, n° 343.
[405] Soc. 5 mai 1998, Bull. civ. V, n° 219.
[406] 当該企業内において労働組合の交渉基盤が確固たるものとなっており、企業委員会と労働組合が実質的に一体化しているような企業にあっては、労働組合との団体交渉で議論が進められ、大筋での合意が成立した段階で、この規定を遵守するため（だけ）に、企業委員会に対する諮問のための会合が形式的に開催され、しかるのち、労使当事者が最終的に協定を締結するというプロセスが取られることもしばしばみられるようである。
[407] Soc. 19 mars 2003, Bull. civ. V, n° 105.

多数の確保を根拠とする集団協定の有効性の主張はできない[408]。

　有効性の第2の条件は、同じ選挙で過半数の支持を獲得した1または複数の代表的労働組合組織の反対がないことである。この有効投票数の過半数という条件について、協定に反対するこれらの組合が、互いにそれぞれの異議申立てに加わる意思を示している必要はないとされる。すなわち、反対の意思を示す組合が獲得している支持率が、合計で過半数を満たしていれば足りる[409]。なお、「過半数（majorité）」という文言は、少なくとも有効投票数の半数に1票を加え多数が要求される、文字通りの過半数である[410]。

　協定に反対の意思を示す労働組合組織は、当該協定の通知の日から8日以内にその意思表示をしなければならない（L.2232-12条2項）。

4　交渉事項
（1）　交渉事項の自由と「有利原則」

　労使当事者は、交渉事項の決定については、非常に広範な自由を有している。労働法典は、当該企業における代表的労働組合から提起された交渉議題に関する要求に対して使用者がこれを取り上げる方式を、産業部門別協約において定める旨を規定する（L.2222-3条）のみである。すなわち、原則として、後述する義務的交渉事項を除いては、いかなる問題も交渉を行うことが強制されることはなく、反対に、いかなる交渉事項も、原則として排除されないと解されている[411]。また、L.2253-1条は、産業部門別協約、職種別協定、あるいは職際協定に、当該企業における特別な条件を付して適合させることができる旨を規定するとともに（同条1項）、企業別協約または協定が、「新たな規定」を含みうることを規定（同条2項）している。したがって、企業別の団体交渉は、産業部門別協約、職種別協定、または職際協定に記載されている条項を対象とするだけでなく、これらに記載されていない規定についてもその対象とすることができる。なお、こうした部門別協約および職種別協定の当該企業内における適合を目的としない、すなわち、まったくの新たな条項を付け加える趣旨の企業別協定の規定の解釈に当たっては、（部門別協約および職種別協定の内容を考慮することなく）自律的になされなければならないとされている[412]。

　以上のように、労使当事者は、交渉事項の選択に当たって広範な自由を有しているものの、2004年のフィヨン法改革以前は、いわゆる「有利原則」による制約が強固に存在

---

[408] Soc. 4 févr. 2014, n° 12-35. 333, Lexbase Hebdo, éd. Sociale, n° 559. 本判決は2008年法改正以前の事案ではあるが、改正後もその射程は有効であると解されている（v. Gilles Auzero et Emmanuel Dockès, op. cit., p.1419.）。

[409] Soc. 13 oct. 2010 RJS 12/10, n° 946.

[410] Soc. 10 juill. 2013, n° 12-16. 210, RDT 2013. 641.

[411] v. A. Supiot, La réglementation patronale de l'entreprise, Dr. soc. 1998. 215 ; J. Barthélémy, Horaires indivisualisés et accords collectifs, Dr. soc. 2001. 720.

[412] Soc. 9 mars 2005, Dr. soc. 2005. 703.

していた。すなわち、労使当事者は、原則として法律および行政立法（réglementaire）の規定と比べて労働者によってより有利な内容に限って、交渉の議題として取り上げることが可能であった。また、企業別交渉は、あくまでも労働者の地位の改善を可能とする手段であって、労働者が負担する義務を重くする性格のものではないとされていた。したがって、企業別交渉を通じて、上位レベルの協約によって労働者に付与されている権利を減じるような不利益を課すことはできなかったのである。

　しかし、こうした団体交渉にかかる原則（有利原則）は、2004 年 5 月 4 日のフィヨン法によって根底的に変更された。すなわち、フィヨン法は法律を適用除外する可能性を増加させ、上位レベルの規範に対する適用除外の可能性を一般化したのである。この有利原則を事実上廃棄する改正に対しては、使用者との団体交渉において労働者が弱い地位にある企業において、企業別協定は、その当初の目的とは逆に、労働条件の悪化の機能をも果たすこととなるとして、根強い批判も存在する[413] [414]。

（2）　法律に対する適用除外
ア　沿革

　1982 年 11 月 13 日のオルー法以来、労働法典は、法律または行政立法上の規定について、当該規定がそれを認めるときは、企業別または事業所別協定の条項により適用除外できる旨を定めている。ただし、適用除外協定といえども、集団協定はその署名の前の時点において法律に基づいて労働者が有していた権利を奪うことはできないとされる[415]。このように、企業別協定による適用除外は、1982 年以来存在する制度ではあったが、2004 年 5 月 4 日のフィヨン法は、この適用除外協定の対象を増加させ、それ以前は拡張適用された部門別協定に留保されていた適用除外についての多くの権限を、企業別協定に付与した。現在、企業別協定に基づく法律上の規制の適用除外の対象は、主として、賃金、労働時間、および不安定雇用に関するものである。

　こうした適用除外協定の増加は、労働協約システムおよび労働関係に大きな変化をもたらしていると評価されている[416]。とりわけ労働法学者からは、これらの適用除外制度の拡大によって、フランス労働法はもはや有利原則を中心とする社会的公序（ordre public social）の概念に基づく法律および協約規範による階層的な規範設定という構造が解体されているとし、特に、法律による労働者の保護が、実質的に企業別協定の留保に付されることとなった（「企業別協定で異なる定めをしない場合にのみ、法律に基づく保

---

[413] M.-A. Souriac, L'articulation des niveaux de négociation, Dr. soc. 2004. 579.

[414] もっとも、これらの法改正により、少なくとも産業別協約に対する適用除外については、現時点では必ずしも著しく進んでいるわけではないようである。

[415] Soc. 11 juill. 2000, Bull. civ. V, n° 274.

[416] Gilles Auzero et Emmanuel Dockès, op. cit., p.1417.

護が得られる」という構造になった）とする批判も存在する[417]。

イ　対象事項
（ア）　賃金

　オルー改革の一環である 1982 年 11 月 13 日の法律により、企業別または事業所別協定が、一定の労働者に対して不利益に働く賃金条項を含むことはすでに認められていた。この種の賃金協定は、実務においては、賃上げの具体的な適用に関して特別な方式を定めることにより、一般的なレベルでの妥当性をより追求するためのものである。そこで、こうした賃金に格差を設ける条項を定める際は、格付け別最低賃金を定めること、および賃金総額の増額幅について遵守されるべき基準を定めることという 2 つの条件が付されている（L.2253-4 条）。すなわち、例えば産業部門別の賃金協定において 2%の賃上げが決定された場合に、企業別協定において、協定に基づく賃上げを反映した格付け別の最低賃金を定めた上で、（一定の基準に基づいて）賃金総額について 2%の増額を実現しつつ、1.5%の賃上げにとどまる労働者（職種）、逆に 2.5%の賃上げを享受する労働者（職種）を定めるといった方法を取ることが可能とされている。上記のようなケースにおいては、フランスの「伝統的な」有利原則に基づくならば、企業別協定のレベルにおいては、全ての労働者に対して 2%の賃上げを実現することが要請される。そして、その上で、一定の労働者（職種）に対して、プラスアルファを定めることのみが許容されるにとどまった。これに対しオルー法は、格付け別の最低賃金および賃上げ総額という基準を遵守させつつ、その配分に、より柔軟性を持たせることを認めたのである。なお、格付け別最低賃金、および賃金総額の増額幅の基準という以上 2 つの条件が遵守されなかった場合、当該産業別協定で定められた賃上げ幅を、全ての労働者に適用することが義務付けられると解されている[418]。

（イ）　労働時間

　L.3122-47 条は、企業別協定により、労働時間の調整（aménagement）および配分（répartition）、ならびに失われた労働時間の埋め合わせ労働（récupération）の様式に関する行政立法を適用除外できる旨を定めている。

　また、2008 年 8 月 20 日の法律により、超過勤務時間の年間割当時間（contingent annuel d'heures supplémentaires）（L.3121-11 条）、代償休日による超過勤務時間の支払いの代用、労働時間の週ないし年単位調整（L.3122-2 条）について、企業別協定にこれを定める権限が付与されている。

---

[417] v. J.-E. Ray, Les accords sur le temps de travail, Dr. soc. 1988. 99 ; J.-C. Javillier, Les accords d'entreprise en matière de rémunération, Dr. soc. 1988. 68 ; G. Borenfreund, La résistance du salarié à l'accord collectif, l'exemple des accords dérogatoires, Dr. soc. 1990. 626 et s.
[418] Soc. 22 févr. 2006, RJS 6/06, n° 758.

2008 年法に基づく L.3122-2 条は「企業別協定または事業所別協定、あるいはそれを欠くときは、部門別協約または協定は労働時間の調整の方式を定め、週単位から年単位までの労働時間の配分を体系化する。」と規定している。すなわち、これらの事項については、企業別協定または事業所別協定に集団的規範設定にかかる優先的な地位を与えており、産業別協約を（企業別ないし事業所別協定が存在しない場合についての）補足的な地位に後退させている。これは、労働時間の配分を定めることについては、最も現場に近い交渉レベルに優先権を付与したと説明されている。もっとも、こうした産業別レベルの交渉・協約を通過し、直接的に企業レベルで決定する仕組みの導入に対しては、規範の階層的競合（および有利原則）を通じて実現されてきた労働者の保護を弱め、また、上位レベルで交渉された規範について、企業レベルでさらなる再検討を行うことによる労使交渉の活性化が阻害されるとする批判も存在する[419]。

（ウ）　不安定雇用

　企業別協定は、期間の定めのある労働者に対して支払われる不安定雇用補償金（indemnité de précarité）（L.1243-9 条）、および各種の臨時的労働に関する規定（試用期間（période d'essai）、契約満了補償金（indemnité de fin de mission）等）に関する規則を適用除外することができる。

ウ　組合代表委員を欠く企業における適用除外協定
（ア）　概要

　現行の制度においては、当該企業内に組合代表委員がいないとき、集団協定としての効力を有するのは、法律で定められた条件について交渉された協定のみである。この点は、2008 年改正以前の法文に基づいて締結された協定についても同様である[420]。

　他方で、上で触れたように、2008 年 8 月 20 日の法律は、組合代表委員を欠く企業における適用除外協定の締結に関して幾つかの方式を新設している。

　2008 年法による改正により、第一に、組合代表委員を欠く企業における協定について、拡張された部門別労働協約または集団協定による当該企業別交渉の規律という要請を取り除いた。すなわち、2008 年法以前は、あくまでも部門別協定によって定められた場合に限って、組合代表委員を欠く企業でも適用除外協定に関する交渉を実施することが可能であったのに対し、2008 年法による改正以降は、組合代表委員が存在しない企業においても、適用除外協定に関する企業別交渉を実施することが（2008 年法の枠内で）一般的に可能となっている。

　ただし、この方法は、あくまでも「法律により、集団協定に服することとされた措置

---

[419] v. Gilles Auzero et Emmanuel Dockès, op. cit., p.1418.
[420] Soc. 14 janv. 2014, n° 12-19. 412.

の実施について」交渉することのみを可能とするものである。その典型は、労働時間の調整に関する法律上の規定の適用除外についての協定である。2008年法は、労働時間に関する法律上の規定に対する適用除外の実施を容易にすることを意図しており、こうした観点から、専ら企業別協定によってのみこれを認めることとしたと解されている[421]。

　逆に、法律によって特に認められた事項を除いては、企業レベルでの適用上外協定に関する交渉および協定の締結は、組合支部の代表（組合代表）との間の交渉および協定の締結のみ認められる。

（イ）　交渉の方式
a　従業員から選ばれた代表との交渉

　少なくとも200人の労働者がいる企業において、当該企業または当該事業所が組合代表委員を欠くとき、または少なくとも50人の労働者がいる企業において組合代表委員として指名された従業員代表委員を欠くとき、企業委員会または単一従業員代表委員会において従業員から選出された代表、または、それを欠くときには、従業員代表委員が、上述の法律が定める内容について交渉し、協定を締結することができる（L.2232-21条）。

　この場合、当該企業別協定の締結には、企業委員会でこの目的のために選出された構成員、またはそれを欠くときは直近の職場選挙について有効投票の過半数を代表する権限を有する従業員代表委員による協定の締結が必要であり、かつその有効性は産業部門別同数委員会（commission paritaire de branche）の承認に服する（L.2232-22条）。

b　委任された労働者との交渉

　組合代表委員および従業員によって選出された代表がいない企業においては、当該産業部門における1または複数の代表的組合組織によって明文で委任された1または複数の労働者が、企業別（または事業所別）協定について交渉し、協定を締結することができる（L.2232-34条）。この方式を用いるためには、従業員によって選出された代表が存在しないことを示す、不存在の調書（procès-verbal）の作成が必要である。委任された労働者によって署名された協定が効力を有するには、有効投票の過半数の労働者によってその有効性が承認されなければならない。

c　組合支部代表者との交渉

　少なくとも200人の労働者がいる企業において、組合支部代表者（représentant de la section syndicale）[422]は、全国職際レベルで代表的な組合組織に加入している労働組合

---

[421] Gilles Auzero et Emmanuel Dockès, op. cit., p.1413.
[422] 新設であるなどの事情から当該企業内において代表性を有しない労働組合組織が、次期の職場選挙において代表性を獲得することを目的として、企業内組合支部を設置し、組合活動を行う目的で指名された

組織による指名を受けることにより、当該組合組織による委任に基づいて、企業別または事業所別の協定について交渉し、かつこれを締結する権限を有することができる（L.2143-23条）。この方式は、当該企業において（代表的労働組合の）組合代表委員が存在しないときにのみ用いることができる。組合支部代表者との間で締結された協定の有効性は、（イ）の場合と同様、労働者による投票における有効投票の過半数による承認に服することとなる（L.2232-14条）。

（3）　上位レベルの協約に対する適用除外[423]

　これまでも述べてきたように、フランスの労働協約法制においては、伝統的に有利原則に基づいて、企業別協定が部門別協約よりも不利な条項を含むことが禁止されてきた。これは、フランスにおいては、企業内における労働組合の基盤が脆弱であることによるとされている。すなわち、フランスにおいては、使用者と労働組合の力関係に関する均衡は、産業部門のレベルではある程度維持されているが、企業内のレベルにおいては（一部を除き）そのような労使の力関係の均衡はほとんど存在しないと理解されていたのである[424]。

　こうした背景から、企業別協定は、伝統的に部門別協約に基づく労働者の地位をより改善するためにのみ機能することができるとされてきた。しかし、2004年5月4日のフィヨン法はこうした有利原則の射程を大幅に減じたのである（L.2253-1条）[425]。

　フィヨン法による改正を受け、現在では、有利原則は4つの問題にのみ適用されることとなっている。すなわち、①産業別最低賃金、②格付け（classification）、③補足的社会保護（protection sociale complémentaire）、④職業教育（formation professionnelle）のための基金の拠出負担である。

　もっとも、上位レベルの協約に対する適用除外協定の締結には、上記の4つの事項以外についても、幾つかの留保がなお存在する。

　まず、2004年のフィヨン法の施行後に締結された企業別協定は、同法の施行日より以前に締結された上位レベルの労働協約に対しては、当該協約の署名者が異なる定めをしていない限り、より不利な条項を定め、適用除外をすることはできない[426]。

　また、フィヨン法は、一方では、企業別協定が上位レベルの協約を適用除外することにつき原則として自由としたが、他方で、当該協約または協定が異なる定めをする場合

　者のことをいう。この段階では代表性を有していないため、使用者との団体交渉に参加することはできない（この点で、代表的労働組合が企業内に設置した企業内組合支部（section syndicale）の代表である組合代表委員（delégué syndical）とは区別される）が、これを除くあらゆる労働組合活動を行う権利を有するとされる（L.2142-1-1条、L.2142-1-2条）。

[423] フランスの伝統的な有利原則と、フィヨン法による有利原則の原則的撤廃、およびその影響については、本報告書第1章も参照。

[424] v. Gilles Auzero et Emmanuel Dockès, op. cit., p.1417.

[425] v. M.-A. Souriac, L'articulation des niveaux de négociation, Dr. soc. 2004. 579.

[426] Soc. 9 mars 2011, n° 09-696647, RDT 2001. 324 et s.

は除かれる旨を規定している。すなわち、当該部門別協約が明文でこれを禁止している場合（いわゆる閉鎖条項：clause de fermeture）には、企業別協定による適用除外はできない。

　この点に関連して、労働時間に関する法律上の規制の適用除外協定と、企業別協定による産業別協約の適用除外を禁止する、いわゆる閉鎖条項との関係について議論がある。すなわち、L.3121-11 条は、例えば超過勤務時間の年間割当の決定について、企業別または事業所別協定に優先的な地位を与えているが、産業別協約が当該事項について適用除外の禁止（閉鎖条項）を定めていた場合、企業レベルの労使は部門別協約による適用除外の禁止（閉鎖条項）の拘束を受けるのかという問題がある。この点について、憲法院は企業レベルの労使当事者は L.3121-11 条に定める事項については、閉鎖条項による拘束を受けず、法律に対する適用除外協定を締結しうると解している[427]。このほか、学説においては、異なるレベルの適用除外協定が競合した場合の取扱い、すなわち、産業別レベルで締結された法律に対する適用除外協定と、企業別のレベルで締結された適用除外協定が存在する場合、どちらが優越的な地位を有するのかという問題が指摘されている[428]。

5　義務的交渉事項

　現在のフランスにおける（企業別）交渉・協約システムの大きな特徴の 1 つとして、義務的交渉事項が法定化されているという点が挙げられる。そこで、本項ではこのフランスの企業別交渉における義務的交渉事項について検討する。

　フランスにおいて義務的交渉事項が初めて定められたのは、1982 年のことである。すなわち、これまでも繰り返し言及したオルー改革において、労働協約の領域にかかる最も重要な改正の 1 つが、この義務的交渉事項の法定である。具体的には、1982 年法は、実賃金、実労働時間および労働時間体系について、企業レベルにおける年次交渉義務を定めた。その後、度重なる改正により、この交渉義務の適用範囲は拡大され、近年では 3 年に 1 度の交渉義務として導入された、職業上の平等、雇用能力予測管理に関する事項等が非常に重要な意義があると評価されている[429]。

　この交渉義務については、違反に対する特別な制裁が課される。ただし、ここでいう交渉義務は、あくまでも「交渉」の義務であって、協定を「締結」する義務ではない点に留意する必要がある。

---

[427] Cons. const. 7 août 2008, déc. n° 2008-568 DC, cons. 18 à 20.

[428] v. Gilles Auzero et Emmanuel Dockès, op. cit., p.1418 ; G. Vachet, L'articulation accord d'entreprise, accord de branche : concurrence, complémentarité ou primauté?, Dr. soc. 2009. 896 ; P. Morvan, L'articulation des normes sociales a travers les branches, Dr. soc. 2009. 679 ; F. Canut, Le nouvel ordonnancement juridique, Dr. soc. 2010. 379 ; Gilles Auzero, L'articulation des normes conventionnelles, Dr. ouvrier 2010. 324.

[429] Gilles Auzero et Emmanuel Dockès, op. cit., p.1419.

（1）　交渉義務の内容
ア　交渉の発意

　L.2242-1 条 1 項は、「1 または複数の代表的組合の企業内組合支部がある企業において
は、当該使用者は毎年…交渉を実施するものとする。」と規定している。したがって、交
渉の義務は、労働組合に対して課される義務ではなく、使用者に対して課される義務で
ある。労働組合の側は、法律が労働者に与えた交渉の権利を集団的に行使するに過ぎな
い。

　L.2242-1 条 1 項は、使用者が毎年交渉の発意をしなければならないと定めている。そ
して、前回の交渉から 12 ヶ月を超えて当該使用者の発意がないときは、代表的労働組合
組織が交渉を要求することができ、使用者はこれに応じる義務が生じる（L.2242-1 条 2
項）。なお、この交渉要求がなされたとき、当該要求がなされた事実は、使用者によって
8 日以内に他の代表的労働組合組織に伝達されなければならない（L.2242-1 条 3 項）。

　なお、L.2242-1 条 1 項が定める「毎年」の意義は、毎「暦年（année civil）」と解さ
れている。すなわち、使用者は毎暦年ごとに（1 度）交渉の発意をする義務を負ってお
り、例えば 2013 年に交渉が行われた場合、2014 年中に交渉が発意されなければならな
い。したがって、この場合、2014 年が終了しないうちは、使用者の交渉の発意の義務違
反が成立することはない[430]。他方で、前回の交渉から 12 ヶ月の経過後に代表的労働組合
組織から交渉の要求がなされたにもかかわらず、使用者が交渉を開始しないときには、
L.2242-1 条 2 項に基づき直ちに交渉義務違反が成立することになる。

　複数の事業所を有する企業において、使用者は、この義務的交渉事項に関する交渉の
発意について、当該企業に含まれる事業所のレベルで行うのか、当該企業それ自体のレ
ベルで行うのか。

　この点、旧 L.132-27 条は、複数の事業所を含む企業については、企業レベルの交渉と
事業所レベルの交渉の二者択一を規定していた。そして、判例は当初、事業所レベルの
交渉は、当該事業所レベルに設置されている組合支部が所属する労働組合組織の同意が
ある場合に限って認められるとした[431]ほか、代表的労働組合組織の反対がなく、かつ各
事業所において同一の代表的労働組合組織を有する事業所において交渉が行われる場合
について、これを認める判断を示していた[432]。

　これに対し、いわゆる再法典化（codification）後の現行労働法典においては、義務的
交渉事項に関する交渉を事業所レベルで実施することについて、何らの特別な条件も課
していない。

---

[430] Gilles Auzero et Emmanuel Dockès, op. cit., p.1420.
[431] Soc. 21 mars 1990, RJS 1990. 291.
[432] Crim. 4 déc. 1990 CSBP févr. 1991, p.35. v. M.-A. Rotchild-Souriac, Dr. soc. nov. 1988 ; J. Pélissier, Dr. soc. 1984. 680.

他方で、旧 L.132-27 条は、再法典化の結果として、複数の条文に分裂しており、義務的交渉事項に関して、事業所レベルにおける交渉、および企業レベルにおける交渉の双方について明記している条文は、疾病保険制度（prévoyance maladie）についての交渉に関する L.2242-11 条のみである[433]。すなわち、この事業所レベルでの交渉に関する規定は、他の年次交渉事項（賃金および労働時間、男女間における職業上の平等など）に関する条文には記載がない。

この点について学説は、疾病保険制度を射程とする事業所レベルの交渉が可能であるのに、賃金または労働時間について事業所において交渉できないとする理屈はないとしている。すなわち、使用者は義務的交渉事項一般について、企業レベルに加え事業所レベルでの交渉を発意することができるとし[434]、他方で、当該企業の全ての労働者が同一の協約の規定を享受する権利を有するときには、使用者は当該企業の全ての事業所において交渉を開始する義務を負う[435]としている。

イ　交渉の様式

交渉義務は、当然のことながら、定められた日に労使が相対すればそれで足りるというものではない。フランスの労働法典は、交渉の様式についても幾つかの規則を定めている。

まず第一回の協議において、（以降の）協議の場所およびスケジュール（L.2242-2 条 1 号）、および使用者が組合代表委員に対して交付される情報（およびその交付の日付）を明らかにすることとされている（同条 2 号）。これらの情報は雇用および資格等級、支払われる賃金、実労働時間および労働時間体系に関する男性と女性の状況の比較分析が可能でなければならない。なお、賃金に関して、使用者は各労働者の個別の賃金についての情報を与える義務までは負わないとされるものの、手当（prime）の総額、労働者の職務カテゴリーごとの手当の個別分配、およびその付与の基準についての情報を伝える義務を負うとされる[436]。また、ある従業員のカテゴリーを毎年の交渉から排除することはできないとされる[437]。

次に、交渉が行われている間、使用者は、緊急の場合を除き、交渉の対象となる事項について、労働者の集団的労働条件に関する一方的決定をすることが禁止される（L.2242-3 条）。また、使用者は賃上げ、労働時間の削減または労働時間の修正を単独で決定することができない。さらに、判例によれば、（企業別）協定の破棄通告

---

[433] 同条 2 項が「これらの（注：「前項に定める」の意）企業において、区別される事業所または事業所グループを含むとき、この交渉はこれらの事業所または事業所グループレベルで行うことができる」と規定している。

[434] Gilles Auzero et Emmanuel Dockès, op. cit., p.1420.

[435] Ibid.

[436] Paris, 9 févr. 1996, RJS 4/96, n° 427.

[437] Crim. 28 mars 1995, RJS 10/95.

（dénonciation）は当事者による一方的行為であることから、L.2243-3 条により、交渉期間中にその時点で適用されている企業別協定についての破棄通告を行うことも禁止される[438]。この使用者の経営管理および指揮監督に関する権限の制限は、交渉を効果的なものとするためのものと理解されており[439]、交渉の期間中にのみ生じるものである。このため、第 1 回協議の際に作成される、以降の交渉のスケジュール、および協定の締結が不可能であることの確認のために定められる期限は、実務上、重要な意味を有するとされる[440]。

　先に述べたように、法律が定める交渉の義務は、「締結」の義務ではない。したがって、義務的交渉事項に関する交渉は、協定の締結に至る場合もあれば、当然ながら合意に至らない場合もある。合意に至らなかった場合、不合意の調書（procès-verbal de désaccord）を作成するものとされる。この調書には、交渉の最終段階における、労使当事者それぞれによる提案、および使用者が片務的に実施しようとする措置を記載しなければならない。なお、ここでいう「使用者の最終的な提案」と、「使用者が片務的に実施する措置」は、必ずしも一致しなくてもよい[441]。

ウ　義務的交渉の対象事項[442]
（ア）　義務的交渉事項の類型
a　年次交渉事項

　本節の冒頭で述べたように、1982 年のオルー法により初めて企業レベルにおける年次交渉義務事項が定められて以降、度重なる改正により、この交渉義務の適用範囲は拡大されている。もっとも、毎年必ず交渉されなければならない、いわゆる年次交渉事項は、オルー法で定められて以降、変化はない。

　すなわち、年次交渉事項の第一は、実賃金（salaire effectif）についてである（L.2242-8条 1 号）。ここでいう実賃金とは、「職務カテゴリーごとの額面の賃金のことであり、そこには手当および現物支給も場合によっては含まれる。それは、これらの手当および支給が部門別協約または協定の適用から生じる場合である」とされる。ただし、個別の労働者の賃金額そのものを対象とするものではない[443]。なお、判例によれば、この実賃金に関する交渉義務の射程は、従業員の一部の実賃金の額に影響をもたらすような新商品（製品）の商品化についても及ぶとされる[444]。

---

[438] Soc. 29 juin 1994. CSB 1994, A. 52.
[439] Gilles Auzero et Emmanuel Dockès, op. cit., p.1421.
[440] Ibid.
[441] 典型的には、賃金額について、交渉の最終段階で使用者が提示した案と労働組合が提示した案の中間的な額を使用者が実施することを決定することなどが想定される。
[442] v. M.-A. Souriac, Actualité et devenir de l'obligation de négocier, etudes offertes à Jean Pélissier, Paris, Dalloz, 2004, 489.
[443] Circ. DRT n° 15 du 25 oct. 1983, Liaisons soc., n° 5412 du 9 nov. 1983, p.7.
[444] Soc. 28 nov. 2000, UAP, Bull. civ. V, n° 398.

年次交渉事項の第二は、実労働時間（durée effective）および労働時間の体系について である。なお、パートタイム労働の実施については、特に労働者の要求があった場合には交渉が義務付けられる（L.2242-8条2号）。

b　毎年、または3年毎の義務的交渉事項

　次に、以下の2つの問題についても、使用者は毎年交渉を開始しなければならないとされる。ただし、これらについては、一度協定が締結されて以降は、この交渉の周期は3年とされる。

　その第一は、当該企業における男性および女性の間の職業上の平等に関する目標およびその達成を可能とする措置についてであり（L.2242-5条）、第二は、障害を有する労働者の雇用にかかる職務への組込みおよび雇用の維持（L.2242-13条）についてである。

c　協定の締結以前における年次交渉事項

　以下の2つの事項については、当該企業の労働者に適用される協定がない場合にのみ、毎年交渉を実施する義務が生じる。

　すなわち、第一に、疾病扶助（prévoyance maladie）の制度の実施（L.2242-11条）についてであり、第二に、利益参加（intéressement）、経済的利益参加（participacion financiere）、および企業貯金制度（épargne d'entreprise）の実施（L.2242-12条）についてである。

d　大企業において3年毎に交渉が義務付けられる事項

　大企業またはグループ企業－具体的には、少なくとも300人の労働者が就労するか、または共同体レベルの企業であってフランスに150人の労働者が就労する事業所を1つでも有する企業または企業グループ－においては、以下の5つの事項について、3年ごとの交渉が義務付けられる。これらの事項は、主に企業戦略およびその雇用に対する影響に関する事項である（L.2242-15条）。

　その第一は、雇用能力予測管理（GPEC）[445]の措置の実施に関する事項であって、企業委員会が情報提供を受ける事項、ならびに、それに加えられる可能性のある付随的措置、とりわけ、職業教育、職業教育用企業負担型財形貯蓄助成金（abondement du compte personnel de formation）、職業経験認定（validation des acquis l'expérience）、職業能力診断（bilan de compétence）、ならびに、企業内異動協定（accord de mobilité interne）

---

[445] 雇用能力予測管理（GPEC）とは、企業等において人材配置の適正を保つことを目的として、人材の予測的管理を行う措置を言う。典型的には、当該企業等において今後予想される雇用・職種等の増減の予測を行い、それを元にした職業訓練、人員配置計画等をおこなう。

[446]によって定められているものとは異なる措置としての、労働者の職業的地理的可動性支援（accompagnement de la mobilité professionnelle et géographique）についてである。

第二に、L.2242-21 条所定の企業内における職種ないし地理的異動の条件を定める場合、これについて 3 年毎の交渉が義務付けられる。

第三に、当該企業において実施される職業教育および職業教育計画の対象についての 3 年間の大枠、とりわけ、優先的にその対象となる労働者および雇用、当該協定により 3 年間で獲得されることが予定される能力および職業資格、ならびに使用者が負担する職業教育用財形貯蓄助成金の基準および様式についてである。

第四に、各種の労働契約、すなわちパートタイム労働契約、研修契約（contrat de travail aux stages）についての利用見通し、ならびに当該企業において不安定雇用を減少させるために実施される措置についてである。

第五に、下請企業が、その職種、雇用、および能力について影響を有する、当該企業の戦略方針について情報提供を受ける条件についてである。

（イ）　各交渉事項に関する交渉の様式

アで述べたこれらのさまざまな義務的交渉事項についての交渉は、これらを全て同時に展開することが義務付けられているわけではない。もっとも、包括的な交渉枠組みのほうが、相互の妥協を引き出し、合意の基礎を見出す可能性は高いと考えられている。したがって、実務においては、複数の事項についての包括的な交渉が行われるケースが多いとされる[447]。

なお、2014 年 3 月 5 日の法律 33 条は、1 つの協定によって、法律によって列挙されている義務的交渉の全部または一部について、「労働生活の質（qualité de vie au travail）」と呼ばれる単一の交渉に統一することを認めている。同法によれば、この「労働生活の質に関する協定」は、それが有効となるためには代表的労働組合の過半数の支持が要求される。そして、同協定は 3 年の期間で締結され、その間、協定が定めた内容を対象とする年次交渉義務が停止されるとしている。

（2）　交渉義務に関する制裁
ア　民事制裁

使用者が義務的交渉事項について交渉を開始しない、または交渉手続の間にその課されている義務を遵守しない（情報提供の懈怠、交渉中における一方的決定、等）とき、当該使用者は労働者および労働組合が被った損害について民事上の責任を追及されるこ

---

[446] L.2242-21 条以下。
[447] Gilles Auzero et Emmanuel Dockès, op. cit., p.1422.

ととなる[448]。また、交渉が行なわれる前に使用者が義務的交渉事項に関する一方的決定を行った場合、事実審裁判官はこの交渉が行われるまでの間、当該決定の実行の停止を命じることができる[449]とされている。

このほか、労働組合組織は、交渉を開始し、あるいは必要な情報の提供の拒絶から生じる障害を回避するために、大審裁判所（tribunal de grande instance）[450]所長に対して急速審理（référé）[451]の請求を申立てるという手段をとることができる。判例によれば、民事手続法典 808 条および 809 条に基づき、急速審理裁判官は、必要がある場合には罰金強制を付して、交渉の開始および文書の作成を命じることができる[452]とされる。

イ　刑事制裁[453]

L.2243-1 条および L.2243-2 条は、使用者が「L.2242-1 条、または L.2242-5 条、L.2242-8 条、L.2242-9 条、L.2242-11 ないし 14 条、および L.2242-19 条所定の義務を履行しない」という事実に対して、刑事制裁を定めている。これにより、使用者は、義務的交渉事項について毎年の交渉の発意をしないとき、刑事罰を受ける可能性がある。また、前回の交渉から 12 ヶ月以内において代表的労働組合組織によって示された交渉要求について、使用者がこれを 8 日以内に他の労働組合組織に通知せず、あるいはこの要求から 15 日以内に当事者となる組合を交渉に呼び出さなかったときも、同様に刑事罰を受ける可能性がある。この場合に使用者が受ける制裁は、1 年間の拘禁刑および 3,750 ユーロの罰金とされる。

これに対し、使用者による交渉中または交渉終了時における不作為、または不正は、L.2243-1 条および L.2243-2 条に基づいて刑事上の罪に問われることはない。例えば、交渉中において、使用者が徹底して否定的・消極的に振る舞うことは、L.2243-1 条および L.2243-2 条の罪を構成することはないとされる[454]。また、使用者が必要な情報提供をしないこと、交渉中に一方的決定を行うこと、あらゆる決定を拒否することについても、ひとたび交渉が開始されていれば、L.2243-1 条および L.2243-2 条に基づく罪に問われることはない[455]。ただし、このことは、団体交渉中に不当に振る舞う使用者が、団体交

---

[448] Gilles Auzero et Emmanuel Dockès, op. cit., p.1423.
[449] Soc. 28 nov. 2000, UAP, Bull. civ. V, n° 398.
[450] 民事事件に関する普通法上の裁判所。事件の性質または請求額を理由として明示的に他の裁判所に管轄権限が付与されている事件を除く、全ての事件を審理する。
[451] 民事事件における急速審理（référé civil）とは、いかなる実質的な争いも存しないか、または紛争の存在により裁判が正当化される場合にあって当事者が一定の条件に従い単独裁判官から迅速な裁判を得ることができる対審的手続を言う。急速審理裁判官は、差し迫った損害を予防し、または明らかに違法な侵害を停止するため、実質的な争いが存在する場合であっても、保全措置を許可し、または、原状回復を命じることができるとされる（参考：前掲注 3・中村ほか監訳 361 頁）。
[452] Soc. 13 juill. 1988.
[453] v. M. Puech, L'obligation, au regard du droit pénal, d'engager une négociation annuelle dans les entreprises, Dr. soc. 1984. 19.
[454] Crim. 4 oct. 1989, D. 1989. IR 306.
[455] 前述のとおり、労働者側としては、民事的な救済を受けることは可能である。

渉に関する刑事上の罪（L.2243-1 条および L.2243-2 条）に問われることがないということを示すにとどまる点に留意する必要がある。すなわち、これらの多くの場合においては、L.2146-1 条（企業内における団結権の行使の侵害）、および L.2146-2 条（組合差別）に基づいて刑事制裁が言い渡される余地があるものと解されている[456]。

6　経済的単位の移転の場合における企業別協約および協定の帰趨[457]

企業別協定は、原則として、当該協定が締結された企業において、その適用範囲に関する規定が定める領域に適用される。もっとも、企業別協定が適用されている状況において、事業譲渡その他により使用者の変更が生じる場合がある。このような場合に、企業別協定の適用関係がいかなることになるか、その概要について述べる[458]。

（1）　沿革

企業別協定の適用範囲については、原則として労働協約に関する一般法の規則に服するとされる。フランスにおいては、労働協約および集団協定の規定は、当該協定に署名した労働組合組織が存在しようとしなかろうと、さらにいえば労働組合が存在しようとしなかろうと、締結された協約および協定が現に存在する限りにおいて、使用者に対して、これを当該企業（または事業所）の全ての労働者に享受させることを義務付けている[459]。したがって、産業別協約については、使用者に経営主体の変更が生じたとしても、協約の適用それ自体に影響が生じるのは、基本的にその事業内容そのものが（産業部門の枠を超えて）変更される場合に限定される。これに対し、企業別協定に関しては、経営主体の変更は、協定の適用関係に重要な影響をおよぼすことになる。

この点について、かつての判例は、事業譲渡（vente）の場合について、あるいは事業の全部または一部の吸収合併（absorption）の場合について、使用者によって署名された集団協定は、後の、すなわち譲渡先の使用者を拘束しないとしていた。そしてとりわけ、営業財産の譲受人によって解雇された労働者は、以前の、すなわち譲渡人使用者によって署名された企業別協定に基づく利益を主張できないとしていた。事業譲渡時における労働契約の移転に関する規定である旧 L.122-12 条 2 項は、あくまでも個別労働契約に関する規定でしかなく、集団的な労働条件には適用されないと解されていたのである。

---

[456] Gilles Auzero et Emmanuel Dockès, op. cit., p.1424.
[457] フランスにおける企業組織再編と労働関係をめぐる問題については、本久洋一「フランスにおける企業移転と労働契約」日本労働法学会誌 94 巻（1999 年、法律文化社）95 頁以下、水野圭子「EU における企業組織変動‑‑欧州司法裁判所判決にみる経済的一体の発展」季刊労働法 222 号（2008 年、労働開発研究会）105 頁以下、同「フランス・EU 法における企業組織変動と労働契約の承継‑‑経済的一体とは何か」日本労働法学会誌 108 号（2006 年、法律文化社）169 頁、細川良「フランスの事業譲渡における労働関係規制‑‑その現状と課題」世界の労働 60 巻 9 号（2010 年、日本 ILO 協会）22 頁以下等を参照。
[458] なお、本報告書第 1 章もあわせて参照のこと。
[459] Soc. 13 mai 1982, Bull. civ. V, n° 305 ; Soc. 25 avr. 2001, Bull. civ. V, n° 134.

—99—

そして、労働協約に基づく利益は、個別の労働契約に組み込まれていないとされていた[460]ため、新たな使用者は労働条件を修正することができ、解雇の場合においては、事業譲渡前の協定に含まれていた保護条項に拘束されることはないと解されていたのである[461]。そして、労働者が新たな使用者によって示された新たな労働条件を拒否した時、新たな使用者は労働契約の解約を発意することができ、それは辞職とみなされていた[462]。しかし、1971 年 7 月 13 日の法律により、こうした判例による解釈は修正され、現在では以下で述べるような規則が適用されている。

（２）　労働協約の暫定的維持[463]

L.2261-14 条によれば、合併（fusion）、会社分割（cession）、または事業活動の変更の場合においては、従業員に対して従前適用されていた協定は、新たな協定によって置き換えられるまで、または、予告期間の満了から起算して 1 年の間、暫定的にその効力が維持される。これらの旧協定は、新たな使用者が他の産業部門別協約に加入した場合であっても維持されると解されており、その場合には協約の競合（concours）の問題として処理されることとなる。すなわち判例は、「譲受人が属する産業部門別協約は、労働者に直ちに適用され、L.2261-14 条所定の条件において、当該事項において最も有利な協定上の規定が適用され続けることとなる」としている[464]。そして、この効力の維持は、L.2261-14 条はその適用範囲を明文で述べてはいないが、あらゆる自律的経済単位（entité économique autonome）の譲渡について適用されると解されている[465]。判例によれば、例えば、企業がある経済活動を下請け化する場合もその射程が及ぶとされている[466]。譲受人使用者は、この暫定期間中に、協約の規定を適合し、あるいは更新するための交渉を開始することが義務付けられている。

（３）　獲得された利益の確定的な維持

旧協約の暫定的適用期限が満了する前にいかなる新たな協約も締結されない場合、労

---

[460] フランスにおいては、労働協約と労働契約の関係について、多くの議論を経ていわゆる化体説が否定されており、労働協約は規範的効力に基づきその適用範囲内における個別の労働契約を法規範的に規律するものと解されている。

[461] Soc. 29 avr. 1965, D. 1966. 760.

[462] Soc. 10 févr. 1965, D. 1966. 760 ; Soc. 21 juin 1967, Dr. soc. 1968. 177 ; Soc. 5 mars 1969, Dr. soc. 1969. 508.

[463] v. J. Pélissier, Les restructurations d'entreprise et leurs effets sur l'emploi, RID comp. 1990. 160 et s. ; F. Favennec-Héry, Restructurations : le rôle de la négociation collective, Dr. soc. 2004. 279 ; A. Mazeaud, La négociation collective en cas de restructuration consecutive à un transfert, Dr. soc. 2004. 290 ; J.-M. Olivier, L'impact des transferts sur les normes collectives en vigueur dans l'entreprise, Dr. soc. 2005. 743 ; Ph. Raymond, Fusion d'entreprise et fusion des statuts collectifs, Dr. soc. 2006. 303.

[464] Soc. 10 févr. 2010, Dr. soc. 2010. 476.

[465] Soc. 22 mai 2002, RJS 8-9/02, n° 1012.

[466] Soc. 31 janv. 2001, Bull. civ. V, n° 31.

働者はこの旧協約の適用において獲得した個別的な利益を保持するとされる（L.2261-14条2項）。この1年の期限は、予告期間の満了時から起算されると解されている[467]ため、実質的に、新たな協定の交渉のための期間は15ヶ月となる。

　L.2261-14条2項に基づく、（法律による）獲得された個別の利益の維持の射程については、判例は厳格に解釈する傾向にある。これに対し、旧協約に置き換えられる新たな協定の中に、「獲得された利益を維持」する旨を定める一般条項を組み込む実務がしばしばみられ、こちらについてはその射程を広く解する傾向にあるとされる[468]。こうした条項がその維持を保証した利益は、それが旧使用者のもとでは慣行または使用者の一方的債務負担に基づくものであったとしても、協約としての性質を獲得することとなる[469]。

（4）　譲受人企業においてすでに存在する企業別協定との関係

　以上に述べたように、フランス労働法典は、使用者の経営主体に変更が生じた場合について、新たな協定に関する交渉を実施し、もって旧協定に置き換えることを基本姿勢としていると思われる。しかし、譲受人企業においてすでに企業別協定が存在する場合においても、旧協定に置き換わる協定について交渉をしなければならないのか、それとも、譲受人企業においてすでに適用されている企業別協約が旧協約に置き換わればよいのかという問題がある。

　この点について破毀院は、「（旧L.132-8条3項に基づく）協定の置き換えに当たっては、それが旧協定の規定を新協定の規定に適合させるものであれ、必要に応じて新たな規定を作成するものであれ、当該企業における交渉に由来するものでなければならない。」との判断を示している[470][471]。また、旧協定の適用を受けていた労働者に対抗できる協定となりうるのは、代表的労働組合との間で交渉された協定のみとされる[472]。

7　小括

　フランスにおける企業別協定に関する法制度の特徴を考えるにあたっては、まずその歴史的経緯を押さえておく必要がある。すなわち、（程度の差はあれ、他の欧州諸国とも共通するが）フランスの労働協約システムにおいては、伝統的には、産業部門および職種別のレベルの交渉および協約が、その中心として存在してきた。そして、企業別交渉および企業別協定　に対しては、副次的な位置付けしか与えられてこなかった。

---

[467] Soc. 27 oct. 1998, RJS 12/98, n° 1520.
[468] Gilles Auzero et Emmanuel Dockès, op. cit., p.1425.
[469] Soc. 10 juill. 2001, Bull. civ. V, n° 257.
[470] Soc. 14 mai 1992, RJS 6/92, n° 768 ; Soc. 1 déc. 1993, D. 1994. 334 ; Soc. 31 janv. 1995, RJS 3/95, n° 277.
[471] なお、これ以前には、譲受人企業においてすでに適用されている協定が置き換わるとの判断もみられたようである（Soc. 16 mai 1990, RJS 7/90, n° 600 ; Soc. 9 oct. 1990, RJS 11/90, n° 903.）
[472] Soc. 9 oct. 2001, Dr. ouvrier 2002. 450.

すなわち、第一に、1968年以前においては、そもそも企業内に組合支部を設置することが認められておらず、この時代において企業レベルで存在した交渉および協定は、あくまでも従業員の代表との間での非典型協定としての位置付けにとどまった。第二に、フランスの労働協約システムの伝統である有利原則の存在により、企業別協定は、あくまでも法律および産業別協約によって定められた労働条件について、これを下回らない、すなわち、労働条件の上乗せをすることができるにとどまっていたのである。

　1970年代に入り、企業内組合支部の設置が可能となったものの、当初、企業内組合支部における活動は、労使対話としての団体交渉、またそれを通じた労使合意としての企業別協定の締結に至ることは多くなかった。

　こうした状況を大きく変えたのが、1982年のオルー法であり、このオルー法が、近年のフランスにおける企業レベルの交渉および協定の基礎をなしていると評価することができよう。

　そのオルー法の内容は多岐にわたるが、企業別交渉および企業別協定と労働協約システムとの関係という視点から見た場合に、最も重要なことは、企業レベルでの義務的交渉事項を定めたことであろう。すなわち、オルー法が、実賃金および実労働時間について、毎年の交渉を義務付けたことが、その後の企業レベルにおける交渉の活性化に結びついたことは、ほとんど評価の一致したところである。このように、毎年の団体交渉の実施を義務付け、かつ交渉すべき事項を法律を通じて定めることによって、労使に対して交渉の実施を促すという手法を採用していることが、フランスにおける労働協約システムの大きな特徴の1つといえる。

　フランスにおける企業別交渉および企業別協定に関する法制度について、もう1つの特徴は、交渉当事者の枠組みについて、企業内組合支部の代表である組合代表による交渉の他に、組合代表委員を欠く企業における交渉方法をさまざまに定めていることである。これは、伝統的に、フランスにおける労働組合の組織力が脆弱であり、加えて、上記のように、フランスにおいては企業内に組合支部を置くことが認められていなかったことから、企業レベルでの組織基盤を形成することが労働組合にとって困難であったという事情が影響している。すなわち、国が企業レベルでの労使交渉を促すにあたって、企業内の組合支部を主体とする交渉の実施を促すだけでなく、こうした組合による交渉の基盤を有さない企業において、いかにして労使の対話を促すかという方法を模索することを余儀なくされたのである。こうして、フランスにおいては、企業内における交渉にあっては、企業内組合支部が存在する企業については、組合支部の代表である組合代表委員を主体として、義務的交渉事項に関する交渉を促してきた。その一方で、こうした企業内組合支部を有さない企業に関する労使対話については、従業員代表者による交渉および協定の締結という代替手法、あるいは、企業の外のレベルでの対話の促進および規範設定の促進、具体的には、産業レベルでの団体交渉及び労働協約の拡張適用制度、

さらには地域レベルでの交渉制度を用いることによって、補完的に企業レベルでの労働条件の規範設定の実現を模索していると評価できよう。もっとも、こうした国の試みが、その目的の通りの成果を挙げているかはまた別の問題であり、この点については、次章において検討する。

第3節　企業別労働協約の実際[473]

1　沿革

　フランスにおける労働協約システムの大きな特徴の1つとして、1936年法に基づく労働協約の拡張適用制度が、システムにおいて大きな役割を果たしてきたという点があることは、これまでも述べてきたところである[474]。そして、このことは、企業レベルの交渉・協定という視点から見た場合には、フランスの労働組合には企業レベルでの労働組合組織および団体交渉等を通じて、自ら労働協約の影響を企業レベルにまで及ぼし、労働者をカバーするだけの能力がなかったことを示していると評価することができる。すなわち、フランスにおける集団的労働条件規範の決定システムにあっては、歴史的に共同決定がなされてきたドイツなどとは対照的に、労働組合運動の成果としてのみならず（あるいはむしろ）、国家の支援によって産別協約が「職業の法」となるシステムが形成されてきたといえる。

　こうした、集団的労働条件規範の決定システムにおける国家の関与という側面は、こうした労働協約法制の面だけではなく、団体交渉システムにおいても現れている。すなわち、フランスにおける団体交渉制度は、比較的歴史が浅く、1950年代以降に形成されてきたと評価されているが、これは、第二次世界大戦後、国が主導する形で制度が形作られ、1950年代以降の高度成長（黄金の20年）を背景に団体交渉システムが形作られてきたと評価されている。そして、この1950年〜70年代にかけては、あくまでも団体交渉の中心は産業別交渉であった。これに加えて、1968年の五月革命の産物として、社会保障制度、具体的には年金金庫、医療保険、および失業保険の運営について、産業部門の枠組みを超えた全国職際交渉が1970年代以降発達・普及してきたのである。

　これに対し、企業レベルにおいては、第二次大戦後の1945年2月22日のオルドナンス及び1946年5月16日の法律によって、従業員の選挙によってメンバーが選出される組織である企業委員会が創設されたものの、労働組合が企業に入り込むことはできず、

---

[473] 本節における主な記述は、細川良『現代先進諸国の労働協約システム－フランスの企業別協約』（労働政策研究報告書 No.178、2015年）、西村純＝山本陽大＝細川良『現代先進諸国の労働協約システム－まとめと論点』（労働政策研究報告書 No.184、2016年）「第二章　フランス」（細川良執筆担当）の内容の一部に加筆修正を加えたものである。なお、加筆修正に際しては、Ministere du travail, La negociation collective en 2015 (2016) のほか、2016年6月に実施した現地ヒアリング調査で得られた知見によっている（調査先一覧は本文末尾に記載）。ご多忙の折、ヒアリングに応じていただいた皆様には篤くお礼申し上げたい。

[474] 1936年法の成立に至る過程については、本稿第1章を参照。

−103−

1968 年に、企業内における組合支部の設置が可能となったのである。これによって、企業内における労働組合活動の基礎となる企業内組合支部と、従業員代表組織である企業委員会という、企業内における二元的な労使関係が形成されることとなった。そして、1960 年代当時は、フランスにおいても労働組合の組織率は 20％を超えており、企業内で活発な活動を展開していたものの、こうした企業内組合支部の活動は、必ずしも団体交渉という形式を採用せず、一部の大企業を除いては、1970 年代までは、企業レベルの団体交渉はそれほどみられず、産業レベルの賃金交渉が、企業における職種・等級別賃金の決定に対する強い影響力を有していたようである。

　しかし、企業レベルの団体交渉及び協定の締結は、1980 年代以降、とりわけ 1990 年〜2000 年代に、非常に活発化することとなる。すなわち、企業別協定の件数は、1980 年代には約 4,000 件程度で推移していたのに対し、現在は約 35,000 件もの企業別協定が存在している。このことから、フランスにおける企業レベルでの団体交渉・集団協定（労働協約）システムについて、1980 年代が大きな転換点となっていることは明らかといえよう。いうまでもなく、この転機になったのは 1982 年のオルー法（Lois Auroux）であり、同法が定めた実賃金、労働時間等の年次交渉義務事項を中心とした義務的交渉事項が、現在における企業レベルでの団体交渉の中心をなしている。ヒアリング調査においても、オルー法以前から企業レベルでの賃金決定が普及していた産業も存在するものの、オルー法による交渉の義務化によって、企業レベルでの賃金に関する交渉が活発化したのは間違いないとの声が多く聞かれ、また協定の数の増加もこれを裏付けているといえよう。また、オルー法によるもう 1 つの改正も企業レベルでの賃金交渉の活発化に影響を与えているとされる。すなわち、産業別交渉において決定された総額賃金の値上げ幅について、その配分を企業レベルの交渉および協定によって決定することを認めたことである。

　なお、近年では、男女間における職業上の平等、あるいは従業員数 300 人以上の企業に義務付けられている雇用能力予測管理（ＧＰＥＣ）等の事項が重要性を増していると評価されている。

　このほか、フランスにおける企業内労使関係を形成するもう 1 つの機構である、企業委員会がその役割を拡大していったことも、重要な変化として指摘しておく必要があろう。すなわち、当初から認められていた福利厚生活動に加え、企業の経営に関する様々な事項について、情報提供を受け、また協議を行うという役割である[475]。

2　総論－フランスにおける近年の企業別交渉の概況

　本項では、2015 年において企業レベルで作成され、地方労働局（DIRECCTE）に対して届出がなされた、企業別協定を中心とする各種の協定文書[476]に関する統計資料等[477]、

---

[475] なお、企業委員会等の従業員代表組織と、企業内組合支部との関係性については、後述する。
[476] 労働組合（ないし従業員を代表する者）による団体交渉を経て署名された企業別協定（accord collectif）、

および現地におけるヒアリング調査で得られた知見をもとに、フランスにおける企業別交渉の近年における概況について整理する。

（1） 概況

まず、近年のフランスにおいて企業内組合支部の代表である組合代表委員、および（部門レベルの）労働組合組織によって署名権限者として任命された者（以下、本章においては両者をあわせて「組合代表委員等」と記す）が署名した企業別協定の件数の推移をみると、図2－2－1のようになる。

すなわち、2009年以降についてみると、企業別協定の件数は、年間35,000件～40,000件前後でほぼ安定して推移している。

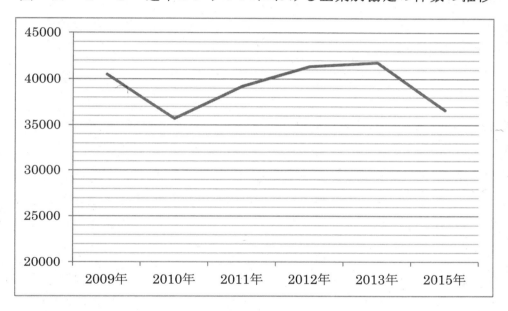

図　2－2－1　近年のフランスにおける企業別協定の件数の推移

次に、組合代表委員等により署名されたものに加え、各種の方法により定められた企業レベルでの各種協定文書全体についてみると、2015年におけるその総数は60,000件を越えること、おおむね前年と比べて変化がないことがわかる（表2－2－2参照）。

更新協定（renouvellement d'accord）、付加文書（avenant）、および不合意の調書（procès-verbal）に加え、従業員の承認投票（référendum）によって承認された文書、および使用者による片務的決定。

[477] 主として、Ministere du travail, La negociation collective en 2015 (2016)に収録されているデータを参照した。

表　2－2－2　2015年における企業レベルの協定文書数
（締結方式別）

	2015年[478]	前年比
組合代表委員等[479]による署名	31,461	＋1%
従業員を代表する者による署名	5,163	－7%
従業員による承認投票	11,322	±1%
使用者による片務的決定[480]	13,223	±3%
合計	61,169	±1%

出典：Ministere du travail, La negociation collective en 2015 (2016)

　企業レベルの協定文書を、その作成方式によって区分する（図2－2－3参照）と、約6割の協定文書が、使用者と組合代表委員等ないし従業員を代表する者との間の団体交渉の枠組みを通じて作成されている。そして、その約8割は、組合代表委員等の署名によって企業別協定が作成されていることになる。残りの2割は、企業委員会、従業員代表委員、または単一従業員代表の署名によっている。すなわち、企業レベルで集団的労働条件を決定する文書が作成され、行政に届け出がなされているもののうち、約半数が組合代表委員等との交渉を経て作成されており、かつその大半は組合代表委員によって署名されているものと理解できる。フランスにおいては、とりわけ企業レベルにおける団体交渉の基盤、その前提となる労働組合が脆弱であるという歴史的な問題を抱えている。そして、企業レベルでの交渉および協定の締結、とりわけ企業内組合支部が存在しない企業におけるそれを促進するために、一定の場合に、従業員代表委員あるいは産別労組に委任された労働者による協定の締結を可能とする立法がとられてきた。しかし、こうした従業員代表委員等の従業員代表組織による交渉および協定の締結はそれほどには普及しておらず、交渉・協定も少ないとの見解がヒアリング調査においても多く聞かれた。図2－2－3、表2－2－4が示すデータは、統計面からも、企業レベルにおける交渉は、企業内組合支部に大きく依存する現状であることが裏付けるものといえよう。加えて、ヒアリング調査においては、従業員代表委員によって署名される協定の多くは、賃金、労働時間等の基本的な労働条件を定めるものではなく、利益参加、企業内賃金貯蓄（épargne salariale）、企業年金積立（plan d'épargne pour la retraite collectif：PERCO）についてのものであるとの説明が聞かれた。これらの内容に関しては、従業員

---

[478] 数値は2016年1月1日時点での暫定値。
[479] 組合代表委員および労働組合組織に委任を受けた者。
[480] 労働組合との交渉が妥結に至らなかった場合に、最終的に使用者が提示した案を基礎に、使用者が片務的決定として書面化することもあるが、通常は、労働組合等の交渉基盤が存在しない企業において、（産業別労働協約の規定を前提として）使用者が一方的に集団的労働条件について作成する形をとることが多い。

代表委員を欠く場合には従業員による承認投票によって決定されることとされている。以上のことから、従業員代表委員の署名による協定および従業員による承認投票による企業レベルの集団的労働条件規範の決定は、これらの特殊な手当等の決定に偏っており、実賃金、労働時間等の基本的労働条件の決定を担うには至っていないものと考えられる。

図　２－２－３　2015年における企業レベルの協定文書の作成方式割合

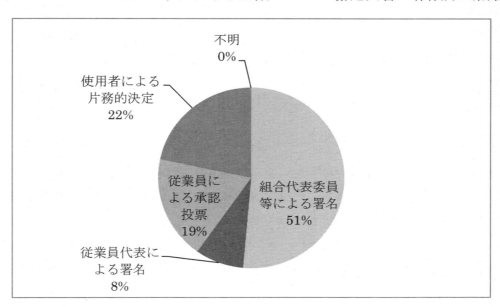

出典：Ministere du travail, La negociation collective en 2012 (2013)

（２）　企業別交渉における交渉事項

2009年から2015年にかけての、組合代表等が署名した企業別協定について[481]、交渉事項別に分類した表が以下の表２－２－４である。

---

[481] 前記のとおり、組合代表委員等が署名した企業別協定とは異なる、従業員を代表するものによる署名その他の方式による協定は、その内容が利益参加、企業内賃金貯蓄等の特殊な手当に関する協定に偏っている（Ministere du travail, op. cit., p.505.）ことから、ここでおこなう企業別協定に関する交渉事項の分析については、こうした偏りのない組合代表委員等が署名した企業別協定にしぼって検討を行うこととする。

表　２－２－４　組合代表が署名した企業別協定（交渉事項別）[482]

交渉事項	2015年		2012年		2011年		2010年		2009年	
	協定の数	割合	協定の数	割合	協定の数	割合	協定の数	割合	協定の数	割合
賃金・手当	11853	38%	11408	36%	14211	37%	12068	34%	11598	29%
労働時間	7424	24%	7112	23%	9186	24%	9011	25%	9345	23%
利益参加・賃金貯蓄	5886	19%	5577	18%	6607	17%	7305	21%	7140	18%
職業上の平等	3788	12%	5716	18%	6334	16%	3319	9%	2637	7%
雇用	3348	11%	2921	9%	3844	10%	4876	14%	9488	23%
労働組合の権利・従業員代表機関・労働者の意見表明権	2806	9%	2297	7%	2987	8%	3335	9%	2811	7%
相互扶助・補足健康保険・補足年金	2554	8%	2506	8%	3494	9%	3115	9%	3449	9%
就労環境	833	3%	1671	5%	1502	4%	689	2%	517	1%
職業教育	447	1%	552	2%	790	2%	596	2%	669	2%
格付け	416	1%	483	2%	618	2%	661	2%	620	2%
合計	31449		31310		38935		35696		40496	

出典：Ministere du travail, La negociation collective en 2015（2016）

　フランスにおいては、1982 年のオルー法以降、一定の事項について、企業レベルでの団体交渉が法律により義務付けられている。これを受け、企業レベルの労使においては、毎年の交渉が義務付けられている年次交渉事項、とりわけ賃金および労働時間についての交渉が、毎年の団体交渉の中心となっていることが分かる。

（３）　企業別交渉における労働組合の動向

　使用者と組合代表委員との間で締結され、地方労働局に届け出られた協定には、当該企業に含まれる労働組合および署名した労働組合組織が記されている（当該企業に存在するものの、協定に署名しなかった労働組合組織については、組合組織名が記され、署名欄が空欄となっている）。こうした手続により、企業別協定に対する各組合の対応が分かる。

表　２－２－５　企業別協定に署名がなされている組合の比率

	2015年	2012年	2011年	2010年	2009年	2008年	2007年	2006年
CGT	46%	50%	51%	52%	53%	54%	55%	54%
CFTC	20%	21%	24%	27%	30%	33%	33%	32%
CFDT	56%	57%	58%	60%	61%	61%	62%	61%
CFE-CGC	32%	32%	34%	36%	35%	38%	39%	38%
CGT-FO	34%	36%	38%	41%	43%	44%	44%	44%
その他の組合	18%	16%	16%	16%	17%	17%	16%	16%

出典：Ministere du travail, La negociation collective en 2015（2016）

　フランスにおいては、１９６６年に CGT、CFDT、CGT-FO、CGC（現 CFE-CGC）、CFTC の５つの労働組合が、全国レベルにおいて（すべての労働者を代表する）代表的

---

[482] 2015 年の協定の数は 2016 年 1 月 1 日時点での暫定値

－108－

な労働組合であることが法的に承認された[483]。そして、それ以降、これらのいわゆる五大労組がフランスの労使関係の中心を担ってきた。

そして、表2－2－5によれば、CGTおよびCFDTは、組合代表委員が署名した協定ないし付加文書の約半数について署名があることが分かる。これに対し、全国職際レベルでの代表性を有する他の労働組合をみると、CGT-FOおよびCFE-CGCは30～40％、CFTCは2割強の協定に署名があることが分かる。

署名率は、組合代表委員および組合支部の活動の活発さ、当該企業における労使関係政策ないし経営方針、労使関係の文脈によって決定される部分が大きい。しかし、当該企業における組合支部の設置の有無、および2008年法以降の重要な点として、代表性の有無を決することとなる直近の職場選挙の支持率も大きな影響を与えることとなる。すなわち、2008年法以前は、当該企業内に組合支部を設置することができれば、表2－2－5に挙げられているいわゆる五大労組は無条件に代表性を獲得し、当該企業における団体交渉に参加し、協定に署名をすることが可能であった。しかし、2008年法施行以降は、直近の職場選挙において10％の支持を獲得できなければ代表性を喪失し、団体交渉への参加および協定への署名が不可能となる。そこで、当該企業に組合支部が存在する場合における企業別協定への署名率と、企業別協定に署名がなされている組合の比率を対照することで、当該組合の企業内における勢力をある程度推測することが可能である。

そこで、表2－2－6をみると、いわゆる五大労組は、企業内に組合支部が存在する場合においては、2008年法の前後にかかわらず、協定に対して一貫して高い比率で署名をしていることが分かる。上位の交渉レベルにおいては戦闘的な立場をとることが圧倒的に多いと一般的に評価されているCGTについても、他の4労組に比べれば10％前後低いとはいえ、8割を超える高い協約署名率であることが分かる。

表　2－2－6　当該企業に組合支部がある場合における企業別協定への署名率

	2015年	2012年	2011年	2010年	2009年	2008年	2007年	2006年
CGT	84%	85%	85%	84%	84%	82%	82%	83%
CFTC	89%	90%	88%	88%	88%	88%	89%	90%
CFDT	94%	94%	93%	93%	93%	91%	92%	92%
CFE-CGC	92%	92%	91%	91%	91%	90%	91%	92%
CGT-FO	90%	90%	90%	88%	88%	87%	87%	87%

出典：Ministere du travail, La negociation collective en 2015 (2016)

他方で、表2－2－5および表2－2－6を対照すると、以下のような傾向がみてとれる。すなわち、表2－2－6から、組合支部が存在する場合においては、五大労組のいずれもが2008年以前と同等かそれより若干高い署名率を示している。これに対し、協

---

[483] これらのフランスにおける労働組合運動の変遷については、前掲注3・労働政策研究・研修機構11頁以下等を参照。

定の総数に占める各組合の署名率は、五大労組のいずれもが 2008 年以前と比べて低下していることが分かる。このうち、CFDT については、2015 年は 2008 年と比べて 5 ポイントの減少と、若干の減少にとどまっている。これに対し、CGT は、企業内組合支部がある場合の署名率は変わっていないにも関わらず、署名に占める割合は 2008 年に比べて 8 ポイント減少し、50％を割っている。このことから、CFDT は、(各企業における支持率の高さそれ自体はともかくとして[484]) 2008 年以降も各企業内において代表的労働組合としての基盤をおおよそ維持していることが推測される。これに対し、CGT は CFDT に次ぐ地位は確保しているものの、全体として退潮傾向にあることは否めないようである。そして、同様に大幅な減少がみてとれるのは CGT-FO および CFTC であり、CGT-FO は 2008 年と比べて 10 ポイントの減少、CFTC に至っては 12 ポイントの大幅減となっている。CGT-FO は、全国レベルの集計結果では 15.9％の支持を獲得したが、CFTC は 9.3％の支持にとどまった。これは、全国レベルでの代表性を確保するのに必要な 8％はクリアしているものの、企業レベルでの代表性の確保には 10％の支持の獲得が必要であり、このラインをクリアできずに代表性を喪失し、あるいは組合支部を失ったケースが生じていることが推測できる。

　こうした傾向は、やや古いデータではあるが、図２－２－７からも確認できる[485]。すなわち、企業別協定が署名されている企業における組合支部の数の平均と、協定に署名した組合の数の平均の推移をみると、2008 年には 2.68 存在した企業内組合支部の数は、2012 年には 2.29 まで減少しており、それに伴って、協定に署名した組合の数も 2.35 から 2.00 に減少している。

　全国レベルの集計結果をみると、CFE-CGC は、9.4％の支持にとどまっており、CFTC と同程度である。しかし、協定全体に占める署名の割合について見た場合、全国レベルの集計結果では同等の支持率であった CFTC、あるいは CFE-CGC を上回る支持を獲得している CGT-FO が、前述のとおりの大幅減となっているのに対し、CFE-CGC は 6％の減少にとどまっている。その背景について、CFE-CGC はいわゆる管理職組合として独自のカテゴリーを享受しており、このことが組合代表委員および企業別協定への署名の権限を維持するに当たって、2008 年法による影響を緩和する方向に作用したものと解されている。すなわち、CFE-CGC は、企業内における代表性を獲得するに当たっては、その管理職組合としての特殊性から、管理職 (cadre)、上級専門職・技師 (ingénieur)、(中級・下級) 技術者 (technicien)、および職長 (agent de maitrise) の 10％の支持を獲得すれば足りる[486]とされ、他の労働組合組織とは異なり、全従業員の 10％の支持を獲

---

[484] 参考までに、2013 年 3 月 29 日に確定し、発表された全国レベルの集計結果によれば、CGT が 26.7％、CFDT が 26％の支持率を獲得している。

[485] Ministere du travail, La negociation collective の 2015 年版ではこれについてのデータが確認できなかったため、2012 年版を参照した。。

[486] なお、これらの地位にある労働者が、CFE-CGC とは異なる他の労働組合組織に加入する、あるいは選

－110－

得することが要求されていないことによると解されている。

図 2－2－7 企業内における組合支部の数および協定に署名した組合の数（平均）

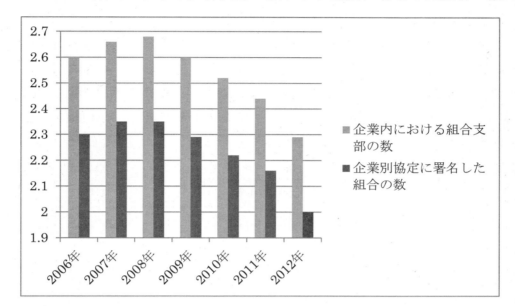

出典：Ministere du travail, La negociation collective en 2012 (2013)

（4） 企業別交渉に関する産業別の状況

以上において、フランスにおける企業別交渉および企業別協定の締結についての状況を概観してきた。もっとも、企業別交渉および協定に関する状況は、産業部門の違いによって大きく異なることがヒアリング調査において明らかとなっている。

すなわち、現状において、企業レベルの労働組合との団体交渉を中心とする労使対話（dialogue social en entreprise）については、以下の4つの類型に分類することができるという。その第一は、対話が活発であり、かつ労使の対立が激しい企業であり、全体の 1/4 がこれに当たるという。その典型は、労働組合の組織基盤が比較的強固であることが多い大企業・グループ企業であり、工業・製造業に多く見られるという。第二は、労使対話が殆ど行われていない企業であり、全体の 1/4 がこれに該当するという。こうしたケースは、その多くが労働組合の組織基盤が脆弱である、さらには労使対話の基盤がそもそも成立していない、という事情がその背景に存在している場合が多い。結果、労使対話が殆ど行われていない一方、労使間の（主として集団的な）紛争および対立も生じていないようである。このような企業は、小規模・零細企業が多いサービス産業、とりわけ小売業・宿泊業・飲食業・理容業に多くみられるようである。第三は、第一の類型と第二の類型の中間に位置付けられる企業であり、これも全体のおおよそ 1/4 を占

挙で支持を表明することも可能である。

めるという。また、第四の類型として、近年見られるようになってきているのが、対話が活発でありながら、他方で労使間の対立が少ない企業である。これらの企業においては、とりわけ職業訓練に関する労使対話が活発であるという傾向あり、かつ上部団体（産別組織）からの自律の程度が高いという傾向があるという。

　以上のような状況は、産業部門別に見た企業別協定の数を、当該産業部門における労働者数と比較した場合に、これを推測できる状況がみてとれる。すなわち、表2－2－8によれば、工業部門においては、労働者数は18.2％を占めるのに対し、企業別協定の数は38.3％を占めている。他方で、サービス産業は労働者数では73.9％を占めているにもかかわらず、協定の数としては57.2％にとどまっている。このことは、製造業においては労使対話が比較的活発であるのに対し、サービス産業、とりわけ卸売・小売、宿泊業において労使対話があまり活発に行われていないことが推測できる。

表　２－２－８　産業部門別企業別協定の件数

産業部門	企業別協定数（2012年）	割合		労働者数（千人）	割合	
工業	11881	38.3%		3267.6	18.2%	
（内訳）		（内訳）		（内訳）		（内訳）
採掘・精製・エネルギー	1070	3.5%		377		2.1%
食品製造・飲料・タバコ	1682	5.4%		547		3.0%
電機・機械製造	2056	6.6%		450.7		2.5%
輸送機械製造	934	3.0%		368.6		2.0%
繊維・衣料・革製品	409	1.3%		113.7		0.6%
木材・製紙・印刷	745	2.4%		208.3		1.2%
化学	848	2.7%		141.6		0.8%
薬品製造	448	1.4%		82		0.5%
ゴム・プラスチック・非金属	1430	4.6%		292		1.6%
金属産業	1533	4.9%		400.6		2.2%
その他	726	2.3%		286.1		1.6%
建設業	1390	4.5%		1435	8.0%	
サービス産業	17738	57.2%		13290.4	73.9%	
（内訳）		（内訳）		（内訳）		（内訳）
卸売・小売	3228	10.4%		3028		16.8%
運輸・倉庫	3100	10.0%		1352.1		7.5%
宿泊業	528	1.7%		969.9		5.4%
情報通信	975	3.1%		705.9		3.9%
金融・保険	1913	6.2%		839.9		4.7%
不動産	749	2.4%		235.6		1.3%
科学技術・行政・支援	3082	9.9%		2927.2		16.3%
公共・教育・健康・福祉	3196	10.3%		1933.2		10.7%
その他	967	3.1%		1298.6		7.2%
合計	31009	100.0%		17993	100.0%	

出典：Ministere du travail, La negociation collective en 2015 (2016)

第3章 フランスにおける規範設定の実態[487]

本章では、ここまで概観したフランスにおける労働協約システムを前提に、フランスにおいて実際どのようにして規範設定（労働条件決定）が行われているのかという点を明らかにしたい。具体的には、第一に、規範設定システム（労働協約システム）にもとづいた賃金決定システムの実際について（1）、第二に、企業における経済的解雇の際に集団的労使関係システムがどのように機能しているかについて（2）、検討を行うこととする。

第1節 賃金決定システムに関する規範設定

ここでは、フランスにおける労働協約システムを前提に、賃金決定がどのようなメカニズムにもとづいて行われているのかを明らかにする。具体的には、金属産業における賃金決定システムについて検討を行うこととし、適宜、第三次産業である金融業における実態についても言及することとしたい。なお、ここまで述べてきたように、フランスにおいては協約レベルにおいても産業別協約および企業別協定による二元的なシステムが採用されており、賃金決定についても同様に、産業レベルでの規範設定と企業レベルでの規範設定という2つの段階が存在する。そこで、ここでも産業レベルでの規範設定について述べ、次いで、これを踏まえた上で企業レベルでどのような賃金決定がなされているかを述べる。

1 産業レベルにおける賃金決定[488]

（1） 基本構造

それでは、まず金属産業における産業レベルでの賃金決定システムを確認する。なお、フランスの産業別協約は、現在ではほとんどすべての産業において、全国一律かつ現業（ouvrier）から管理職（cadre）までの統一した協約となっているが、かつては、産業別協約は地域単位および職種単位で分かれていた。そして、金属産業は、現在においてもなお地域別に産業別労働協約が定められ、かつ管理職・技師（ingénieur）とそれ以外とで協約が分かれているほとんど唯一の産業である。本項においては、管理職らを除く、現業（工員 ouvrier）、技手（technicien）、職長（agent maitrise）についての賃金決定

---

[487] 本章における主な記述は、細川良『現代先進諸国の労働協約システム - ドイツ・フランスの産業別協約（第2巻 フランス編）』（労働政策研究報告書 No.157-2、2013年）、同『現代先進諸国の労働協約システム－フランスの企業別協約』（労働政策研究報告書 No.178、2015年）、西村純＝山本陽大＝細川良『現代先進諸国の労働協約システム－まとめと論点』（労働政策研究報告書 No.184、2016年）「第二章 フランス」（細川良執筆担当）の内容の一部に加筆修正を加えたものである。なお、加筆修正に際しては、2016年6月に実施した現地ヒアリング調査で得られた知見にその多くを依っている（調査先一覧は本文末尾に記載）。ご多忙の折、ヒアリングに応じていただいた皆様には篤くお礼申し上げたい。

[488] 以下の記述は、主として、2015年6月に実施した UIMM（フランス金属産業連盟）におけるヒアリング調査で得られた知見によっている。ヒアリングにおいて多くの知見を提供していただいた Micheline Christot 氏、Lucile Urling 氏をはじめとする担当者の方々に改めて御礼申し上げたい。

システムを中心に検討し、管理職らについては必要に応じて適宜言及することとする。なお、地域単位としてはパリ＝イル・ド・フランス地域（以下、単にパリ地域とする）のものを素材として取り上げる。

　まず、フランスにおける産業別労働協約においては、通常、各職種における等級別の最低賃金表が定められる。パリ地域の金属産業におけるそれは、表３－１－１がこれに当たる。

表３－１－１　パリ地域金属産業　職階別最低賃金表

	工員	技手	一般職長	事業所付職長
等級Ⅰ　140　1段階	17062	17062		
等級Ⅰ　145　2段階	17105	17062		
等級Ⅰ　155　3段階	17226	17105		
等級Ⅱ　170　1段階	17254	17126		
等級Ⅱ　180　2段階		17152		
等級Ⅱ　190　3段階	17346	17182		
等級Ⅲ　215　1段階	18675	17787	17787	19032
等級Ⅲ　225　2段階		18586		
等級Ⅲ　240　3段階	20773	19785	19785	21170
等級Ⅳ　255　1段階	21849	20809	20809	22266
等級Ⅳ　270　2段階	23139	22038		
等級Ⅳ　285　3段階	24432	23269	23269	24898
等級Ⅴ　305　1段階		24755	24755	26488
等級Ⅴ　335　2段階		27180	27180	29081
等級Ⅴ　365　3段階		29446	29446	31508
等級Ⅴ　395　4段階		31896	31896	34130

＊等級の右に記された数字は指数（coefficient）をあらわす。

＊表中の数値は年単位での最低保証賃金額を表す（金額の単位はユーロ）

　　　出典：フランス金属産業地域別最低賃金一覧表（UIMMによる提供）にもとづき筆者作成

　すなわち、パリ地域の金属産業においては、まず工員（ouvrier）、技手（technicien）、職長（agent maitrise）、管理職および技師（cadre et ingenieur）の４つに職種が分類され、このうち、管理職および技師については、前記のとおり管理職および技師を対象とする金属産業の全国協約によって労働条件決定がなされる（したがって、上記の賃金表に管理職および技師の項目は存在しない）。また、パリ地域においては、職長がさらに２つに分類され、一般職長と事業所付き職長とに分かれている[489]。その上で、この職種分類ごとに資格等級別の（最低）賃金が定められることとなっている。

　そして、各職種ごとにⅠ～Ⅴまでの５つの等級に分類がなされる[490]とともに、各等級ごとにさらに１～３の段階（échelon）に区分がなされる。すなわち、各職種ごとに、この５等級×３段階＋１（等級Ⅴのみ第４段階が存在する[491]）という１６の区分にもとづい

---

[489] 地域によってはこのような分類が存在しない協約も存在する。

[490] ただし、パリ地域の協約においては、工員については等級Ⅴが設定されていない。

[491] なお、この等級Ⅴの第４段階は、基本給の上昇が早々に頭打ちになってしまうという問題に対応するた

て等級別の最低賃金額が定められることになるのである。なお、上記の表において各等級の中に示されている 140〜395 の数値は、賃金係数（coefficient）を呼ばれる数値である。かつて、フランスにおける賃金決定方式においては、賃金係数あたりの金額（valeur de point などと呼ばれる）が定められ、これに係数を掛けあわせる形で基本給が決定されていた。そして、賃金をめぐる団体交渉は、まさにこの 1 賃金係数あたりの金額を定めるための交渉が中心だったようである。しかし、現在においては多くの産業においてこのような形は採用されておらず、金属産業においても基本給の計算においては上記のような方式は採用されていない。参考のため、表 3 − 1 − 2 として銀行業における各等級ごとの最低賃金表（銀行業では保障賃金という表現を用いている）を紹介しておくが、現在では、このようにして（少なくとも協約の字面上は）各等級ごとの最低賃金について端的にその金額を定める方式が一般的のようである。

めに設けられたものであり、等級Ⅴの者が勤続年数 10 年を超えると資格を得るとされている（ヒアリングにおいて聞かれたところによれば、管理職になることができない代わりの「名誉職」のようなものだとのことであった）。

表３－１－２　銀行業勤続年数対応等級別最低保障賃金表

	5年	10年	15年	20年
技術者				
レベルA	18300	18760	19320	19900
レベルB	18630	19110	19700	20280
レベルC	18940	19510	20100	20700
レベルD	20390	21000	21620	22270
レベルE	21350	21990	22650	23330
レベルF	23280	23980	24700	25440
レベルG	25810	26580	27380	28200
管理職				
レベルH	28600	29465	30345	
レベルI	34950	36000	37080	
レベルJ	42220	43490		
レベルK	50250	51750		

＊表中の数値は年単位での最低保証賃金額を表す（金額の単位はユーロ）

出典：銀行業における 2011 年 1 月 31 日の賃金協定にかかる付属文書Ⅶ－勤続年数対応職種別最低賃金一
　　覧表

　もっとも、この賃金係数はまったく意味を失ったわけではなく、第一に、一部の手当
等の計算において、この指数にもとづいた計算方式が用いられることがあるようである。
また、各等級ごとの賃金を定める際に、係数の差異が参照されることがあるようである
（賃金決定のプロセスについては後述）。

　以上のようにして産業レベルにおける各等級ごとの最低賃金表が存在するが、このほ
かに金属産業において産業レベルで決定される賃金の構成要素として重要なものが 2 つ
ある。その第一は、職階手当と称される手当であり、これについても表３－１－３で示
したように、各等級ごとにその金額が割り振られて支払われることとなる。この職階手
当については、金額について団体交渉の対象となることはなく、たとえば工員について
は基本給の 5％、一般職長については 7％などのように、職種ごとに割合が固定されて
いるようである。

表３－１－３　パリ地域金属産業　職階手当一覧表

	管理者および技師	技手	工員	職長
等級Ⅰ　140　1段階	660.35		O1 693.37	
等級Ⅰ　145　2段階	683.93		O2 718.13	
等級Ⅰ　155　3段階	731.1		O3 767.66	
等級Ⅱ　170　1段階	801.85		P1 841.94	
等級Ⅱ　180　2段階	849.02			
等級Ⅱ　190　3段階	896.19		P2 941.00	
等級Ⅲ　215　1段階	1 014.11	AM1 1 014.11	P3 1 064.82	AM1 1 085.10
等級Ⅲ　225　2段階	1 061.28			
等級Ⅲ　240　3段階	1 132.03	AM2 1 132.03	TA1 1 118.63	AM2 1 211.27
等級Ⅳ　255　1段階	1 202.78	AM3 1 202.78	TA2 1 262.92	AM3 1 286.97
等級Ⅳ　270　2段階	1 273.53		TA3 1 337.21	
等級Ⅳ　285　3段階	1 344.28	AM4 1 344.28	TA4 1 411.49	AM4 1 438.38
等級Ⅴ　305　1段階	1 438.62	AM5 1 438.62		AM5 1 539.32
等級Ⅴ　335　2段階	1 580.12	AM6 1 580.12		AM6 1 690.73
等級Ⅴ　365　3段階	1 721.62	AM7 1 721.62		AM7 1 842.13
等級Ⅴ　395　3段階	1 863.13	AM7 1 863.13		AM7 1 993.55

出典：パリ地域金属産業職階別最低賃金表にかかる 2005 年 12 月 8 日の追加協定の付属文書

　産業レベルでの賃金決定要素として次に重要なのは、勤続年数に対応する勤続手当である。フランスにおいても賃金決定にあたって勤続年数が考慮されることが一般的であり、表３－１－２で示した銀行業のように、基本賃金のレベルで勤続年数に対応した賃金を定めている産業も少なくない。これに対し、金属産業においては、工員の月給制化に関する 1970 年 7 月 10 日の全国協定を修正する 1974 年 1 月 29 日の付加文書にもとづき、勤続年数が 3 年を超える労働者に対しては、表３－１－４のように勤続手当が算定され、支給されることとなっている。

表３－１－４　金属産業勤続手当算定表

勤続年数	係数（%）
3年	3
4年	3
5年	3
6年	4
7年	5
8年	6
9年	6
10年	7
11年	8
12年	9
13年	9
14年	10
15年	10
16年	11
17年	12
18年	12
19年	13
20年	13
21年	14
22年	14
23年	14
24年	14
25年	14
26年	14

出典：金属産業における工員の月給制化に関する 1970 年 7 月 10 日の全国協定

（2）賃金決定のプロセス

ア　賃金に関する交渉

　それでは、以上のような基本的な枠組みを前提として、具体的な賃金決定について産業レベルではどのような規範設定がなされているであろうか。

　まず、表３－１－１で示した職階別最低賃金表について、これらのⅠ～Ⅴ、および各等級における第１段階から第３段階までという枠組みそれ自体については、1972 年に現在の形が形成されてから、まったく変更されていないとのことである[492]。また、後述する等級格付けのための基準についても、改正が行われることは少ないという。他方で、賃金係数（coefficient）の設定については、金属産業においては 3 年毎に交渉が行われており、1972 年に産業別協約が現在の形になって以降、5 回改定が行われているとのことである。

　そして、賃金に関する規範設定にかかり、産業レベルでの交渉において中心を占める

---

[492] フランスの産業別労働協約は、当該産業における規範設定の大枠を定めるものであるが、その協約本体についての改訂は極めて稀であることが一般的のようである（他の産業においても、たとえば銀行業においては、1954 年に協約が改正されて以降、次の大幅な改正が行われたのは 2002 年のことであった）。他方で、賃金表における具体的な金額や、新たな手当の創設等の付加的あるいは部分的な修正については、当該目的のための協定（accord）ないしは付加文書（avenant）の形で行われることが多い。

のは毎年における賃金の昇給についてである。これについては、さまざまな要素を考慮しながら労使間で交渉が行われるものであるが、その際において近年大きな影響を与えているのは、法定最低賃金（SMIC）である。すなわち、（当然のことであるが）労働協約が定める賃金は法定の最低賃金を下回ることは許されず、最低賃金の改定の結果、当該産業別協約における賃金表でもっとも低い賃金が最低賃金を下回ることとなった場合には、賃金についての団体交渉を実施することが法律で義務付けられている。従来、協約所定の（最低の等級における）最低賃金は、（金属産業においては）法定最低賃金をやや上回る水準が維持されてきたが、近年の度重なる最低賃金の引き上げにより、しばしば協約上の最低賃金との逆転が生じ、賃金表の改訂のための交渉を実施する必要が生じているようである[493]。

イ　個別労働者に対する格付け

　それでは、アで述べたように賃金表が確定した上で、個別の労働者をどの等級に位置づけるのかという点について、産業レベルにおいてはどのような規範設定がなされているのか。この、等級への格付の基準については、産業別労働協約で具体的な基準が定められている[494]。たとえば、もっとも低い等級である工員の等級Ⅰについては、「その作業の性質および適用すべき作業方法を定める簡潔かつ詳細な指示書にもとづき、指示された手続に従って、簡潔性、反復性、類似性を有する作業を実施する。」こととされ、また「上級の職業資格の水準にある職長の直接の指揮下におかれる。」とされている。そして、その第一段階が、「その作業は、手作業であれ、簡単に利用できる機械の補助をえるものであれ、生産品の修正をもたらさない初歩的任務である。」、第二段階は「その作業は、手作業、機械の補助をえるもの、またはその他すべての手段を用いるものであり、類似した単純作業の実施である。」、「作業方法は、書面、口頭または実演によって正確かつ詳細な指示によって示され、命令される。その作業は簡潔かつ明確な検査および初歩的調整作業に限定される。」、「作業場所への適応するために要する期間は1週間をこえない。」、第三段階は「その作業は、手作業、機械の補助をえるもの、またはその他すべての手段を用いるのであり、その任務は、作業の性質または多様性ゆえに注意を必要とするものである。」、「口頭または説明と注釈のついた簡潔な専門的文書によって、指示の詳細および作業方法が定められる。」、「その作業への適用に要する期間は、通常は1月をこえることはない。」と規定されている。なお、企業レベルにおいては、等級および段階の格付け

---

[493] なお、かつて用いられていた賃金係数にもとづく賃金計算によれば、最低等級における賃金額が確定すれば、これにもとづいて（少なくとも工員の）各等級における賃金も自動的に確定することになるが、現在は基本給の賃金表において賃金係数にもとづく計算方法が採用されていないため、各等級について（各等級・段階における係数の差異の程度を考慮に入れつつも）それぞれ等級ごとの最低保障給が決定されているようである。

[494] 格付け基準の詳細については、資料編に掲載の労働協約の規定を参照。

の次の区分として、各段階の中でABC等のさらに細かい分類がなされることがあり、これについては各企業の裁量が許容されているようである。

このように、各等級ごと、また各段階ごとに、それに従事するために必要とされる能力ないし資格が定義され、これにもとづいて個々の労働者が各等級および段階に配置されるという構造となっている。もっとも、各等級および段階に対する格付けが、上述したような定義に厳格に照らしあわせて個別に設定されているかといえば、実際上の運用は必ずしもそういうわけではないようである。すなわち、まず各等級への格付けについては、基本的に学歴および年齢によって決定され、たとえば、金属産業においては、BTS[495]を有する者については自動的に等級Ⅳの地位に配置されることとなっている。次に、各等級における各段階の配置についてであるが、これについては、等級に格付けされた時点で第一段階に位置づけられ、6ヶ月の試用期間を終えれば第二段階に進み、18ヶ月の勤続を終えれば第三段階に進むというのが一般的のようである。このようにして、産業別労働協約を基本とする賃金システムにおいては、基本給は学歴、年齢、および勤続年数によって決定される部分が大きいようである[496]。

2　企業レベルにおける賃金決定
（1）賃金表と格付け

次に、1で述べた産業レベルでの賃金決定システムを前提として、企業レベルではどのような賃金決定が行われているのかについて検討する[497]。

まず、フランスの金属産業の中でも、大企業においては企業独自の賃金表を有していることは一般的のようである。フランスの労働協約システムにおいては、産業別労働協約はあくまでも最低基準にとどまるものであり、これを下回らないかぎりにおいては独自の賃金表を設けることは許容されている。ただし、等級及び段階にかかる枠組みについては、産業別労働協約が定める枠組みに反してはならないとされているため、独自の賃金表であっても、1で述べた産業別労働協約における等級表の枠組み（等級Ⅰ～Ⅴ×第1段階～第3段階の枠組み）を基礎とした形式を採用しなければならない。

もっとも、ここで注意すべきであるのは、等級および段階については産業別労働協約の枠組みを用いなければならないが、ある職務についてこれをどの等級および段階に位置付けるのかについては、実際上は各企業の裁量が許容されているという点である。す

---

[495] フランスにおける学歴によって得られる職業資格の1つ。日本で言えば高専卒レベルに相当する。

[496] なお、企業レベルではこれとは異なる賃金決定がなされているケースも少なくないようであるが、この点については後述する。

[497] 以下の記述は、主として金属産業A社の人事部長に対するヒアリングで得られた知見によっている。なお、中小零細企業においては、ここで述べるような企業独自の制度を有しておらず、産業レベルでのシステムをそのまま採用している企業も少なくないようである。しかし、今回の調査では中小零細企業における状況については残念ながら調査が及ばなかった。ここで述べるシステムは、基本的に大企業を念頭に置いたシステムであることを留保しておきたい。

なわち、1（2）イで述べたように、産業別労働協約において、各等級および段階をどのように位置づけるのかについての基準は、それぞれについて明文で定義がなされている。しかしながら、その定義内容は多分に解釈の余地を残すものである。そこで実際には、ある職務をどの等級に位置づけるのかについて、この基準の「解釈」を通じて各企業において独自に定めることが可能となっているのである[498]。そこで、企業レベルにおいては、まず各企業ごとに必要とされる基準職務（métier）を定め、それぞれの基準職務について、産業別協約で定められた等級表を基礎とした企業独自の等級表のどの等級に位置づけられるものであるのかを設定するという方法が取られているようである。すなわち、企業レベルでの賃金システムの独自性は、①ある等級における段階について、より細かな分類を行うこと[499]、②各等級、段階等に対して支払われる賃金額について、産業別協約で定められる基準よりも上乗せを行うこと[500]、③ある職務について、どの等級等に位置づけるのかについて、企業独自の「解釈」にもとづいて位置づけを行うことを通じて行っていると整理することができよう。なお、このような企業独自の賃金表を作成する場合においては、仕事と等級等とのひも付けについては、基準職務を単位とするのが一般的のようである。金属産業に属するＡ社の人事担当者に対するヒアリングでは、基準職務ではなく更に細かくポストにもとづく賃金表の作成を試みたことがあったが、あまりにも細かくなりすぎることから断念した旨の説明がなされている。また、同一の基準職務に属する労働者は、学歴、能力、経験が類似するものであること、ポスト単位で等級（賃金）を決定してしまうと、社内移動の融通が効かなくなることもその理由であるという[501]。

（2）団体交渉と昇給

　企業レベルでの賃金決定に関してもう1つの重要な要素は毎年実施される団体交渉を通じた昇給である。これについては、全体の昇給割合を決定した上で、その配分を決定する方法が一般的のようである。Ａ社の例では、2015年については2％の賃上げを予定しているとのことであった。そして、この 2％について、基本給の賃上げにまわす部分と成績ごとに個別に分配する部分との割合を決定するというプロセスを用いている。Ａ

---

[498] したがって、客観的には類似の仕事をしているように見えても、ある企業においては等級Ⅲの第二段階に位置づけられているものが、別の企業においては等級Ⅱの第三段階に位置づけられているということがあり得る。もっとも、同様の仕事をしていながらある企業において等級Ⅳに位置づけられているような職務が、ある別の企業においては等級Ⅱに位置づけられるということは、「解釈」の限界を超える可能性が高くなると思われ、このような差異は一定の範囲には収まることになろう。

[499] 例えば、等級Ⅲの第二段階について、さらにABCという細かい段階分け（ABCのような区分ではなく、係数をより細かく区分しているケースもあるようである）を行うことなどである。

[500] なお、こうした上乗せは、基本給の上乗せという形だけでなく、各種手当の支払や、個別契約による上乗せなども用いられるようである。

[501] なお、ある大手保険会社の労働組合に対するヒアリング調査では、同社において基準職務（métier）ではなく、更に細かく1つ1つのポスト（poste）ごとにどの等級に位置づけるのかを決定しているとの説明がされたが、同時に、このような手法はフランスにおいて一般的ではないとのことであった。

社においては、この固定的な昇給分と個別分配部分との割合については、毎年、使用者の側で決定しているとのことであり、その際には物価上昇率を参照しているという。すなわち、2015年については物価上昇率がほぼ0%であったため、固定昇給分は約0.6%と低めに設定し、残りの1.4%を個別分配分にまわすとのことであった[502]。

　そこで、次の問題として個別分配分についてどのように配分するかという問題であるが、この点については人事考課者の裁量が広範に認められており、使用者の側で評価の基準を具体的に定める、あるいは労働組合の側が評価（の基準設定）に対して積極的にコミットするといった姿勢は、フランスにおいてはあまりみられないようである[503]。もっとも、企業独自に何らかのルールを定めているケースも有り、A社においては、3年間昇級がないという場合には、人事考課者がかならず文章で説明し、かつその内容を人事部にも報告しなければならないとしている。むろん、あまりに不合理な評価がなされた場合には、企業内の組合支部から苦情を申し立てられる可能性もあることから、実際には人事考課者の裁量を広く認めつつ、労働組合および人事部による監視とコントロールが行われていると評価することも可能であろう。

第2節　経済的解雇における規範設定

　続いて、経済的解雇における集団的労使関係による規範設定について検討を行う。なお、経済的解雇をはじめとする企業のリストラ局面での集団的労使関係による規範設定においては、制度上、従業員代表機関である企業委員会が重要な役割を負っている。そこで、まずフランスの企業委員会の制度について簡単な説明を行い（1）、次いで、具体的な規範設定のプロセスについて検討を行うこととする（2）。

1　企業委員会

　フランスでは、上記のとおり、企業ないし事業所を単位とする法定の従業員代表機関として、企業委員会（事業所委員会）[504]の制度が存在する。この制度は、1946年5月16日の法律等によって制定された制度であり、従業員数50人以上のすべての企業に設置が義務付けられている[505] [506]。企業委員会は、従業員から選出された代表者を企業の管

---

[502] なお、この配分に組合が反対し、賃金協定が締結できなかった場合には一律0.5%の昇給のみを実施する予定であるとのことであった（フランスにおいては、団体交渉が妥結に至らなかった場合には、使用者側の一方的措置として賃上げを実施することが可能である）。

[503] 金属産業の産業別労働組合であるFTM-CGTにおけるヒアリングでも、人事考課に対するコミットについてはあまり積極的な見解は聞かれなかった。ただし、これはCGTが成績にもとづく給与それ自体に否定的な立場であり、固定昇給分を強く求める姿勢をとっていることが影響している可能性を考慮しなければならない。

[504] 便宜上、本稿においては、以下、特に断りがない場合、両者をあわせて「企業委員会」と表記する。

[505] 労働法典L.2321－1条。

[506] なお、従業員数50人未満の企業の場合、企業委員会の設置義務がなく、これに代わり従業員数11人以上の企業において置かれることとされる従業員代表委員（délégués du personnel）がその機能を代行する。

－123－

理運営に参加させることを目的とした制度であり、当初は企業における福利厚生に関する事項の運営を協議することを中心的な役割としていた。その後、企業経営に関する様々な事項について、情報の提供および協議を行う権限が追加され、その重要性を増してきている。とりわけ、本項において検討する経済的解雇をはじめとする企業のリストラ等の局面においては、情報提供及び協議を通じて、制度上重要な機能を果たすこととされている。

　なお、ドイツにおいても、各事業所における従業員代表機関である事業所委員会の制度が存在する[507]。ただし、ドイツの事業所委員会は、事業所組織法にもとづき共同決定権が付与されており、使用者と事業所協定を締結することが可能である[508]。これに対し、フランスの企業委員会は、あくまでも法定の様々な事項についての情報提供及び協議を受けるにとどまり、使用者と交渉を実施し、協定等を締結する権限は有していない。このような労働組合と従業員代表組織とが併存する労使関係システムについては、「二元的労使関係」という説明がなされることが多いが、ドイツにおけるそれが、協約優位原則に基づくコントロールが存在するとはいえ、労働組合と事業所委員会の双方に集団的労働条件決定に係る権限が付与されているのに対し、フランスにおいては、労働組合と企業委員会等の従業員代表機関という2つの制度が形の上では併存しているものの、集団的労働条件決定権限については、あくまでも労働組合のみに与えられているという点には留意する必要がある。

2　経済的解雇における労使協議

（1）経済的解雇における企業委員会との協議制度と、2013年雇用安定化法による改革

　フランスでは、1975年の経済的理由による解雇に関する法律[509]によって、経済的理由による解雇[510]についての法律上の規制が整備されている[511]。これ以降、人的理由による解雇（licenciement pour motif personnel）と共通する、解雇の実体的要件すなわち、「現実かつ重大な事由」の存在に加えて、経済的解雇に関するさまざまな手続的規制が立法化されてきた。そして、その後、幾度かの重要な改正[512]を経て、現在では、2002年労使

---

[507] ドイツにおける集団的労働関係システムの現状については、山本陽大『現代先進諸国の労働協約システム－ドイツ・フランスの産業別協約－（第1巻　ドイツ編）』（労働政策研究報告書 No.157-1、2012年）、同『企業・事業所レベルにおける集団的労使関係システム（ドイツ編）』（労働政策研究報告書 No.177、2015年）に詳しい。

[508] ただし、いわゆる協約優位原則に基づき、労働組合の優位性が担保されており、事業所協定は（労働協約法4条3項に基づくいわゆる「開放条項」が置かれている場合を除き）労働協約によって規制されている、または規制されるのが通常とされる賃金その他の労働条件を定めることができないとされている。

[509] Loi du 3 janvier 1975 relative aux licenciements pour cause économique.

[510] 以下、便宜上単に「経済的解雇」と略することがある。

[511] これ以前においても、人員削減の際に企業委員会が意見を述べること（1966年6月18日の法律）、企業委員会への協議の内容、および協議から解雇までの期間の設定（1969年の全国職際協定）等の規制は存在していたが、この1975年法により、経済的解雇に関する規制が体系化されることとなった。

[512] 1986年の改正で、当初規定されていた行政による許可制が廃止された。また、1989年8月2日により、

－124－

関係現代化法[513]による改正[514]で定められた雇用救済計画（plan sauvegarde d'emploi）がその中心に据えられている。この雇用救済計画の作成にあたって、企業委員会との協議が重要な手続きとされてきたのである。

　もっとも、以上のような企業委員会による手続関与という法律の建前とは異なり、実務上は、（労使交渉の基盤が整っている大企業を中心に）労働組合との交渉がその実質を担っているケースが少なくなかったようである[515]。そこで、2013年に成立した雇用安定化法により、経済的解雇における雇用救済計画の策定にあたっては、企業委員会との協議を経て使用者が決定するという手続方法に加え、労働組合と使用者が雇用救済計画等の経済的解雇の手続についての合意を締結するという方法を設け、上記の実務を追認するとともに、労使対話を促している。

ア　労使協定の締結による雇用救済計画の決定

　雇用安定化法により改正された労働法典の規定によれば、労使協定の締結による雇用救済計画の決定手続は以下のようになる。

　この協定による方法を用いるにあたっては、まず、企業委員会が招集され、当該企業の経済的状況および財政的状況が通知されること（L1233-22条1号）、および企業委員会が、雇用に影響する人員再編の原因となる経営計画の代替案を提案することができること、また、当該案に対し理由を付した使用者の回答を得られること（L1233-22条2号）が条件であり、企業委員会に対する通知・意見聴取・情報提供に関する規定を適用除外することはできない（L.1233-23条）[516]。

　当然のことではあるが、交渉に際しては、他の一般的な団体交渉にかかるルールが同様に適用され、交渉を誠実に行なわなければならないとされる[517]。なお、交渉に関する情報提供に加え、労働組合側の交渉担当者は、企業委員会から委任を受けた公認会計士を利用することができる（L1233-34条）。また、雇用救済計画に関する交渉が開始された場合、速やかに行政機関に通知しなければならない。

　協定の内容は、雇用救済計画の内容がその中心となるほか、①企業委員会への通知および協議の態様、②解雇の選定基準の調整および適用範囲、③解雇のスケジュール、④削減される雇用の数および対象となる職業カテゴリー、⑤職業教育、再配置措置等の実

　労働者の再配置を促進する「社会計画(plan social)」の作成が定められたこと等が、この間の主要な改正点であった。

[513] Loi de modernisation sociale du 17 janvier 2002.

[514] 同法では、このほかに行政および従業員代表者の機能の強化、また再配置休暇などが制度化されている。

[515] v. G. Auzero et E. Dockès, op. cit., 2014, pp. 535. 法定されている企業委員会の招集等の手続を履行した後は、労働組合と使用者とが団体交渉を重ね、合意した時点でその内容を企業委員会に通知し、しかる後、労働組合と協定を締結する実務がしばしば聞かれる。

[516] この意味で、企業委員会の手続関与およびこれに対する情報提供義務等の枠組みはなお、維持されている。

[517] G. Auzero et E. Dockès, op. cit. pp.552.

施態様を定めることができる（L.1233-24-2条）。逆に、上述の企業委員会に対する情報提供等に関する規定に加え、①職業教育、再配置等に関して使用者に課される努力義務、②職業安定化契約[518]、および再配置休暇を労働者に提案する義務について、例外を定めることは禁止されている（L.1233-24-3条）。

なお、前述のとおり、2008年法以降においては、通常の労働協約および集団協定の締結にあたっては、①合計で従業員の30％以上の支持を有する1または複数の代表的労働組合が署名をし、かつ②合計で50％以上の支持を有する1または複数の代表的労働組合が反対していないこと、が効力要件となっている。これに対し、この解雇手続文書の作成について定める集団協定については、重大な効力が付与されていることもあり、例外的に高いハードルが設けられており、合計で50％以上の支持を有する1または複数の代表的労働組合が署名をすることが要求されている。

なお、雇用安定化法による改正以前においては、経済的解雇について、手続的要件が設けられているとはいえ、それは企業委員会に対する情報提供・協議・意見聴取義務の対象となるというものであって、あくまでも決定を行うのは使用者であった[519]。雇用安定化法においても、企業委員会における手続を履行した上で、解雇手続文書を使用者が一方的に決定するという方法は維持されており、上述した労使協定による方法といずれの方法を採用するかは、使用者の選択に委ねられている（L1233-24-1条、L1233-24-4条）。雇用安定化法以前から存在する、企業委員会における手続の履行を経て使用者が一方的決定を行う方法による場合には、企業委員会が手続において主要な役割をはたすこととなる。

（2）経済的解雇における労使協議の実際[520]

それでは、（i）で述べたような制度を前提として、実務上はどのような協議が行われているのであろうか。フランスにおける経済的解雇にかかる手続において、協議の俎上に上るのは、①当該経済的解雇（計画）の必要性、②（解雇が必要とした場合の）解雇順位、③解雇手続においてとる措置の3つに大きく区分される。

---

[518] 「職業安定化契約（contrat de sécurisation professionnelle）」とは、経済的理由により解雇された労働者について、再就職のプロセスを組織し、労働者を支援するための制度である。この制度は、2011年5月31日の全国職際協定および2011年7月28日の法律によって、従来の個別再配置契約（convention personnalisée de reclassement）および職業転換契約（contrat de transition professionnelle）を引き継ぐものとして設けられた。同制度については、細川良『フランスにおける解雇にかかる法システムの現状』（労働政策研究報告書No.173）85頁以下を参照。

[519] G. Auzero et E. Dockès, op. cit. pp.532.

[520] 以下の記述は、主として、労働組合に対するコンサルティングを業とする会計士、税理士、企業診断士等の法人であるSyndexのコンサルタント、Dominique Paucard氏に対するヒアリング調査で得られた知見にもとづいている。ヒアリングにおいて多くの知見を提供していただいたPaucard氏に改めて御礼申し上げたい。

—126—

ア　経済的解雇の必要性

使用者が経済的解雇に関する計画を企業委員会ないし労働組合に提示する場合、まず当該解雇計画の必要性が議論の俎上にのぼるが、この解雇計画の必要性について、かなりの議論が割かれるようである。労働組合に対するコンサルティング業務をおこなうSyndexでのヒアリングによれば、同法人では年間で約120件の経済的解雇の案件を取り扱っているところ、そのうちの約40%においては、当初提示された計画に比べて、被解雇者の人数が減っているとのことである。

このように、フランスにおける経済的解雇にかかる労使協議において、そもそもとしての解雇の計画の必要性が激しく議論される背景について、SyndexのコンサルタントであるDominique Paucard氏は以下の様な興味深い視点を提示している。すなわち、「スウェーデンとの違いについて、スウェーデンでは労働組合との合意を通じた人員削減が多く見られるようですが、これは、人員削減が計画される以前に労使の間で共同決定的な協議がきちんとなされているからということが言えると思います。そこで、その結果として人員削減計画が出てきますので、労働組合と合意できるものが多い。フランスの場合には、この経営者側と労働者側との共同決定という発想がなく、経営に関する事項は使用者が専権的に決められるという発想が強いのです。ですから、人員削減計画について、事前に協議している事が少なく、労働者側から見れば不当な、つまり計画の必要性に疑問があったり、計画された削減数が過剰であると考える計画が多くなるということです。」というのである。また、同時に、「フランスでは、雇用を守るのではなく、人を守るという発想が強いことが（背景として）考えられます。共同決定的な考え方が少ないこともあり、フランスにおいては会社、企業の業績に問題がない場合に、（あるポストが経営上必要とされなくなったからといって）解雇するというのはおかしいと、してはならないという発想があります。スウェーデンでは、このような経営判断が尊重され、必要ないとされたポストは取り替えて、そのポストについている労働者は他の場所で再雇用させればいいという考え方があるようですけれども、フランスではそういう考え方はとられていない。企業が業績を上げている場合には解雇は必要ない、そのような解雇は正当化されないとみなされる傾向にあります。このような経営戦略上のリストラについて、法的には直ちに不当というわけではないですが、労働者の側は不当だと考える傾向にあるわけです。」と言うのである。このような背景もあり、フランスにおける経済的解雇にかかる協議では、その入口段階である当該解雇計画の必要性について、激しく争われることが珍しくないようである。

イ　解雇順位

解雇計画の必要性について議論された上で、これがやむを得ないとされた場合、次に議論の対象となるのは解雇順位についてである。これについては、労働法典L.1233-5条

1項は、「使用者が経済的理由による集団的解雇を行うとき、かつ、適用される労働協約および集団協定が存在しないとき、使用者は、企業委員会との協議または、企業委員会がない場合には、従業員代表委員との協議の後に、解雇順位（ordre des licenciements）を定めるための基準を定義する。」と定めており、経済的解雇の際の被解雇者の選定基準となる解雇順位の基準は、当該企業に適用される労働協約（集団協定）で定めるか、もしくは、それがない場合には、企業委員会との協議を経て、使用者が決定することとしている。すなわち、解雇順位は、労働協約によって定めるか、もしくは企業委員会との協議を経て決定しなければならない[521]。

　そして、同条2項は、解雇順位を決定するために考慮されなければならないいくつかの基準を列挙しており、それらは、①家族に対する扶養責任、とりわけひとり親による扶養責任、②当該事業所または当該企業における勤続年数、③再就職を特に困難とする社会的性質をもつ労働者の事情、特に、障害者ないし高年齢者であること、④職種ごとに評価される職業資格、とされる。この点について判例は、従来から、解雇順位を決定するに際しては、上記の法律上の基準のすべてを考慮する義務があるとしており[522]、2013年の雇用安定化法は、このことを確認する規定を挿入している。すなわち、同法によって改正されたL.1233-5条3項は、「使用者は、『本条に定めるその他の基準すべてを考慮することを条件に』、基準のひとつを優先させることができる。」（『』は筆者）としている。ただし、同項後段が述べるように、使用者は、基準の重要性についての比重を変更することは可能であり、また、判例によれば、解雇順位の基準とする要素は、上記の法定の項目に制限する趣旨ではなく、使用者は他の基準を考慮に入れることもできるとされる[523]。

　そこで、解雇の順位を決定するための基準が、重要な協議対象となる。ここでの協議は大きく分けて2つの段階があり、まず第一は、人員削減の対象となる職務範囲の区分である。これは、解雇順位を決定する基準が、当該企業において「解雇計画の対象となった職務範囲（catégorie professionnelle）[524] [525]に属するすべての労働者」に適用されるものとされていることにもとづく。実際上、使用者側は、計画の段階で具体的にどの

---

[521] Soc. 3 déc. 1996, RJS 1/97, n° 23.
[522] Soc. 14 janv. 1997, Dr. soc. 1997. 159.
[523] Soc. 15 mai 1991, RJS 6/91, n° 698.
[524] 使用者は、経済的解雇にかかる集団的手続における従業員を代表するものとの間の第1回会合において、解雇の「対象となる『職務範囲』および解雇の選定基準の案」を示すこととされている（L.1233-31条2項3号。『』は筆者）。
[525] なお、ここでいう職務範囲とは、「当該企業において同一の性質の職務を行う労働者であって、共通の職業教育を受けているものの総体」と解されており（Soc. 7 juill. 1998, RJS 10/98, n° 1196.）、個別の労働者が当該企業においてどの事業所または部署に配置されているかによって区別されることはない（Soc. 2 avr. 2008 n° 07-40. 572, RJS 6-08 n° 654.）とされる。すなわち、所属する事業所において人員の削減が一切検討されていない場合であっても、当該企業における解雇計画において、雇用の削減対象となる職務範囲に属する労働者は、解雇順位を定める基準の適用にもとづき、解雇される可能性のある者となることがありうる（Soc. 13 déc. 1995 n° 5219, Dr. soc. 24 mars 1993.）。

—128—

労働者を解雇対象者とするかについてのイメージを有しており、職務範囲の区分けの仕方、基準の追加、各基準における点数のつけ方によって、解雇の対象としたい労働者に合わせたものを作ろうとするというのである。これに対して、労働組合の側はそれをいわば壊し、人員削減の対象をできるだけ幅広いものとし、その中から希望退職者が現れることを目指すという。たとえば職務範囲について、カテゴリー1（秘書）が10人、カテゴリー2が20人、カテゴリー3が25人いる事業所において、使用者がカテゴリー1を5人、カテゴリー2を2人、カテゴリー3を15人削減したいとする場合について、人員削減の対象とされていないカテゴリー4において希望退職者がいたとしても、これは認められないことになる。そこで、労働者側としては、なるべく人員削減の対象となる職務範囲を幅広く取ろうとし、これに対して使用者側は、職務範囲をできるだけ細かくしたがる傾向にあるという[526]。

第二の段階としては、解雇対象とされる職務範囲が決まった上で、その被解雇者選定の基準が問題となる。これについては、上述した法定の4つの基準が基本となり、それぞれについての点数の配分について協議される。たとえば、勤続年数の基準で言えば、10年以下なら0点、10年から15年なら5点、15年から20年なら10点といったものである。この過程では、使用者側としては当然職業上の能力に比重を掛けることを求め、これに対し、労働者側は、再就職の難易度や家庭環境に関する基準に重点を置く傾向にある。

ウ　解雇手続においてとる措置

以上の過程を経て、被解雇対象者についての協議を終えると、次のプロセスは解雇手続において使用者がとる措置についての協議となる。そこでは、当然企業内外の再配置の可能性や、再就職を支援するための措置についても対象となるが、重要視されていることは解雇計画を実施する際のスケジュールのようである。すなわち、労働者側としては、計画を実施する期間（実際に解雇が通告されるまでの期間）をできるだけ長く、使用者側としてはこれをできるだけ短くしようとする。労働者側としては、希望退職に応じる人も含め、その後の再就職等の計画を十分にたてられる時間を十分確保することを目指すのである[527]。

---

[526] たとえば使用者側としては、カテゴリー1に属する秘書の中でも、取締役の秘書とか、2ヶ国語しゃべれる秘書とか、3ヶ国語の秘書など、人員削減の対象となる職務範囲を細かくすれば、解雇の対象者を限りなく特定できることになる。

[527] なお、これに関連して、使用者がとる具体的な再配置措置及び再就職支援措置の内容についてもどのような議論がなされているのかについてもあわせて調査を試みたが、充分な回答が得られなかった。あるいは、こうした措置についてはフランスでは（公的な支援の役割を重視している等の事情により）労使当事者がそれほど重要な関心を有していないという可能性もあるが、この点については今後の課題としたい。

3 小括

　本章においては、第一章および第二章において検討したフランスにおける労働協約を中心とした規範設定システムを前提として、賃金決定及び経済的解雇に関して、実際にどのような規範設定がなされているのかについて検討をおこなった。

　まず、賃金決定システムを見ると、フランスの伝統的な規範設定システムを前提に、産業別協約および産業レベルの団体交渉を通じた規範設定が存在した上で、企業レベルでの交渉および協定による賃金決定が存在している。その意味で、産業レベルと企業レベルという二元的な協約システムにもとづく規範設定がなされていると、一応評価することができよう。しかし、より具体的な賃金決定のプロセスを見ると、産業レベルの規範設定と企業レベルの規範設定の間には、複雑な関係が存在することが明らかとなる。すなわち、フランスにおいては、確かに産業別協約によって職業資格等級およびこれに対応する賃金等級が定められ、また各等級についての基準が定められている。しかし、実際にそれぞれの職務について、どの職業資格等級に設定をするのかという点については、産業別協約で定められている基準の「解釈」を通じて、企業レベルでの決定にかなりの裁量の余地が付与されている。加えて、産業別協約で定められているそれぞれの等級および段階の中で、さらに細かい区分を設定することが許容されていることとあわせ、具体的な賃金決定という点で見た場合には、企業レベルでの決定に大きな裁量が与えられているといえよう。

　この結果、企業内組合支部が存在し、活発に企業レベルでの交渉が行われている企業においては、大企業を中心として、実際には産業別労働協約が定めている条件からかなり乖離をした賃金システムが採用されている企業が少なくないと思われる。他方で、中小零細企業を中心に、企業内組合支部が存在しない、あるいは存在したとしても企業レベルでも交渉が活発でない企業においては、産業別協約が定める基準がそのまま適用されているケースが少なくないと考えられる。この結果、フランスにおける産業別労働協約は、まさしく当該産業における労働条件の「最低基準」を定めたものとしての色彩が強まっているのではないかと考えられよう。

　本節では、フランスにおける集団的な規範設定のあり方の企業レベルにおける実際として、もう１点、経済的解雇時における協議および交渉について取り上げた。フランスにおいては従業員代表組織としての企業委員会制度が存在し、企業の経営に関する情報開示および協議の場として用いられている。

　企業のリストラ時における協議ないし交渉において、労働者側にとってもっとも関心が高く、かつ協議の中心となるのは、経済的解雇ないし人員削減の必要性それ自体であり、次いで解雇順位の基準の確定が重要な位置を占めるようである。これは、ヒアリングで聞かれたところによれば、フランスにおける企業レベルの労使対話が十分に確立されていないことと関係するという。すなわち、企業レベルの労使対話が十分であれば、

使用者側がリストラについての協議を求めてきた場合において、労働者側もその必要性の有無について十分に認識をしていることが可能であるが、そうではない場合、結局のところ使用者が協議を求めてきたリストラ策について、労働者側としてその必要性を一から検討する必要があるということのようである。

第4章　まとめ
第1節　フランスにおける労働協約システムの特徴
1　フランスの伝統的労働協約システムの特徴と歴史的経緯

　まず、フランスの労働協約システムの最大の特徴として、労働組合の組織率がわずか8％前後という非常に低い状況にあるにもかかわらず、労働協約の適用率が約97％という極めて高い状況にあるという点を踏まえておく必要がある。こうした背景もあり、長期的な組織率の低落傾向、また労働組合の影響力の低下傾向もみられるとはいえ、フランスの労働組合は、労使関係におけるプレゼンスにおいて今なお一定の地位を保っていると評価できる。

　こうした状況がなぜ生じているのか、フランスの労働協約システムの理解には、まずその歴史的背景を踏まえておく必要がある。

　第一に、フランスの労働協約システムは、大革命以降の基本原理である契約の自由に基づく伝統的な契約理論に対して、実態として集団的労使関係における規範を設定する機能を有する労働協約を、いかようにして整合させるかという努力が図られてきたという点が重要である。これは、1919年法における立法による規範的効力の承認、ついで1936年法による公権力の承認を前提とした労働協約の拡張適用制度によって立法的に克服されてきたといえる。

　第二に、労働協約システムを支える労働組合運動において、個人の組合活動の自由（団結の自由）を尊重するという視点から、複数組合主義が強調されたこと、また20世紀初期において大きな影響力を発揮したサンディカリスムの理念に基づき、労働組合運動の基本的な行動様式が、「その意志のある者によって当該職業における労働者全体の利益を代表して行動する」というものとなったことが重要であろう。こうしたサンディカリスムの影響および労働組合運動の歴史的な経緯のもとに、労働協約は「職業の法（loi de profession）」という位置づけが与えられたのである。このことは、労働協約が、1936年法以降確立した、労働協約の拡張適用制度に基づき、（組合員であるか否かを問わず、さらには当該使用者が署名使用者団体に属していない場合であっても）当該職業における集団的な規範設定を行うというシステムの基礎を確立する上で非常に重要であった。

　こうしてフランスの労働協約システムは、一方ではフランスの労働組合運動における理念を前提としつつ、他方では、伝統的な契約理論の克服、サンディカリスムの理念の裏返しとしての労働組合の組織率の低さという実態のもとで、労働協約の定める規範をいかに定着させるかという実際上の要請に基づいた、極めて人工的なシステムを形成していったのである。この点で、フランスの労働協約システムはあくまでも国家および法の裏付けによって形成されてきたものであり、ドイツのような純粋な労使自治の理念から生じてきたものではないということに留意する必要がある。フランスの労働協約システムの人工的な性格は、1966年アレテによる五大労組システムの確立にも如実に現れて

いる。いわゆるフランスの五大労組システムは、戦後圧倒的な影響力を持った CGT が、サンディカリスムの（さらには当時のソビエト連邦の）強い影響力のもと、労使交渉においては一切の妥協をしないという姿勢を貫き、労使交渉が十分に進まないという状況を克服するために、ここから分裂した CGT-FO、管理職組合である CGC、CFDT が誕生した結果極めて少数の組合となった CFTC に「自動的に」労働協約の締結資格たる「代表的労働組合」の地位を付与することにより、これらの（CGT に比して少数派の）組合による労働協約の締結を通じて、産業別労働協約による集団的労働規範設定を確保してきたのである[528]。すなわち、フランスにおいて労働組合の組織率がわずか 8% 前後でありながら、労働協約の適用率が約 97% という極めて高いという状況は、歴史的および実際的必要性を背景に、立法等によってきわめて政策的に確立されてきたシステムであるということができよう。

2 フランスにおける産業別労働協約の機能

1 で述べたようなシステムのもとで形成された、フランスの産業別労働協約による集団的規範設定（労働条件決定）の伝統的な機能は、大きく分けて、①産業別の最低労働条件の設定、②産業内における社会的競争（労働条件引下げ競争）防止を通じた産業内市場秩序の維持である。とりわけ、企業内労使関係が成熟していない中小企業が多い産業においては、産業別労働協約が、実質的に個々の企業における（最低基準にとどまらない）実際の労働条件の設定機能を有しているのが実情である。その一方で、金属産業を典型に、極めて小規模な企業から、巨大企業まで含む産業においては、まさしく産業別労働協約は産業における最低基準を設定し、小規模企業においてはこれがそのまま適用される一方、大企業においては独自の労働条件が設定[529]され、産業内におけるある種の労働条件格差が生じる実態が存在する[530]。

こうしたシステムを支えてきたのは、1936 年法（あるいは 1951 年法）で確立された産業別労働協約の拡張適用システムおよび有利原則、並びに代表的労働組合の制度であることは疑いのないところである。このようなシステムによって産業別労働協約が集団的労働規範設定を一手に担う形となったのは、他方では、フランスにおいては企業内に労働組合が入り込むことが許されなかった[531]結果、企業レベルでの集団的労使関係がま

---

[528] あるいは、憲法院が 2004 年法および 2008 年法について、「有利原則」あるいは代表的労働組合の労働協約締結権の独占を憲法的規範とは認めず、法律による修正を許容したのは、こうしたフランスの集団的労使関係システムが人工的・作為的なものであるという歴史的経緯を踏まえたものであるとの評価も可能であろう。

[529] これらの企業レベルでの規範設定の実態については後述する。

[530] さらに、小規模企業が多い産業および産業そのものの規模が極めて小さい産業においては、産業レベルにおいても労使交渉が十全に機能していない状況にある。もっとも、こうした産業においても、一度は設定された産業別労働協約およびこれを補完する法律による最低条件の設定によって、労働条件の最低基準は確保されていると評価できよう。

[531] 企業内組合の設置が可能となったのは 1960 年代以降のことである。

—133—

ったくといっていいほど形成されていなかったことによるものである。

3　フランスにおける企業別協定と分権化

　他方、フランスの企業レベルでの協定について見た場合に、いかなることがいえるであろうか。

　前提として、フランスにおいては、先に述べたようにそもそも労働組合の組織力が非常に弱く、産業別労働協約の拡張適用制度に代表される、国家（法律）のバックアップを通じて、産業別労働協約を中心とした集団的労働関係規範の設定システムを維持してきたという特殊性が存在する。これに加えて、1968年以前の段階においては、そもそもフランスにおいては企業内に組合支部を設置することが認められていなかった点に留意する必要がある。フランスにおける集団的規範設定権限の分権化は、1980年代初頭におけるオルー改革がその嚆矢であると評価できるが、同改革はフランスにおける企業レベルでの交渉を促進することを目的としていた。

　これは、1968年以降、企業内に組合支部の設置が可能となったにも関わらず、企業レベルでの労働条件決定に関する交渉がほとんど進まなかったことを受けてのものであり、これ以降、フランス政府が促進してきた（企業レベルでの）団体交渉の促進政策については、労働組合の側が積極的に評価してきたという点が、フランスにおける分権化の大きな特徴となる。

　すなわち、近年の欧州における集団的労使関係の潮流を見た場合、一般論としては、企業レベルでの労使対話（交渉）が発展するプロセスとともに、大なり小なり、産業レベルでの交渉および協約が解体されていくという影響が生じていることが指摘されている。企業レベルの交渉およびその成果としての協定の締結の発展に伴い、産業レベルでの交渉および協約の影響力が低下し、企業レベルでの労働条件決定が広がるというのが、近年の欧州における一般的な傾向であって、使用者団体による「分権化」の追求も、こうした流れを見通すものであると考えられる。これに対し、北欧、イタリア、ドイツの労働組合は、「分権化」の動きに対して、強い警戒感を示し、産業レベルの交渉および協約システムの維持を主張している。これは、北欧、イタリア、ドイツにあっては、伝統的に労働組合の組織率が高く、産業レベルでの労使自治のシステムが強固に確立してきたこと、そして、その帰結として、企業レベルでの規範設定システムの拡大は、こうした労使自治のシステムを解体するという警戒感が強く存在することによるのではないかと考えられる。これに対し、フランスにおいては、企業レベルでの交渉の普及を、（有利原則の存在を前提とするとはいえ）労働組合の側が積極的に評価してきたという歴史的経緯がある[532]ことが、他の欧州諸国と比較した場合の重要な特徴なのである。

---

[532] 企業レベルでの交渉および協定の締結の発展の契機となったオルー法は、左派のミッテラン政権のもとで成立したことに留意する必要がある。

4 フランスの労働条件規範設定の実態

それでは、以上のようなことを前提に、実務においてはいかなる形で労働条件の規範設定がなされているのか、ここでは最重要な労働条件である賃金に関する規範設定について、典型的な大企業における規範設定のモデルを再確認する。

賃金決定にあたっては、フランスの伝統的な規範設定システムを前提に、産業別協約および産業レベルの団体交渉を通じた規範設定が存在した上で、企業レベルでの交渉および協定による賃金決定が存在している。すなわち、フランスにおける集団的労働条件規範設定は、形式的には、産業レベルと企業レベルという二元的な協約システムにもとづいてなされていると、一応評価することができよう。しかし、より具体的な賃金決定のプロセスを見ると、産業レベルの規範設定と企業レベルの規範設定の間には、複雑な関係が存在することが明らかとなる。フランスにおいては、確かに産業別協約によって職業資格等級およびこれに対応する賃金等級が定められ、また各等級についての基準が定められている。しかし、実際にそれぞれの職務について、どの職業資格等級に設定をするのかという点については、産業別協約で定められている基準の「解釈」を通じて、企業レベルでの決定にかなりの裁量の余地が付与されている。加えて、産業別協約で定められているそれぞれの等級および段階の中で、さらに細かい区分を設定することが許容されていることとあわせ、具体的な賃金決定という点で見た場合には、企業レベルでの決定に大きな裁量が与えられているといえよう。

この結果、企業内組合支部が存在し、活発に企業レベルでの交渉が行われている企業においては、大企業を中心として、実際には産業別労働協約が定めている条件からかなり乖離をした賃金システムが採用されている企業が少なくない。他方で、中小零細企業を中心に、企業内組合支部が存在しない、あるいは存在したとしても企業レベルでも交渉が活発でない企業においては、産業別協約が定める基準がそのまま適用されているケースが少なくないと考えられる。

つまり、フランスにおける集団的労働条件の規範設定は、産業別労働協約と企業別協定という2種類の規範の類型が存在することを前提に、①主として産業別労働協約によって一元的に労働条件が設定されている労働者（典型的には中小零細企業の労働者）、②実質的に、企業別協定によって一元的に労働条件が設定されている企業（典型的には大産業かつ大企業の労働者。もっとも、これらの企業にあっても、休暇や福利厚生、諸手当などについては産業別協約で定められたものがそのまま用いられるケースも少なくない）、③最終的な規範設定は企業別協定によっているものの、産業レベルので交渉・協定の内容が意識され、それによる影響を受けている労働者、という3つの類型に分類することが可能と言えよう。この分類は、企業規模の大きさ、産業としての規模の大きさに加え、当該企業における交渉の基礎が形成されているか否かによって分かれているが、

この「交渉の基盤が形成されている企業においては、実質的に企業別協定によって一元的に労働条件が設定されている」という状況が、2000年代以降の分権化の法政策とその影響について、意味を持つことになってくる。

5　フランスにおける分権化の法政策とその影響

　フランスにおいては、企業別協約が導入された1971年法以降、企業レベルでの労使交渉を促進する政策が継続的に取られてきた。これは、現実の労使関係に最も近いのは企業内の労使関係であり、本来的には企業レベルでの労使交渉によって労働条件を設定することが実態に叶うとの理念（「契約政策」）に基づくものであり、その中でも最も大きな意味を有するのは、フランスにおける伝統的な有利原則を廃止した、2004年のフィヨン法および2008年法による改革であると言われている。

　しかし、企業レベルでの規範設定を促すことを目的として導入された、企業別協定に基づく適用除外制度は、結果としてまったくといっていいほど用いられず、2004年法および2008年法による改革以降も、フランスの労使当事者は、従来からの産業別労働協約による集団的な規範設定システムをベースとした規範設定システムを維持してしてきた。

　その背景としては、いくつかの要因が考えられる。第一に、労働組合の意思、すなわち、産業レベルに比べ、企業レベルにおける労働者の交渉力の脆弱さに対する懸念から、容易には企業別協定による適用除外を認めないとする立場がある。しかし、これに加えて第二に、使用者の側においても、産業別労働協約の機能（最低条件設定機能はむろんのこと、社会的競争の防止機能）を意義のあるものと捉え、必ずしも企業別協定による企業単位の労働条件設定を良しとするばかりではないという立場が存在したことも重要である。さらに、こうした、産業別労働協約の機能に対する評価に加え、第三の要因として強調しておくべきは、適用除外協定を締結する前提となる、企業内における集団的労使関係の未成熟さであろう。すなわち、適用除外協定の締結に消極的な使用者の動機として、産業別労働協約の社会的防止機能の尊重もさることながら、その前提となる企業別交渉に対する忌避の姿勢にあるとの指摘がある。このことは、1971年法以降、企業レベルにおける労使交渉の基盤整備を意図してきた各種の立法政策が、実際には限られた範囲においてしか機能していないことを明らかにしたものといえよう。すなわち、法律上、企業別交渉および企業別協定に集団的労使関係における規範設定（労働条件決定）機能を付与したところで、その前提となる企業レベルでの交渉基盤が未成熟であった企業（産業）では、そうした機能はおよそ働かなかったというのが、フィヨン法および2008年法の影響についての端的な評価といってよいものと思われる。他方で、それでは、交渉基盤が成熟している企業においては、「分権化」が進むのではないか、という疑問は当然に生じるところであろう。ところが、（4）において述べたように、企業レベルでの交渉基盤が成熟している企業（とりわけ大企業）においては、そもそもフィヨン法や2008

年法による「法制度上の」分権化を待つまでもなく、すでに産業レベルの協約や交渉から離れた、自律的な労働条件規範を確立させてしまっており、しかもそれを産業レベルでの規範設定に抵触しない形で形成してしまったため、産業別労働協約からの「適用除外」というツールを与えられたところで、それを利用する必要が生じなかったというのが実態である。実際、1980〜90年代におけるフランスにおける経済の停滞に加え、使用者が産業レベルでの交渉に消極的となったこと、賃金決定の個別化が進展したことを要因として、産業レベルでの交渉および協約の役割が、（高度成長期のような）産業レベルの交渉および協約それ自体による労働条件の改善‐すなわち、産業レベルでの交渉および労働協約が個別の労働条件に対する強い影響力を有する状況‐から、労働条件の最低基準の確保に変化していったという事情も存在し、この結果、とりわけ大企業においては、2004年法制定以前の段階において、すでに実質的に企業レベル（企業別協定）によって賃金が決定される状況に変化していたというのである。当時においてすでに約4割の企業が、企業レベルで賃金が決定され、残りの6割の企業（その多くは中小企業）において、産別協約によって実質的に賃金が決定されている状況にあり、フィヨン法の改革がなされる以前の段階において、すでに産業レベルの交渉および協約の（直接的な）影響力が、大企業を中心として衰えてきていたというのである[533]。こうして、フランスにおける集団的労働条件規範設定にかかる分権化は、実際のところ、団体交渉の促進政策によって、大企業を中心とした労使交渉の基盤整備が進んだ企業においては、既に1980年代のオルー改革による団体交渉の促進の段階から進行しており、他方、こうした団体交渉促進政策にも関わらず、企業レベルでの交渉の基盤が形成されなかった企業においては、フィヨン法および2008年法による改革によっても、大きな変化をもたらさない結果となったと考えられる。

　もっとも、企業内労使交渉を推進する立場にある政府サイドは、フィヨン法および2008年法以降も、企業内労使交渉を促進するための政策を推進している。その1つの集大成とも言える2016年のエル・コムリ法においては、労働時間および賃金等の労働条件の決定について、原則として企業レベルの協定が産業別労働協約に優位することが明確にされ、また企業別協定による集団的労働条件決定と個別の労働契約が抵触関係になった場合、企業別協定の変更によって個別的労働契約の変更はできないとされていたナポレオン法典以来の伝統を覆し、集団的決定に伴う労働契約の変更に応じないことを、経済的解雇の事由として用いることができるようになった。また、企業レベルの協定について、従来は30%の支持が得られた労働組合が署名した場合、過半数の支持を得た組合の反対がなければ有効となるとされていたものについて、過半数の支持を得た組合の賛成が得られない場合には、従業員全員による直接投票によって協約の有効性を決定する

---

[533] ヒアリング調査における Jean-Marie PERNOT 氏の発言による。

という改正が試みられている。これらは、企業レベルでの集団的規範設定のウェイトを、一層大きくする改革であるとともに、産業別組織を背景とした企業内労働組合に対し、従業員の意思による決定のウェイトを大きくする改革であり、今後のフランスにおける集団的労使関係および集団的規範設定システムに大きな影響を与える可能性を秘めているものとも言える。これらの改革による影響については、今後も注視していく必要があろう。[534]

第2節　国際比較から見たフランスの労働協約システムの特徴

本報告書の基礎となった、「規範設定に係る集団的労使関係のあり方研究プロジェクト」の「現代先進諸国の労働協約システム」に関する研究では、フランスに加え、ドイツおよびスウェーデンにおける労働協約システムについてもあわせて研究を行ってきた。

そこで本節では、本報告書のまとめとして、これらの国に加え、日本における状況も踏まえつつ、国際比較の観点からフランスの労働協約システムの特徴を整理したい（後掲の表4－2－1も参照）。

具体的には、まず法制度の視点から、日本およびドイツと比べた場合のフランスにおける労働協約法制、集団的労使関係法制の特徴を検討し（1）[535]、続いて、ドイツおよびスウェーデンと比較した上での労働条件決定の実態面から見たフランスの特徴を検討する。

1　法制度からみた特徴
（1）　憲法規範における労働基本権の保障

よく知られているように、憲法規範における労働基本権の保障について、日本においては憲法28条が、団結権、団体交渉権、団体行動権のいわゆる労働三権を保障している。これに対し、フランスにおいて労働基本権を保障するのは、1946年の第四共和政憲法前文であるとされている。そこでは、団結権（第6項）と並んで、争議権が保障されている（第7項）。また、集団的な労働条件決定については、日本のような「団体交渉権」というかたちではなく、「代表者を介して、労働条件の集団的決定および企業の経営へ参加」するという、いわゆる「参加権」が規定されている点が大きな特徴である。これは、団結権を基本的な権利として保障しつつ、いわゆる団体交渉権を憲法的な権利として明示的に保障しないという点で、日本とは異なり、かつドイツと共通する側面があると評価

---

[534] 2016年および2017年における法改革の内容とその意義・影響については、近日中に別途の研究成果としてとりまとめ、公表する予定である。

[535] ドイツにおける法制度については、山本陽大『ドイツにおける集団的労使関係システムの現在‐その法的構造と規範設定の実態に関する調査研究』（労働政策研究報告書No.193、2017年）を参照した。なお、スウェーデンにおける集団的労使関係にかかる法制度については、十分な検討が行えなかったため、ここでの比較においては割愛した。今後の課題としたい。

－138－

できる。もっとも、ドイツにおいてはこの団結権の保障を基礎に、協約自治の保障が基本権として認められているようであり、この点はフランスと異なっていると言えよう。また、フランスにおいては、争議権および参加権は、あくまでも個人の権利として保障されているという点に留意する必要がある。その帰結として、争議の実施・参加は、「組合（員）」であることを必ずしも要せず、組合の統制に服する必要はないこととされている。また、団体交渉を行ない、労働協約を締結する権限についても、憲法規範の上で労働組合に独占的に付与されているものとは解されていない[536]という点が重要である。

（2）　労働組合の法的要件

次に、労働組合として認められるうえでの法的な要件についてはどうか。特に、集団的労使関係法の適用を受け、あるいは本報告書との関係で言えば、団体交渉に参加し、労働協約を締結する権限を有する労働組合として認められる要件が重要となる。

この点、日本においては、憲法および労組法は、組合結成について、特段の規制を行っていない（自由設立主義）。労組法による各種の保護（労働協約制度や不当労働行為制度など）を受けるためには、一定の要件（労組法2条および5条2項）を充たす必要があるが、その内容は、主体・自主性・目的・団体性・民主性といったものにとどまり、たとえば、組織としての社会的な力の保持などは要求されない。この帰結として、団体交渉などの局面においては、複数組合主義にもとづく中立保持義務が課されており（判例）、基本的には少数組合も対等に団体交渉を行う権利を有することとされている。次に、ドイツにおいては、まず労働組合には「団結体」要件の充足を満たす必要があるとされる。具体的には、自由意思に基づく団体であること、労働条件・経済条件の維持促進を目的とするものであること、相手方当事者・国家・政党・教会から独立していること、継続性を有することが要求される。加えて、本報告書の主題との関係で重要なのは、協約締結の場面において、「協約締結能力」要件の充足が求められることにある。具体的には、民主的組織であること、協約締結意思を有すること、現行の労働協約制度を承認していることに加え、社会的実力を具備していることが要求される。最後の、社会的実力を具備しているという要件の存在が重要であり、この要件により、日本とは異なって十分な力を有しない少数の組合は、労働協約の締結権限、ひいては団体交渉および争議を行う権限を有さないこととなるというのが重要な特徴である。それでは、フランスについてはどうか。まず、憲法規範レベルにおいては、団結権は個人の権利として認められていることからも、複数組合主義を明確に採用していることが分かる。現に、フランスには極めて多種多様の労働組合が存在する。その点で、フランスの労働組合法制は、日本と共通しているといえる。ただし、これを団体交渉および労働協約の締結というレベ

536　このことは、労働組合ではない、従業員代表機関に対して、団体交渉を行ない、労働協約を締結する権限を付与する立法が許容されるかという点で問題となる。

ルで見た場合には、日本とフランスでは大きく異なっている。すなわち、フランスにおいては、団体交渉に参加し、労働協約を締結する権限を有するには、「代表的労働組合」と認められることが必要とされる。その基準は、法律により、①共和国的価値の尊重、②独立性、③財政的透明性、④当該協約が適用される産業、職業または地域的範囲における２年以上の活動経験、⑤当該交渉レベルにおいて実施された職場選挙の支持率、⑥主としてその活動および経験から示される影響力、⑦加入者数および資金力によって決まるとされている。もっとも、実際に決定的な要素となるのは、⑤の職場選挙における支持率であり、当該交渉及び協約の適用範囲において、企業レベルについては10％、産業レベルおよび全国職際レベルにおいては8％の支持を獲得することが必要とされている。この結果、交渉及び協約の適用単位において、一定の支持を得られていない組合については、交渉及び協約締結権限を持たないことから、活動が非常に難しいのが実情である。また、労働協約が発効するためには、原則として職場選挙における支持率の合計が30％超となることが必要とされる（2016年法以降は、実質的に過半数の支持が要求されることとなる）。この協約の発効の条件という観点からも、労働組合としての活動が承認されるためのハードルが設けられているとも評価できよう。これは、フランスにおいては、労働組合は「組合員」の代表ではなく、（非組合員も含めた）「すべての労働者」の代表であると考えられているためであり、この「すべての労働者」を代表して行動する組合と認められるために、上記の『代表的労働組合』であることが要求されているのである。

（3）　労働組合の組織形態と組織率

　労働組合の組織形態を見ると、日本とドイツ・フランスとの違いは明らかである。すなわち、日本においては企業別労働組合が中心であるのに対し、ドイツにおいては産業別労働組合が中心となっている。但し、ドイツにおいて、2000年以降は一定の専門職労働者により結成される職種別労働組合の活動が活発化しているとされている。これに対し、フランスにおいては、ドイツと同様に産業別労働組合が中心である。なお、職種別労働組合の活動が最近になって活発化したドイツと異なり、フランスにおいては、労働組合運動が形成されてきた歴史的経緯もあり、全体としては少数ではあるものの、地域単位及び職種単位の労働組合及び労働協約も以前から一定程度存在し、影響力を有している。なお、ドイツにおいては企業内組合が存在しないのに対し、フランスにおいては企業内に「企業内組合支部」が設置され、団体交渉及び労働協約の締結その他の活動をしている。組織率については、日本およびドイツにおいては、以前とは異なり大きく組織率が下がって、現状は約17％であるのに対し、フランスでは以前から組織率は非常に低く、現在は7.7％であるとされる。

（4）　団体交渉の形態

　以上のような組織形態の差異は、団体交渉の形態にも違いを与えることになる。すなわち、日本においては企業・事業場レベルでの団体交渉が中心であるのに対し、ドイツにおいては、産業レベルでの協約交渉が中心である。そして、例外的に、産別組合と個別使用者との間で、企業別労働協約の締結交渉が行われることもあるとされる。フランスの場合、産業レベルの労働組合が中心ではあるものの、企業内にも企業内組合支部を置くことが可能であることから、部門レベル、企業レベルのそれぞれで交渉が実施されることとなる。そして、部門レベルの交渉が企業レベルでの交渉へ与える影響力は、先に述べたように、業種、組合等によって異なるものの、大企業においてはおおむね産業レベルの交渉・協約に対して自律的な関係にあるようである。

（5）　団体（協約）交渉法制

　団体交渉に関する法制度についてはどうか。具体的には、団体交渉の実施・使用者による交渉の応諾にかかる規制の有無についてはどうであるか。この点、日本においては、先に述べたように憲法レベルで団体交渉権が保障されている点に特徴がある。その帰結として、労働組合法7条2号により、義務的団交事項に関しては使用者の団交拒否は不当労働行為として禁止されている。また、この義務的団交事項については、法律で具体的に列挙されているわけではないが、裁判例および学説においては、非常に幅広く認めるのが一般的な解釈である。同時に、判例および学説は、団体交渉の拒否そのもののみならず、誠実に交渉しないことについても、団交拒否の不当労働行為を構成するものと理解し、労働組合法7条2号は、企業に対していわゆる「誠実交渉義務」を課すという趣旨を含むものとしている。これに対し、ドイツにおいては、協約交渉に関する法規制は存在しない。したがって、団体交渉に応じるか否かは、あくまでも労使自治の問題であり、国家（法）が関与するところではないと考えられているようである。この点についてフランスは、憲法レベルで日本のような一般的な団体交渉権を保障するという形にはなっていない。この点ではドイツと共通している。しかし、法制度を見ると、現在では法律の明文により義務的交渉事項が規定（労働法典 L.2241-1 条以下（部門別交渉）、L.2242-1 条以下（企業別交渉））されている（例：賃金、労働時間 etc.）。このように、団体交渉の内容に国家（法）が積極的に介入しているという点は、フランスの大きな特徴といえるだろう。

（6）　労働協約の効力

　労働協約が締結された場合の効力についてはどうか。特に、適用範囲がどのように画されるかが重要である。この点、日本においては、原則として労働組合員に対してのみ

規範的効力が及ぶとされている（労組法 16 条）。例外として、事業場単位の一般的拘束力（労組法 17 条）および地域単位の一般的拘束力（労組法 18 条）があるが、広く普及しているとは言い難い。特に後者についてはほとんど実例がないのが実態である。ドイツにおいても、原則として労働組合員に対してのみ協約の拘束力〔労働協約法 3 条〕・規範的効力〔4 条〕が及ぶとされており、この点は日本の協約法制と共通する。ただし、例外として一般的拘束力宣言制度（労働協約法 5 条）が設けられており、一定程度、こうした拡張適用の制度が普及している点は日本と異なっている。なお、実務上は、援用条項などによって、非組合員に対しても労働協約が定める労働条件の（間接的な）適用が行われることが多いとされ、労働協約の実質的な効力範囲は相応の射程を有しているようである。これに対し、フランスにおいては、そもそも労働協約が締結された場合には、当該協約に署名した使用者が雇用する（非組合員を含む）すべての労働者に対して及ぶ（労働法典 L.2254-1 条）とされており、適用範囲が組合員に限られないことが基本となっている点で、日本およびドイツとは大きく異る制度となっている。これに加え、より重要な制度として、部門別協約については、原則として労働大臣のアレテによる拡張適用の手続が実施される（L.2261-15 条以下）という点がある。この結果、当該部門別協約の適用範囲に含まれる全ての使用者およびこれに雇用されるすべての労働者に対して及ぶこととなる。このほか、部門別協約の空白域を埋めるための拡大適用の手続も存在しており、フランスの労働協約は、組合員であるか否かを問わず、幅広く（隅々まで）その射程が及ぶものとされている点で、大きな特徴があるといえる。これは、既に述べたように、フランスの労働組合は組合員ではなくすべての労働者を代表するものであり、そこで締結された労働組合は、いわば「職業の法」であると伝統的に考えられてきたことの帰結である。

（7）　労働協約の機能

　以上のようなシステムを前提として、労働協約はどのような機能を果たしているのか。日本においては、労働組合・団体交渉が企業単位を基本としていることから、いきおい企業別労働協約が中心となり、当該企業における（特に正社員の）労働条件規整機能を有している（就業規則の内容と連動する場合も多い）。これに対し、ドイツにおいては産業別労働協約が中心であり、近年、産別協約と中小規模の企業との間で企業別協約が締結される例も増えているものの、その際には「承認協約」が締結されることが多いとされる。その帰結として、ドイツにおける労働協約は、当該産業における最低労働条件（＝企業間における公正競争条件）設定機能が中心的な機能であるとされる。フランスにおいても、同様に部門別労働協約が中心であり、当該部門における最低労働条件（＝企業間における公正競争条件）設定機能が基本である。但し、大企業においては、部門別協約・交渉からは自律した（より有利・詳細な）協約・交渉が存在することが多い。その

意味で、労働協約もまた、フランスにおいては部門レベルと企業レベルでの二元的な関係が生じているものといえる。

（8）従業員代表機関の有無と役割

　労働組合とともに、集団的労使関係の担い手であると位置づけられる従業員代表機関についての法制度はどうか。日本においては、多くの法律に関連して、当該事業場の過半数組合、または（過半数組合がない場合には）過半数代表が労使協定の締結や意見聴取などの機能を担っているが、常設的な従業員代表機関の制度は存在しない。これに対しドイツにおいては、常時5名以上の労働者を雇用する事業所において、民主的選挙により、常設的従業員代表機関である事業所委員会が設置することが可能（事業所組織法）とされており、この事業所委員会は、事業所内労働条件（特に社会的事項）について、使用者と共同決定を行い、事業所協定を締結することにより規整（事業所組織法87条etc.）をおこなう。但し、既に協約で規整されているか、協約で規制されるのが通常である労働条件については、規整することができない（協約優位原則〔事業所組織法77条〕）とされている。フランスにおいても、従業員数50人以上の企業（事業所）においては、職場選挙によって選出された、企業委員会を設置することとされており、その他の企業については従業員代表委員を選出することとされている。ただし、これらの従業員代表機関は、ドイツとは異なり、企業・事業所における福利厚生の管理運営、および経営等に関する情報提供・協議等を行うのが任務であり、原則として、団体交渉および労働協約の締結機能は有さないとされてきた。ただし、近年は企業内組合支部が存在しない場合等については、交渉・協約締結機能を認める等、従業員代表機関の団体交渉・協約締結権限を認める余地が拡大されてきている。

（9）就業規則の位置づけ

　集団的な労働条件規範設定について、日本においては非常に重要な位置づけをされているのが、就業規則である。この、就業規則の位置づけについてはどうか。日本においては、就業規則の制定権者は使用者であるとされ、規律対象の労働条件について見ると、労基法89条各号が定める労働条件を幅広く対象とするとともに、法的効力としても、最低基準効（労働契約法12条）に加え、契約内容規律効（労契法7条）が認められ、集団的労働条件規範設定について、主要な役割を果たしてきている。これに対しドイツにおいては、就業規則はあくまで事業所協定の一種と位置づけられている。その帰結として、制定権者は事業所パートナー（事業所委員会および個別使用者）であるとされ、規律の対象となる労働条件は、社会的事項を中心とする共同決定事項が対象となる例が多いとされる。就業規則が事業所協定の一種であることから、その効力は規範的効力（事業所組織法77条）であるとされる。このように、法的な位置づけや規律の範囲は異なるにせ

－143－

よ、一定の労働条件規範設定機能を有する日本およびドイツと異なり、フランスにおいては、就業規則は労働条件規範の設定機能を有さない。すなわち、フランスにおいては、就業規則の制定権者は日本と同じく使用者とされるが、その規律の対象となる労働条件は、安全衛生および懲戒に関する規定のみであり、賃金・労働時間等の労働条件に関する規定はできないとされる。この結果、就業規則の機能は、主として懲戒処分の根拠および手続規定として機能するにとどまり、実質的に労働条件設定機能は無い。

（10）法定最低賃金制度

最後に、国家による労働条件規律規範の1つとして、最低賃金制度についての比較を行う。日本においては、法定最低賃金は、地域別最低賃金（最賃法 10 条）および特定最低賃金（最賃法 15 条）の2種類が存在する。そして、最低賃金額の決定主体は、厚労大臣または都道府県労働局長である。そして、金額決定要素（地域別最賃）は、労働者の生計費、賃金、通常の事業主の賃金支払能力とされる。この仕組みは、いわば労使および社会の実情を踏まえて国家が決定するものと評価できる。

ドイツにおいては、そもそも歴史的に法定の最低賃金制度が存在せず、ごく最近になって初めて全国一律の最低賃金が定められたという点を指摘しておく必要があろう。このドイツの法定最賃制度においては、その決定主体は連邦政府とされ、金額については、最低賃金委員会で決議するとされている。そして、金額決定要素は、①労働者に必要な最低限の保護、②公正・機能的な競争条件の確保、③雇用の危殆化の防止であるとされている。もっとも、実際には、（現在の最低賃金額）×（過去2年間における各産業の協約賃上げ率の平均）により決まるとされており、実質的には労使による決定に対して大きな配慮がなされているものと評価することができるだろう。この、最低賃金の水準決定における労使に対する大きな配慮が、ドイツの最低賃金制度の大きな特徴と言える。

他方、フランスにおいては、1970 年 1 月 2 日の法律（現：労働法典 L.3231-1 条以下）により現行の最低賃金制度（SMIC）が定められている。その決定主体は政府であるが、金額決定要素は物価水準（インフレ率）、購買力、経済状況であるとされ、一定の物価上昇率が生じた場合の自動引上げ条項があるなど、極めて客観的かつ労使の関与を廃したものとなっている。この法定最賃の引上げは、派生的に産業別（企業別）の賃金協定に関する改定交渉をもたらすことがしばしばあるとされており、賃金決定にもたらす影響がドイツに比べてかなり大きいものといえる。

表　4－2－1　【集団的労使関係システムの3カ国比較】

	日本	ドイツ	フランス
I　労働基本権の	・憲法 28 条	・基本法 9 条 3 項（団	・団結権（1946 年憲法

保障	- 団結権 - 団体交渉権 - 団体行動権	結の自由） - 個別的団結の自由 - 集団的団結の自由（⇒団結体自体の存立と活動〔特に協約自治〕を保障。） - 消極的団結の自由（⇒従って、ユニオン・ショップ協定は違法。）	前文第6項） ・争議権（1946年憲法前文第7項） ・参加権（代表者を介しての労働条件の集団的決定および企業の経営への参加〔1946年憲法前文第8項〕） ※ 但し、争議権および参加権は、あくまで「個人」の権利として規定。 ⇒ 争議の実施・参加については、「組合（員）」であることを必ずしも要しない。 ⇒ 団体交渉・協約締結の権限も、労働組合が独占するものではないと解されている。
Ⅱ 集団的労使関係法制	・憲法 ・労働組合法 ・労働基準法 etc.	・基本法 ・労働協約法 ・事業所組織法 etc.	・1946年憲法 ・労働法典収録の各種法律
Ⅲ 労働組合の法的要件	・憲法および労組法は、組合結成について、特段の規制を行っていない（自由設立主義）。 ※但し、労組法が定める各種の保護（労働協約制度や不当労働行為制度など）を全て	・「団結体」要件の充足 　- 自由意思に基づく団体であること。 　- 労働条件・経済条件の維持促進を目的とするものであること。 　- 相手方当事	・「代表的労働組合」の資格を得るための判断要素は以下のとおり。 ①共和国的価値の尊重 ②独立性 ③財政的透明性 ④当該協約が適用される産業、職業または地域的範囲における2年以上の活動経験 ⑤当該交渉レベルにお

	受けるためには、主体・自主性・目的・団体性・民主性の要件（労組法2条および5条2項）を充たす必要がある。	者・国家・政党・教会から独立していること。 －継続性を有すること ・（協約締結の場面では）「協約締結能力」要件の充足。 －民主的組織であること。 －社会的実力を具備していること。 －協約締結意思を有すること。 －現行の労働協約制度を承認していること。	いて実施された職場選挙の支持率 ⑥主としてその活動および経験から示される影響力 ⑦加入者数および資金力 ※ 実質的には、⑤の職場選挙における支持率が決定的な要素となる。 ⇒ 企業レベル：10％、産業レベル・全国職際レベル：8％の支持が必要。
IV 労働組合の組織形態と組織率	・企業別労働組合が中心。 ・労働組合の推定組織率は、17.3％（2016年度）。	・産業別労働組合が中心。 ※但し、2000年以降は一定の専門職労働者により結成される職種別労働組合の活動が活発化している。 ・産別組合の組織率は、約17％	・産業別労働組合が中心（組織率：7.7％）。 ※ 地域別、職種別組合も少数ながら存在。（以下、両者を合わせて「部門別」と表記する。） →企業においては、「企業内組合支部」が設置され、活動。
V 団体（協約）交渉法制	・団体交渉権の保障（憲法28条）。 ・義務的団交事項に関する使用者の	・協約交渉に関する法規制は存在しない。	・明文上で、義務的交渉事項を規定（労働法典L.2241-1条以下（部門別交渉）、L.2242-1

	団交拒否および不誠実交渉は不当労働行為として禁止される（労組法7条2号）。		条以下（企業別交渉）） 例：賃金、労働時間 etc.
Ⅵ　団体（協約）交渉の形態	・企業・事業場レベルでの団体交渉が中心。	・産業レベルでの協約交渉が中心。 ※但し、産別組合と個別使用者との間で、企業別労働協約の締結交渉が行われることもある。	・部門レベル、企業レベルのそれぞれで交渉を実施（部門レベルの交渉→企業レベルでの交渉への影響力は、業種、組合等によって異なる。大企業はおおむね自律的）。
Ⅶ　労働協約の法的効力	原則 ・労働組合員に対してのみ及ぶ（規範的効力、労組法16条）。 例外 ・事業場単位の一般的拘束力（労組法17条） ・地域単位の一般的拘束力（労組法18条）	原則 ・労働組合員に対してのみ及ぶ（協約拘束力〔労働協約法3条〕・規範的効力〔4条〕）。 例外 ・一般的拘束力宣言制度（労働協約法5条） ※　但し、実務上は、援用条項などによって、非組合員に対しても労働協約が定める労働条件の（間接的な）適用が行われることが多い。	原則 ・当該協約に署名した使用者が雇用するすべての労働者に対して及ぶ（労働法典 L.2254-1条） ・部門別協約については、原則として労働大臣のアレテによる拡張適用の手続が実施される（L.2261-15条以下） ⇒当該部門別協約の適用範囲に含まれる全ての使用者およびこれに雇用される労働者に対して及ぶ。 ※　このほか、部門別協約の空白域を埋めるための拡大適用の手続も存在。
Ⅷ　労働協約の実	実態	実態	実態

態と機能	・企業別労働協約が中心。 機能 ・当該企業における（特に正社員の）労働条件規整機能（就業規則の内容と連動する場合も多い。）。	・産業別労働協約が中心。 ※近年、産別協約と中小規模の企業との間で企業別協約が締結される例も増えているが、その際には「承認協約」が締結されることが多い。 機能 ・当該産業における最低労働条件（＝企業間における公正競争条件）設定機能	・部門別労働協約が中心。 ・但し、大企業においては、部門別協約・交渉からは自律した（より有利・詳細な）協約・交渉が存在。 機能 ・当該部門における最低労働条件（＝企業間における公正競争条件）設定機能
Ⅸ 協約適用（拘束）率	・明確な統計は見当たらない ※但し、労働協約の規範的効力は組合員に対してのみ及ぶのが原則となっていることと、企業別労働組合・協約が中心でり地域単位の一般的拘束力制度が利用されることは稀であることからすると、協約適用率は組合組織率と同程度か、これを下回	・協約拘束率（2014年・従業員比） 　－旧西ドイツ地域：60％ 　－旧東ドイツ地域：47％ ※但し、使用者が協約に拘束されていない場合でも、産別協約に準拠した形で労働条件を決定する例も多く、これを含めると、産別協約の適用率は70％を超える（旧西ドイツ地域）。	・90％以上

－148－

	っているものと推察される。		
X　不当労働行為への法的対応	・不当労働行為（不利益取扱い・団交拒否・支配介入）に対する労働委員会の救済命令による行政救済（労組法7条・27条以下）。 ・裁判所による司法救済（団交を求めうる地位確認、損害賠償請求etc.）。	・不当労働行為（およびそれに対する行政救済）制度は無い。 ・団結権侵害行為に対しては、民法上の規定に基づき対処（法律行為の無効〔民法典134条〕、差止め請求〔同1004条〕、損害賠償請求〔同823条〕etc.） ※　なお、従業員代表機関である事業所委員会に対する活動妨害行為については、刑罰がある（事業所組織法119条など）。	・不当労働行為（行政救済）制度は無い。 ・団結権侵害行為に対しては、組合活動妨害罪（労働法典L.2146-1条）が存在するほか、民事上の賠償請求等が可能。 ※　企業委員会等、各種従業員代表機関についても同様に妨害罪の規定あり。
XI　少数組合の法的位置付け	・複数組合主義（憲法・労組法） ⇒団体交渉などの場面においては、使用者には中立保持義務が課されている。（判例）	・憲法（基本法）レベルでは、複数組合主義。 ・但し、労働協約法制のレベルでは、組合員数が少数で組織的基盤が脆弱な労働組合には、そもそも協約締結能力が認められない（判	・憲法レベルでは、複数組合主義 ・但し、団体交渉への参加・労働協約の締結レベルでは、職場選挙における一定の支持率（企業レベル：10％、部門レベル：8％）を獲得することが必要 ・労働協約が発効するためには、原則として

		例)。 ・更に、1つの事業所内において複数協約（協約衝突）状態（複数の労働組合によって締結された、内容の異なる労働協約が併存する状態）が生じた場合には、少数組合の締結にかかる協約は、当該事業所における適用を排除される（労働協約法 4a 条が定める協約単一原則）。	職場選挙における支持率の合計が30%超となることが必要（一部協約については過半数を要求。）
ⅩⅡ　従業員代表制度	・当該事業場の過半数組合、または（過半数組合がない場合には）過半数代表が労使協定の締結や意見聴取などの機能を担うが、常設的な従業員代表機関は無い。	・常時5名以上の労働者を雇用する事業所において、民主的選挙により、常設的従業員代表機関である事業所委員会が設置することが可能（事業所組織法）。	・従業員数50人以上の企業（事業所）においては、職場選挙によって選出された、企業委員会を設置、その他の企業については従業員代表委員を選出。
ⅩⅢ　従業員代表の役割	・労使協定の締結による法定労働条件水準からの逸脱（労基法 36 条 etc.） ・使用者からの意見	・事業所内労働条件（特に社会的事項）について、使用者と共同決定を行い、事業所協定を締結するこ	・企業・事業所における福利厚生の管理運営、および経営等に関する情報提供・協議 etc. ※　原則として、団体

	聴取（労基法 90 条）etc.	とにより規整（事業所組織法 87 条 etc.）。 ※但し、既に協約で規整されているか、協約で規制されるのが通常である労働条件については、規整することができない（協約優位原則〔事業所組織法 77 条〕）。	交渉および労働協約の締結機能は有さない（企業内組合支部が存在しない場合等においては、交渉・協約締結機能あり）。
ⅩⅣ　就業規則の法的位置付け	制定権者 ・使用者 対象労働条件 ・労基法 89 条各号が定める労働条件を幅広く対象とする。 法的効力 ・最低基準効（労働契約法 12 条） ・契約内容規律効（労契法 7 条）	（※ドイツでは、就業規則はあくまで事業所協定の一種） 制定権者 ・事業所パートナー（事業所委員会および個別使用者） 対象労働条件 ・社会的事項を中心とする共同決定事項が対象となる例が多い。 法的効力 ・規範的効力（事業所組織法 77 条）	制定権者 ・使用者 対象労働条件 ・安全衛生および懲戒に関する規定のみ ※　賃金・労働時間等の労働条件に関する規定は不可。 法的効力 ・主として懲戒処分の根拠および手続規定として機能。 ⇒　労働条件設定機能は無い。
ⅩⅤ　規範が競合する場合の法的処理	・労働協約＞就業規則（労基法 92 条 1 項） ・就業規則＞不利な個別合意（最低基	・企業別協約＞産別協約（近接性原則〔判例〕） ・労働協約＞事業所協定（協約優位原	（1）労働協約間の競合 伝統的ルール（2004 年まで） ・部門別協約＞企業別

— 151 —

	準効〔労契法12条〕） ※なお、労働協約と有利な個別合意の優劣関係（＝有利原則の存否）については、協約当事者の意思による（多数説）。	則〔事業所組織法77条〕） ・有利な個別合意＞労働協約（有利原則〔労働協約法4条3項〕） ・労働協約＞不利な個別合意（規範的効力〔労働協約法4条〕） ・有利な個別合意＞事業所協定（有利原則〔判例〕） ・事業所協定＞不利な個別合意（事業所組織法77条） ※但し、労働協約が「開放条項」を置いている場合には、事業所協定によって協約が定める水準を下回る労働条件も設定可能（労働協約法4条、事業所組織法77条）。	協約 （「有利原則」） 2004年法以降 ・企業別協約が存在すればそちらを優先 ⇒企業別協約が存在しない場合に産業別協約を適用 ※　但し、実務上は「閉鎖条項」等を用いて産業別協約に矛盾する企業別協約の出現は、かなり抑制されている ※　一部の事項については企業別協約による逸脱を禁止（職業等級別最低賃金等） （2）労働協約と労働契約（個別合意）の競合 ・労働協約は労働契約を外部規律（＋有利原則） ⇒有利な個別合意＞労働協約 ・協約の変更・廃止によって、労働契約の内容を変更することは原則として不可。 ※　2016年法により一部の協定にもとづく労働契約の変更拒否＝経済的解雇理由とな

			る。
ⅩⅥ　国家法からの逸脱の可否	・法律が認めている場合に、過半数組合または過半数代表との労使協定の締結により、法定労働条件水準からの逸脱が可能。 ・非過半数組合との労働協約・就業規則・個別合意によって、法定労働条件水準から逸脱することは、原則として認められない（労基法 13 条・92 条）。	・法律が認めている場合に、労働協約によって、法定労働条件水準からの逸脱が可能（いわゆる「協約に開かれた法規」）。 ・法律が認めている場合に、それが労働協約に基づくものであることを条件に、事業所協定によって、法定労働条件水準からの逸脱が可能。 ・法律が認めている場合であって、法定労働条件水準からの逸脱を認める労働協約が直接適用されない場合に、当該協約を援用することを条件に、個別合意によって、法定労働条件水準からの逸脱が可能。	・法律が認めている場合、企業別協約によって、法定労働条件水準からの逸脱が可能（一部の労働時間規制）。
ⅩⅦ　最低賃金制度	種類 ・地域別最低賃金（最賃法 10 条） ・特定最低賃金（最	種類 ・全国一律最低賃金（最低賃金法 1 条） 決定主体	種類 ・全国一律最低賃金（1970 年 1 月 2 日法、労働法典 L.3231-1 条

賃法 15 条） 決定主体 厚労大臣または都道府県労働局長 金額決定要素（地域別最賃のみ） ① 労働者の生計費 ② 賃金 ③ 通常の事業の賃金支払能力	・連邦政府（金額については、最低賃金委員会で決議。） 金額決定要素 ① 労働者に必要な最低限の保護 ② 公正・機能的な競争条件の確保 ③ 雇用の危殆化の防止 ※但し、実際には、（現在の最低賃金額）×（過去 2 年間における各産業の協約賃上げ率の平均）により決まる。	以下） 決定主体 ・政府 金額決定要素 ・物価水準（インフレ率） ・購買力 ・経済状況 ※ 一定の物価上昇率が生じた場合の自動引上げ条項あり。

2 規範設定の実態から見た比較と特徴

ここでは、ドイツ・スウェーデンとの比較を意識しつつ、労働条件決定の実態面を中心に、フランスの労働協約システムの特徴を示すことで、結びに代えることとしたい。

（1）前提－労働協約システムの比較

まず、前提となる労働協約システムについて、フランスの特徴をドイツとスウェーデンとの比較において確認しておく。

フランスの労働協約システムの大きな特徴の第一は、その実態において、労働組合の組織率が非常に低いにもかかわらず、極めて高い労働協約の適用率を確保しているという点にある。スウェーデンは、現在においてもなお極めて高い組織率を維持しており、それに伴って労働協約の適用率についても高い水準を維持している。ドイツについては、伝統的にはスウェーデンと同様に高い組織率を維持し、それによって協約の適用率も高水準を維持していたのに対し、近年は組織率の低下に伴う協約の適用率の低下という問題に直面している。これに対して、フランスにおいては従来から労働組合の組織率は低

水準であるが、それにもかかわらず、労働協約の適用率については極めて高い水準を維持している。この点は、ドイツ、スウェーデンとは極めて対象的な実態を示しているといえよう。

　第二の特徴として、高水準の協約適用率を実現するにあたり、産業別労働協約の拡張適用という制度が用いられている点がある。そもそも、フランスにおける労働協約は、署名した組合の組合員であるか否かにかかわらず、署名した使用者ないし使用者団体に所属する使用者に雇用されているすべての労働者に（非組合員であろうと、署名しなかった組合の組合員であろうと）適用される。これは、労働協約の適用を原則としては組合員に限定しているドイツとは明確に異なっているといえよう。さらに、産業別労働協約については、行政の手続きを通じた拡張適用の制度を通じて、当該産業におけるすべての使用者および労働者に対して（使用者団体、労働組合への加入の有無にかかわらず）適用されることとなる。この制度を通じてフランスにおいては労働協約の適用率が極めて高い水準に達している。すなわちフランスにおける労働協約（特に産業別協約）は、拡張適用手続という国家によるバックアップを受けているという点において、また同制度を通じて、組合員の労働条件を決定するのではなく、（当該産業における）すべての労働者に適用される規範を設定しているという点において、大きな特徴を有しているといえよう。フランスにおける産業別労働協約が、「職業の法（loi de professionnelle）」と呼ばれる所以はここにある。

　第三の特徴として、労働協約が署名した組合の組合員のみならず、全ての労働者ないし使用者に適用されるというシステムを正当化する基盤として、代表的労働組合という制度が用いられているという点がある。すなわち、フランスにおいては、労働協約はいかなる組合であろうとも締結できるのではなく、協約に署名をする資格を有するのは、当該産業ないし企業等において「代表的労働組合」と認められた組合に限られている。換言すれば、フランスにおいては、当該産業ないし企業等において「代表的組合」と認められた労働組合が、労働協約の締結とその適用に関する法制度、とりわけ産業別労働協約の拡張適用制度を通じて、当該産業ないし企業等におけるすべての労働者をまさに「代表」し、そこにおける規範の設定を担っているのである。この代表的組合の制度それ自体も、国家によって作り上げられたシステムという側面があり（1966年のアレテによっていわゆる5大労組が全国レベルでの代表的労働組合と認定されたことは、このことを如実に示している）、労働協約の拡張適用制度と同様に、国家の関与によって労働協約システムの基盤が形作られているという特徴を示すものであるといえる。

　第四の特徴として、フランスの伝統的な労働協約システムにおいては、いわゆる有利原則を通じて、規範の階層性が明確に形作られていたという点にある。すなわち、フランスにおいては、規範設定をなすものとして、法律、全国職際協定、産業別労働協約、職種別協約、企業別協定、事業所別協定、個別の労働契約が存在する。そして、これら

が相互に抵触する関係になった場合には、当該条項について労働者にとってもっとも有利な条件が適用されるという有利原則が採用されてきた。この結果、適用範囲が狭い協約、協定、契約は、適用範囲が広い協約、協定等に対して、実質的に労働者にとってより有利な条件を定めることしかできないこととなり、これらの規範設定主体の間で、明確な階層性が確立されてきたのである。ただし、この有利原則に基づく規範の階層性については、フィヨン法によってこれが廃止をされているという点には留意する必要がある。

　以上に示したように、フランスの伝統的な労働協約システムは、労働協約の拡張適用制度、およびこれを支える代表的労働組合の制度という、いわば国家の後押しを受けることによって形成され、維持されてきたという点に大きな特徴があるといえよう。それと同時に、有利原則を通じた規範の階層性を通じて、国家が定める規範である法律を明確に最上位に置き、国家が定める規範を下流に浸透させる装置として産業別協約、企業別協定といった労働協約システムを利用してきた側面があることも重要な特徴である。これらのことは、協約自治・労使自治の伝統が色濃く存在し、国家はあくまでもこれらの労使自治を機能させる目的の限りでの介入を行うことを原則としてきたドイツおよびスウェーデンとは大きく異なっていると評価できよう。

（2）フランスの集団的規範設定実務の特徴

　フランスにおいて、とりわけ企業レベルでの労働条件決定を考える上では、その歴史的経緯が非常に重要である。すなわち、フランスにおいてはそもそも1970年代に入るまで、企業内に組合支部を設置することが認められておらず、その帰結として企業レベルにおける労働協約は基本的に存在しないものとして扱われてきた（ただし、実際にはルノーなどの一部の大企業においては、この時期においても企業レベルの交渉および協定が存在した点に留意する必要がある）。この結果、協約レベルでの規範設定については、専ら産業別協約がその役割を担ってきた。これに対し、オルー改革以降の企業レベルの団体交渉の促進政策は、（大企業を中心に）企業内に組合支部が設置されている企業レベルの団体交渉および企業別協定の締結を劇的に増加させ、結果として産業別労働協約は、当該産業における労働条件の「最低基準」を定めるものであるという色彩を強めることとなる。

　実際、賃金決定システムを見た場合においても、産業別協約および産業レベルの団体交渉という基礎が存在した上で、企業レベルでの交渉および協定が存在するという点においてはスウェーデンおよびドイツと同様のシステムが取られていると評価することができる。しかし、より具体的な賃金決定のプロセスを見ると、フランスにおいては、確かに産業別協約によって職業資格等級およびこれに対応する賃金等級が定められ、また各等級についての基準が定められている。ところが、実際には、それぞれの職種につい

て、どの職業資格等級に設定をするのかという点については「基準の解釈」を通じて、企業レベルでの決定にかなりの裁量の余地が付与されており、各等級の中でさらに細かい「段階」を設定することが許容されていることとあわせ、具体的な賃金決定という点で見た場合に、企業レベルでの決定に大きな裁量が与えられている。この結果、企業内組合支部が存在し、活発に企業レベルでの交渉が行われている企業においては、大企業を中心として、実際には産業別労働協約が定めている条件からかなり乖離をした賃金システムが採用されている企業が少なくないようである。他方で、中小零細企業を中心に、企業内組合支部が存在しない、あるいは存在したとしても企業レベルでの交渉が活発でない企業においては、産業別協約が定める基準がそのまま適用されているケースが少なくないようである。この結果、フランスにおける産業別労働協約は、まさしく当該産業における労働条件の「最低基準」を定めたものとしての色彩が強まっている。

　もう１つのフランスにおける実務上の特徴として、企業のリストラ時における協議ないし交渉がある。フランスにおいては、労働者側にとってもっとも関心が高く、かつ協議の中心となるのは、経済的解雇ないし人員削減の必要性それ自体であり、次いで解雇順位の基準の確定が重要な位置を占めるようである。これは、リストラが必要とされた場合に、主たる交渉事項は解雇順位の決定であり、人員削減の必要性それ自体は主な主題とならないとされるスウェーデンとは大きく異なっている。これは、ヒアリング調査の結果によれば、フランスにおける企業レベルの労使対話が十分に確立されていないことと関係するという。すなわち、企業レベルの労使対話が十分であれば、使用者側がリストラについての協議を求めてきた場合において、労働者側もその必要性の有無について十分に認識をしていることが可能であるが、そうではない場合、結局のところ使用者が協議を求めてきたリストラ策について、労働者側としてその必要性を一から検討する必要があるということのようである。

　フランスにおける労働協約を中心とした集団的な規範設定のあり方に係る現状は以上のとおりであるが、最後に、これらの実務についても、2000年代以降も継続して行われている労使対話の促進政策の影響が今後生じうることを指摘しておく。2008年における労働組合の代表性をめぐる改革や、義務的団交事項をめぐる政策はその一環といえる。先に述べたように、フランスにおける労働協約システムにおいては、産業別労働協約および産業レベルでの団体交渉は、とりわけ産業レベルにおける「最低基準」の設定という観点から、現在もなお重要な機能を有し続けている。とはいえ、企業レベルの労使交渉の一層の促進が、今後さらなる変化をもたらす可能性は否定できない。この点については今後の研究課題としたい。

【主要参考文献】

石崎政一郎『フランスの労働協約法』（勁草書房・1955 年）

外尾健一『フランス労働協約法の研究』（外尾健一著作集第 6 巻）（信山社・2003 年）

桑村裕美子「フランス労働法における規制手法の新展開　－労働者保護規制の柔軟化と労働協約および個別労働契約の役割」法学（東北大学）　7 3 巻 5 号

小山敬晴「フランスにおける代表的労働組合概念の変容（1）」早稲田大学法研論集 140 号

盛誠吾「フランス・労働協約拡張制度の展開 」一橋論叢 102 巻 1 号

A. Jobert, Travail et emploi, n°95, juil. 2003, p.5.

A. Bevort et A. Jobert, Sociologie du travail, Armand colin, 2011.

A. MAZEAUD, Droit du travail, 8 éd, LGDJ, 2012

C. Didry, Naissance de la convention collective, Paris, 2 éd. EHESS, 2002.

F. Gaudu et R. Vatinet les contrat du travail, LGDJ, 2001

Gilles Auzero et Emmanuel Dockès, Droit du travail, 30e éd., Dalloz.

Ministere du travail, La negociation collective en 2011, 2012

M-A. Souriac, Les réformes de la négocation collective, RDT, 2009

G. Borenfreund, Le nouveau régime de la représentativité syndicale, RDT, 2008

以上のほかは、本文中に適宜参照を示した

【聴き取り対象者】

　本報告書は、国内で入手した文献・資料のほか、2012年9月、2013年7月および同年9月、2014年9月、2015年6月、2016年6月において、それぞれ現地調査期間中に行った研究者、労働組合、使用者団体、企業人事担当者、行政機関担当者に対するインタビューおよびその際に収集した資料に基づいている。インタビューに対応してくださった方々は下記のとおりである。ここにその方々に深い感謝の意を表したい。また、現地調査を実施するにあたっては、鈴木宏昌氏（早稲田大学名誉教授）、広岡裕司氏に多大なご協力をいただいた。あわせて篤く御礼申し上げたい。

●AFB（ASSOCIATION FRANÇAISE DES BANQUES：フランス銀行協会）
・労使関係問題局長（Directeur des Affaires Sociales）：Jean-Claude GUERY氏、同局職員：Michele ROSSI氏（2012年9月26日）

●CEE（CENTRE D'ETUDES DE L'EMPLOI：雇用研究センター）
・Jacque FREYSSINET氏（パリ第一大学名誉教授）（2012年9月26日、2014年9月9日、2016年7月1日）
・Evelyne Sereverin氏（パリ第10大学教授）（2014年9月12日）
・Richard DUHAUTOIS氏（2015年6月26日）

●CFDT（Conféderation francaise démocratique du travail：フランス民主主義労働総連合）
・事務局長補佐（Secrétaire général adjoint）：Marcel Grignard氏（2012年9月24日）

●CFE-CGC－Federation Assurance（管理職総同盟 - 保険産業連合）
・Joel MOTTIER氏（2014年7月9日）

●CGT（フランス労働総同盟）
・Pascal Rennes氏、Jean-Jaquws GUIGON氏、Marie-Alice MEDEUF ANDRIEU氏（2012年9月28日）

●CGT en entreprise Renault（CGTルノー支部）
・Jean-Louis Masson氏（2015年6月25日）

●CGT-FO（Confédération générale du travail－Force ouvrière：フランス労働総同盟－労働者の力）
・労働協約部（Secteur Conventions Collectives）：Marie-Alice MEDEUF ANDRIEU氏（2012年9月26日、2013年7月16日、2013年9月18日）、Andree THOMAS氏（2012

－159－

年 9 月 26 日）、Sandra MITTERRAND 氏（2013 年 9 月 18 日）

●Conseil du Prud'hommes Paris（パリ労働裁判所）
・パリ労働裁判所長官：Anne DUFOUR 氏（2014 年 9 月 11 日）

●Cour de Cassation Chambre Social（破毀院）
・破毀院社会部長官：Jean-Yves FROUIN 氏（2014 年 9 月 11 日）

●DARES（Direction de l'animation de la recherche, des études et des statistiques：フランス労働省調査・研究・統計推進局）
・Guillaume Desage 氏、Maria-Teresa Pignoni 氏（2013 年 7 月 19 日）

●FO-Renault（フランス労働総同盟－労働者の力・Renault 支部）
・Laurent SMOLNIK 氏（2013 年 7 月 18 日、2014 年 7 月 10 日、2016 年 7 月 4 日）

●FO-Métaux（フランス労働総同盟-労働者の力 - 金属産業連合）
・Frédéric HOMEZ 氏（2013 年 7 月 18 日）、Aude PINGUENET 氏、Paul Ribeiro 氏（2013 年 7 月 18 日、2014 年 7 月 10 日）、Jean-Yves Sabot 氏（2014 年 7 月 10 日）

●FO-Group Safran（フランス労働総同盟－労働者の力・Safran グループ支部）
・Daniel Barberot 氏（2016 年 7 月 4 日）

●France Renault
・人事担当部長（Directeur des Ressources Humaines）：Jean AGULHON 氏（2013 年 9 月 12 日）

●FTM-CGT（Fédération des Travailleurs de la Métallurgie CGT：労働総同盟-金属産業連合）
・国際関係部門：Christian PILICHOWSKI 氏（2013 年 7 月 16 日、2014 年 7 月 8 日）、Patrick Correa 氏（2015 年 6 月 25 日）
・法律部門：Eric MOULIN 氏（2013 年 7 月 16 日、2014 年 7 月 8 日）
・権利要求部門：Boris PLAZZI 氏、Claudi MENARD 氏、Anna POISSY 氏（2013 年 7 月 16 日）、David Meyer 氏（2015 年 6 月 25 日）

●F3C-CFDT（Fédération Communication Conseil Culture-CFDT：フランス民主労働総同盟 - 通信・コンサルタント・文化産業連合）

・Isabel LEJEUNE 氏（2013 年 7 月 18 日、同 9 月 13 日）
・LAURENCE BARMA 氏（2013 年 9 月 13 日）

●IDHE（Institutions et Dynamiques Historiques de l'Economie：フランス経済歴史研究所）
・統括研究員（Directrice de Recherche）：Annet JOBERT 氏（2012 年 9 月 27 日、2013 年 7 月 11 日、2016 年 6 月 30 日）
・統括研究員 Claude DIDRY 氏（2012 年 9 月 27 日）
・統括研究員 Arnaud MIAS 氏（2013 年 7 月 11 日）

●IIPEC（Institut International Pour les Etudes Comparatives：国際比較法研究所）
・Antoine LYON-CAEN 氏（同研究所所長・パリ第 10 大学教授）（2012 年 9 月 27 日、2014 年 9 月 10 日）

●IRES（Institut de Recherches Economiques et Sociales：フランス経済社会研究所）
・Frédéric LERAIS 氏、Jean-Marie PERNOT 氏（2013 年 7 月 15 日）

●Medef（Mouvement des enterprises de France：フランス企業運動（フランス経団連））
労使関係部門（Direction des Relation Sociales）：Emmanuel Julien 氏、Sandra Aguettaz 氏
（2012 年 9 月 24 日）

●Minister du travail, de l'emploi, de la formation professionnelle et du dialogue social（労働・雇用・職業教育・労使対話省）
・労使対話局個別・集団的労使関係課（Ministère du dialogue social, Sous-direction des relations indivisuelles et collectives du travail）Annelore COURY 氏（2012 年 9 月 28 日）
・労使対話局個別・集団的労働関係課：Élodie Viscontini 氏（2013 年 7 月 19 日、2013 年 9 月 17 日）
・労使対話局個別・集団的労使関係部門：Jean-Henri PYRONNET 氏、Elise TEXIER 氏（2014 年 9 月 10 日）
・労働裁判所担当：Florence Lefrancois 氏（2014 年 9 月 10 日）

●Safran 社
・人事部長：Jean-Luc Berard 氏（2015 年 6 月 23 日）
・グループ統括人事本部長：Michel DENNEULIN 氏（2016 年 7 月 4 日）

●Schneider Electric 社
・労使関係企画課長（Chef de Projet Affaires Sociales）：Anne NORMANT-DUGUIT 氏
（2013 年 9 月 13 日）
・欧州労使関係部長（Directeur des Affaires Sociales Européennes）：Cyrille Bolzinger 氏
（2013 年 9 月 13 日）

●SFR-CFDT
・Olivier Lelong 氏（2013 年 9 月 13 日）

●Syndex
・Dominique Paucard 氏（2015 年 6 月 24 日）

●UIMM（Union des Industries et Métiers de la Métallurgie：フランス金属産業連合）
・労働法部門（Direction Droit du Travail）：Jean-Pierre FINE 氏、Pia VOISINE 氏（2012
年 9 月 25 日）
・団体交渉部門：Etienne DEVAUX 氏、Sergio PEREIRA 氏（2012 年 9 月 25 日、2013
年 7 月 17 日）
・欧州・国際関係部門：Marion Gillet 氏（2014 年 7 月 7 日）、Lucile UHRING 氏（2012
年 9 月 25 日、2013 年 7 月 17 日、2014 年 7 月 7 日、2015 年 6 月 23 日、2016 年 6 月 30
日）
・（団体交渉部門→個別的労使関係部門）Beatrice PIETRI 氏（2012 年 9 月 25 日、2013 年
7 月 17 日、2014 年 7 月 7 日、2014 年 9 月 15 日）
・賃金部門：Christiane Charbonnier 氏、Micheline Christot 氏（2015 年 6 月 23 日）

●Université Paris 1
・la Maison des Schiences Economiques：Héloise Petit 氏（2015 年 6 月 25 日）
・Centre d'economie de la Sorbonne：Jérome Gautié 氏（2016 年 6 月 29 日）
・Panthéon-Sorbonne ：Jean-Emmanuel Ray 氏（2016 年 6 月 28 日）

●Université Paris 10
・Pascal Lokiec 氏（2016 年 7 月 1 日）

●A 銀行
人事法務担当部長補佐（Directeur général adjoint）：Alain-Guy Menoncin 氏
（2012 年 9 月 25 日）

●保険業・B 社

・CGT（フランス労働総同盟）：Brigitte ZOUARI 氏（2013 年 7 月 12 日、2014 年 7 月 9 日）

・CFDT（フランス民主主義労働総同盟）：Daniel KAYAT 氏（2013 年 7 月 12 日）、Brigitte SHINADA 氏（2015 年 6 月 22 日）

・CFDT（元労働裁判所審判員）；Céline SOURDILLE 氏（2014 年 7 月 10 日、同 9 月 11 日）

・Comité Européen du Groupe （ヨーロッパ企業委員会）：Olivier PELRAS 氏（2013 年 7 月 12 日、2015 年 6 月 22 日、2016 年 6 月 29 日）

・CFE-CGC（管理職総同盟）：Alain JOLLY 氏（2014 年 7 月 9 日）、Didier AUJOUX 氏（2016 年 6 月 29 日）

＊聴き取り者は、細川良 JILPT 研究員（全調査）、島田陽一早稲田大学教授（2012 年、2013 年 9 月、および 2014 年 9 月調査）、呉学殊 JILPT 副統括研究員（2013 年 7 月調査）、西村純 JILPT 副主任研究員（2015 年、2016 年調査）である。

資　料　編

1．フランス銀行業労働協約 ・・・・・・・・・・・・・・・ 1

（1）銀行業全国労働協約 ・・・・・・・・・・・・・・・・・・・・・・・・・・ 1

　　　第1編　一般的規定 ・・・・・・・・・・・・・・・・・ 2

　　　第2編　労使対話 ・・・・・・・・・・・・・・・・・・・ 3

　　　第3編　労働契約 ・・・・・・・・・・・・・・・・・・・ 8

　　　第4編　人的資源管理 ・・・・・・・・・・・・・・・ 13

　　　第5編　報酬 ・・・・・・・・・・・・・・・・・・・・・・・ 16

　　　第6編　参加 ・・・・・・・・・・・・・・・・・・・・・・・ 18

　　　第7編　社会保障 ・・・・・・・・・・・・・・・・・・・ 18

　　　第8編　労働時間～2001年5月29日の付加文書・・・ 22

（2）銀行業同数委員会内規 ・・・・・・・・・・・・・・・・・・・ 34

（3）2001年9月3日の資格免状手当に関する協定 ・・・・・・・ 35

（4）2001年5月29日の労働時間の調整および削減協定・・・・ 35

（5）銀行職種の退職年金についての2005年2月25日の協定
・・ 42

（6）引退措置に関する2005年3月29日の協定 ・・・・・・・・・ 46

（7）2000年1月10日の銀行業労働協約の8－2条：《不服申
立》組織を修正する2007年5月29日の協定 ・・・・・・・・ 48

（8）2008年11月24日の2008年賃金協定 ・・・・・・・・・・・・・ 49

（9）銀行業労働協約第54条－病気－についての2009年10
月26日の付加文書 ・・・・・・・・・・・・・・・・・・・・・・・・・ 51

(10）銀行業労働協約付属文書Ⅴを修正する2010年3月8日
の協定 ・・・・・・・・・・・・・・・・・・・・・・・・・・・・・・・・・ 52

(11）銀行業労働協約第59条についての2010年9月26日の
付加文書 ・・・・・・・・・・・・・・・・・・・・・・・・・・・・・・・・ 57

(12）銀行業《承認》同数委員会の設置に関する2010年9月
27日の協定・・・・・・・・・・・・・・・・・・・・・・・・・・・・・・ 58

(13）2011年1月31日の賃金協定 ・・・・・・・・・・・・・・・・・・・ 61

2　金属産業における労働協約 ・・・・・・・・・・・・・・ 64

（1）パリ地方金属・機械及び関連産業の地域的労働協約・・・ 64

（2）1954年7月16日の修正労働協約の月給制に関する追加
協定の付属文書・・・・・・・・・・・・・・・・・・・・・・・・・・・ 68

（3）パリ地域金属、機械および関連産業労働協約の2007年
12月7日の追加協定（2008年のTGA/SMH）・・・・・・・・・ 75

（4）金属産業労働協約の職務等級別(hierarchique)最低報酬
に関する1983年7月13日の全国協定・・・・・・・・・・・・ 75

（5）工員の月給制化に関する金属産業において締結された
1970年7月10日の全国協定 ・・・・・・・・・・・・・・・・・ 76

（6）金属産業における労働時間に関する1982年2月23日の
全国協定（1982年4月5日のアレテにより拡張適用）・ 78

資料　フランス労働法典【抜粋】 ・・・・・・・・・・・・ 80

資料
1．フランス銀行業労働協約
（1）銀行業全国労働協約（La Convention Collective Nationale de la Banque）（2000 年 1 月 10 日締結）

前書き

2004 年 11 月 17 日の添付の拡張アレテ（2004 年 12 月 11 日付官報）により、2000 年 1 月 10 日の銀行産業労働協約、その枠内で締結された協約の付属文書及び協定は拡張され、通貨金融法典 L.511－9 条の適用される銀行として認められる、すべての企業（AFB（フランス銀行協会）に加入していないものであっても）について義務となっているものであるが、2004 年 6 月 30 日において金融公社の労働協約の適用領域に属していた企業（ASF に加入するカテゴリー2 の加盟企業）および主たる事業活動が証券取引所の労働協約に属する事業所は除かれる。

拡張適用から除かれる規定（全体で 4 つ）および留保の対象となる規定はアスタリスクによって注釈および合図をしている。

JO n°288 du 11 décembre 2004, page 21106, texte
n°64
Décrets, arrêtés, circulaires
Convention collectives
（2004 年 12 月 11 日官報 288 号 21106 頁 64 番文書）

Ministère de l'Emploi, du Travail
et de la Cohésion sociale
（雇用・労働・社会的団結大臣（労働大臣））

ARRETE DU 17 NOVEMBRE 2004
PORTANT EXTENSION DE LA CONVENTION
COLLECTIVE NATIONALE DE LA BANQUE
ET D'ACCORDS CONCLUS DANS LE CADRE
DE CELLE-CI (N°2102)
（銀行業の全国労働協約およびその枠内において締結された協定の拡張についての
2004 年 11 月 17 日のアレテ）

雇用・労働・社会的団結大臣
労働法典 L.133－1 条以下；
10 の付属文書によって補足された、2000 年 1 月 10 日の銀行業全国労働協約；
前掲全国労働協約につき、欠勤の許可に関して、第 11 条の修正を行う 2000 年 7 月 3 日の付加文書；
前掲全国労働協約につき、労働時間に関して、第 8 編を創設する 2001 年 5 月 29 日の付加文書；
前掲全国労働協約の枠組において締結された資格手当に関する 2001 年 9 月 3 日の協定；
前掲全国労働協約の最低年間賃金に関する第 6 および第 8 付属文書に取って代わる 2002 年 10 月 29 日の協定；
前掲全国労働協約の枠組において締結された銀行の代理店の安全についての 2002 年 11 月 27 日の協定；
前掲全国労働協約の適用領域を修正する 2004 年 7 月 16 日の付加文書；
署名組織によって掲げられた拡張要求；
2003 年 8 月 8 日および 2004 年 10 月 8 日の官報で公布された答申；
審査中の内部的な答申；
2004 年 10 月 11 日の協議において出された、団体交渉についての全国委員会（協約および協定についての下部

委員会）に基づく答申；
に基づく
アレテ；
第 1 条
以下の規定は、2004 年 7 月 16 日の付加文書によって修正された、2000 年 1 月 10 日の銀行業の全国労働協約の適用領域に含まれるすべての使用者およびすべての労働者について、義務的なものとなるが、ただし、主たる事業活動が証券取引所の労働協約の適用領域に属する事業所は除外される。
－10 の付属文書によって補足される、前述の全国労働協約。ただし、以下のものは除く：
－労働法典 L.321-1 条 2 項、L.321-1-1 条 1 項の規定に反する、上記の第 3 編第 5 章（労働契約の破棄）29-2 条（経済的理由による集団的解雇手続）a 節の最後から 2 番目の項
－上記の第 5 章第 31 条（任意引退および引退措置）の 《et mise》（および措置をする）という文言および引退改革についての 2003 年 8 月 21 日の法律 n°2003-775 に由来する労働法典 L.122-14-13 条の規定に違反する第 31 条 1 項に示された《ou la mise》（または措置をする）という文言
－2004 年 5 月 4 日の法律 n°2004-391 に由来する労働法典 L.132-2-2 第 3 号に反する、第 7 編（社会的付加給付保障）第 50 条（社会的付加給付保障の実施）の最終項
－第 8 付属文書
第 3 編（労働契約）第 2 章（特別な労働契約）第 20 条（バカンス補足契約）3 項は、労働法典 L.122－1－1 条 3 項に反することなく、すなわち、バカンス補足契約は期間の定めのない労働契約を用いないことが恒常的な習慣である雇用を占める限りにおいて、拡張適用される。
上記の第 20 条 5 項は労働法典 L.122－3－3 条によって置かれた原則が適用される限りにおいて拡張適用され、期間の定めのある労働契約下にある労働者が受け取る報酬は同一企業における、試用期間後の、同等の資格等級かつ同一のポストを占める期間の定めのない労働契約下にある労働者が受け取る報酬の総額を下回ることはできない。
　第 3 編（労働契約）第 3 章（一般原則および職業倫理）第 23 条（差別禁止および職業上の平等）1 項は募集から解雇までの差別禁止原則の遵守を命じる労働法典 L.122-45 条の適用の限りにおいて拡張適用される。
　上記の第 3 編第 5 章（労働契約の破棄）第 29－2 条（経済的理由による集団的解雇手続）a 節は労働法典 L.432－1 条および L.321-3 条の適用の限りにおいて拡張適用される。
　上記の 29－2 条 b 節は破毀院の判例（Cass. soc. 1er décembre 1998：1998 年 12 月 1 日破毀院社会部判決）によって解釈されるように労働法典 L.321－1－1 条の適用の限りで拡張適用され、解雇の序列を定めるために予定された基準は企業の従業員全体に適用され、再編成に関係する業務または事業所の労働者のみに対して適用されるものではない。
上記第 5 章第 31 条（任意引退および引退措置）2 項は労働法典 L.122-14－13 条最終項および L.122－6 条の規定の適用の限りにおいて拡張適用される。
上記の第 31 条最終項は労働法典 L.122-14－13 条 1 項及び 1978 年 1 月 10 日の法律 n°78－49 号に付随する 1977 年 12 月 10 日の全国職際協定第 6 条の規定の適用の限りにおいて拡張適用される。

1

第4編第4章（職業教育）第38条（職業教育）最終項は2004年5月4日の法律nº2004-391号第16条に由来する労働法典 L.934-2条1項の適用の限りにおいて拡張適用され、職業教育の目的および手段についての産業部門別交渉は、今後は3年ごとになる。

第7編（社会的付加給付保障）第4章（特別な休暇）第59-1条（欠勤の許可）はパートナー契約（PACS）に関する1999年11月15日の法律nº99-944号第8条および労働法典 L.226-1条4項の規定の適用の限りにおいて拡張適用される。

第59-1条の最後から2番目の項は破毀院の判例（Cass. soc. 16 décembre 1998：破毀院社会部1998年12月16日判決）によって解釈されているように労働法典 L.226-1条の規定の適用の限りにおいて拡張適用され、家庭の事情による欠勤日は当然にその合理的な前後の期間において特別休暇日となるわけではない。

－上記の全国労働協約における欠勤の許可に関する11条を修正する2000年7月3日の付加文書
－上記の全国労働協約につき第8編（労働時間）を創設する2001年5月29日の付加文書第62条（超過勤務時間および代償休日）は破毀院の判例（Cass. soc. 19 avril 2000,Multipress c/ Boutiller：破毀院社会部2000年4月19日のMultipress対Boutiller判決）によって解釈されているように労働法典 L.212－5条の適用の限りにおいて拡張適用される。
－上記の全国労働協約の枠組において締結された資格手当に関する2001年9月3日の協定；
－上記の全国労働協約の最低年間賃金に関する第6および第7付属文書に取って代わる2002年10月29日の協定；
年間賃金の2つの俸給表は最低賃金および修正された2000年1月19日の法律nº2000-37号第32条の決定についての行政立法の規定の適用の限りにおいて拡張適用される。
－上記の全国労働協約の枠組において締結された銀行の代理店の安全についての2002年11月27日の協定
－上記の全国労働協約の適用範囲を修正する2004年1月16日の付加文書

第2条
上記の全国労働協約および協定の効果および制裁の拡張は現在のアレテの公布の日からそれが発効し、前述の労働協約および協定所定の条件においてなされる。

第3条
労働関係局長は、フランス共和国の官報において交付される、現在のアレテの執行の責任を負う

Fait à Paris, le novembre 2004.
Pour le ministre et par délégation :
Le directeur des relations du travail,
J.-D. Combrexelle
（パリにおいて、2004年11月
大臣のための委任により
労働関係局長
J.-D. Combrexelle）

第1編　一般的規定
第1条：適用領域*
本協約は現行の法律および行政立法の適用のもとで締結される。

本協約は、フランス本土および海外県において、通貨金融法典 L.511－9条が適用される銀行として認められる企業に対して適用されるが、2004年6月30日に、金融公社の労働協約の適用領域に属していた銀行は除かれる。本協約は、現行の法律の留保のもとで、海外領土において、同じ枠組みで適応することができる。

署名当事者は前項において適用された適用領域を労働法典（新）L.2261－5となった労働法典（旧）L.132-16条の規定の枠内で人民銀行グループ（*Groupe Banques Populaires*）に拡張適用することに合意する。

本協約は以下に定義する使用者と、フルタイムあるいはパートタイムで雇い入れられた、その労働者の間の関係を規律するものであるが、清掃、保守、警備およびレストラン業務は除かれる。

しかしながら、前項において除外される1または複数のカテゴリーは、企業別協定の方法により、他の職種別労働協約が彼らに対して適用されない限りにおいて本協約の全部または一部に属することができる。

加えて、これらの事業活動に属しかつ1999年12月31日に1952年8月20日の銀行業の従業員の労働についての全国労働協約の総体を享受する労働者は、本協約の適用領域に入る。

使用者は本労働協約に属さない労働者に対して自発的に彼らに対して本協約を適用することを提案することができるが、33条、34条、35条、39条、40条、41条および42条は除かれる。

本協約は、現行の法律によって定められた特別の規定の留保のもとで、家内労働者に適用される。

第2条：期間
本協約は期間の定めなく締結されるものであるが、以下に定める条件のものとで修正または破棄通告の場合を除かれる。

例外的に、明文でその旨を規定する条文、章、付属文書および／または付加文書は期間が定められる。

第3条：加入
3－1条：原則
労働法典（新）L.2231－1条になった労働法典（旧）L.132－2条の意味でのあらゆる代表的労働組合組織およびあらゆる使用者の組合組織または協会あるいは使用者団体または個別の使用者であって、本協約の非署名者である者は、とりわけ以下の3－2条の適用される場合に現行の法律（労働法典（新）L.2261－3条になった労働法典（旧）L.132－9条）によって定められた条件において本協約に加入することができる。

3－2条：集団的加入
第1条で定められた領域に含まれない1つの地域的または職種的領域において本協約を適用するようにすることを目的とする加入は労働法典（新）L.2261-5条となった労働法典（旧）L.132-16条の適用のもとでなしうる。

---

* 第2項は2004年11月17日のアレテ（2004年12月11日付官報）によって拡張適用される2004年7月16日の付加文書によって修正された。

加入は、一方では、労働法典（新）L.2231-1条となった労働法典（旧）L.132-2条の規定に適合する利益当事者と、他方では、本協約の署名者との間での、集団協定の形態をとらなければならない。

第4条：労働協約の展開の方式
4-1条：修正
労働協約の1の署名当事者によるあらゆる修正の請求は当該請求の対象となる規定およびそれを正当化する理由を明確にする受領証明付き書留郵便により他の署名者に通知されなければならない。
修正の請求に関する交渉は、産業部門における代表的労働組合組織すべてを招き、当事者全てによる修正の請求の受け取りの日付から起算して遅くとも3カ月以内に開始されなければならない。異なる受取の日付がある場合、すべてのうちで最も遅い日のみが考慮される。

4-2条：破棄通告
本労働協約は、管轄の労働・雇用局長（DDTE）に対し破棄通告が届け出られた日付の翌日から起算して3カ月の予告期間により、労働法典（新）L.2222-6条、L.2261-9～11条およびL.2261-13～14条になった労働法典（旧）L.132-8条において定められた規定の枠内において、1の署名当事者によりいつでも破棄通告がなされうる。
破棄通告は本労働協約の全体についてなすことおよび編、章、条、付属文書および／または付加文書の全体に関してすることができる。
破棄通告は部分的になすことができるが、それは部分的破棄通告の対象となる規定についてその可能性が明文で規定されている限りにおいて、本労働協約の1または複数の編、章、条、付属文書および／または付加文書に関してしかできない。

4-3条：特別の様式
以下の規定については、部分的破棄通告の対象となりうるのであり、それは4-2条の定めにより、署名当事者の一方または他方によってなしうる：
第4編第1章、第40条、第41条、第42-3条および第48条

第5条：移行の様式
付加文書Iは2000年1月1日の前または1999年12月31日の後に関して1952年8月20日の銀行業の従業員の労働に関する全国労働協約または本協約の適用について考慮する際の基準となる日付を定める。

第2編　労使対話
第1章　銀行業同数委員会および雇用全国同数委員会
第6条：委員会の権限
銀行業同数委員会は職業部門に属する労使の問題についての責任を引き受けることを任務とする。この効果に基づき、委員会は：
1. 産業部門別団体交渉に属する問題点、とりわけ、現行の法律によって、義務的なものとして、規定されている問題点について交渉する。
2. 本協約及び産業部門別集団協定の解釈の問題について、およびそれが企業内において調整できなかったときには産業部門レベルで署名された条文の適用についての集団的な紛争について、意見を述べる。
3. 本労働協約第27条の名目での懲戒解雇の場合または65歳を下回る年齢の労働者の引退措置の場合において申し立てられた不服申し立ての請求について、意見を述べる
雇用全国同数委員会は職業教育および雇用についての法律、行政立法、職際協定および職種別協定によって定められた権限を有する。

第7条：一般的な機構
銀行業同数委員会は、一方では、産業部門レベルの代表的労働組合組織の代表（各組合組織につき3名の構成員）により、他方では、使用者[1]の代表（多くても労働組合組織によって指名された構成員の数と同数）により構成され、2つの、組合および使用者の、委任が代表されることで同数性は尊重される。
銀行業同数委員会の主宰は使用者代表によって保証され、そしてその事務局はフランス銀行協会（l'Association Francaise des Banques ： AFB）の役務によってなされる。
銀行業同数委員会は、第8条において明確にされた条件のもとで：
・第6条第1号および第3号の名目で全体協議を（少なくとも年に1回）開く；
・≪解釈および勧解≫協議を開く；
・（第27-1条がそれを必要とするときに）≪不服申立≫協議を開く
銀行業同数委員会が全体協議を開くとき、構成員は、欠席の場合、当然に組合の全国連合によって指名された構成員か、それがないときは、産業レベルで代表性を有する、全国レベルの組合に代理をさせることができる。
銀行業同数委員会は特別な論題について検討するために技術集団同数委員会に委任することもできる。
銀行業同数委員会は内規[2]を作成するが、それを適用するためには、銀行業同数委員会を構成する構成員の過半

---

[1] 本協約の適用領域（第1条）及び3-2条の適用において生じうるこの領域の修正により定義される者。
[2] これはとりわけ以下の内容を定める：
・各協議の後に、示された、そしてとりわけその最終段階におけるそれぞれの当事者の提案を伝える調書が作成されること
・予定された最後の協議の時点で署名された協定を当事者の欠くとき、それは交渉の失敗をもたらし、それぞれの提案を記入する不合意の調書によって文書化されること
・銀行業同数委員会は技術集団同数委員会の運営の様式を明文化すること

3

数の承認を得なければならない*。
承認された内規を欠くとき、銀行業同数委員会はそのあらゆる形態の協議を開くことができる。

第8条：運営
銀行業同数委員会の構成員は当然にこの期間の各種の組織および技術集団すべての構成員となる。
《解釈および勧解》組織および《不服申立》組織については、労働組合組織および使用者の使用者代表は、場合によっては、常設的に、本来の構成員の代理として、例外的な場合、すなわち代理につきその目的が継続性を保障している場合を除いて 1 年の期間でその代理人を指名することができる。
あらゆる場合において、産業部門レベルの代表的労働組合組織は AFB および関係する使用者に対し書面によりその指名について通知するものとする。
例外的な場合または本労働協約あるいは銀行業同数委員会の決定によって明示的に定められている場合を除き、協議に対する召喚は事務局によって、少なくとも 10 労働日前に、当該協議に関係する組織について労働組合組織によって指名されたところの、銀行業同数委員会の構成員に対し、送付されなければならず、この召喚はどのような場合であっても委員会がその協議に呼び出しをかける協議および組織の対象・目的を明確にしなければならない。

8－1条：《解釈および勧解》組織*
銀行業同数委員会は受領証明付き書留郵便により産業部門レベルの代表的労働組合組織のうちの 1 または使用者代表から以下の事項について答申を出すことを申立てられたとき、《解釈および勧解》組織を開く：
・本協約および産業部門別集団協定の解釈問題
・紛争が当該企業内において調整できなかったとき、産業部門レベルで署名された条文の適用についての集団的紛争
銀行業同数委員会は、《解釈および勧解》組織を開くとき、以下のように構成される。
・組織ごとに多くとも 2 名からなる労働組合組織の代表
・多くとも上記に定められた労働組合組織の代表と同数の代理人からなる使用者によって委任された代表
同数委員会は 2 つの代表、すなわち労働組合および使用者の代表が代表するので、尊重される。
この組織は請求を受けた後 3 カ月以内に開かれなければならない。関係する協約または集団協定の署名組織のみが議決権を有する。
議論の後、委員会の答申を記載するために調書が作成される。調書はすべての産業部門レベルの代表的労働組合組織および AFB に対して交付される。
条文の解釈問題について意見が対立する場合、団体交渉全国委員会は現行の法律に沿って申立を受けることができる。

8－2条：《不服申立》組織
銀行業同数委員会はこの場合には以下の事項について答申を出すことを任務とする：
・本協約第 27－1 条の枠内における懲戒を理由とする

---

* 銀行業同数委員会内規 94 頁および 95 頁参照。
* CPBA 協定（銀行業《承認》同数委員会の設置に関する 2010 年 9 月 27 日の協定）303 頁参照。

配置転換または解雇を引き起こす懲戒処分
・その労働契約の切断の日に 65 歳を下回る年齢の労働者の意に沿わない引退措置。この申立ては本協約第 27－1 条に定められたのと同一の条件において行われ、個別的な効力を有する。
この編につき、銀行業同数委員会は以下のように構成される組織を開く：
－組織の割合に応じた、多くとも 5 名の構成員からなる労働組合組織の代表
－多くとも上記に定められた労働組合組織の代表と同数の代表数からなる使用者によって委任された代表
同数委員会は 2 つの代表、すなわち労働組合および使用者の代表が代理するので、尊重される。
この組織は、銀行業同数委員会の事務局により、処分を受けたまたは引退措置を受けた労働者による所定の請求を受け取り後、暦日 21 日以内に開かれる。この請求は受領証明付き書留郵便により行われる。
委員会が懲戒に関する答申を出すために開かれるとき、協議を準備するために、当事者および労働組合組織ないし使用者の代表者は、当該協議前の半日の間に、銀行の経営陣によって作られた一件記録を、この効力を定めた地方の AFB において、参照することができる。
委員会が引退措置に関して答申を出すために開かれるとき、必要に応じてその従業員としての状況、家庭の状況または職業上の状況を主張するために労働者によって準備された一件書類が、労働組合組織の代表および使用者の代表によって、この効果を定める地域の AFB において当該協議前の半日の間に、参照されうる。
これらの一件書類は性質上厳格に秘密が守られる。
協議の間に以下のものが事情聴取される：
－当事者。場合によっては当該職種に属する、または同じ銀行グループに属する銀行企業において就労する、当事者の選択した者によって補佐されまたは代理されるが、ただしその場合には、当該職種における代表的組合によって正式に委任されること；
－銀行の代表者。必要があれば 2 名。
労働組合組織および使用者の代表は、協議の後に直ちに続く合議の後に、通常の答申、あるいは委任による答申を出し、それは受領証明付き書留封筒で当事者に伝えられる。

8－3条：雇用全国同数委員会
雇用全国同数委員会（CPNE）は、2004 年 11 月に創設され、雇用および職業教育の状況および展開について、産業部門の労使当事者の相互の情報提供を可能とする役割を有しており、とりわけ銀行における熟練、職業資格および男性及び女性の間の職業上の平等の調査作業をよりどころとしている。
雇用全国同数委員会は法律、行政立法、職際協定および職種別協定によって与えられた権限の総体を行使する。
2003 年 12 月 5 日の全国職際協定が職業教育に関して想起させるように、CPNE は以下の任務を有している：
・さまざまな職業資格のレベルにおいて実施される、職業教育、職業上の進歩および職業的リハビリテーションの研究に参加すること
・公的機関および関係機関とともに、これらの手段の最大限の利用、適合および発展を保障するに適した措置を研究すること
・この効果についてあらゆる有益な観察記録および提案を表明し、そしてとりわけ職業教育活動の評価の条件を明確にすること
・職業教育の目的、優先性および手段についての産業部

4

門別の 3 年毎の交渉の後に締結された協定の適用および上記に定められた権限の名目で雇用同数委員会がとった決定に目を配ること
・職業教育へのアクセスにおける女性と男性の職業上の平等を促進すること
CPNE は、法律、職階協定および職種別協定によって定められたこれらの任務の枠内で、とりわけ以下の管轄権限を有する：
・個別自主研修休暇の財政を担当する機関に対して雇用および職業資格に関する職業上の優先性を知らせること。ただし、その請求に関する労働者の権利を妨げるものではない。
・雇用促進職業訓練契約の対象となりうる職業資格、および本協約第12条に定める条件における証明の対象となりうる職業資格を決定すること
・その従業員が享受できる職業教育措置について中小企業（PME）の情報提供および相談行為が保障される条件を調査すること
・障碍のある労働者の職業教育へのアクセスの助けになるための助言を作成すること
・雇用および職業資格の量的および質的な展開を、とりわけ熟練、職業資格および男女間の職業上の平等についての観察によって実現された作業を考慮して、定期的に調査すること、および、とりわけ、企業長と従業員の代表機関がこの調査の結果を自由に使えるようにすること。
・初期職業教育および技術的・職業的第一段階職業教育に関する職業指導の実施の様式を調査すること
・管轄期間によって実施された、技術的または職業的教育の免状につながる教育およびこれらの免状の取得者の職業への復帰についての、診断および調査、とりわけ銀行における熟練、職業資格および男女間の職業的平等の観察を調査すること。この点については、雇用全国同数委員会は研究テーマを提案するために観察運営委員会に付託することができる。
・分配された財政の枠内での財政上の優先性を述べること。
雇用全国同数委員会は以下のように構成される：
－15 人の構成員[3]からなる組合の代表、すなわち、各 5 つの代表的労働組合組織は 3 名の代表を指名する。
－同数の構成員からなる使用者の代表
CPNE の主宰は使用者代表の責任によって保証され、そしてその事務局はフランス銀行協会（AFB）の役務によってなされる。
同数委員会は 2 つの代表、すなわち労働組合の代表および使用者の代表が代理するので、尊重される。
この委員会は全員出席の形態で 1 年に少なくとも 2 回開かれ、2 つの代表の合意によって決定をする。労働組合の代表の合意が獲得されたとみなされるためには、下記の 2 つの条件が、揃う必要がある：
1．1 または複数の組織が検討されている決定に賛成すること
2．組合組織の過半数がこれに反対しないこと

第 9 条：同数委員会に参加する労働者についての補償
a）協議への参加
産業部門別同数委員会の協議の時間は労働時間として考慮され、そうしたものとして報酬を支払われる。関係する労働者はその召喚を受け取ったらすぐにその使用者に対して通知をしなければならない。
労働者はこれを根拠づける、銀行業同数委員会において定められた様式の証拠書類を呈示して銀行業同数委員会の協議に出かけることについて参加費用の補償を享受する。
これらの費用は使用者によって負担され、その使用者の仲介者によって労働者に対し支払われる。

b）協議の準備
本条の適用に由来する職業上の同数委員会の協議の準備については、各労働組合組織に対して 1 年につき半日×35 回分が、当該労働組合が銀行産業同数委員会の 1 または複数の構成員のためにその時間を付与するという条件で、与えられる。
各労働組合組織は AFB の労使関係局およびその代表者に、関係する銀行の労使関係局員、これらの半日を享受するものの名前、および協議の準備のためにそれぞれに対して付与された半日の合計を、同時に通知をする。
各受益者はその使用－半日を下回ることはできない－の少なくとも丸 10 日前に AFB の労使関係局および使用者またはその代表者に当該受益者たる労働者がその組合組織から付与された 1 または複数の半日を使用する予定の日を通知する。
この職業上の同数委員会の協議の準備のために付与された時間は労働時間として考慮され、そうしたものとして報酬を支払われる。
これらの 35 回の半日は、それが当該年の間に完全に使い切らなかったとしても、何らかの超過、繰越、補償を引き起こすことはできない。

第 2 章　組合の権利および従業員代表制度
第 10 条：組合の自由
署名当事者は当事者それぞれに対し、かつ労働者および使用者のすべてについて、自らの選択する労働組合組織または使用者団体に加入する権利を認め、現行の法文を尊重し、とりわけ本協約の第 23 条に明らかな非差別の原則に従うものとする。
全国レベルの代表的労働組合組織は職業部門および銀行業事業所の中において代表する権利を有する。
企業または事業所レベルで指名された組合代表委員は現行の法文に所定の権利の総体およびこの代表性に関係する権利の総体を行使することができる。
組合の性格を有する情報伝達の掲示の自由は企業または事業所における代表的組合組織に対し法律所定の条件のもとで認められる。
組合の性格を有する出版およびビラは、始業時間前および就業時間後においては、企業の労働者に対し企業レベルの代表的組合組織によってその敷地内において自由に配布することができる。
代表的労働組合組織の発意による集会の自由は、企業または事業所においては、現行の法律上の規定の枠内で認められる。
労働者数 200 人を超える企業または事業所においては、組合代表委員の任務の実施に適する共同部屋を企業または事業所レベルの組合支部を構成する代表的組合組織すべてが自由に利用するものとする。
少なくとも 1000 人の労働者を使用する企業または事業所においては、その活動に必要な設備が整備・備え付けされた部屋を企業または事業所レベルの組合支部を構成する代表的組合組織それぞれが自由に利用するもの

---

[3] 委員会の資格を有する構成員の 1 が欠席するとき、その者は正式に委任された労働者により代理させることができる。

とする。

組合支部について上記に定められた部屋の整備及び利用の様式は場合に応じて企業長または事業所長との合意によって定めるものとする。

複数の事業所を有する銀行においては、組合の全国組織または、それがない場合には、産業部門レベルにおいて代表的な全国レベルの組合が、事業所レベルにおいて指名された組合代表委員の 1 人に対し、企業レベルにおいて全国組織または全国レベルの組合を代表する権利を与えることができる。これを全国代表委員 (délégué national) または中央代表委員 (délégué central) と呼ぶ

2000 人を超える労働者がいる企業においては、この代表委員がさらに地方単位での指名で創設される。

第 11 条：欠勤許可
11－1 条：一般規定
本条の規定は、全国組織または全国レベルの機関を優先的に、第 1 条－適用領域で定められたような、企業の労働者に対して、欠勤許可を享受させることにより、組合組織の活動を助けることを目的とするものである。

実労働日単位で示される、2 つの割当が、前年の 12 月 31 日に報酬を支払われた従業員数[4]に応じて暦年毎に企業単位で算定され、全国レベルまたは企業レベルの各代表的労働組合組織が以下のことを保障するために企業の労働者のために欠勤許可を獲得することが認められる：

・組合組織の活動（この割当は以下、組合組織割当 (quota instances syndicales) という）
・組合大会への参加（この割当は以下、組合大会割当 (quota congrés syndicaux) という）

これらの欠勤は、11－2 条最終項に定められた欠勤許可を除き、賃金、手当および例外的補償についてのいかなる控除の理由ともならず、いかなる場合においても年次休暇または労働法典（新）L.2143-13 条になった労働法典（旧）L.412-20 条によって付与された代表活動時間に繰り入れることはできない。

欠勤は 1 日または半日単位で与えられる。

11－2 条：組合組織割当
この割当は以下の早見表により算定される。
－労働者数 200 人まで　：2 実労働日
－　　　　　300 人まで　：3 実労働日
－　　　　　400 人まで　：4 実労働日
－　　　　　500 人まで　：5 実労働日
－　　　　　600 人まで　：6 実労働日
－　　　　　700 人まで　：7 実労働日
－　　　　　800 人まで　：8 実労働日
－　　　　　900 人まで　：9 実労働日
－　　　　　1000 人まで：10 実労働日

以下、1000 人の労働者が追加されるごとに 10 実労働日を加算する。

労働者数 1000 人を下回る早見表の最初の区切りの実労働日の付与の方式はすべての追加の区切りに適用されうる。

企業レベルでは代表的ではないが 1 または複数の事業所レベルにおいて代表的である各労働組合組織については、前項に載っている早見表は当該事業所の報酬を支

払われている従業員数に応じてまたは事業所の報酬を支払われている従業員数の累積数に応じて適用されることとなる[5]。

暦年において、同一の労働者が欠勤を許可されうるのは多くとも 5 実労働日までである。

しかしながら、全国レベルまたは職業部門レベルで代表的労働組合組織である、それぞれの全国レベルの労働組合または、全国レベルの組織を欠くときは、全国組合は、翌年について遅くとも 12 月 15 日までに、11－1 条によって定められた企業に属する最大 20 人の労働者の名簿を、AFB に送ることができる。これらの労働者は多くとも 12 実労働日までその企業によって欠勤が許可されることとなる。

上記に定められた企業の割当が 12 実労働日を下回るとき、当該名簿に登録された労働者はこの割当を完全に使用するまでの欠勤の許可を享受することになり、かつそれを越えて当該年において最大 12 実労働日まで欠勤の許可を享受する。この場合において、組合組織は関係する企業に属する労働者しかその名簿上に登録することができない。

何らかの理由で、この処分権を享受する労働者の任期が終わったとき、この処分権は労働組合組織に属し、労働組合はこの労働者を指名して、遅くとも任期終了から起算して暦日 15 日の期限内に AFB にそれを通知するものとする。

不確定な新たな受益者の連絡先は利害関係のある企業においてこの権利を呈示しての欠勤の最初の請求の少なくとも暦日 15 日前にその労働組合組織によって AFB の知るところとされなければならず、新たな受益者は前の受益者によって使用されていない残りしか享受することができない。

企業は各労働組合組織によって送られた名簿上に登録された当該企業の労働者の身元を AFB によって通知される。

これらの労働者はまた 5 労働日を追加で欠勤することが許可されうるが、ただし無報酬である。

11－3 条：組合大会割当
全国レベルまたは企業レベルで代表性を有する各労働組合組織は、当該企業の報酬を支払われている従業員数に応じて算定される欠勤許可の実労働日を付与され、それは本条 11－1 条において定められているように、また企業レベルでは代表性を有しないが 1 または複数の事業所レベルで代表性を有する労働組合組織については 1 または複数の事業所の従業員数について以下の早見表に応じてそれが付与される：

・労働者数 1000 人まで：3 実労働日
・以下 1000 人の労働者が追加されるごとに 3 実労働日

ある年の途中にこの割当がある労働組合組織について不十分となったとき、当該労働組合組織は組合組織割当を利用することで欠勤許可を請求することができる。

11－4 条：予告通知期限
組合組織割当
本請求は労働組合の全国組織、または全国組織を欠くときは、全国組合によって、あるいは、必要に応じて、全国代表委員または中央代表委員、ないしは、これを欠くときは企業の組合代表委員により発せられた証拠書類

---

[4] この義務に服する企業について労働条件報告書の指標 n°111 号に対応する。

[5] 事業所の概念は事業所委員会についての法律による定義にしたがう。

の呈示に基づいて当該欠勤の少なくとも暦日 8 日前に示されるものとする。

11－5条：欠勤の上限

本 11 条の名目で欠勤する労働者の上限数は、同一日の間でかつ同一労働組合組織について、当該企業のまたは事業所[6]数が複数である場合には当該事業所の現に就労する従業員数によって決定される。

それは：

－従業員数が 100 人[7]を下回るときは 1 名
－従業員数が 100 人またはそれを上回るときは従業員数の 1%[8]

1,000 人を下回る労働者[9]のいる企業または事業所[10]については、これらの上限は組合組織割当および組合大会割当を同時に利用する日についてはそれぞれ 1 から 2 および 1%から 2%[11]とする。

これらの上限は企業内で署名された協定によって改定し、これを適応および改良させることができる。

11－6条：発効日

第 11 条の本規定－欠勤許可－は、2000 年 2 月 16 日に効力を発し、2000 年 1 月 10 日の銀行業労働協約第 11 条に取って代わる。

2000 年 2 月 16 日から本条の署名日までに旧第 11 条の名目で所得された日については 11－2 条の権利－組合組織割当－及び 11－3 条の権利－組合大会割当－に繰り入れられる。

本条の規定は企業レベルで存在することができる同一の目的の規定を累積することはなく、企業に存在するより有利な規定を見直すものではない。

第12条：労働組合専従職員休暇

産業部門レベルの代表的な労働組合組織は、更新可能な期間の定めを設けて、1 または複数の労働者を企業外の専従職員の仕事を保障するために指名することができる。

この場合において、当該 1 または複数の労働者は無給休暇の状態におかれ、その指名は指名された労働者の合意を使用者が受け取って初めて効力を発する。

当該休暇が期限に達し、当該労働者が 3 カ月の配慮期間を伴う更新がされなかったとき、関係する労働者は当該企業においてその雇用または類似した雇用に復職する。場合によっては、その職務復帰の助けとなるために、各企業において特別な措置がとられるものとする。

その復職の前に、キャリア指導面談がその職務復帰に宛てられた教育訓練を計画するために企業の人的資源担当部門との間で利害関係者の請求により実施される。

各産業部門レベルの代表的労働組合組織は産業部門の企業の労働者を指名し、組合の全国組織、あるいは、それがないときには、産業部門レベルで代表的な全国組合で使用することができ、その場合には当該労働組合が賃金を保障する。本条第 3 項及び第 4 項はこうした利用

---

[6] 前掲注 5 参照。
[7] 前年の 12 月 31 日において報酬が支払われている従業員数。
[8] この数字は、場合に応じて、最も近い整数に切り上げないし切り捨てされる。
[9] 前掲注 7 参照。
[10] 前掲注 5 参照。
[11] 前掲注 8 参照。

が期限に達したとき、適用される。

第13条：従業員代表委員

従業員代表委員の数、選挙資格、被選挙資格および委員の委任の実行の条件に関する規定は現行の法律および行政立法の適用に服する。

従業員代表委員はカテゴリー別選挙人団ごとに割り振られた従業員によって選出される。

カテゴリー別選挙人団の数は次のとおり決定される：

・第一カテゴリーの選挙人団は、本協約に基づく、銀行業の職務における技術者、および他の非管理職の労働者の総体を含む。
・第二カテゴリーの選挙人団は管理職を含む。

カテゴリー別選挙人団の間の議席の割り振りは労働法典に従って算定された各カテゴリー別選挙人団の従業員数に比例して行われる。

法律上の規定の適用のもとで、カテゴリー別選挙人団の数および構成は企業レベルの代表的組合組織の総体と署名された企業別協定によって、またはそれを欠くときは、企業レベルまたは事業所レベルで、代表的労働組合組織の総体との間で署名された選挙協定文書によって修正することができる。

第14条：企業委員会および事業所委員会

企業委員会および事業所委員会は現行の法律およびデクレに従って運営される。

企業委員会の構成員はカテゴリー別選挙人団ごとに割り振られた従業員によって選出される。

カテゴリー別選挙人団の数は次のとおり決定される：

・第一カテゴリーの選挙人団は、本協約に基づく、銀行業の職務における技術者、および他の非管理職の労働者の総体を含む。
・第二カテゴリーの選挙人団は管理職を含む。

カテゴリー別選挙人団の間の議席の割り振りは労働法典に従って算定された各カテゴリー別選挙人団の従業員数に比例して行われる。

法律上の規定の適用のもとで、カテゴリー別選挙人団の数および構成は企業レベルの代表的組合組織の総体と署名された企業別協定によって、またはそれを欠くときは、企業レベルまたは事業所レベルで、代表的労働組合組織の総体との間で署名された選挙協定文書によって修正することができる。

第15条：中央企業委員会

中央委員会は最大で 20 人の正規構成員および 20 人の補欠構成員を含み、補欠構成員は議決権を有しかつ正規構成員と同等の特権を有する。彼らは義務的に事業所委員会の構成員となる。

委員会の構成員の代理の問題は各企業に固有の特別の協定の対象となりうる。

議席の割り振りは事業所委員会内部に存在する二重の比率を遵守して行われるのであり、一方では、各カテゴリーの間の比率、他方では、候補者をたて、正規構成員を選出した労働組合組織間の、そして場合によっては労働組合組織に推薦されずに正規構成員に選出された構成員との間の比率である。

この割り振りは残りの人数については比例原則に従ってなされる。

用いられた規則で議席の全体の割り振りができない場合、獲得された結果は 2 または複数の労働組合組織および必要に応じて労働組合組織によって推薦されなかった構成員との間で同等に獲得され、なお未決定のまま

の議席は問題となるカテゴリー別選挙人団における事業所委員会の総体の選挙において獲得された票数がより大きいものを考慮して数の大きい順に付与される。

労働組合組織に付与される議席は各企業独自の方式に応じて与えられる。

必要に応じて労働組合組織によって推薦されなかった当選者に付与される議席は労働組合組織によって推薦されなかった事業所委員会の正規当選構成員が専ら参加する関係する各カテゴリー別選挙人団において組織された選挙の結果から与えられる。

票数を最も多く獲得した候補者が当選する。

同数の場合、議席は年齢の高いものに付与される。

投票は必ず通信によって行われる。

中央企業委員会の構成員の委任の期間は 2 年である。

この期限は全体として更新される。

第16条：労働条件安全衛生委員会（CHSCT）

現行の法律に従って、少なくとも 50 人の労働者がいる事業所においては、CHSCT（*労働条件安全衛生委員会*）が設置される。

この設置の条件、権限および職務は現行の法律およびデクレによって定められるところのものとする。

CHSCT（*労働条件安全衛生委員会*）についての従業員を代表する者の教育は、300 人およびそれ以上の労働者を使用する企業については、労働法典（新）L.2325-44 条および R.2325-8 条となった労働法典（旧）L.434-10 条第 1 項及び第 2 項に定められた条件において保証される。300 人を下回る労働者を使用する企業において CHSCT（*労働条件安全衛生委員会*）についての従業員を代表する者が教育を受ける権利を有することについての、一般的な条件は、現行の法律上の規定に従って定められる。

第17条：職業上の復帰

長期間の委任を請け負った労働組合の専従職員からの職業上の復帰を助けることができるように特別な規定および条件を検討するものとする。

第3編　労働契約
第1章　採用－試用期間
第18条：採用

採用のとき、使用者は本協約第 33 条以下によって定められた資格等級に照らした賃金の総額、報酬の方式、および賃金の状況をその中に記した上で契約の性質および雇用条件を明確にして労働者と労働契約を結ぶものとする。

労働者の義務はすべての労働者が応じなければならない採用時医療検診の結果、および企業によって明確にされた様式に依拠する。

後に、労働者は使用者と折半で、それが発生したとき、請求された情報において生じたあらゆる修正を負担しなければならない。

本協約の規定は労働者の一定のカテゴリーの雇用についての現行の行政立法から生じる義務を妨げることはできないことは明白である。

期間の定めのある労働契約の締結は期間の定めのないフルタイムの契約に基づく採用を重視する募集方針を見直す効果を有するものであってはならない。

パートタイムで採用された労働者は、フルタイムのポストを望む場合、現行の法律の条件においてフルタイムの雇用の割当についての優先権を享受する。

その企業への入社に際し、すべての労働者は労働協約を 1 部と当該企業の就業規則を 1 部受け取るものとする。これらの条文のあらゆる修正は当該企業独自の方式に基づいて従業員の知るところとされなければならず、労働者がこれを参照し、保持することを可能としなければならない。

第19条：試用期間

期間の定めのある労働契約で採用された労働者は労働法典によって定められた条件において定められた試用期間に置かれる。

期間の定めのない労働契約で採用された銀行業の職務の技術者については、試用期間は実働 3 カ月であり、これは当該使用者と当該労働者との間で締結された明文の合意により、更新することが可能であり、当該更新は、1 回で、更新期間については多くとも実働 3 カ月までである。

期間の定めのない契約で採用された管理職については、試用期間は実働 6 か月であるが、ただし労働法典所定の当事者間の適用除外協定がある場合は除かれる。この適用除外協定は実働 9 カ月を越える期間の試用期間をもたらす効果を有することはできない。

この実働は持ち場において現実に就労した時間、および職業教育の期間を含むものである。すべての欠勤（病気休暇、有給休暇等）は試用期間を停止する効果を有し、したがってこれらの欠勤の期間に等しい期間の延長をもたらす。しかしながら、欠勤を算定された期間が暦日 7 日を越えないときには、試用期間の終了または場合によっては更新された試用期間の終了は延期されない。

パートタイム労働者の試用期間はフルタイム労働者のそれを超えるものであってはならない。

試用期間の終了から少なくとも 5 労働日前において期間の定めのない契約で採用された労働者と使用者またはその代表との間で面談がもたれるものとし、試用期間が更新された場合については、当該更新後の試用期間終了の少なくとも 5 労働日前に面談がもたれるものとする。

期間の定めのない労働契約で採用された労働者の試用

8

期間の打ち切りの場合、10 労働日の解約予告期間は当該解約が実働 1 カ月以内に生じた場合に適用される。その他の場合において解約予告期間は 5 労働日となる。

第2章　特別な労働契約
第20条：バカンス補足契約
本協約の署名者は、銀行業において、バカンス補足契約と呼称する期間の定めのある契約により学校および大学のバカンスの間に就学中の若者を募集する長年の慣行があることを確認する。

これらの契約は企業社会との最初の接触を可能とし、これらの若者の職業指導を促進することを目的とする。

この契約類型は「実施される活動の性質およびこれらの雇用の臨時的性格による特徴を理由として期間の定めのない雇用契約を用いないことが恒常的な慣行である」*ことを明確にする現行の法律の枠内で用いられる。

当該契約は学校または大学のバカンスの間の明確な期間を定めて締結される。

バカンス補足契約は試用期間、資格等級、および報酬に関する規定を除き労働協約の利益を享受する*。

バカンス補足契約は法定労働時間に応じて適用される最低賃金（SMIC）と少なくとも同等の報酬を受け取る。使用期間は契約において定められた労働週につき 1 実労働日として定められる。

年金保険料は労働者年金職際制度（R.I.P.S-I.R.E.P.S.：労働者相互扶助職際制度－労働者年金・相互扶助機関等）において定められる。

バカンス補足契約は、就労期間の開始から、有給休暇相殺補償金を受けることとする。

バカンス補足契約は最後に従業員の総体と同等の条件で食堂の利用および出張手当を享受する。

第21条：（留保）

第3章　一般原則および職業倫理
第22条：思想信条の自由
署名当事者は、当事者それぞれ自身および労働者ないし使用者の総体についての、思想信条の自由を認めるものとする。

この自由は現行の法律、行政立法、および労働協約の規定に従って行使される。

第23条：非差別および職業上の平等
採用、労務の指揮または割当、職業教育、懲戒処分または解雇措置、昇進、およびキャリア展開または報酬に関して、使用者は、その決定について、下記に列挙する要素を考慮に入れない義務を負う。それはすなわち、出自、信条、思想、習俗、性（男女の平等の遵守）、ある民族への帰属、国籍または人種、健康状態または障碍（労働医によって認められた不適格を除く）、労働組合への加入または不加入の事実あるいは組合活動または従業員代表の活動の実施である*。

現行の法律の枠内において、使用者は身体障碍者が職務を行うにつき可能な限り最良の職務復帰を可能とする

---

* 本項は労働法典 L.1242－2 条 3 号に従うという留保のもとで拡張適用される。
* 本項は、必要に応じて、平等取扱の遵守を条件に拡張適用される。
* 本項は労働法典 L.1132-1 条、L.1132-2 条、および L.1132-3 条の適用の留保のもとに拡張適用される。

手段を追求するものとする。これらのものは、その点に関する特別な法律上の規定の適用の留保のもとで、労働者の総体と同等の権利を享受する。

労働者が、それに関する措置が現行の規則において明確にされている平等取扱についての一般原則に反していると考える理由があるとき、その者が認められるべき措置についての知識を有するのであれば、その使用者に対して書面で、直接にまたは従業員代表委員あるいは労働組合組織の代表を通じて、この措置の再検討を請求することができる。使用者はその回答を書面によって知らせるために 1 カ月の期間を要することができる。

第24条：職業倫理の原則
銀行および金融事業はその定義に特有のあらゆる注意を払うことおよび厳格な職業倫理の遵守が要求される。職業倫理は、個別的または集団的な、企業およびその協力者の日常的な振舞いにおける、品行についての規則の総体である。

職業倫理の一般規則について関係する労働者に通知する様式を定めるのは各企業の役割であるが、その内容は以下のとおりである：

・信義誠実、中立、秘密の厳守を保ち、現行の法律上ないし行政立法上の規定の枠内での役務を前提として、顧客の利益を尊重すること
・市場の規則の全てを遵守すること、すなわち、日常の運営に支障をきたし、または関係する第三者の不利益を顧みずに利益を得るようなあらゆる行為を行わないこと
・法律によって定められた条件の枠内でまた法律に反しないように職業上の秘密を完全に遵守すること
・使用者またはその会計を通じた財務上の手段についてまたは労働者が運営あるいは決定についての権限を享受する手段について人的に実行される運営に関してその正式に委任された法律上の代表者に関する透明性。この透明性の義務はこれに関する現行の法律および行政立法に従ったものでなければならず、労働者によって行われる活動および責任に応じて上積みされる。

一般原則に関するこれらの原則の適用の様式は当該企業が定めるものとし、銀行事業所がその個別の状況に応じて、1 つ 1 つの銀行に応じてさまざまに、その活動および義務を考慮した上で、調整する自由を有する。

とりわけ、企業はその労働者がその職業活動を遂行において贈物および利益を受けまたは供与することができる条件を定めるのに必要な規定を置くものとする。

労働者が、その労働の枠内において、直属の上司から、真摯に考えて、上記に定められた職業倫理および企業におけるその適用様式に反すると思う命令を受けたとき、その者が頼る幹部に一任することができ、あるいは当該企業に一任することもできる。

前条記載の原則および規定の適用は各銀行において設置された職業倫理規定、とりわけ現行の法律の枠内で投資事業者（PSI）の資格を有する銀行において設置された職業倫理規定および証券取引委員会（COB）ないし金融市場委員会（CMF）の規則の適用を妨げるものではないことが十分に理解されなければならない。

第4章　制裁
第25条：制裁
使用者により非行と考えられるあらゆる行為または懈怠は、法律上および行政立法上の規定、とりわけ事前の面談に関する規定を遵守する限りにおいて、以下の懲戒的制裁を言い渡す理由となる。

9

・書面による戒告
・譴責
・地位の変更を伴う降格
・懲戒解雇

利害関係者がその間にいかなる新たな制裁の対象とならなかったとき、書面による戒告および譴責の制裁は当該通知から起算して 5 年を超えることができない期限の満了時に破棄され、一件記録から取り除かれる。

重大でありかつ直ちに暫定的な解決が必要である場合において、使用者は労働者に対し仮の停職措置を言い渡すことができる。この抵触措置に伴う報酬の停止は 1 カ月を超えることができない。

当該停止の終了時、支払われていなかった報酬は支払われなければならないが、ただし当該労働者が重い非行または特別に重い非行を理由として解雇された場合は除かれる。

地位の変更を伴う降格の対象となった労働者は、それを望むのであれば、27-1 条に定められている手続および期限に従って当該企業内の不服申立同数委員会または銀行業同数委員会に対して停止の申立をすることができる。

第5章　労働契約の破棄

この章に基づき、使用者による期間の定めのない労働契約の解約は現実かつ重大な理由に基づいていなければならない。

第 26 条：懲戒でない理由に基づく解雇

解雇手続を開始する前に、使用者は考えられるあらゆる解決を考えなければならず、とりわけその職務の利害関係者の適応の悪さから低評価が生じているときに、労働者に他のポストを委ねる手段を探さなければならない。

懲戒でない理由に基づく解雇は客観的な理由に基づきかつ職業上の低評価からなされるものとする。

労働医による不適格認定を除き、労働者の健康状態またはその障碍はそれ自体として解雇を正当化する原因を構成することはできない。

26-1 条：手続

事前の面談は、より有利な法律上の規定または特別な条項[12]がある場合を除き、召喚状の労働者への最初の提示の日付から起算して暦日 7 日を下回って行うことはできない。

面談の日付および解雇通知書の送付の日付との間に暦日 7 日間の最小熟慮期間が経過しなければならない。

解雇通知書の最初の提示後の暦日 10 日間の間に、労働者はその使用者に対し直接にまたは従業員代表委員あるいは労働組合の代表を仲介によりその決定の再検討を請求することができる。

26-2 条：補償

すべての労働者は、少なくとも勤続年数[13]1 年を数え、第 26 条の適用により解雇されたとき、解雇補償金を享

---

[12] 例えば、不適格認定の場合。

[13] 当該勤続年数は当該企業において算定される。実働期間に加え、法律上の規定の適用において、勤続年数の権利について考慮される欠勤の期間および労働協約所定の期間について賃金の全体または一部を維持する権利を与えられた欠勤の期間もまた有効である。

受する。

この補償金の算定基礎に用いられる月給は当該労働契約の解約に先行する直近の歴月 12 カ月の間に当該労働者が受け取った[14]年間基礎賃金[15]の 1/13 に相当するものとする。

この補償は以下に相当するものとする：

・2002 年 1 月 1 日以前に当該企業において獲得された勤続年数の満了した半期につき月給の 1/2×(13/14.5)[16]

・および 2002 年 1 月 1 日から当該企業において獲得された勤続年数の満了した半期につき月給の 1/5

同一の企業におけるフルタイムで使用されていた労働者の解雇補償金及びパートタイムで使用されていた労働者の解雇補償金はその者が当該企業に入社してからこれら 2 つの様式のそれぞれに応じて実行された雇用の期間に比例して算定されるものとする。

遅くとも 1999 年 12 月 31 日に採用された労働者については、補償金の合計は管理職については月給の 24×(13/14.5)[17]を、そして銀行業の技術者については月給の 18×(13/14.5) を上限とする。

2000 年 1 月 1 日以降に採用された労働者については、補償金の合計はその者が所属するカテゴリーに関わらず月給 15 カ月分を上限とする。

第 27 条：懲戒解雇

使用者は、その懲戒権により労働者の非行を理由として解雇を言い渡すとき、非難の対象となる事実を解雇通知書の中で記載しなければならない。

重大な非行および特別に重大な非行がある場合に限り、使用者は解約予告期間に付随する義務から解放される。

27-1 条：手続

事前の面談についての召喚および解雇通知書の送付については現行の法律に所定の期限に服する。

労働者は、解雇の通知から起算して、暦日 5 日間の期限を利用し、それを選択しかつそれを望むのであれば、受領証明付き書留郵便により不服申立をすることができる：

名宛人は

・それがあるときには、企業別協定を用いて設置された当該企業内の不服申立同数委員会付属文書Ⅱに述べられている設置の様式および運営規則は補充的に参照される[18]。

・または銀行業労使同数委員会

である。

これら 2 つの不服申立は互いに排他的である。

これらの不服申立は、労働者が特別に重大な非行を理由とする解雇の対象とならないのであれば、停止される。しかしながらこの停止は内部の不服申立機関または銀

---

[14] 不完全な年の場合、当該賃金は復元されなければならない。

[15] 第 39 条の定めによる。

[16] この乗率係数は、算定基礎について、年間基礎賃金の 1/14.5 に相当する月給にとどめている 1952 年 8 月 20 日の労働協約所定の補償水準を維持することを可能とする。

[17] この乗率係数は 1952 年 8 月 20 日の労働協約において定められた上限の維持を可能とする。

[18] 付属文書Ⅱの規定は内部の不服申立同数委員会を設立する規定が設置の様式および運営規則あるいはその対象となる要素を取り扱っていない場合に適用される。

行業同数委員会に係属した日付から暦日 30 日の期限を超えて以降に言い渡すことはできない。当該解雇は、従って、制裁を受ける労働者による不服申立の請求があったときは係属した当該委員会の答申の後にしか効力を発しない。答申は当該係属後、暦日 30 日以内に通知されなければならない。

なんらかの司法手続が、同一の紛争に関して、当該企業内部の不服申立同数委員会または銀行業同数委員会—《不服申し立て》部会—が答申を言い渡す前に、当該労働者によって開始されたとき、不服申立手続は終了する。

27−2 条：補償

労働者は解雇についての法律上の補償を受け取るが、ただし重大な非行または特別に重い非行がある場合は除かれる。

同一の企業においてフルタイムで使用されていた労働者およびパートタイムで使用されていた労働者の解雇補償金は当該企業にそれらの者が入社してからこれら 2 つの様式のそれぞれに応じて実労働をした雇用の期間に比例して算定される。

第 28 条：有罪判決の場合の解雇

使用者は刑法典第 2 部、第 3 部および第 4 部に定める重罪または軽罪について有罪判決を受けた労働者の解雇を言い渡すことができ、それは名誉または誠実性に関わるからである。企業長は、この場合において、労働法典（新）L.1232−2 条以下となった労働法典（旧）L.122-14 条以下に定める解約手続を遵守し、1977 年10 月 10 日の月給制化協定第 5 条に定める解約についての法的補償を支払わなければならない。

第 29 条：経済的理由による解雇

適用される手続は法律および行政立法の条文に規律される。

この解雇の通知後 10 日間の間に、個別に経済的解雇の対象となっている労働者はその使用者に対し、直接にまたは従業員代表委員あるいは労働組合の代表を仲介して、その決定の再検討を請求することができる。

当該労働者は、その予告の開始から、求職を助けるために職業レベルで設置された給付についての権利を利用できる。

29−2 条：経済的理由による集団的解雇についての手続

a）代表的機関の助言*

この助言は労働協約の発効のときに適用される法律に従い、以下のことをなしうる：

・第 1 回協議のとき、経済的理由による解雇を計画している企業長はこの計画を正当化する状況およびこの状況の組織的および／または機能的影響についてその答申を得るために従業員代表機関に相談する。

この協議の中で、使用者は付加文書 V において記しているような基準職に応じて削減が計画されている雇用を伝達することによってこれらの影響を説明する。

この相談は以下の者に対してなされる：

　　—企業委員会またはそれを欠くときには従業員代表委員

　　—または、企業委員会の選挙に関する法律上の規制で意味するところの事業所を複数抱える企業においては、

関係する事業所委員会および、それがある場合には、中央企業委員会

・第 2 回協議のとき、または公認会計士の監査に対する不服申し立てが第 1 回協議の中で決定されたときには第 3 回協議のとき、企業長は、法律に従って、当該状況に対して経済的および／または社会的解決を図ろうと試みるために、実施を計画している措置について相談する。

この第 2 回または第 3 回協議の中で、企業長はまた下記の 29−2 条 b）に従って作成される解雇順位を定めるリストについても相談する。

強制解雇と両立しない自発的離職の計画を用いる使用者は解雇順位を定めるリストを作成することを義務付けられず、したがって前項に定める相談を実施することも義務付けられない*。

自発的離職について定めた期限日において、にもかかわらず強制解雇が必要であることが明白であるとき、下記の 29−2 条 b）に定めるリストについて相談するために協議が設定される。

b）解雇順位を定めるリスト

このリストは事業所ごとに、そして、雇用の性質ごとの、各事業所の全ての従業員の間での現在の格付けに応じて作成される。

格付けは、以下に定義する、とりわけ 3 つの基準をもとにして作成されるが、ただし、これらの基準のいかなるものも排除できないというわけではない。

以下に示す格付けの作成について、次の概念についても定義しておくべきである。

・事業所：区別される地理的な場所に位置する労働の単位または、企業の中心的な業務について、区別された地理的な場所に位置しかつそこにおいて複数の従業員が同一の指揮監督のもとで労働している労働の単位

・雇用の性質：この基準は本協約の資格等級のレベルおよび当該企業において存在する雇用の便覧、またはこの便覧がないときには、フランス金融事業者協会（AFEC）によって作成された雇用便覧[19]に依拠する。

本 b）号に定める 3 つの基準は以下のとおりである。

1．家計負担

使用者は解雇されうる労働者の、とりわけ、租税上の意味での、家計負担を考慮するものとする。

未成年の子、その 27 歳の誕生日までの学業を続けている成年の子、障碍を有する子、扶養する直系尊属が特に考慮される。

独立して生活している両親の状況および特に困難な社会的状況にある従業員の状況についてもまた考慮される。

職業指導・再配置専門委員会（COTOREP）により認められた障碍のある労働者については特別な保護が留保されることとなる（例えば、解雇順位の作成基準についての異なる重みを与えるなど）。

2．職業上の価値

この基準は各企業に独自の従業員評価方式に応じて評価され、資格等級および直近 3 年の間に実施された評

---

* a 段は労働法典 L.2323-15 条、L.1233-29 条、およびL.1233-30 条の適用を条件に拡張される。

---

* 本項は労働法典 L.1233−1 条および L.1233-5 条の規定を理由に拡張適用から除外される。

[19] 金融事業者の雇用の便覧は AFECEI になった AFECによって 1992 年 1 月に作成された。

11

価において認められた労働者の成果といった他の要素を連結することができる。

3．勤続年数

勤続年数は企業において算定され、入社の年から、当該日から翌年当該日までを 1 年として理解される。企業は、自発的にせよ、現行の法律に基づいてにせよ、グループ内の他の企業において実施された、労働者の活動に基づいて、その労働者によって獲得された勤続年数として認定することができる。

さらに、法律上の規定に基づいて、勤続年数の権利が考慮される欠勤期間、および労働協約所定の期間について賃金の全体または一部を維持される権利が与えられている欠勤期間については、実労働期間と認められる。

29－3 条：補償

解雇補償金の算定基準の基礎の役に立つ月給は当該労働者が労働契約の破棄の効力発生日に先立つ直近の歴月 12 カ月の間に受取るまたは受け取った[20]年間基礎賃金[21]の 1/12 に等しいものとする。

すべての労働者は、勤続年数が少なくとも 1 年あるとき[22]、以下に相当する解雇補償金を享受する。

・2002 年 1 月 1 日以前に当該企業において獲得された勤続年数の満了した半期による月給の 1/2
・および 2002 年 1 月 1 日から当該企業において獲得された勤続年数の満了した半期による月給の 1/4

同一企業においてフルタイムで使用されていた労働者およびパートタイムで使用されていた労働者の解雇補償金は当該企業に入社してからこれら 2 つの方式のそれぞれに応じた雇用期間に比例して算定される。

遅くとも 1999 年 12 月 31 日までに採用された労働者については、補償の合計は管理職については月給 24 カ月分を、銀行業の技術者については月給 18 カ月分を上限とする。

早期引退の職業的措置が実施される場合、上記のように定義される算定のルールの適応はこの措置の対象とされる年齢層の労働者について定めるものとする。

第 30 条：予告

試用期間満了後の辞職または解雇の場合において、予告期間は以下の表によって定めるものとする：

当該企業における勤続年数[23]	銀行業の技術者の辞職	管理職の辞職	銀行業の技術者の解雇	管理職の解雇
勤続年数 2 年未満	1 カ月[24]	3 カ月	1 カ月	3 カ月
勤続年数 2 年以上	1 カ月	3 カ月	2 カ月	3 カ月

解雇の場合：
・予告はその通知書の最初の提示の日の翌日から算定する；
・予告の実行の間、フルタイムで就労している労働者であって、かつ実際にそれを認められることを請求する労働者は、新たな雇用の獲得まで、毎日 2 時間欠勤することが認められ、これらの 2 時間は賃金の減額の理由とならず、使用者と労働者との間の合意で定める。合意がない場合、これらの 2 時間は 1 日を使用者によって、1 日を労働者によって定める。使用者の合意により、これらの 2 時間は予告の終了時にまとめることができる。関係する労働者がパートタイムで就労するとき、当該休職時間は労働時間に比例して付与される。

辞職については、予告は辞表が使用者によって受領された日の翌日から算定する。

第 31 条：任意引退

60 歳から、または社会保障法典 L.351-1-1 条（長期キャリア）および L.351-1-3 条（障碍のある労働者）の適用の下での 60 歳以前の任意引退は、法律、行政立法、および以下の規定に従ってなされるものとする。

当該企業において少なくとも勤続年数[25]10 年を数える労働者はその職業活動の停止のときに、より有利な企業単位の規定がある場合を除き、以下に相当する補償を受ける：

・当該企業において勤続年数[26]10 年から 14 年：月給の 2/3
・当該企業において勤続年数[27]15 年から 19 年：月給の 1 カ月と 1/4
・当該企業において勤続年数[28]20 年から 29 年：月給 2 カ月分
・当該企業において勤続年数[29]30 年以上：月給の 2 カ月半分に加え、31 年を越えて当該企業において獲得した勤続年数[30]1 年毎に月給の 1/20 を増額

同一の企業におけるフルタイムで使用されていた労働者およびパートタイムで使用されていた労働者のため

---

[20] 不完全な年の場合、賃金は復元されなければならない。
[21] 第 39 条で定義される。
[22] 勤続年数は当該企業において算定される。実労働期間に加え、法律上の規定に基づいて、勤続年数の権利が考慮される欠勤期間、および労働協約所定の期間について賃金の全体または一部を維持される権利が与えられている欠勤期間。

---

[23] 実労働期間に加え、法律上の規定に基づいて、勤続年数の権利が考慮される欠勤期間、および労働協約所定の期間について賃金の全体または一部を維持される権利が与えられている欠勤期間。
[24] 当該 1 カ月とは、当月当該日から翌月当該日までと理解される。
[25] 実労働期間に加え、法律上の規定に基づいて、勤続年数の権利が考慮される欠勤期間、および労働協約所定の期間について賃金の全体または一部を維持される権利が与えられている欠勤期間
[26] 注 25 参照。
[27] 注 25 参照。
[28] 注 25 参照。
[29] 注 25 参照。
[30] 注 25 参照。

のこの補償は当該企業への入社からこれら 2 つの方式それぞれに応じて遂行された雇用の期間に比例して算定される。

この補償の算定基準の基礎に資する月給は当該労働者が当該任意引退に先立つ直近の歴月 12 カ月の間に受取るまたは受け取った[31]年間基礎賃金[32]の 1/13[33]に等しいものとする。

第 32 条：引退措置

65 歳またはそれ以上の者に対する使用者による引退措置は、法律上および行政立法上の規定に従ってなされるものとする。任意の労働者を引退措置とすることを決定する使用者は 3 カ月の配慮期間を遵守しなければならない。

使用者は 65 歳を下回る労働者の引退措置を行うことができるが、ただし、この年齢は社会保障法典 L.351-1 条第 1 項に定める年齢を下回ることができるわけではなく、かつ、当該労働者が社会保障法典の定める老齢年金全額を享受できるという条件においてである。65 歳を下回る労働者の引退措置は法律、行政立法、および職種別の規定に従ってなされるものとする。

引退措置の補償は以下のとおりである：

引退措置の場合、当該労働者は労働法典（新）L.1237-7 条となった労働法典（旧）L.122-14-13 条 2 項に定める補償を受け取る。

65 歳前の引退措置の場合、あらゆる規定または早期活動停止措置のほかに、この補償は労働契約の破棄の日の労働者の年齢に応じて以下のとおり算定される金額が増額される：

・60 歳時の引退措置：当該企業における勤続年数[34]による月基本給[35]の 2.5%
・61 歳時の引退措置：当該企業における勤続年数[36]による月基本給[37]の 2.0%
・62 歳時の引退措置：当該企業における勤続年数[38]による月基本給[39]の 1.5%
・63 歳時の引退措置：当該企業における勤続年数[40]による月基本給[41]の 1.0%
・64 歳時の引退措置：当該企業における勤続年数[42]による月基本給[43]の 0.5%

---

[31] 不完全な年の場合、賃金は復元されなければならない。
[32] 第 39 条で定義される。
[33] 1952 年 8 月 20 日の労働協約は年間基礎賃金の 1/14.5 に相当する月給を算定基準として認めていた。
[34] 実労働期間に加え、法律上の規定に基づいて、勤続年数の権利が考慮される欠勤期間、および労働協約所定の期間について賃金の全体または一部を維持される権利が与えられている欠勤期間
[35] この増額の算定基準の基礎に資する月給は当該労働者が当該引退に先立つ直近の歴月 12 カ月の間に受取るまたは受け取った年間基礎賃金の 1/13 に等しいものとする。
[36] 注 34 参照。
[37] 注 35 参照。
[38] 注 34 参照。
[39] 注 35 参照。
[40] 注 34 参照。
[41] 注 35 参照。
[42] 注 34 参照。
[43] 注 35 参照。

第 4 編　人的資源管理
第 1 章　格付け
第 33 条：格付け表

（付属文書Ⅲに用語集あり）

格付けは、一方では、レベルを定義し、かつ階層づける目的を有し、他方では、これらの様々なレベルについて銀行の仕事を位置づける目的を有する。

格付けは報酬との関係を保障する。とりわけ：

・第 40 条に定めるような協約で補償する最低賃金に関して；
・それに基づく格付けのレベルのあらゆる進展が報酬の進展に結びつくような原則を適用しうること

本格付けには、以下の管理職は入らない：

・重要な責任という性質を有する者であってかつその労働の組織において大きな独立性を前提とする高度な専門性を有し、その職務に直接に結びつく客観的な枠組みにおいて決定をなす権限を与えられている者であってかつ当該企業または事業場における実務上の報酬体系の最も高いレベルに位置する報酬を受け取る者
・その労働の組織において大きな独立性を前提とし、大きな脅威をもって、重要な指揮命令権限を有しかつ重要な責任という性質を有し、幅広く自律的なやり方での決定権限を与えられているものであってかつ当該企業または事業所において実務上の報酬体系の最も高いレベルに位置する報酬を受け取る者

33－1 条：実施

その協力者を位置づけるのは企業の役目であり、それは、そのキャリアの間中、考慮される 11 のレベルの定義に寄与する要素およびその協力者のそれぞれの資格等級を同時に考慮しつつこの格付けに照らしてなされるものとする。

33－2 条：一覧表
銀行業の技術者

このカテゴリーの業務の遂行は経験または適応する職業教育によって獲得された 1 または複数の業務資格を要する。これは、与えられた問題を解決する能力、関係する資格および順応性、ないし一定のレベルの自律および責任が要求される。実施されるもたらされた回答または解決の意味での技術者の活動はその単位の資格についての影響を有し、その単位のより良い機能に貢献するものである。

一定の技術者はさらに指導の責任を有することができ、一定の管理職においては、業務を組織し、委任し、および構成することについての能力を用いる。

管理職のカテゴリーに近いこのカテゴリーの展開は当該労働者がその着想し、評価し、決定し、および着手する能力を伸ばすことが前提となる。

技術者：レベルＡ

単純、反復、かつあまり多様でない任務の遂行によって特徴づけられる被用者である。この労働は操作方法、手続、および指示によって指針が与えられる。この労働は作業班の中に統合される能力が必要とされる。

技術者：レベルＢ

技術的な知識を必要とされる被用者であり、その知識は職業訓練、とりわけ初期職業教育の枠組において、あるいは経験によって獲得されるものである。これらの被用者は単純、反復、かつあまり多様でない経営上あるいは

商取引上の任務の遂行によって特徴づけられる。これらの者は、一定の多機能性を必要とされることがある。この労働は操作方法、手続、および指示によって指針が与えられる。この労働は作業班の中に統合される能力が必要とされる。

技術者：レベルC
用いられる技術的手続を優れた実践および新たな労働を実行する能力を必要とされる被用者である。これらの被用者は経営上、技術的、あるいは簡単な製品の販売を含みうる商取引上の労働の遂行によって特徴づけられる。これらの者はまた労働者を内部および／または外部の交渉相手の要求に応対させることおよび新人の後に随伴する職務を引き受けさせることがある。
この労働は職業上の規範および慣行によって指針が与えられる。
銀行業の職業証書（ＢＰ）の肩書はレベルＣに等級付けされる。この肩書は獲得された知識の活用できる責任の実際上の行使ができる立場における観察期間を経てより高いレベルに等級付けされる能力を有する。

技術者：レベルＤ
熟達した技術的知識を必要とされる被用者であり、その知識は職業教育および／または経験、さらには優れた適応性によって獲得される。これらの被用者は経営上の、また技術的な労働の遂行または商取引活動によって特徴づけられる。これらの者はまた内部および／または外部の交渉相手との頻繁な交際を伴う。これらの者は作業班の調整を伴うことがある。
この労働は職業上の規範および慣行によって指針が与えられる。解決すべき問題はしかしながら多様であり、かつ時にはこれらの慣行の調整が要求される。

技術者：レベルＥ
確固たる職業上の経験または適切な職業教育によって獲得された能力を必要とする被用者である。これらの被用者は商取引活動、技術的活動、または経営上の活動の遂行および／またはそれについての責任によって特徴づけられうる。この責任は、従業員の指導を伴うものとなることがあり、それには合理的な、調整、および統制についての資格を必要とする。
これらの労働は多様であり、遭遇する状況は分析し、かつ解釈する能力が必要となる。これらの労働者は規範及び手続を遵守する限りにおいて一定の自治を有し、かつ業務を主導する資格を有する。

技術者：レベルＦ
レベルＥの能力を上回る能力を必要とする被用者である。これらの被用者は商取引活動、技術的活動、または経営上の活動の遂行および／またはそれについての責任によって特徴づけられうる。この責任はより高度な専門性によってレベルＥの責任と区別され、かつ／または、恒常的に、従業員の指導を伴うものとなることがあり、それには情報交換し、考え方を納得させること、および調整することについての権威および能力が必要となる。

技術者：レベルＧ
信頼できる職業上の能力および資格、とりわけ研究、分析、および総括する活動について、それが必要とされる被用者である。これらの被用者は一定の場合において現行の規則を遵守する限りで決定をし、かつ業務を主導す

ることを前提とし、ないしは適応する能力が必要とされるような商取引活動、技術的活動、または経営上の活動についての責任によって特徴づけられる。管理者であることまたは指導を行うことがあるので、これらの労働者はその合理的かつ教育的な質によって他の同僚に業務を割り振る専門性に依拠する。
銀行技術学院（ＩＴＢ）の肩書は、獲得された知識の活用できる責任の実際の行使ができる立場における観察期間の後、レベルＧに等級付けされる適性を有する。１年の観察期間後の上記等級付けの拒絶は必ず詳細な理由付記の対象となる。

管理職
管理職の職務の遂行は、着想し、評価し、決定し、着手する能力、顕著に理性的な資質、創造性および自発性についての適性が要求され、これらの能力は確固たる職業上の経験および適切な職業教育によって獲得されるものである。これらの者の任務は企業の運営に重大な財政上のまたは戦略的な影響力を有するものである。
一定の管理職は事業所においてその者に対して従業員および物的資源の総体を運営する責任を与えるような序列上の地位を占めることとなる。これらの者は与えられた委任の限りにおいて、非常に多くの指導、職業教育、および監督、さらには予測、組織化、および調整といった活動を行うものとされる。
管理職の様々なレベルの定義は、所定のレベルについて、前のレベルの定義に寄与する要素を含むものとして、解釈されなければならない。

管理職：レベルＨ
単位の指導を含み、または含まないものであって、かつ複雑な技術的および慣行上の知識および／または定評のある職業上の能力を必要とする責任によって特徴づけられる被用者である。
これらの者は以下の点に関係しうる：
・開発または経営の単位の、活動の全部または一部の運営
・補佐、協議、または監督の検討または給付の実現

管理職：レベルＩ
単位の指導を含み、または含まないものであって、１または複数の活動領域に結びついた複雑な技術および慣行についての優れた習熟が必要とされる責任によって特徴づけられる被用者である。
これらの者は以下の点に関係しうる：
・単位の規模または複雑さに応じて変化する重大な責任を伴う開発または経営活動および単位の運営
・掘り下げた知識を要求される研究、協議、または監督といった職務の遂行

管理職：レベルＪ
単位の指導を含み、または含まないものであって、複数の活動領域に結びついた複雑な技術および慣行についての完全な習熟が必要とされ、かつ幅広い自律を享受する責任によって特徴づけられる被用者である。
これらの者は以下の点に関係しうる：
・単位の規模または複雑さに応じて変化し、当該労働者に財政上または運営上の決定に関して影響力を有する役割を与えるような重大な責任を伴う開発または経営活動および単位の運営
・現実に鑑定を必要とする研究、協議、または監督といった職務の遂行

14

管理職：レベルK

単位の指導を含み、または含まないものであって、複数の連関した活動においてさまざまな領域に属する知識または鑑定を必要とし、かつ非常に自律的に、とりわけその労働の体系に関して、当該事業所の基本方針に付随する決定を構想し、かつ決定することを前提とする責任によって特徴づけられる被用者である。

これらの者は以下の点に関係しうる：

・その規模および複雑さがそれに関連する当該従業員に対して権限の委任を不可欠とするような執行単位の目的の実現

・採択された決定の準備及び承認の過程への貢献に比例した、幅広い職務の方針の作成への参加

・上級技術者の職務の遂行

第34条：対応一覧表

本労働協約の格付けのレベルと1952年8月20日の銀行業の従業員の労働に関する全国労働協約の係数との間の転化は本労働協約の付属文書IVに記された対応一覧表を用いて実現されるものとする。

この対応一覧表の適応について現状分析をすることを目的とする企業レベルの同数対照表は遅くとも2000年3月31日までに実現されなければならず、これはとりわけ1999年において存在する中間レベル、さらには必要に応じた修正をその対象とする。

第35条：基準職種

本協約の発効日に格付けの新たな一覧表について説明するために、基準職種の網羅的でない一覧表は一覧表におけるその位置付けとともに作成された。この一覧表および位置付けは、そのときに応じた展開が可能であり、本労働協約の付属文書Vに記されている。

格付けにおけるさまざまな基準職種の位置付けは当該企業における情報の対象となる。

第2章　評価

第36条：評価

各労働者は、2年ごとに少なくとも1回、職業上の評価を享受する。

職業上の評価は人的資源管理についての重要な行為である。すなわち：

・職業上の評価は持ち場の要請、当該労働者により用いられた能力、および当該企業によって与えられた手段の間の適合を客観的に分析できるものでなければならない；

・職業上の評価は当該労働者の費用対効果費を評価することができるものとする；

・職業上の評価はまた労働者の職業資格、その職業キャリアおよびその格付けにおける位置付けの発展に目を配ることができるものとする。

・職業上の評価は当該企業が定義し、かつ労働者に周知されていた評価基準に依拠するものとする。これらの基準は労働者の活動および責任の領域に対応するものとする。

・職業上の評価は先の評価から経過した期間の総体を対象とし、かつ来るべき期間についての当該企業の予想を示しうるものとする。

・職業上の評価の様式は各企業において決定されるものとする。

評価は、その準備を可能とするために前もって計画された、労働者のその責任者との間の、面談の対象となるものとする。この面談の間、各人は自身の考え方を示すようにするものとする。

当該労働者の職業教育の必要および職業上の評価に関する期待はいずれもこの場において優先的に話をされるものとする。

評価は当該労働者が必ずその通知を確認することを目的として書面により形式化されるものとする。そうするために、労働者は48時間の期間を用いることができる。労働者はこれに異議を書き込むことができる。この書面のうちの1部は当該労働者に手交されるものとする。人的資源の責任者は当該企業における現行の規則および様式に従ってこれについての通知を受ける。

第3章　異動

第37条：異動

転居を前提とする配置転換は業務上の重大な必要性の枠内においてしか命じられることはないものとする。とりわけ、再配置を前提とする拠点の再編成または閉鎖に結びつく制約は業務上の重大な必要性を構成しうるものとする。

転居を前提とする使用者の発意に基づくいかなる配置転換の場合においても：

・当該転居の結果生じる転居および住居の復帰の費用は各企業レベルで定められた様式に従い、その限度において、使用者により負担されるものとする。

・当該労働者はその新たな入居の準備についてあらゆる有用な手続を行うために59-1条所定の引越しのための2日間に加えて2労働日の例外的休暇を享受するものとする。

第4章　職業教育

第38条：職業教育

銀行職務の継続的な発展は職業教育を以下の事項のための重要な戦略的ツールとする。すなわち：

・労働者の職業適応の潜在力およびそのキャリアの展開の発展、

・企業の業績および競争力

・雇用政策の予測および運用

職業教育は原則として以下のものを目的とする：

・銀行業の職務の遂行およびその展開への適応に必要な能力の獲得および維持

・新たなツールおよび新たな手続の習熟

・多機能性、職業的流動性、および職業転換の支援

・職業資格の展開、とりわけ職業証書（BP）および銀行技術学院（ITB）の免状取得職業教育の枠組みにおけるもの

労働者についてと同様企業についても、職業教育は投資を構成する。そういうわけで、職業教育は2当事者の現実の義務を要請する。銀行企業は、その点では、5年よりも前から職業教育活動を受けなかった従業員の場合には特別な注意を傾けなければならない。すなわち、当該従業員とともにその必要に配慮した調査および必要があれば能力再開発の職業教育の計画を進める必要がある。

とりわけ必要不可欠なのは以下のものである。すなわち：

・提案される職業教育の目的および労働者が獲得しまたは発展させることができる能力についての当該労働者の情報

・労働者および直属の上司の側の職業教育活動およびその実施における含意

職業教育は主として労働時間の間に保障されるものとする。職業教育は具体的に以下のような補足的な形式を

15

とることができる。すなわち：
・研修型職業教育
・相互教育を適用する職業教育
・チューター制の補助を受けるまたは受けない自己啓発
・必要があれば呼び寄せての協議によって補完される、遠隔職業教育
・新たな教育的技術を組み込んだ職業教育
・持ち場についての職業教育
…等
職業教育はまた個別的自主研修休暇および職業能力診断休暇についての法定の枠組み内で労働者に提供される手段の総体も含まれる。
協議制および平等当事者主義は、産業部門レベルにおいても企業レベルにおいても、継続職業教育の発展において重要な役割を果たす。
*職業教育は部門別の5年ごとの交渉の対象となり、この交渉では期限ごとにその目的および手段を明確にするものとする。労使当事者はまた、労働法典（新）L.6323－5条～8条になった労働法典（旧）L.933－2条所定の点に加えて、以下の点を、交渉によって定期的に形式化する。すなわち：
・以下の点に寄与することができる要素。すなわち：
　－職業教育活動の質の改善
　－相互の発展
・職業教育における上司の役割（職業教育の運営、知識およびノウハウの移転、チュートリアル、職業教育における成果の実践を容易にすること…等）
・そのキャリア全体を通じて、当該労働者が示すことができるやり方、およびその職業生活に結びつく職業教育の必要性
・産業部門が職業教育の領域において演じ得る役回り、とりわけ銀行業公認資格基金同数機関（OPCA Banque）および銀行業職業教育センター（CFPB）といった産業部門が備えているツールを通じてのもの

第5編　報酬
第1章　産業部門レベルにおける賃金規程
第39条：基礎賃金の支払および構成
年間基礎賃金は月給の13カ月分相当[44]が支払われる。
13カ月目の月給は、時間に比例して算定され、12月の月例賃金と同時に支払われるが、ただし企業において異なる規定がある場合は除かれる。
年間基礎賃金は上記の13カ月目の賃金を含むものであるがあらゆる固定的または特別な手当、さらにはあらゆる可変的要素は除かれる。
2000年1月1日において、この日付以前に最終的に獲得された点数（係数、資格免状、勤続年数、言語、個別点数、最低保障点数）はこれ以降ユーロで表わされる基礎賃金において全体としてその年の価額に組み込まれる。

第40条：協約最低賃金
格付けの11のレベルそれぞれについて、以下のものが組み合わせられる。すなわち：
・勤続年数とは別に保証される協約上の年最低賃金
・5年を一段階として定義される、勤続年数によって保証される協約上の年最低賃金
これらの最低限は法定労働時間に対応する労働時間に対して適用されるものとする。
上記の勤続年数とは別の年最低賃金はユーロで定められ、これらはまた銀行点によっても表わされる。
付属文書Ⅳは2011年4月1日における勤続年数とは別の最低限の価額を示す*。
2000年5月1日における銀行点の価額は2.14ユーロとする。
付属文書Ⅶは2011年4月1日におけるユーロ単位の勤続年数による最低限の価額を示す*。
フルタイムで就労するすべての労働者についての、第39条においてユーロで定められている、年間基礎賃金は、産業部門の格付けのレベルおよび当該労働者が所属する企業において付属文書ⅣおよびⅦにおいて定義されているような当該企業における勤続年数の単位による協約最低賃金を上回らなければならない。

第41条：個別的賃金保障*
第33条で定義されている格付けに属する全ての労働者は、そこで認められているように、協約上の規定に従って報酬が支払われる連続する5年間の期間ののち、その格付けのレベルおよび当該企業におけるその勤続年数[45]に対応する協約最低賃金の3％相当を下回る報酬額の上昇があり、この期間の終了時の基礎賃金は以下のものを上回ることはないものとし、すなわち：
　32,500ユーロまたはこの金額が32,500ユーロを超え

---

[44] 当該労働者の状況が集団的または個別的措置を理由に年の途中で修正された場合は除かれる。

* Cf. 賃金協定

* Cf. 賃金協定

* この条文は2009年および2011年の賃金協定によって修正された。

[45] 現に就労した期間に加え、法律上の規定の適用の下で、勤続年数として考慮される欠勤期間、さらには労働協約所定の期間について賃金の全部または一部が維持される権利が与えられている欠勤期間が、有効と認められる。

---

* 本項の、「職業教育は～」から始まり、第38条の終わりまでの部分については、労働法典L.2241－6条の適用を条件に拡張適用される。

16

るとしても、当該企業におけるそのレベルおよび勤続年数に対応する最低賃金の25%であるが、
この労働者は部門別の個別的賃金保障を享受する（Cf. 付属文書Ⅷにおける一覧表）
32,500ユーロの限界値のレベルは5年ごとに銀行業同数委員会の枠組において再検討されることとなる。
パートタイムの労働者については、基礎賃金および参照される一覧表は労働時間に比例配分して算定される。
この賃金保障は、上記の期間の総体について、関係する労働者の所属する企業におけるレベルおよび勤続年数の協約最低賃金の3%とさまざまな永続的、個別的、および／または集団的措置の累積の効果との間の違いに相当する報酬の上昇に対応し、当該労働者は同じ期間中にこれを享受することができる。
この賃金保障は第33条に定義される格付けに属する企業の各労働者について1年に1度算定され、その状況の調査に先立つ年の間に当該保障を享受したかまたはしなかったかに関わりなく、関係する労働者の総体について当該企業により決定された所定の日に効力を発揮する。

第42条：産業部門別年次交渉
42−1条：交渉の枠組み
産業部門別年次交渉の準備のために、労使当事者は以下についての調査に着手する。すなわち：
・インフレ率のような、有用な全国経済指標；
・その事業活動の展開を客観的に図ることができる、銀行の経済状況およびその業績の基準。この調査は、当該基準によって、銀行の新たな業績もまた決定するために、指標（国民総生産（PNB）、国民総所得（RNB）…等）を精査しなければならない。
・賃金の変遷（とりわけ最低基準に照らしたカテゴリー毎および性別毎の平均実賃金）
産業部門別交渉は以下のものと対象とする。すなわち：
・最低賃金（42−2条）
・賃金の変遷（42−3条）

42−2条：最低賃金の発展
労働法典（新）L.2241−1条になった労働法典（旧）L.132-12条所定の産業部門別年次交渉は第40条および付属文書ⅥないしⅦで定義される協約保障年最低賃金を対象とする。
勤続年数外の最低賃金を発展させるために、以下のことが可能である。すなわち：
・最低基準の全てについてまたはそのうちの一定部分のみについて、ユーロ単位で措置をとること
・一定のレベルまたはすべてに対して点を付与すること
・銀行点の価値を修正すること
勤続年数による最低基準を発展させるために、以下のことが可能である。すなわち：
・一覧表の総体を対象にユーロ単位またはパーセンテージによる措置をとること
・一定のレベルおよび／または一定の勤続年数の等級を対象にユーロ単位またはパーセンテージによる措置をとること

42−3条：賃金の発展
42−1条記載の準備の調査の後、この枠組において、交渉はまた以下のことを対象とする。すなわち：
・一定の数の格付けの従業員の賃金総額の−当該年限りまたは恒久的な−可能な限りの増額
・賃金総額のこの増額の分配の様式。これは、場合によ

って協約上の規定に従って報酬を受ける格付けの全ての労働者に利益をもたらすような措置の形態で、その格付けのレベルの協約上の最低基準に応じたその賃金の部分を基準に定められる。
第41条および42−2条ないし本条の適用に由来する産業部門別の規定に定められた個別の措置は当該職種の労働者に対しその報酬の発展を当然に保障する。企業別の措置、とりわけ本労働協約第48条および第49条の適用によって補足されるのであり、この企業別の措置は労働者を企業の成果にあずからせることになる。

第43条：資格免状手当
現職の全ての労働者は、1回に限り、銀行業職業証書（BP Banque）、銀行技術学院（ITB）の免状、または銀行業高等職業教育センター（CESB）の免状を取得すると、産業部門別協定によって金額が定められた手当を受け取る。

第44条：交通手当
公共交通機関を利用しない銀行業の労働者で、その職場がパリ地域に所在する者および、その交通手段に関わりなく、その職場がリヨン（Lyon）、マルセイユ−エクサンプロヴァンス（Marseille-Aix en Provence）、リール（Lille）、ボルドー（Bordeaux）、およびトゥールーズ（Toulouse）都市圏に所在するものは、月額4.6ユーロの交通手当を享受する。国立統計経済研究所（INSEE）によって定義される（付属文書Ⅸ）、人口100,000人を超える他の都市圏で就労する労働者は、月額3.6ユーロの交通手当を享受する。
この手当の金額は法律の変遷に応じて再交渉される。

第45条：各種の補償金
1952年8月20日の銀行業の従業員の労働に関する全国労働協約52−Ⅱ条8号所定のさまざまな補償金は[46]、既にこれを享受している労働者に対して1999年12月の月給として支払われているが、これらの手当の支払を正当化するその労働条件が修正されない限りは、これが維持される。

第2章　企業レベルにおける適用の様式
第46条：適用についての原則
前章の規定は銀行の全てに強制され、さらには第42条所定の産業部門別年次交渉に由来する協定の措置もまた、42−3条の適用について、下記に所定の調整の留保の下で、かつ第48条で定められた経営難の企業を除き、銀行の全てに強制される。
本労働協約の適用についてのその独自の規定の枠組においてこれらの規定を適応させるために、企業は、協定を用いて、1または複数の営業年度について、42−3条および41条に定められた規定を適用除外することができる。

第47条：賃金の支払の様式
第39条の規定を適用除外し、企業は、従業員を代表するものとの協議の後に、年間基礎賃金の支払について月例12ヵ月の均等[47]払いを選択することができる。

---

[46] この条文は付属文書Ⅹにおいてこれらの補償金の金額を明確にすることを専らの目的として準用される。
[47] 労働者の状況が集団的または個別的な措置を理由として当該年の途中に修正されていた場合を除いて均等に。

産業部門のレベルで定義された賃金の支払の様式は本労働協約の発効以前に当該企業によって定められ、月給の計算の基礎となっていた特別手当、補償金、手当の費用を釣り上げる効果を有してはならない。この原則は現行の企業の規定の調整をもたらすことがある。

第48条：賃金上の措置
第42条で定められた基準は企業の義務的な年次交渉の際に検討される。

42-3条の適用について産業部門別協定において適用される規定を欠くとき、および労働法典（新）L.2242-8条になった労働法典（旧）L.132-27条記載の義務に従う企業についての交渉の後の協定を欠くとき、産業部門別協定によって定義された賃金総額の引上げ分の分配は使用者によって決定される。

場合によって42-3条から生じる産業部門別協定は実施された直近の営業年度の間に赤字の状況にある企業に対しては適用されない。この状況にある企業は最大限の再建条項を規定する。

第6編　参加
第49条：成果への労働者の参加
すべての労働者を良い運営およびその企業の成果に参加させることは賃金上の措置によってのみではなく、また成果への労働者の参加の発展および／またはその実施、とりわけ労働法典（新）L.3312-1条以下になった労働法典（旧）L.441-1条以下によって定められた利益参加、労働法典（新）L.3322-1条以下になった労働法典（旧）L.442-1条以下によって定められた参加、および労働法典（新）L.3332-1条以下になった労働法典（旧）L.443-1条以下の適用のもとで開かれている財形貯蓄に対する企業側助成金によって追求される価値がある。

この目的の方向に働くために、産業部門の労使当事者は労働者の成果への参加を発展させるため、とりわけ労働者数が50人より少ない企業に特有の状況を調査するために、企業レベル実施する方式およびツールに関する労使同数委員会での熟慮を始めるものとする。

第7編　社会保障
第50条：社会的保障の実施
本編で定められているのは社会保障法典L.911-2条の管轄である社会保障の保護を補足する社会的保護の措置である。

集団協定により、各企業は上記の項に属する補足的社会保護の措置に支出することができる保険料または拠出金を定義することができ、これは1または複数の権限を与えられた機関との1または複数の契約を経由する。当該協定はまたこの性質の一定の給付それ自体をなすことを企業に課すことを規定することもできる。

この場合において、労働者は第51条から第58条までにおいて定義されている保障についての財政を保証するために補足を受けない特別の費用負担を被ることはない。

労働災害－疾病、母子関係―養子縁組関係、廃疾に関する補足的保険を規定する協定を欠くとき、企業は、協定の対象とならないこれらのカテゴリーの補足的保険について、第51条から第58条までにおいて定義された給付を実施するものとする。

前述の協定に署名しなかった企業または事業所単位の組合組織は、直近の企業委員会選挙または、それを欠くときは、従業員代表委員選挙に際して登録選挙人の過半

数の票を獲得していたことを条件に、協定の署名から起算して15日の期間内において、取消請求を一署名者に対し書面によりかつ正当な理由をつけて表明した上で一することができる[48]。

第1章　母子関係－養子縁組関係
第51条：母子関係
51－1条：期間
法律上の規定を妨げない限りで、出産予定日において当該企業における勤続年数9カ月[49]を証明する労働者は報酬を支払われる休暇を、現行の行政立法所定の期間と等しい期間、享受するものとする。

その法定の母性休暇の後、当該労働者は以下の報酬の支払われる補足的休暇をとる権利を有する。すなわち：
・賃金全額付で暦日45日間
・または半額の賃金付で暦日90日間

母性休暇が使用者によって補償される唯一かつ独自の条件は51-2条の適用下にあることである。

労働者はこの補足的休暇を享受する自身の意図をその使用者に通知しなければならず、それは受領証明付き書留郵便によりこの休暇の期間を明確にした上で、少なくともその母性休暇の終了前1カ月までになされなければならない。

この補足的欠勤期間は有給休暇の権利の獲得をもたらさない。

51－2条：補償
本条所定の母性休暇の補償は、使用者または委任された第三者により、社会保障による日当補償の払い込みおよびこれらと同じ補償金を控除するという条件付きで合意される。

維持される賃金は基礎月例賃金の100%に等しいものとなる。賃金の補足は受益者が全体として置き換えられた報酬－社会保障の日当補償または累積された使用者の給付および補足についてのあらゆる機関のこの場合の給付－をその者がこれと同じ期間の間に就労したならばその基礎賃金として受け取っていたであろう手取りの賃金を超えて受け取ることを認めない。

しかしながら、当該補償金および給付の額が、それだけで、手取りの賃金額を上回るとき、利害関係者はこれら2つの金額の間の差額を保持するものとする。

51-1条で定義された補足的休暇はその期間すべての間、場合に応じて基礎月例賃金[50]の100%または50%を支払うこととなり、これはこの休暇が実際に取得されたことが条件である。

第52条：養子縁組関係
52－1条：期間
法律上の規定を妨げない限りで、子を養子にした労働者は、当該子の家への到着の日において勤続年数9カ月

---

[48] 最終項は労働法典L.2232-12条から15条に反するため拡張適用されない。

[49] 現に就労した期間に加え、法律上の規定の適用の下で、勤続年数として考慮される欠勤期間、さらには労働協約所定の期間について賃金の全部または一部が維持される権利が与えられている欠勤期間が、有効と認められる。

[50] 第39条において定義された契約上の年間基礎賃金の1/13または当該労働者が12カ月で支払われるときにはその1/12。

を証明するとき、現行の行政立法に所定の期間と等しい期間について報酬の支払われる休暇を享受する。

法定の養子縁組休暇の後、労働者は以下の報酬の支払われる補足的休暇をとる権利を有する。すなわち：
・賃金全額付で暦日 45 日間
・または半額の賃金付で暦日 90 日間

養子縁組休暇が使用者によって補償される唯一かつ独自の条件は 52-2 条の適用下にあることである。

労働者はこの補足的休暇を享受する自身の意図をその使用者に通知しなければならず、それは受領証明付き書留郵便によりこの休暇の期間を明確にした上で、少なくともその養子縁組休暇の終了前 1 カ月までになされなければならない。

この補足的欠勤期間は有給休暇の権利の獲得をもたらさない。

52−2 条：補償

本条所定の養子縁組休暇の補償は、使用者または委任された第三者により、社会保障による日当補償の払い込みおよびこれらと同じ補償金を控除するという条件付きで合意される。

維持される賃金は基礎月例賃金[51]の 100％に等しいものとする。賃金の補足は受益者が全体として置き換えられた報酬－社会保障の日当補償または累積された使用者の給付および補足についてのあらゆる機関のこの場合の給付－をその者がこれと同じ期間の間に就労したならばその基礎賃金として受け取っていたであろう手取りの賃金を超えて受け取ることを認めない。

しかしながら、当該補償金および給付の額が、それだけで、手取りの賃金額を上回るとき、利害関係者はこれら 2 つの金額の間の差額を保持するものとする。

52-1 条で定義された補足的休暇はその期間すべての間、場合に応じて基礎月例賃金[52]の 100％または 50％を支払うこととなり、これはこの休暇が実際に取得されたことが条件である。

第 53 条：各種規定
53−1 条：育児教育休暇

育児教育休暇に関する現行の法律上の規定は銀行の従業員に適用され、それは出産の場合においても養子縁組のための子の家への到着の場合においても同様である。

受益者はこの休暇を享受する自身の意図を使用者に通知しなければならず、それは受領証明付き書留郵便により、少なくとも育児教育休暇の開始前 1 カ月までになされなければならない。

この育児休暇の枠組において、授乳をしていてかつ 51-1 条に定める補足休暇を越えてその授乳を延長することを望む労働者は 45 日間、使用者によって定められた補償を享受し、この補償は場合によっては育児教育手当の金額と累積されるが、いかなる場合であってもその者が基礎賃金として受け取っていたであろう手取りの賃金の 100％を超えることはできない。

授乳の証明書は育児教育休暇の開始前 10 日間の間に使用者に発送されなければならない。

53−2 条：復職

---

[51] 第 39 条において定義された契約上の年間基礎賃金の 1/13 または当該労働者が 12 カ月で支払われるときにはその 1/12。
[52] 前掲注 51 参照。

補足的休暇の延長が可能な母性休暇または養子縁組休暇および、必要があれば、育児教育休暇の後、当事者はその雇用または類似の雇用に復職するものとする。必要な措置、とりわけ職業教育が、その復職を職業的に容易にするためにとられるものとする。

第 2 章　病気
第 54 条：病気
（後掲「銀行業労働協約第 54 条－病気－についての2009 年 10 月 26 日の付加文書」参照）
54−1 条：期間

社会保障の日当補償の払込みをもたらす災害、病気、または公認の温泉治療のための欠勤の場合、当該企業において少なくとも 1 年の勤続年数[53]を有する労働者は、基礎月例賃金[54]の 100％または 50％に等しい補償を享受し、これは使用者または委任された第三者によって、以下に定義する条件において払いこまれるものとする。すなわち：

勤続年数	賃金の維持が100％	賃金の維持が50％
1 年から 5 年	2 カ月	2 カ月
5 年から 10 年	3 カ月	3 カ月
10 年から 15 年	4 か月	4 か月
15 年から 20 年	5 か月	5 か月
20 年超	6 か月	6 か月

かつ、以下の様式に従う
・1 回目および 2 回目の休業：休業の初日から
・3 回目以降の休業：休業の 4 日目から

税務上の意味で扶養する子を少なくとも 1 人有する労働者については、賃金の半額の補償の期間は以下のとおりとする。すなわち：
・勤続年数 1 年から 5 年：5 か月
・勤続年数 5 年から 10 年：6 か月
・勤続年数 10 年超：8 か月

労働災害、通勤、または職業病に由来する欠勤については、当該労働者はあらゆる場合において欠勤の初日から賃金が維持される。

休業の補償の様式は進行する 12 カ月に対して見積もられる。

補償の期間は当該休業の初日から積み上げられる。この補償期間から控除されるのは、この期間に先行する連続する 12 カ月の間に当該労働者がすでに享受した災害、病気、または公認の温泉治療についての報酬の支払われる欠勤期間である。

この 12 カ月の期間の算定について考慮されないのは母性休暇または養子縁組休暇のための欠勤であり、そこには、それが取得されたときには補足的休暇および 53-1 条において定める育児教育休暇が含まれる。

---

[53] 現に就労した期間に加え、法律上の規定の適用の下で、勤続年数として考慮される欠勤期間、さらには労働協約所定の期間について賃金の全部または一部が維持される権利が与えられている欠勤期間が、有効と認められる。
[54] 第 39 条において定義された契約上の年間基礎賃金の 1/13 または当該労働者が 12 カ月で支払われるときにはその 1/12。

19

54－2条：補償

本条に定める病気または災害あるいは公認の温泉治療のための欠勤の補償は、使用者または委任された第三者によってなされ、必要に応じて社会保障所定の保険外期間の後の社会保障の日当補償の払込み、これらと同じ補償金を控除するという条件付きで合意される。

維持される賃金は、54-1条において定義される様式の適用の下で、基礎月例賃金[55]の100%または50%に等しいものとなる。

賃金の補足は労働者が全体として置き換えられた収入—社会保障の日当補償または委任された第三者により払い込まれる種類の給付および算定される使用者の補足—をその者が、基礎賃金として、これと同じ期間に就労していたとすれば受け取るであろう手取りの賃金を越えて（補償の方式に応じてその100%または50%の限度で）受け取ることを認めない。

当該補償金および給付の額が、それだけで、手取りの賃金額を上回るとき、当該労働者はこれら2つの金額の間の差額を保持するものとする。

使用者は、それが有用であると判断するとき、利害関係者を再検査に呼び出したり、その自宅での再検査を実施させたりすることができる。この2つの場合において、当該再検査は初級疾病保険金庫によって指名された医師によって実施されなければならない。休業が認められるとき、当該欠勤の補償の享受は上記に述べられた条件において維持される。これに対し、再検査による消極的な結果は使用者によって支払われる補足的補償の停止をもたらす。

第55条：治療目的パートタイム

社会保障および労働医によって認められた医学的理由のためのパートタイム労働（治療パートタイム）の続行の場合、当該労働者は、社会保障によって補償される期間について、使用者または委任された第三者による賃金の維持を享受し、これは54-1条および54-2条で定める条件および期間による。

治療パートタイム中の労働者は治療パートタイムに先行するその労働の制度に基づいて有給休暇の権利を得る。

第56条：長期間の病気

社会保障法典L.322-3条3号または4号の枠組において、社会保障で費用負担される長期間の病気の場合、当該補償期間は、少なくとも10年の勤続年数[56]を有する労働者については、基礎月例賃金[57]の100%の維持が12カ月、続く12カ月は基礎賃金の50%で12カ月、もたらされる。

当該賃金の補足は労働者が全体として置き換えられた収入—社会保障の日当補償または委任された第三者に

より払い込まれる種類の給付および算定される使用者の補足—をその者が、基礎月例賃金[58]として、これと同じ期間に就労していたとすれば受け取るであろう手取りの賃金を超えて（補償の方式に応じてその100%または50%の限度で）受け取ることを認めない。

第57条：無報酬の病気または温泉治療のための休暇

病気または災害の名目で規定された払い込みの権利を使い果たした労働者は、その者の状態が休業の延長を必要としているとき、医学的証明書の提出に基づいて1年間の無報酬の休職の実施を享受することができるが、ただしこれは2回までしか更新できない。

無報酬の欠勤の許可は社会保障による公認の温泉治療で社会保障の性質の給付の払い込みがもたらされる場合においても認められる。

第3章　廃疾

第58条：廃疾

各企業は集団的な保険を設置し、1989年12月31日の法律89-1009号の意味での権限を与えられた機関の下で、社会保障の廃疾年金の名目で、以下に相当する補足的年金を保障する。すなわち：

・第1分類の廃疾の場合、A区分に対しては基礎賃金[59]の10%、それ以上に対しては基礎賃金[60]の40%
・第2または第3分類の廃疾の場合、A区分に対しては基礎賃金[61]の10%、それ以上に対しては基礎賃金[62]の60%

この保険の財政は使用者および労働者との間で半分に割り当てられる義務的な保険料によって保障される。

第4章　特別休暇

第59条：家族的出来事のための欠勤
（後掲「銀行業労働協約第59条についての2010年9月27日の付加文書」参照）

59-1条：欠勤許可

以下の状況においては、その勤続年数のいかんに関わらず、その持ち場についている労働者に対し、証拠書類の提示をもって、欠勤許可が、分割せずに、認められる。すなわち：

---

[55] 第39条において定義された契約上の年間基礎賃金の1/13または当該労働者が12カ月で支払われるときにはその1/12。

[56] 当該勤続年数は当該企業において算定される。現に就労した期間に加え、法律上の規定の適用の下で、勤続年数として考慮される欠勤期間、さらには労働協約所定の期間について賃金の全部または一部が維持される権利が与えられている欠勤期間が、有効と認められる。

[57] 第39条において定義された契約上の年間基礎賃金の1/13または当該労働者が12カ月で支払われるときにはその1/12。

---

[58]第39条において定義された契約上の年間基礎賃金の1/13または当該労働者が12カ月で支払われるときにはその1/12。

[59] 第39条で定義される。

[60] 前掲注59参照。

[61] 前掲注59参照。

[62] 前掲注59参照。

	実労働日[63]
労働者の婚姻	5 日
直系卑属の婚姻	2 日
子の出生または養子縁組	3 日
配偶者*の死亡	5 日
労働者の父母またはその配偶者の死亡	3 日
労働者の子またはその配偶者**の死亡	5 日
労働者またはその配偶者の傍系血族（兄弟姉妹、義兄弟、義姉妹）および労働者のその他の直系卑属ないし直系尊属の死亡	2 日
転居（多くとも 1 年に 1 回、ただし職業上の転居は別とする）	2 日

家族的出来事のための欠勤は当該出来事が生じたときに取得されるものとする***。
労働者の婚姻のための欠勤および転居のための欠勤のみ二重取得が認められるものとする。

59－2 条：報酬
・少なくとも勤続年数 1 年を有する労働者については、報酬は家族的出来事のための欠勤の期間すべての間、維持される。
・勤続年数 1 年を下回る労働者については、報酬は法律が定める期間まで維持される。

第 60 条：労働者の家族の一員の病気のための欠勤許可
社会保障法典 L.513－1 条の意味で、当該労働者が実質的かつ恒常的に扶養する 14 歳を下回る子の看護のために、父または母に対し、1 年毎に 3 日の報酬が支払われる欠勤の許可が認められる。この数は当該労働者が 14 歳を下回る年齢の 2 人の子を扶養しているときには 6 日まで、14 歳を下回る年齢の 3 人ないしそれを超える子のためには 9 日まで達する。
さらに、暦年毎に 2 日の報酬が支払われる欠勤許可が 14 歳を下回る子の入院の場合に認められ、そこには日帰り入院も含まれる。
これらの欠勤は当該子のそばに当該父または母がいることが必要であることを明記する医学的証明書の提出により認められる。
無報酬の補足的欠勤許可もまたその扶養する配偶者、子、または直系尊属の看護のために労働者に対して認められる。関係するすべての労働者は当該患者のそばにその立会が必要であることを明記する医師の証言書を提示しなければならない。

本労働協約は 2000 年 1 月 1 日に発行する。

---

[63] パートタイムまたは変形労働時間性の下で就労する労働者はフルタイム労働者と同じ欠勤の権利を享受する。これらの権利の利用の算出の方式は後で扱う。
* 本規定は労働法典 L.3142－1 条 4 号のパートナー契約（**PACS**）によってむすばれたパートナーに対する適用を条件に拡張適用される。
** 本規定は労働法典 L.3142－1 条 4 号のパートナー契約（**PACS**）によってむすばれたパートナーに対する適用を条件に拡張適用される。
*** 本項は労働法典 L.3142－1 条の適用を条件に拡張適用される。

パリにて、2000 年 1 月 10 日。

（署名一覧）

使用者団体
フランス銀行協会：署名
人民銀行グループ：署名

CFDT-銀行および保険会社：署名
CGT-金融部門従業員（CGT-FNCF）：署名
CFTC-銀行：署名
CGC-銀行および与信全国組合：署名
CGT-FO-ホワイトカラーおよび管理職：署名

21

第8編　労働時間～2001年5月29日の付加文書
第1章　労働時間
第61条：実労働時間

現行の法律上の規定の適用の下で、実労働時間とは当該労働者が使用者の指揮命令下に置かれ、従業員としての仕事に自由に従事する権限がなく使用者の命令に従わなければならない時間である。

非就業期間は、報酬が支払われるとしても、労働時間の算出のための実労働時間としては考慮されない。

しかしながら、以下のものについては、労働時間算出のための、実労働時間として特別に考慮される。すなわち：

・法律および協約（職業部門別および企業別）の条文によって付与された代表活動時間の限度内における従業員を代表する者の代表時間

・以下によって経過する時間：すなわち

　－現行の法律の規定に従いおよびこれらの機関が存在するとき、企業委員会、場合によっては中央企業委員会および事業所委員会の協議、並びに職業教育委員会、経済委員会、ないし情報・住宅援助委員会の協議における正規構成員および補欠構成員として

　－使用者との協議における正規および補欠の代表として

　－労働法典（新）L.4614－6条になった労働法典（旧）L.236－7条5項で定めるような協議および調査における安全衛生労働条件委員会（*CHSCT*）の従業員を代表するものとして

労働法典（新）L.3142－7条になった労働法典（旧）L.451－1条において定める社会経済組合教育休暇の期間に関しては、当該期間は労働法典（新）L.3142-12条になった労働法典（旧）L.451-2条に従って有給休暇の期間、社会保険給付の権利、および家族的給付、ならびにその契約の当事者について生じる他の権利の総体についての決定に際して実労働時間と同一視される。

第62条：超過勤務時間および代償休日

本規定に関係するのは、労働法典（新）L.3111-2条および L.3121-45～49条になった労働法典（旧）L.212-15-1条および L.212-15-3条において定める労働者ならびにパートタイム労働者を除く、第1条で定める企業の労働者の総体である。

超過勤務時間は使用者の請求または合意により行われる労働時間でありかつ週ごとまたは4週ごとあるいは労働法典（新）L.3121-11条以下および L.3122-6条～8条になった労働法典（旧）L.212-5条、L.212-5-1条、L.212-6条、L.212-8条および L.212-9条の規定*の枠組において年単位で算定される。

法律上の規定の適用のもとで、使用者は、協定により、または企業別あるいは事業所別協定を欠くときは企業委員会または事業所委員会あるいはそれを欠くときはそれが存在する場合には、必要に応じて、従業員代表委員の構成員との協議の後に以下のことを決定することができる。すなわち：

・超過勤務時間として支払われるべき法律上の割増の全部または一部が、あるいは法律上の様式に従って取得される休日の付与、あるいは同等の賃金を増額しての支払をもたらしうること

・超過勤務時間の通常賃金の支払の全部または一部は同等の代償休日によって置き換えられうること

---

* 本項は労働法典 L.3121-22条の適用を条件に拡張適用される。

・超過勤務時間として支払われるべき法定割増賃金の支払の全部または一部は同等の代償休日によって置き換えられうること

第63条：労働時間の割当

シフト勤務の労働者の勤務時間割は労働法典（新）L.3121-34条～37条および D.3121-19条になった労働法典（旧）L.212-1条2項、D.212-16条、および L.212-7条によって定義されるような1日単位の労働時間および週ごとの労働時間の上限を遵守しなければならない。事業活動の増加の場合、労働法典（新）D.3131-3条になった労働法典（旧）D.220-3条によって定められた11時間連続の日々の休息について企業別協定または事業所別協定によって適用除外できることが認められる。この状況において、休息時間は翌日またはその次の日に埋め合わせられる。

第2章　有給休暇
第64条：有給休暇の権利

実労働時間または下記の第65条において定める参考期間の終了時において実労働と同一視される期間が1年を数える労働者は、法律上の規定に従って、年間に25実労働日の有給休暇の権利を有する。

前項に定める労働者は、本付加文書の署名の日付に続く次の参照期間から起算して、参考期間を満了するごとに、26日目の報酬の支払われる休暇の補足を享受する。

この有給休暇の26日目の付与は有給休暇として獲得された何らかの個別的利益と累積することはできない。

この付与は労働法典（新）L.3122-19条～22条および／または L.3121-45条～49条になった労働法典（旧）L.212-9条のIIおよび／または L.212-15-3条のIIIを実施する産業部門別、企業別、または事業所別協定を享受する労働者については効果を有さず、労働者に認められる休日の数を増やすことはないのであって、この場合において、休暇の26日目は労働時間の削減として認められる休日1日についての完全な権利と置き換えられる。

実労働時間または実労働と同一視される法律上の期間について参照期間終了時に1年を下回る労働者は、法律上の規定に従って、以下の計算表に従って算定される年次有給休暇の権利を有する。

実労働時間	付与される有給休暇
4週間	3実労働日
8週間	5実労働日
12週間	7実労働日
16週間	9実労働日
20週間	11実労働日
24週間	13実労働日
28週間	16実労働日
32週間	18実労働日
36週間	20実労働日
40週間	22実労働日
44週間	24実労働日

第65条：参照期間－権利の獲得

参照期間は前年の6月1日および当年の5月31日の間と理解されるものとする。しかしながら、企業は、それを望むときは、労働法典（新）L.3141-11条になった労

働法典（旧）L.223－2条2項所定の様式に従って締結された企業別協定または事業所別協定の枠内で、異なる参照期間を定めることができる。

第66条：休暇におけるスタート順位－休暇の取得

休暇におけるスタート順位は各企業において使用者によって定められ、これは必要に応じて、従業員代表委員の意見の後になされる。この順位は当該企業における勤続年数および家族の状況、とりわけ就学年齢の子を有する労働者については学校のバカンス、および配偶者の休暇の見込を考慮して設けられるものとする。

労働法典（新）L.3141-15条になった労働法典（旧）L.223－7条の適用の下で、同一企業において就労する配偶者は同時に休暇を取得する権利を有する。

年次有給休暇の日付の選択は業務上の必要性に服するものとする。

毎年5月1日から10月31日までの期間以外で1または複数回の主たる休暇の分割の場合に課される補足的休暇の日に関する規定は労働法典（新）L.3141-18条～20条になった労働法典 L.223－8条によって定義される。

第3章　祝日

第67条：原則

5月1日は祝日かつ休日である。

法定の祝日は労働者のための休日であり、とりわけ労働法典（新）L.3122-9条以下およびL.3121-45条～49条になった労働法典（旧）L.212－8条、L.212-9条、およびL.212-15-3条のⅢの適用の枠内で、以下の第68条所定の適用様式に従うものとする。

これらの祝日は報酬が支払われる。

第68条：適用措置

とりわけ業務または事業活動の特殊性を理由として必要となった第67条2項の原則の例外は、企業別協定または事業所別協定を欠くときは、それがあるときには、企業委員会または事業所委員会あるいはそれを欠くときは従業員代表委員の諮問の対象としなければならない。

この諮問の枠内において、関係する業務または事業活動の一覧表ならびに関係する労働者のためにとられる措置が当該企業に固有の特性を考慮して検討されるものとする。

これらの規定は使用者の請求に応じて就労した実労働時間の報酬－超過勤務時間の算定については当該企業によって定められた時間率に基づいて算定される－に応じた補償の支払を代償として規定しなければならず、場合によっては法定の割増賃金がそこに含まれ、それは30％の割増であるが、この補償の全部または一部は休息時間に代えることができる。

パリにて、2001年5月29日、15通作成。

（署名一覧）

使用者団体
フランス銀行協会：署名

労働組合
CFDT＠銀行および保険会社：非署名
CGT＠金融部門従業員（CGT-FNCF）：非署名
CFTC＠銀行：署名
CGC＠銀行および与信全国組合：署名
CGT-FO＠ホワイトカラーおよび管理職：署名

付属文書 I
第 1 編　一般的規定

移行の様式

2000 年 1 月 1 日より以前または 1999 年 12 月 31 日より以降に関する状況について
本労働協約の適用について考慮する参照日[64]

定められている状況	参照する日付	適用される条文
・その試用期間を解消する労働者またはこれを終わらせる使用者	・試用期間の破棄の通知日が　2000 年 1 月 1 日より以前 ・試用期間の破棄の通知日が 1999 年 12 月 31 日より以降	・旧 50 条の条文 ・新 19 条の条文
・組合の協議、労使同数の協議、または労働協約の署名組合組織の協議への参加のために組合の委任の名目で認められる休暇	・休暇の開始日が修正後第 11 条の発効日より以前であるかまたは遅くとも 2000 年 2 月 15 日 ・休暇の開始日が修正後第 11 条の発効日より以降であるかまたは遅くとも 2000 年 2 月 15 日	・旧 71 条の条文 ・新 11 条の条文
・組合の委任のための無報酬の休暇	・無報酬の休暇の開始日が 2000 年 1 月 1 日より以前 ・無報酬の休暇の開始日が 1999 年 12 月 31 日より以降	・旧 72 条の条文 ・新 12 条の条文
・労働者の不服申立手続 a) 労働者による懲戒審議会または地域同数委員会への提訴 　労働者によるそれがある場合における当該企業内の不服申立同数委員会または銀行業同数委員会への提訴 b) 労働者による地域同数委員会または全国同数委員会への控訴	・事前面談に続く制裁通知の謄本の日付が 2000 年 1 月 1 日より以前 ・事前面談に続く制裁通知の謄本の日付が 1999 年 12 月 31 日より以降 ・事前面談に続く制裁通知の謄本の日付が 2000 年 1 月 1 日より以前 ・事前面談に続く制裁通知の謄本の日付が 1999 年 12 月 31 日より以降	・旧 33 条および 34 条の条文 ・新 27－1 条の条文 ・旧 41 条の条文 ・より多くの提訴が可能
・使用者の不服申立手続 　使用者による地域同数委員会または全国同数委員会への控訴	・事前面談に続く制裁通知の謄本の日付が 2000 年 1 月 1 日より以前 ・事前面談に続く制裁通知の謄本の日付が 1999 年 12 月 31 日より以降	・旧 42 条の条文 ・より多くの提訴が可能
・経済的理由による集団的解雇 －名簿上の事業所	・関係する従業員を代表する第一の機関に対する最初の諮問の日付が 2000 年 1 月 1 日より以前 ・関係する従業員を代表する第一の機関に対する最初の諮問の日付が 1999 年 12 月 31 日より以降	・旧 49 条の条文 ・新 29－2 条 b) の条文
・資格免状に関する規定	・資格免状の獲得日が 2000 年 1 月 1 日より以前 ・資格免状の獲得日が 1999 年 12 月 31 日より以降	・旧 52 条の 2 第 6 号の条文 ・新 43 条の条文
・母子関係に関する規定	・法定の産前休暇の開始日が 2000 年 1 月 1 日より以前 ・法定の産前休暇の開始日が 1999 年 12 月 31 日より以降	・旧 69 条の条文 ・新 51 条の条文
・養子縁組に関する規定	・当該子の家庭への到着日が 2000 年 1 月 1 日より以前 ・当該子の家庭への到着日が 1999 年 12 月 31 日より以降	・旧 69 条の条文 ・新 52 条の条文
・病気休暇に関する規定	・休業の開始日が 2000 年 1 月 1 日より以前 ・休業の開始日が 1999 年 12 月 31 日より以降	・旧 65 条の条文 ・新 54 条の条文
・長期間の病気に関する規定	・最初の休業の開始日が 2000 年 1 月 1 日より以前 ・最初の休業の開始日が 1999 年 12 月 31 日より以降	・旧 65 条の条文 ・新 56 条の条文
・家族的出来事のための欠勤	・当該出来事の日付が 2000 年 1 月 1 日より以前 ・当該出来事の日付が 1999 年 12 月 31 日より以降	・旧 70 条の条文 ・新 59 条の条文

---

[64] この付加文書の中における「新」、「旧」の条文という呼称については、1952 年 8 月 20 日の銀行業の従業員についての全国労働協約を参照。

24

付属文書Ⅱ
第3編 労働契約
内部不服申立同数委員会
本労働協約の規定は懲戒事由のためにポストの変更を
もたらす降格または解雇の手続の対象となっている労
働者について、こうした機関が存在するときに、その企
業の内部不服申立同数委員会に提訴する可能性を規定
するものである。
その意に反して、その契約の破棄の日において65歳未
満の引退措置を受けた労働者もまた、こうした機関が存
在するときに、その企業の内部不服申立同数委員会に提
訴することができる。この提訴は本協約の 27-1 条所
定のものと同一の条件において効力を有しかつ個別に
効力を発する。
企業内のこの内部不服申立同数委員会の設置は任意と
する。
この付属文書は、補足的参照として、企業が仮にその設
置を決定する場合における内部不服申立同数委員会の
設置の様式ならびに活動の規則を定義することを目的
とする。

設置
内部不服申立同数委員会の設置は企業別協定に服する
ものとする。
この委員会は以下のものを含むものとする。すなわち：
・当該企業の従業員の中から指名された、当該企業にお
ける代表的職業部門レベルでの各代表的労働組合組織
の構成員1名を含む組合代表
・当該企業の従業員の中から使用者によって指名された、
一定数の代表者を含む、多くとも組合代表と同数の、使
用者代表
この 2 つの代表、すなわち労働組合および使用者の代
表が、代表されていることにより、同数性は遵守される。
ただ 1 つの産業部門レベルでの代表的労働組合組織が
当該企業において代表されている場合、内部不服申立同
数委員会は、組合代表については、当該企業の従業員の
中から指名される、2 人の構成員、および使用者代表と
しての 2 人の構成員からなるものとする。
組合代表の構成員の任期は 2 年の期間有効である。
労働組合組織によって指名された構成員はその委任の
間以下の場合においてしか置き換わることができない。
すなわち：
・労働契約の終了
・委任の辞任
・長期間の欠勤
置き換わる場合、委任の期間は置きかえられた構成員の
委任の期限に応じて変わる。

活動
主宰は使用者代表の構成員のうちの 1 人によって請け
負われる。
内部不服申立同数委員会は労働者の請求に続く暦日 21
日の期限内に開かれなければならない。委員会はその意
見を表明し、共通の意見を欠くときには、各代表（労働
組合代表および使用者代表）の書面により考え方を知ら
せなければならない。
懲戒的決定に対する不服申立の場合、利害関係者は少な
くとも暦日 8 日前にその一件書類の伝達を受ける。当
委員会の構成員は、同じ期限において、一件書類の伝達
がある。
当委員会が引退措置に関する意見を発するために開か
れるとき、その個人的、家族的、または職業上の状況を
強調するために必要に応じて当該労働者によって準備
された一件書類もまた少なくとも暦日 8 日前に委員会
の構成員に伝達されることとなる。
協議の間、当該労働者は事情聴取されることとなり、必
要に応じて、当該企業の従業員の中から選ばれたその代
表によって補佐をうける。

付属文書Ⅲ
第4編 人的資源管理
用語集

持ち場 (Poste)
労働者によって規律正しく行われる活動および責任の
総体であり、持ち場はその従事の場所、その内容、およ
びその実行の様式に関して当該組織によって定義され
る。

雇用類型 (Emploi-type)
全体として管理するためにその内容について十分に《近
い》持ち場65を再編成したものであって、地方の組織的
特殊性によるものではないもの。

職種 (Métier)
近い目的を有しかつ同じ管轄権限の周辺に連結する雇
用類型を再編成したもの。職種は職業的発展に最適かつ
自然な空間を構成する。

職業的集団 (Famille professionnelle)
特定の重要な職務（生産、流通…）および／または重要
な事業活動領域および／または当該企業の重要な専門
性の周辺に連結する職種を再編成したもの。

成果 (Performance)
当該持ち場における参照期間について獲得された結果。
成果は、理論上は、事前に定められた目標に照らして表
わされ、かつ当該行為における資格、動機付け、および
投入された方策の結集から生じるものである。

管轄 (Compétence)
与えられた成果のレベルに伴って、現在では労働者に委
ねられている事業活動の執行および責任の行使のため
に、分野横断的またはある職種に特有の知識、ノウハウ、
適性の特別な組み合わせを結集することについて労働
者から示される能力。
・当該知識は初期職業教育および継続職業教育において
獲得される。
・当該ノウハウは労働することができる見習制度から生
じる。
・当該適性は労働者の《個別的な》歴史の間じゅう発展
するものである。
管轄は労働することができるその実施においてしか現
れず、観察できないものであり、管轄の評価は直接的に
はなされず、観察できる職業上の行動（いわゆる《生産
能力》）という意味でのその結集の産物を経由してなさ
れる。

職業資格 (Qualification professionnelle)
職種に従事する労働者の個別の能力であり、その評価は
その存在から推測される要素（資格免状、職種における
経験…）およびその実態から証明される要素（管轄）と
に同時に組み込まれる。
職業資格の有効性は通常は長期間の間、刻みこまれる。

格付け (Classification)
当該企業または当該部門における雇用類型または職種
の階層を確立することができる先験的に構成された一
覧表。

---

65 いわゆる、従事する活動および責任。

25

付属文書Ⅳ
第4編　人的資源管理
第1章　格付け

協約上の格付けの新旧一覧表の間の対応表[66]

旧格付け一覧表		新格付け一覧表
一般職員		**銀行業の職種における**
		技術者
基礎指数		
270		
290		
300	→	レベルA
320		
345 ⎤		
365 ⎦	→	レベルB
下級管理職		
等級　－　基礎指数		
クラスⅡ　　395	→	レベルC
クラスⅡ　　420	→	レベルD
クラスⅢ　　450	→	レベルE
クラスⅢ　　480	→	レベルF
クラスⅣ　　535	→	レベルG
管理職		**管理職**
等級　－　基礎指数		
クラスⅤ　　655	→	レベルH
クラスⅥ　　750	→	レベルI
クラスⅦ　　870	→	レベルJ
クラスⅧ　　1000	→	レベルK

---

[66] 1952年8月20日の銀行業の従業員の労働に関する全国労働協約における「格付け外」管理職に属する管理部門の構成員である労働者は、2000年1月1日からは、格付け外の管理職となる。

26

付属文書V
第4編　人的資源管理
第1章　格付け
基準職種
（2010年3月8日の協定により改正、後掲銀行業労働
協約付属文書Vを修正する
2010年3月8日の協定参照）
*基準職種の一覧表および各基準職種に再編成される雇
用類型の例*

銀行業のオペレーション管理技術者 (Technicien administratif des opérations bancaires)
管理業務担当者、処理業務担当者、販売後処理担当者、販売後商取引担当者、商取引補佐、管理業務補佐、データ入力オペレーター、多機能的管理技術者、顧客取引業務技術者、借方勘定追跡担当者、取立て担当者、係争前担当者…

顧客に対するアクセスおよびサービス担当者 (Chargé d'accueil et services à la clientèle)
顧客に対するアクセス担当者、顧客のアクセスのホスト、窓口係、顧客サービス担当者、商取引増援担当者、電話アクセス担当者、テレオペレーター、電子アクセス担当者…

特定顧客担当者 (Chargé de clientèle particuliers)
特定顧客のコンサルタント（増援を含む）、特定商取引担当者、電子コンサルタント、保険コンサルタント、商取引コンサルタント、貯蓄コンサルタント、特定顧客開発担当者…

職業顧客担当者 (Chargé de clientèle professionnels)
職業顧客コンサルタント、職業取引担当者、職業商取引コンサルタント、職業会計担当者、職業財務コンサルタント、商人－職人商取引担当者、独立職業顧客コンサルタント、自由職業顧客担当者、特定職業顧客担当者、混合顧客担当者…

企業顧客担当者 (Chargé de clientèle entreprises)
企業取引担当者、国際商取引関係担当者、企業顧客責任者、商取引責任者、中小企業－中小産業顧客担当者、大企業顧客担当者、商取引監査人、労使関係調査担当者、企業顧客開発担当者、特別財務商取引担当者…

財産コンサルタント (Conseiller en patrimoine)
財産管理コンサルタント、財産発展コンサルタント、財産専門家、財務財産コンサルタント、財務投資コンサルタント、私管理コンサルタント、財産業務執行者、資産管理コンサルタント、委任業務執行者、私的顧客コンサルタント…

支店責任者 (Responsable point de vente)
事務所責任者、事務所長、特定職種事務所長、取引センター長、企業センター責任者、企業商取引長、グループ事務所責任者、電子コンサルタントチーム責任者、販売班監督者、外国進出責任者…

銀行業オペレーションを扱う単位責任者または上級技術者 (Responsable d'unité ou expert traitant des opérations bancaires)
顧客商取引責任者、外国業務責任者、顧客業務責任者、センター業務責任者、基本単位責任者、アフターサービス責任者、処理単位責任者、与信調査責任者、係争担当者、係争責任者、生産単位責任者、販売後処理責任者、銀行業オペレーション上級技術者…

リスクアナリスト (Analyste risques)
与信アナリスト、市場リスクアナリスト、国家リスクアナリスト、債務引当アナリスト、与信調査担当者、与信責任者、与信監査人、銀行業エコノミスト、リスク責任者…

投資活動および収益におけるプランナーおよびコンサルタント (Concepteur et conseiller en opérations et produits financiers)
投資活動交渉コーディネーター、産業アナリスト、上級コンサルタント、上級財務専門職、投資および財務取引担当者、生産長、合併・取得担当者、上級取引専門職、輸出与信交渉者、金融市場研究上級専門職…

監察人、経営調査士、コンプライアンスマネージャー (Inspecteur, auditeur, deontologue)
企業内経営調査士、監査官、監督者、不正行為探知担当者、会計経営調査士、経営調査責任者、検査人、監査・観察責任者、銀行業オペレーションセキュリティ責任者、コンプライアンスマネージャー、契約適合性担当者…

市場オペレーター (Opérateur de marché)
市場商品販売人、市場商品交渉人、商取引仕掛人、市場商取引オペレーター、証券商品および証券取引所商品責任者、経理係、有価証券共同投資機関（ＯＰＣＶＭ）管理者、デリバティブオペレーター、外国為替ディーラー、アービトラージャー…

情報処理技術者 (Informaticien)
研究技術者、研究責任者、プログラマーアナリスト、ソフトウェア開発者、システムネットワーク開発者、開発アナリスト、情報技術者、情報アプリケーション管理者、システム認証人、ウェブマスター…

情報および組織計画責任者 (Responsable de projet informatique et organisationnel)
プロジェクト長、研究責任者、開発責任者、業務管理責任者、オーガナイザー、計画立案者、プロジェクトグループ責任者、事業計画作成責任者、鑑定人、コーディネーター…

法律家、税務専門家 (Juriste, fiscaliste)
法律コンサルタント、税務コンサルタント、取引法律家、金融法律家、通貨規則専門家、銀行法律家…

人的資源職種 (Métiers ressouces humaines)
人材募集コンサルタント、人材募集担当者、キャリア管理者、雇用管理者、支社雇用コンサルタント、雇用管理責任者、人的資源責任者、社会法律家、人的資源コンサルタント、異動管理者、報酬責任者、賃金支払管理人、従業員管理者、労使関係管理者、職業教育管理者、職業教育推進者、職業教育活動立案者…

補佐技術者、秘書 (Assistant technique, secrétaire)
秘書、経営補佐、文書作成補佐、多言語秘書、支配人秘書、助手…

マーケティング専門家 (Spécialiste du marketing)
マーケティング担当者、マーケティング調査担当者、商品長、商品責任者、市場責任者、マーケティング責任者、マーケティング販売促進責任者、商取引およびマーケティング推進者…

経営監査人 (Contrôleur de gestion)
経営監査人、予算監査人、経営監査責任者

企業会計職種 (Métiers comptabilité)
企業会計担当者、会計職務担当者、会計処理担当者、会計技術者、会計管理技術者、会計調査担当者、企業会計責任者、会計監督者…

情報伝達職種 (Métiers communication)
情報伝達調査または活動担当者、情報伝達活動ディレクター、公共関係、報道担当者、内部または外部情報伝達担当者、商取引情報伝達担当者、情報伝達責任者…

非銀行活動担当者 (Chargé d' activités non bancaires)
メンテナンスおよびセキュリティ保全補佐、技術的メンテナンス専門家、技術的オペレーター、電気工、暖房設備工事人、ロジスティックス専門家、一般業務補佐、買入れ補佐、買入れ調査担当者、不動産管理者、看護師、社会保障補佐、医療補佐、消防士…

非銀行活動を取扱う単位責任者または上級専門職 (Responsable d' unité ou expert traitant des activités non bancaires)
マクロエコノミスト、不動産交渉人、不動産計画責任者、労働計画責任者、セキュリティ責任者、バイヤー、一般業務責任者、複合商品立案者、医師、社会保障業務責任者、火災業務責任者、保険計理士…

格付け一覧表における基準職種の配置

（2010 年 3 月 8 日の協定により修正、後掲銀行業労働協約付属文書Ⅴを修正する 2010 年 3 月 8 日の協定参照）

	A	B	C	D	E	F	G	H	I	J	K
銀行業のオペレーション管理技術者	■	■	■	■	■	■	■				
顧客に対するアクセスおよびサービス担当者		■	■	■	■	■	■				
特定顧客担当者			■	■	■	■	■	■	■		
職業顧客担当者				■	■	■	■	■	■	■	
企業顧客担当者						■	■	■	■	■	■
財産コンサルタント					■	■	■	■	■	■	
支店責任者						■	■	■	■	■	■
銀行業オペレーション取扱単位責任者・上級専門職					■	■	■	■	■	■	■
リスクアナリスト				■	■	■	■	■	■	■	
投資活動・収益におけるプランナー・コンサルタント								■	■	■	■
監察人、経営調査士、コンプライアンスマネージャー						■	■	■	■	■	■
市場オペレーター							■	■	■	■	■
情報処理技術者					■	■	■	■	■	■	■
情報・組織計画責任者							■	■	■	■	■
法律家、税務専門家							■	■	■	■	■
人的資源職種					■	■	■	■	■	■	■
補佐技術者、秘書		■	■	■	■	■	■	■			
マーケティング専門家						■	■	■	■	■	■

29

経営監査人						███	███	███	███	███	███			
企業会計職種			███	███	███	███	███	███	███	███				
情報伝達職種				███	███	███	███	███	███	███	███	███		
非銀行活動担当者	███	███	███	███	███	███	███							
非銀行活動取扱単位責任者 または上級専門職				███	███	███	███	███	███	███				

付属文書VI
第5編　報酬

2011 年 4 月 1 日付、勤続年数外部門別年最低賃金一覧表
法定労働時間に対応する労働時間あたり

		ユーロ建て	銀行点建て[67]
技術者			
	レベルA	18000	8441
	レベルB	18230	8519
	レベルC	18550	8668
	レベルD	19890	9294
	レベルE	20830	9734
	レベルF	22720	10617
	レベルG	25180	11766
管理職			
	レベルH	27910	13042
	レベルI	34100	15935
	レベルJ	41200	19252
	レベルK	49020	22907

付属文書VII

2011 年 4 月 1 日付、勤続年数対応部門別年最低賃金一覧表
法定労働時間に対応する労働時間あたり

	ユーロ建て			
	5 年	10 年	15 年	20 年
技術者				
レベルA	18300	18760	19320	19900
レベルB	18630	19110	19700	20280
レベルC	18940	19510	20100	20700
レベルD	20390	21000	21620	22270
レベルE	21350	21990	22650	23330
レベルF	23280	23980	24700	25440
レベルG	25810	26580	27380	28200
管理職				
レベルH	28600	29465	30345	
レベルI	34950	36000	37080	
レベルJ	42220	43490		
レベルK	50250	51750		

---

[67] 銀行点（1 点）の価値＝2.14 ユーロ

付属文書Ⅷ

2011 年 4 月 1 日付、勤続年数対応個別的賃金保障（第 41 条）についての参照一覧表
法定労働時間に対応する労働時間あたり

	ユーロ建て			
	5 年	10 年	15 年	20 年
技術者				
レベル A	32500	32500	32500	32500
レベル B	32500	32500	32500	32500
レベル C	32500	32500	32500	32500
レベル D	32500	32500	32500	32500
レベル E	32500	32500	32500	32500
レベル F	32500	32500	32500	32500
レベル G	32500	33225	34225	35250
管理職				
レベル H	35750	36831	37931	
レベル I	43688	45000	46350	
レベル J	52775	54363		
レベル K	62813	64688		

32

付属文書Ⅸ
第5編　報酬
交通手当
国立統計経済研究所によって定義されるような、人口が100,000人より多い都市圏、および以前に1952年8月20日の銀行業の従業員の労働に関する全国労働協約において以下のとおりリスト化されている、人口が100,000人を上回っていない都市圏において支給される。

アミアン（Amiens）、アンジェ（Angers）、アングレーム（Angoulême）、アヌシー（Annecy）、アヴィニョン（Avignon）、バイヨンヌ（Bayonne）、ブザンソン（Besançon）、ベテューヌ（Béthune）、ブローニュ＝シュル＝メール（Boulogne-sur-Mer）、ブレスト（Brest）、ブリュエ＝アン＝アルトワ（Bruay-en-Artois）、カーン（Caen）、カレー（Calais）、シャンベリ（Chambéry）、クレルモン＝フェラン（Clermont-Ferrand）、ディジョン（Dijon）、ドゥエー（Douai）、ダンケルク（Dunkerque）、グラース＝カンヌ＝アンティーブ（Grasse-Cannes-Antibes）、グルノーブル（Grenoble）、アゴンダンジュ＝ブリエ（Hagondange-Briey）、ラ・ロシェル（La Rochelle）、ル・アーヴル（Le Havre）、ル・マン（Le Mans）、ランス（Lens）、リモージュ（Limoges）、ロリアン（Lorient）、モブージュ（Maubeuge）、ムラン（Melun）、メス（Metz）、モンベリアル（Montbéliard）、モンペリエ（Montpellier）、ミュルーズ（Mulhouse）、ナンシー（Nancy）、ナント（Nantes）、ニース（Nice）、ニーム（Nimes）、オルレアン（Orléans）、ポー（Pau）、ペルピニャン（Perpignan）、ポワチエ（Poitiers）、ランス（Reims）、ルーアン（Rouen）、サン＝テティエンヌ（Saint-Étienne）、サン＝ナゼール（Saint-Nazaire）、ストラスブール（Strasbourg）、ティオンヴィル（Thionville）、トゥーロン（Toulon）、トゥール（Tours）、トロワ（Troyes）、ヴァランス（Valance）、ヴァランシエンヌ（Valenciennes）

付属文書Ⅹ
第5編　報酬
第45条（各種の補償金）の適用についての参照
1952年8月20日の銀行業の従業員の労働に関する全国労働協約52－Ⅱ条8号
a）地下補償金
後掲第74条において定める地下補償金は1年につき254ユーロ[68]相当とする。

b）事務雑用係、集金係、および操作技師の服装補償金
その職務遂行に必要な制服が使用者によって支給されていない場合において、事務雑用係、集金係、および操作技師のために後掲第76条所定の服装補償金は、187ユーロ[69]と定めるものとする。

c）靴補償金
は、1年につき65ユーロ[70]と定められ、集金係および実際に集金を行う等級の者に対して支給される。

d）訪問販売員衣服補償金
訪問販売員の職務はその金額を1年につき243ユーロ[71]とする衣服補償金の付与をもたらす。

b）項およびc）項において定める補償金は社会保障、退職年金、および商工業雇用協会（ASSEDIC）についての考慮は受けない。

---

[68] この補償金は1996年12月20日の全国同数委員会の使用者代表によって額が引き上げられた。
[69] 前掲注68参照。
[70] 前掲注68参照。
[71] 前掲注68参照。

（2）銀行業同数委員会内規

銀行業同数委員会の構成

銀行業同数委員会は銀行業労働協約第7条、8条、8－1条、8－2条、8－3条の規定に従って構成される。

産業部門レベルでの代表的労働組合組織は書面によりフランス銀行協会に同組合組織が当該職業機関において代理の委任をした労働者の連絡先を伝達し、この代理人の地所を明確にするものとする。それぞれの関係する使用者は委任労働組合組織によるそれについて同時に通知されるものとする。

この名簿について事後にもたらされる修正は同様の条件において直ちに通知されるものとする。

活動

銀行業同数委員会は銀行業労働協約第8条、8－1条、8－2条、および8－3条の規定に従って活動する。

事務局は管轄組織の議事日程にそれを組み入れるために銀行業同数委員会宛の全ての問題および請求の調査目録を作成し、集約する。事務局は当該協議ごとに関係する組織についての代表によって指名された構成員の召喚の発送に取り掛かり、全国レベルの上部団体または全国レベルの上部団体組織がないときは全国レベルの労働組合に情報提供のためにその写しを発送する。

・通常全体協議においては、構成員は1年に月少なくとも3回集まり、構成員がその状況、とりわけ当該職業部門に属する労使関係問題の切迫度がそれを必要としていると考えるときはより頻繁に集まるのであって、協議日程は各代表によって請求される議題に応じて作成される。

通常全体協議としての銀行業同数委員会の各協議の後、事務局は調書を作成し、これは委員会の構成員に伝達され、また事務局は次の協議日程についての承認を得るために登録する。

　構成員が全体協議に集まるとき、通常協議ではないときは、銀行業同数委員会の構成員は採決する方法を予め合意しておくものとする。

・《解釈および勧解》協議においては、調書は共通意見の形態の下にせよ、各代表により述べられた意見の形態の下にせよ、とられた立場の主要な部分をまとめるものとする。

フランス銀行協会および人民銀行グループは、できるだけ早くかつ積極的な方法で、この機関により発せられた共通意見をフランス銀行協会および人民銀行グループの会員企業の総体への情報提供に着手するものとする。

　これらの協議のときに発せられた意見はフランス銀行協会または人民銀行グループの全ての会員企業に通知されるものとする。

・《不服申立》協議においては、いかなる調書も作成されないものとする。合議の終わりに、共通意見にせよ、代表ごとに発せられる意見にせよ、文書がまとめられ、それは事務局によってほ保存され、使用者および利害関係者に対して郵送されるものとする。

技術集団同数委員会

銀行業労働協約第7条の枠内において、銀行業同数委員会は技術同数委員会に委任することができ、この技術集団同数委員会はその内部またはその外部において選ばれた構成員—ただし銀行業労働協約に加入する銀行の従業員の間から—で構成され、いくつかの特定の主題について検討し、または交渉の対象となる点についての予備的な技術的検討に着手し、委員会の構成員に説明す

るために彼ら自身で報告書を作成するのであって、その作業を解き明かすために、これらの集団はその構成員の全員一致で鑑定人に援助を求めることができる。

これらの集団は以下によって構成される。すなわち：

・組織ごとに多くとも2名の構成員からなる労働組合組織の代表

・上記に定義された労働組合組織を代表する代表と多くとも同数の代表で構成される使用者によって委任された代表

同数性は2つの代表、すなわち労働組合代表および使用者代表が代表される限りにおいて尊重される。

銀行業同数委員会内規の修正

本規則は労働協約4－1条に従って改正されうるものとする。

（3）2001 年 9 月 3 日の資格免状手当に関する協定
（2004 年 11 月 17 日のアレテにより拡張適用－2004 年
12 月 11 日付官報（JO））
特別の条文
（後掲 2008 年 11 月 24 日の賃金協定 2008 第 3 条参照）
銀行業労働協約はその第 43 条において一定の資格免状
の取得についての手当を規定している。
この手当の額は、2001 年 9 月 3 日からその資格免状を
取得する労働者については、銀行業職業証書（BP
Banque）の合格者については 1450 ユーロ、銀行技術
学院（ITB）の合格者については 1900 ユーロと、それ
ぞれ定めるものとする。

パリにて、2001 年 9 月 3 日、15 通作成。

（署名一覧）

使用者団体
フランス銀行協会：署名

労働組合
CFDT＠銀行および保険会社：非署名
CGT＠金融部門従業員（CGT-FNCF）：非署名
CFTC＠銀行：非署名
CGC＠銀行および与信全国組合：署名
CGT-FO＠ホワイトカラーおよび管理職：署名

（4）2001 年 5 月 29 日の労働時間の調整および削減協
定（2001 年 10 月 23 日のアレテにより拡張適用－2001
年 11 月 1 日付官報（JO））

第 1 条：適用領域
本協定は銀行業労働協約第 1 条において定められた企
業、ならびに以下において《企業》と呼称されるフラン
ス職業活動一覧（*NAF*）の 91-1-A,91-1-C，および 91-3
のクラスに属する統合機関に関係する。

第 2 条：規定の構造
本職業規定は－4 つの章を含むものであり－それぞれ
週労働時間の多様化、日割による労働時間の削減、一定
の管理職について非労働時間のみなし協定の締結、およ
び報酬の支払われる休暇の権利の累積を可能とする労
働時間に関する週単位の時間を適用除外する規定の設
置の可能性を規定する労働法典（新）L.3122－9 条～22
条、L.3121-45 条～49 条、および L.3151-1 条以下となっ
た労働法典（旧）L.212－8 条、L.212-9 条のⅡ、
L.212-15-3 条のⅢ、および L.227-1 条の適用の様式を
定義するものである。
労働時間に関するこれらの特別な規定の設置は－法律
と同じ文言に従って－以下についてしか生じ得ない。す
なわち：
・あるいは、その固有の均衡を構成する、《企業別また
は事業所別の協約または協定》に基づいて
・あるいは、《拡張適用される協約または協定》に基づ
いて
本職業規定はこの第二の可能性に対応しており、これら
の規定は以下に定める 4 つの章の全部または一部を対
象とする企業別または事業所別の協定を欠く企業に対
して直接的および任意に適用され、労働協約または集団
協定を欠き、労働法典（新）L.2242－8 条になった労働
法典（旧）L.132-27 条記載の義務に服する企業につい
ての交渉の後、本協定の 1 または複数の章は企業委員
会または事業所委員会あるいはそれを欠くときは従業
員代表委員が存在するときは従業員代表委員の助言、従
業員代表を欠くときは労働監督官への事前通知の後に
実施できる。これらの各章の規定は章全体として不可分
のものとして構成するものである。これらの規定は従っ
ていかなる方法によっても労働時間の調整および労働
時間の削減に関する本協定に署名がある企業の現行の
規定と置き換わることはできない。

<h3 style="text-align:center">第 1 章　労働時間削減の編成</h3>
本章の規定はフルタイムで就労する企業の労働者の総
体に適用されるが、指導的管理職、労働時間みなし協約
に関係する労働者、ならびに、場合によっては、3 章の
適用の枠内において、第 8 条に基づいて当該企業によ
って定義された事業活動に属する他の労働者は除かれ
る。

第 3 条：労働時間の年間時間
第 2 条の枠内における企業による労働時間の削減計画
は、労働法典（新）L.3122-19 条～22 条となった労働
法典（旧）L.212-9 条のⅡの適用の下で、各労働者に対
して 1600 時間を基準とする年間労働時間を保障するた
めに、3－1 条において定義される様式に応じて設置さ
れる。

3－1 条：労働時間削減の様式
フルタイムで就労する各労働者は、暦年 1 年間につい

35

て、完全な有給休暇の権利および以下のものを享受する。すなわち：
・場合によっては個別的利益として獲得された日を含む39 実労働日の休暇および報酬の支払われる休息、および以下のとおり定めるもの。
－銀行業労働協約第64条において定める有給休暇の日
－5月1日
－銀行業労働協約第67条および第68条において定められた条件における法定祝日および場合によっては法的な性格を有する規定の枠内で定められた集団的閉鎖日
－3－2－2条において定義される様式による労働者の自由に使える休息の実労働日の残高
・3－Ⅱ条において定義される様式に応じて取得される1日または半日単位の休息の企業による追加的付与および／または1年あたり1600時間の労働時間に達するための労働時間の週単位での削減
年の中途での入社、退職、あるいは欠勤の場合において（5月1日、有給休暇の日、休息日の総体、銀行業労働協約第61条において定められている実労働時間として考慮される期間、ならびに労働法典（新）L.1442－5条になった労働法典旧L.514－1上の規定の適用の下で労働者に課せられる任務に赴きかつ参加するために労働裁判所において過ぎる時間に加え）、休息日の数は－法律上の祝日および5月1日を除き－残っている競合に応じて決定される。

3－2条：休息の1日単位および半日単位での取得の様式
休息の1日単位または半日単位は当該暦年において取得されなければならないものとする。

・3－2－1条：使用者によって定める実労働日
管理者は従業員に、場合によって使用者によって付与される1日単位または半日単位のリストを通知するものとする。

・3－2－2条：労働者の自由に使える実労働日
労働者の自由に使える休息日は1日単位または半日単位の形態の下で取得されるものとする。休息の取得日はその上司との合意を通じて労働者によって定められる計画に基づいて決定される。上司はとりわけ複数の請求に同時に答えることを妨げうる労働のセンターまたは単位の活動に結び付く要請についてしか労働者によって発せられた日付の選択を再検討させることはできないことを良く理解しなければならない。

第4条：労働時間および報酬
銀行業労働協約第39条において定義されるような基礎賃金－特別手当、手数料、賞与、個別的または集団的特別手当のような報酬の変化する要素を除く賃金－は、労働時間の率が変化しないことを知っている、当該企業における労働時間の削減の実施の適用の日から、維持される。
報酬は当該年については平滑化される。

第2章　管理職に対する特別な規定
企業は参照労働時間が指導的管理職および労働時間のみなし協約に関係する労働者を除くフルタイムで就労する従業員について多くとも法定時間と等しくなるように削減されるときにしか本章を実施することができない。

本章は、指導的管理職を除き、管理職従業員に対して第2条の枠内において企業によって適用される様式を定義する。

第5条：組み込まれた管理職に関する規定
5－1条：定義
銀行業労働協約第33条の意味での管理職の資格を有し、労働法典 L.3121-39 条になった労働法典（旧）L.212-15-2 条において定義される労働者が対象であり、すなわちそれは、以下の2つの条件を満たす者である：
・当該労働者が組み込まれた業務または作業班の中で集団的勤務時間性に従って使用される者
・およびその者についてその労働時間をあらかじめ決定しうる者

5－2条：契約上の地位
これらの労働者は労働時間に関する法律および行政立法の総体の管轄に属する。
これらの労働者は当該企業における現行の規定を享受する。

第6条：自律的管理職に固有の規定
6－1条：定義
銀行業労働協約または1947年3月14日の管理職の引退および相互扶助に関する全国労働協約第4条1項の意味における管理職の資格を有する労働者および付属文書Ⅰに表わされる労働者のカテゴリーに属する労働者は自律的管理職の地位に置かれうる。そこで、各企業の中に組織を考慮するために、当該カテゴリーに属する各所定のカテゴリーおよび各職務がこれらの管理職が労働法典（新）L.3111-2 条および L.3121-39 条になった労働法典（旧）L.212-15 条および L.212-15-2 条においてそれぞれ定められている指導的管理職および組み込まれた管理職のカテゴリーに属するべきではないことを明文で定める労働法典（新）L.3121-38 条になった労働法典（旧）L.212-15-3 条の定義に対応するかどうかを確認するのは使用者の役目である。

6－2条：契約上の地位
付属文書Ⅰにおいて定められる雇用のカテゴリーに属し、かつ週に5日または半日×10回就労する管理職の労働時間は1年あたり210日に相当するみなし時間を定められるものとする。
このみなしの類型を用いることは、当該使用される職務によって正当化されるものであるが、関係する各管理職と労働日のみなしについての個別の合意の締結に服するものとする。
・当該年につき210労働日というこのみなしに達するために、自律的管理職は－暦年丸一年についておよび完全な有給休暇の権利として－51労働日の休暇および報酬の支払われる休息を享受し、必要に応じてそこには個別的な利益として獲得された、以下のように定義される日を含む。すなわち：
－銀行業労働協約第64条において定められた有給休暇
－5月1日
－銀行業労働協約第67条および第68条において定められた条件における法定祝日および必要に応じて法的な性格を有する規定の枠内で定められた集団的閉鎖日
－以下に定義される様式に従って使用者によって定められる3日間の休息日
－以下に定義される様式に従って労働者が自由に取得する休息日の残高

36

年の中途での入社、退職、あるいは欠勤の場合において（5月1日、有給休暇の日、休息日の総体、銀行業労働協約第61条において定められている実労働時間として考慮される期間、ならびに労働法典（新）L.1442-5条になった労働法典旧L.514-1上の規定の適用の下で労働者に課せられる任務に赴きかつ参加するために労働裁判所において過ぎる時間に加え）、休息日の数は－法律上の祝日および5月1日を除き－残っている競合に応じて決定される。

・1日単位または半日単位の取得の様式は以下のとおりである。すなわち：

－1日単位の有給休暇

20労働日の主要な休暇は各年の5月1日から10月31日の期間に使用者によって割り当てられる。

－使用者によって定められる休息日

管理者は自律的管理職に対し、使用者の選択に属する日のリストを通知するものとする。

－労働者が自由に取得する休息日

労働者が自由に取得する休息日は1日単位または半日単位の形態で取得されるものとする。当該休息取得日はその任務の要請を考慮して労働者によって計画されその上司に通知されるものとする。

・就労した1日および半日の算定は自動確認的なシステムに基づいてなされる。

・これらの労働者の労務管理はとりわけ労働の増大が起こりうることについて留意するという上司による定期的なフォローアップの対象とされなければならない。この場合において、状況の分析に着手すること、必要に応じて、とりわけ、労働法典（新）L.3131-1条になった労働法典（旧）L.220-1条所定の日々の休憩の最小時間の遵守に適合するあらゆる措置をとること、および労働日の日数を超過しないことは当然であり、この日数は労働法典（新）L.3121-49条になった前述の労働法典（旧）L.212-15-3条のⅢの最終項所定の限度内である。

6－3条：労働時間および報酬

銀行業労働協約第39条において定義される基礎賃金－特別手当、手数料、賞与、個別的または集団的特別手当のような報酬の変化する要素を除く賃金－は、当該企業において労働時間の削減の実施が適用される日から、維持される。

報酬は当該年について平滑化される。

第3章　変形労働時間制

企業は参照労働時間が労働法典（新）L.3111-2条およびL.3121-38条になった労働法典（旧）L.212-15-1条およびL.212-15-3条において定められる労働者を除くフルタイムで就労する従業員について多くとも法定労働時間と等しくなるように削減される場合にしか本章の規定を実施することができない。

第7条：経済的および社会的要件

当該年の全部または一部についての労働時間の分配に基づいて、変形労働時間制は、労働法典（新）L.3122-9条になった労働法典（旧）L.212-8条によって定義され、本規定の第Ⅱ条の枠内において企業により実施されるものであり、当該企業の通常の事業活動に結び付く経済情勢または季節的な変動に応えることを可能とするものである。

したがって、変形労働時間制は、当該年の一部分について、当該企業の1または複数の業務のレベルで、組織的、技術的、または商事的理由により、労働時間の容量

を増やすことを可能とするツールの1つを構成し、他の期間について労働時間数の減少によって埋め合わせを行うものである。

第8条：関係する事業活動

L.212-8条所定の年単位の労働時間の編成は当該企業によって定義される事業活動について制定することが可能であり、かつそれは企業委員会または事業所委員会、またはそれを欠くときは、それがあるときには従業員代表委員の諮問の対象としなければならない。

第9条：労働時間の算定期間

事業活動の上昇および低下を埋め合わせるために、週労働時間は当該年の全部または一部について変化することが可能であり、それは12カ月の期間の枠内で、それを超える実労働時間およびこの平均労働時間に達しない実労働時間が計算上互いに埋め合わせるようになされる。よく理解されなければならないのは、前述の連続する12カ月の期間について、労働時間は労働週ごとに35時間の平均を超過せず、かついずれにせよ、当該年を通じて1,600時間を超過しないということである。

第10条：労働時間の目安および配分計画

企業は変形労働時間制の目安計画を作成しなければならず、これは高い活動といわれる期間および当該期間中について規定する週労働時間を明文で定めるものとする。

当該計画は以下について明文で定めるものとする。すなわち：

・労働時間の日々の上限は10時間を超えることはできず、ただし、銀行業労働協約第63条所定の例外については除かれる。

・週平均労働時間の上限は連続する12週の任意の期間について44時間を超えることはできない。

・週労働時間の絶対的上限は48時間を超えることはできない。

上記に定める上限に達しない実労働時間は、超過勤務時間ではなく、ボーナスポイントも、加算も生じされるものではなく、かつ労働法典（新）L.3121-11条になった労働法典（旧）L.212-6条において定められる超過勤務時間の割当を負担することもない。

しかしながら、以下については、超過勤務時間を構成する。すなわち：

・年の間に、上限を超えた実労働時間。

・年の終わりに、前段において定める超過勤務時間を差し引いた上で、1,600時間を超えた時間

本変形労働時間計画およびその必要に応じた修正は企業委員会または事業所委員会またはそれを欠くときは、それがあるときの従業員代表委員の意見の後にしか実際上は実施されないものとし、かつ関係する事業活動の労働者に通知されるものとする。

第11条：労働時間変更予告期間

関係する事業活動の労働者は9実労働日を下回ることのできない予告期間を遵守したその労働時間の変更を通知されるものとする。

第12条：期間の定めのある労働契約および派遣労働

年単位の労働時間の編成は期間の定めのある労働契約としての労働者、または派遣労働契約としての労働者に対しても適用される。

企業は現行の法律および行政立法に従って派遣労働者

37

を用いる義務を負う。

第13条：変形労働時間制において考慮に入れられない時間についての部分的失業を用いる条件

労働法典および1968年2月21日の職際協定所定の理由の1つにあたる経済情勢による事業活動の低下の場合、当該使用者は以下の義務を負う。すなわち：

・当該使用者が属する労働局の部局に対しその従業員に部分的失業手当の享受を認めされるための請求を提出すること。

・1968年2月21日の職際協定の適用の下で、補償金を払い込み、上記に定める手当に上乗せすること。

第14条：報酬

銀行業労働協約第39条において定義されるような基礎賃金－特別手当、手数料、賞与、個別的または集団的特別手当のような報酬の変化する要素を除く賃金－は、労働時間の率が変化しないことを知っている、当該企業における労働時間の削減の実施の適用の日から、維持される。

報酬は当該年については平滑化され、変形労働時間制の枠内に含まれる週労働時間の変化から独立するものとする。

第15条：参照年の全体の間に就労しなかった労働者の報酬および代償休日の権利

15－1条：欠勤労働者（病気、母子関係…）

欠勤は銀行業労働協約および（場合によっては）企業別協定の規定の枠内において報酬が支払われる。

15－2条：当該年の中途で雇い入れられたまたは離職した労働者

それは期間の終了時または労働契約の破棄の時点における遂行された労働時間の合計から生じるものとする。

週平均労働時間が35時間より多いとき、超過した時間は以下のものを引き起こす。すなわち：

・年の中途で雇い入れられかつ年の終わりに在籍する労働者についての代償休日

・年の中途で離職した労働者についての超過勤務時間としての支払

逆の場合、すなわち、例外的に、平均労働時間が35時間を下回ることが判明するとき、利害当事者に対してその有給休暇の権利または場合によっては有給休暇積立口座についての控除、あるいはそれがないときは賃金の天引きが提案されることとなるが、ただし労働法典（新）L.3122-18条になった労働法典（旧）L.212-8-5条最終項の適用の場合は除かれる。

第16条：適切性確認同数委員会

その実施の前に、本章に基づいて検討された措置は銀行業同数委員会に属する同数機関における適切性確認に服さなければならず、そして同機関は《適切性確認同数委員会》と呼称されるものとする[72]。

第4章　有給休暇積立口座

本章は第2条の枠組において企業によって設置される有給休暇積立口座に関する様式を定義するものである。

第17条：有給休暇積立口座の開設

第1条において定める企業に属し、かつ当該企業において少なくとも1年の勤続年数を有するすべての労働者は有給休暇積立口座を開設することができる。

利害関係のある当事者は有給休暇積立口座の開設を書面による請求で申し立てなければならない。

第18条：有給休暇積立口座の補給

有給休暇積立口座は以下の要素によって補給されうる。すなわち：

・年次休暇の一部の繰越

・3-2-2条および6-2条において定められた労働者が自由に取得する休息日の1日単位の部分[73]

・超過勤務時間の支払に関係する代用のうち代償休日の全部または一部

有給休暇積立口座の1年を通しての全体の補給は10実労働日に制限される。

しかしながら、企業は労働法典所定の制限内でこの日数を増加する可能性を有する。

この口座は休息を1日、半日、または時間単位で示すものとする。

企業委員会または事業所委員会、あるいはそれがあるときは従業員代表委員の諮問のとき、上記の一覧の範囲内で一定の要素をこの口座の補給について付け加えることができる。

第19条：口座の使用

形成された積立は、3カ月間の予告という留保付で、その全部または一部を補償するために、労働者の都合に合わせて使用することができる。すなわち：

・従業員の都合のための休暇として、その理由のいかんを問わない、2カ月間を最低限の期間とする報酬なしの休暇

・キャリア終了休暇

長期間の休暇の取得についての上司の必要に応じた拒絶は正当な理由がなければならず、かつ当該請求の異なる様式での受け入れを明示しなければならない。

労働者は短期間の従業員の都合のための休暇のために形成された積立を使用することを個別的かつ例外的に認められることがある。

本条に基づく休暇は休暇の権利を決定するための実労働と同一視されるものではなく、この事実からいかなる休暇の権利を発生させることもない。

本条に基づく休暇は当該労働者が少なくとも2カ月に相当する期間の休暇を蓄えた日から起算して5年の期間内に取得されなければならない。いかなる休暇の取得期限も50歳を超える労働者に対抗することはできない。労働者が5年の期限が満了するときに16歳を下回る子を有するとき、またはこの労働者の両親が当該労働者に依存しているあるいは75歳を上回るとき、当該期限は追加的に5年延長することができ、この期限は10年に達する。

これらの期限は休暇の2カ月間の取得から起算される。

第20条：休暇の補償

・休暇の取得の際に労働者に払い込まれる額はその年間基礎賃金に基づいて算定され、休暇に入るときに認められるが、特別手当、賞与等のようなあらゆる変化する要

---

[72] 適切性確認同数委員会の構成および活動の様式は付属文書Ⅲにおいてあらわす。

[73] 最後に示された条文は労働者が自由に取得する実労働日を排除する。

38

素は算定基礎から除かれる。
・この毎月払いこまれる補償金は一般法の条件における税制上および社会保障上の制度に服する。

第21条：キャリア終了休暇を除く長期休暇後の復帰の条件

その休暇の後、当該労働者はその従前の雇用または少なくとも同等の報酬を伴う類似の雇用に復職し、かつ必要に応じて適応のための職業教育を享受する。

第22条：休暇の権利の使用の放棄
a）使用の放棄

例外として、離婚、労働者の廃疾、または配偶者の死亡、消費法典 L.331-2 条において定義されるような労働者の過剰債務状態、あるいは配偶者の失業の場合において、積み立てられた休息日及び休息時間は、当該労働者が実際にそれを請求するとき、積み立てられた権利の総体の交換価値に応じた補償金の形態で当該労働者に払い込むことができ、これは当該請求のときに認められる年間基礎賃金に基づいて算定されるが、特別手当、賞与等のようなあらゆる変化する要素は除かれ、かつこの日付において効力を有する保険料、拠出金、および租税の控除に服する。

b）自動的解除

解除の自由はそれが労働契約の破棄または労働者の死亡の枠に含まれるとき自動的に生じる。
したがって当該労働者またはその権利者に対し積み立てられた権利の総体の交換価値に応じた補償金が払い込まれ、これは当該労働契約の破棄または死亡のときに認められる年間基礎賃金に基づいて算定されるが、特別手当、賞与等のようなあらゆる変化する要素は除かれ、かつこの日付において効力を有する保険料、拠出金、および租税の控除に服する。

第23条：積立の振替

新たな実体が有給休暇積立口座を有している限りにおいて同一グループ内における労働契約の破棄を伴わない配置転換の場合、当該労働者はその使用者との合意によりその積立の振替を請求することができる。口座の振替についての二当事者の合意を欠くときまたは新たな実体が有給休暇積立口座を有していないとき、当該労働者はその出身の実体への可能性のある復帰を待ちつつその積立を維持するか、あるいはその有給休暇積立口座を清算するかを選択することができ、清算による弁済は第22条において定める条件で行われる。

パリにて、2001 年 5 月 29 日、15 通作成。

（署名一覧）
CFDT-銀行および保険会社：非署名
CGT-金融部門従業員（CGT-FNCF）：署名
CFTC-銀行：署名
CGC-銀行および与信全国組合：署名
CGT-FO-ホワイトカラーおよび管理職：署名

付属文書 I
労働法典（新）L. 3121-38 条になった労働法典（旧）L. 212-15-3 条に基づいて定めるカテゴリー

・職能別の指揮監督および経営上の指揮監督下にあるチームの管理職
　・検査管理職
　・経営調査管理職
　・支店責任管理職
・市場および／または投資についての銀行事業活動管理職
　・上級専門職管理職
　・商取引管理職
　・企画責任管理職
注記：支店責任管理職および商取引管理職は、自律的管理職の地位を有するためには、以下のことをしてはならない。すなわち：
・これらの者が属する支店、業務、または作業班の中で適用されている集団的な労働時間タイムテーブルに従って就業すること
・予め決定された労働時間があること

付属文書 II
自律的管理職
【労働法典（新）L. 3121-38 条になった労働法典（旧）L. 212-15-3 条】
毎週 5 日または半日単位×10 回就労する労働者についての年単位のみなしの個別的合意文書の例

あなたの職務、あなたが行使する責任、あなたの雇用の体系において享受する自律の程度、およびあなたの銀行業労働協約[74]の中での管理職の地位という性質のため、あなたはその適用下であなたに関係するところにおいて○○[75]社が効力をもつ○○[76]社における労働時間調整および削減協定第 6 条の範囲に属するものとします。
出勤日の形態下での労働時間の年単位の算出は今後はあなたに適用されます。
・本みなし合意は活動の丸一年についておよび有給休暇の完全な権利、すなわち 210 労働日であること、あなたがその労働契約の履行において実行しなければならない労働日の日数を定めるものであり、ご承知のとおり、あなたは 51 日の報酬を支払われる休暇および休息を享受し、場合によっては必要に応じて個人的な利益として獲得された日が含まれ、それは以下のように定義されます。すなわち：
　・銀行業労働協約第 64 条で定める有給休暇
　・5 月 1 日
　・銀行業労働協約第 67 条および第 68 条で定める条件における法定祝日
　・使用者によって定められる休息日
　・労働者が自由に取得する休息日の残高
あなたの自由に取得する休暇および使用者によって定められる休暇の取得の様式は○○[77]社における《労働時間調整および削減》協定 6-2 条で決定するものとします。年の途中での入社、退職、欠勤の場合においては（5 月 1 日、有給休暇の日、休息日の総体、銀行業労働協

---

[74] あるいは第 1 条で定められる合併機関に属する自律的管理職についての 1947 年 3 月 14 日の管理職の年金および相互扶助に関する全国労働協約第 4 条 1 項
[75] 当該企業によって補充すること。
[76] 前掲注 75 参照。
[77] 前掲注 75 参照。

39

約第61条において定められている実労働時間として考慮される期間、ならびに労働法典（新）L.1442－5条になった労働法典旧 L.514－1上の規定の適用の下で労働者に課せられる任務に赴きかつ参加するために労働裁判所において過ぎる時間に加え）、労働日数および休息日数は－法律上の祝日および5月1日を除き－残っている競合に応じて決定されます。

本合意は前掲職業協定6－1条で定める雇用のグループへのあなたの帰属に結びつくものであり、活動または格付けレベルの変化のために、あなたがもはやこの条項に属しないときには、本合意はその効果を発することを止めることとなります。

本規定は〇〇[78]日から効果を有します。

日付
《熟読の上承認しました》
署名

付属文書Ⅲ
変形労働時間制
適切性確認同数委員会

適切性確認同数委員会は以下のように構成される。すなわち：

・一方では、労働組合組織による構成員としての、産業レベルでの代表的労働組合組織の代表
・他方では、使用者の代表（労働組合組織によって指名された構成員の数と多くとも同数）

企業は、銀行業同数委員会事務局宛に、変形労働時間制の規定の適用に関する措置の条件および特徴を示す一件記録を送らなければならない。適切性確認同数委員会は当該請求の受け取りから遅くとも1カ月の期間内に開かれなければならない。

適切性確認同数委員会の構成員は示された措置が本協定の第3章の規定に適合しているか審査しなければならない。構成員はまた当該措置が現行の法律上および行政立法上の規定に違反していないか、銀行業労働協約または産業部門別協定に違反していないか確認しなければならない。

本構成員の過半数がこれに合意を与えるときに限り承認が得られる。拒絶の場合、委員会はその拒絶の正当な理由を示さなければならない。当該銀行は、要求された修正に着手した後または作成された意見に応える論証を作成した後に、同数機関に新たに申立をすることができる。

企業による当該措置は早くとも同数機関の書面による通知に続く最初の就業日に効力を有するのであり、関係する企業による掲示の方法による従業員に対する通知の対象となる。

---
[78] 当該企業において補充すること。

2001年5月29日の労働時間の調整および削減協定第2章6－2条についての付加文書
（2001年12月24日のアレテにより拡張適用－2001年12月29日付官報（JO））

上記協定第2章（管理職に固有の規定）6－2条は以下の節の追加によって補完される。すなわち：

《委ねられた担当業務とそこから生じた日々の活動との幅は各労働者に対して上記に定める日々の休息を必ず取ることを可能とするものでなければならず、この休息の最低時間は連続して取得される11時間と法律上定められているが、必要に応じて、銀行業労働協約第63条の様式によることとする。》

パリにて、2001年11月12日、15通作成。

（署名一覧）
使用者団体
フランス銀行協会：署名

労働組合
CFDT-銀行および保険会社：非署名
CGT-金融部門従業員（CGT-FNCF）：署名
CFTC-銀行：署名
CGC-銀行および与信全国組合：署名
CGT-FO-ホワイトカラーおよび管理職：署名

銀行部門において締結された労働時間の調整および削減に関する2001年5月29日の協定の拡張適用についての2001年10月23日のアレテ
（2001年11月1日付官報第254号（JO N°254））

雇用連帯大臣
労働法典 L.133－1条以下、
銀行部門において締結された労働時間の調整および削減に関する2001年5月29日の全国職業協定（および3の付属文書）、
署名組織によって提出された拡張の請求、
2001年7月20日の官報で公示された答申、
審査中に集められた意見、
団体交渉全国委員会（協約および協定小委員会）の正当な意見
に鑑み、

アレテ：
第1条
その適用領域に含まれるすべての使用者およびすべての労働者について、銀行部門において締結された労働時間の調整および削減に関する2001年5月29日の全国職業協定（および3の付属文書）の規定は、義務付けられることとなる。

第1章（労働時間削減の編成）3－2－2条（労働者の自由に使える実労働日）は労働法典 L.212－9条（Ⅱ）第2項の規定の適用の留保付で拡張適用され、労働時間の削減の結果としての、労働者の発意による、休息日の一部分を自由に選択する労働者の権利の行使は、同条の意味において、制限することはできない。

第2章（管理職に固有の規定）6－1条（定義）は労働法典 L.212－15－3（Ⅲ）第1項の適用の留保付で拡張適用され、年単位のみなしを用いることは労働時間がその職務の性質、当該管理職が行使する責任、および当該管理職が有する自律の程度のためにあらかじめ決定することができないような管理職に対してしか適用できない。

40

前述の第2章の6−2条（契約上の地位）は、一方では、労働法典 L.212-15−3（Ⅲ）条第2項の適用の下で、拡張適用される産業部門別補足協定または企業別協定が労働法典 L.220−1条で定められた日々の休息の具体的適用様式を決定すること、および、他方において、日々の休息について、1997年4月10日の97−326号デクレ3項の規定を遵守することの留保付で拡張適用される。

同条の（労働者が自由に利用できる休息日）という点は労働法典 L.212-15−3 条の規定の適用という留保付で拡張適用され、同条の意味において、その協約を享受する、労働者の発意による休息日の部分を自由に選択する、権利の行使の制限を定める規定は労働時間のみなしの合意の性質と両立しない。

第3章（変形労働時間制）の第7条（経済的および社会的要件）は労働法典 L.212−8条1項の規定の適用の下で拡張適用される産業部門別補足協定または企業別補足協定がこの部門における変形労働時間制の利用を正当化する経済的および社会的要件を明文化することという留保付で拡張適用される。

前述の第3章の第9条（労働時間の算定期間）は労働法典 L.212−8条1項の遵守という留保付で拡張適用され、同条の意味において、労働時間の年平均時間の算定は、労働法典 L.222−1条所定の法定休日及び法定祝日を考慮して、1,600時間を下回る労働時間の想定に至ることとなる。

付属文書1（労働法典 L.212−15−3 に基づいて定められるカテゴリー）は上記第2章の6−1条と同じ条件で拡張適用される。

第2条
上記協定の効果および制裁の拡張は上記協定所定の経過および条件通りの期間を本アレテの交付の日から算定された上でなされる。

第3条
雇用連帯省労働関係局長は、フランス共和国官報に掲載される、本アレテの執行に責任を負う。

> Fait à Paris, le 23 octobre 2001.
> Pour le ministre et par délègation :
> Le directeur des relations du travail,
> J.-D. Combrexelle
> （パリにおいて、2001年10月23日
> 大臣のための委任により
> 労働関係局長
> J.-D. Combrexelle）

銀行部門において締結された労働時間の調整および削減に関する2001年5月29日の協定の2001年11月12日の付加文書の拡張適用についての2001年12月24日のアレテ
（2001年12月29日付官報第302号（JO N°302））

雇用連帯大臣
労働法典 L.133−1条以下、
銀行部門において締結された労働時間の調整および削減に関する2001年5月29日の全国職業協定（および3の付属文書）の拡張適用についての、2001年11月1日の官報に示されている、2001年10月23日のアレテ、
上記2001年5月29日の全国職業協定の2001年11月12日の付加文書（管理職に固有の規定）、
署名組織によって提出された拡張適用の請求、
2001年11月24日の官報で公示された答申、
審査中に集められた意見、
団体交渉全国委員会（協約および協定小委員会）の正当な意見
に鑑み、

アレテ：

第1条
上記2001年5月29日の全国職業協定の2001年11月12日の付加文書（管理職に固有の規定）の規定は、その適用範囲に含まれるすべての使用者およびすべての労働者について、義務付けられることとなる。

第2条
上記協定の効果および制裁の拡張は上記協定所定の経過および条件通りの期間を本アレテの交付の日から算定された上でなされる。

第3条
雇用連帯省労働関係局長は、フランス共和国官報に掲載される、本アレテの執行に責任を負う。

> Fait à Paris, le 24 décembre 2001.
> Pour le ministre et par délègation :
> Par empechement du directeur des relations du travail :
> Le sous-directeur de la négociation collective,
> P. Florentin
> （パリにおいて、2001年12月24日
> 大臣のための委任により
> 労働関係局長の障害により
> 団体交渉課長
> P. Florentin）

41

（5）銀行職種の退職年金についての 2005 年 2 月 25 日の協定
序文
本協定の署名者は以下のことを確認する。すなわち：
・以下に《段階的協定》と示された 1993 年 9 月 13 日に締結された《銀行職種の退職年金制度の改正》に関するいわゆる《段階的協定》は 1952 年 8 月 20 日の銀行業労働協約の付属文書Ⅳの適用下において銀行業界の年金制度を改正した。
・上記の 1952 年 8 月 20 日の労働協約、付属文書Ⅳ、ならびに付属文書 9 は破棄通告の対象となり、2000 年 1 月 1 日に適用を停止した。これら 2 つの付属文書の規定は本協定において現役労働者、引退者、および除籍者によって獲得された適格および権利（直接的および間接的権利）を呼び戻す排他的な目的で引用される。
・2000 年 1 月 10 日に署名された銀行業労働協約は当該職種の退職年金に関するいかなる規定も規定していないが、段階的協定の規定および当該段階的協定の付属文書の規定はさまざまな職業年金金庫の規則に書き写され、したがって前述の規則を通じて適用があった。
・年金の改正に関する 2003 年 8 月 21 日の法律 2003－775 号第 116 条は、2009 年 1 月 1 日まで、銀行業退職年金金庫が属する追加補足退職年金制度について、相互扶助組織（IP）と合併またはこれに変化し、あるいは追加補足退職年金管理組織（IGRS）に変化することを義務としている。
・2003 年 4 月の企業会計全国委員会の勧告および上場銀行グループの連結計算書類に適用される国際会計基準／国際財務報告基準（*IAS*／*IFRS*）第 19 規範（IAS19）は退職年金に関する企業の支出負担評価の準則を定めている。
本協定の署名者は、段階的協定の署名後の 11 年間で、以下について理由があると考える。すなわち：

・本協定による、とりわけ以下に関する一定の措置の実施
　・退職年金の銀行による補足の算定および展開の様式
　・単一資本の形態の下で、協定によって定められた条件において、行われることになる給付の払込額の変化
　・銀行業退職年金金庫の規約の必要な変化
　・1947 年以前に消滅した銀行の従業員の銀行業退職年金の清算および支払いを負担する共同基金の解散
　・本協定の機能の状況を調査する責任を負う技術集団同数委員会の設立
　・フランス銀行協会従業員退職年金金庫（CRPB）および海外県銀行従業員退職年金金庫（CRPB DOM）の管理および財政の状況

・各退職年金金庫の労使当事者に対してその退職年金の権利を行使した退職者の一定のカテゴリーについてその状況を調査することを勧告すること
　・1983 年 4 月 1 日以前および 65 歳以前
　・1993 年 12 月 31 日まで有効である銀行業退職年金金庫規則 19 のⅡ条 a）および 19－Ⅳ条に基づくもの

以上を踏まえ、以下が決定された。

第 1 条：適用領域
本協定は以下について適用されるものとする。すなわち：
・2000 年 1 月 10 日の銀行業労働協約第 1 条 2 項で定める企業の退職年金金庫の全体

・第 1 章および第 3 章については人民銀行グループならびにその銀行業退職年金金庫に対して適用されるものとする。

第 2 条：目的
本協定は、社会保障法典 L.911－1 条の適用の下で締結され、以下を目的とする。すなわち：
・以下の《第 1 章：共通規定》と題する部分においては
　－第 1 条で定める企業の銀行業退職年金金庫の規則、とりわけ銀行の補足に関する規定に関する規則の修正
　－共同基金の廃止
　－技術集団同数委員会の創設
・《第Ⅱ章：フランス銀行協会従業員退職年金金庫（*CRPB*）および海外県銀行従業員退職年金金庫（*CRPB DOM*）に適用される規定》と題する部分においては、フランス銀行協会従業員退職年金金庫（CRPB）および海外県銀行従業員退職年金金庫（CRPB DOM）について、活動の様式を定めること

第 1 章　共通規定
第 3 条：銀行の補足
本協定の規定は直接的権利のあらゆる受益者について定めており、その退職年金の清算の日付のいかんに関わらないものとする。
段階的協定の付属文書の第 10 条 b）に入れ替わった規則の規定記載の（80%）の文言（銀行の補足の算定および払込みの様式を呼び戻す排他的目的の付属文書第 10 条の文言）は（87%）の文言に取って代わられるが、前述の規則が同等以上の率を規定している場合は除かれる[79]ものとする。
段階的協定の付属文書 10 条 a）を入れ替えた規則の規定は以下の文によって補足されるものとする。すなわち、*《しかしながら、月給に帰着する銀行業年金の額面の総額が当該年の 7 月 1 日の賃金についての最低賃金（SMIC）の額面月額の 85% と同等またはこれを下回るとき、銀行業年金の総額は社会補償の老齢年金、すなわち補足退職年金制度連合（ARRCO）および管理職退職年金制度総連合（AGIRC）のポイントの水準で、前年からの、上昇の算術的方法による総額の引上げがなされる。この規定はすべてに退職者に対して直接的権利として適用されるが、1993 年 12 月 31 日において銀行業に 35 年従事してきたことを証明しなければならない》。*
2004 年 12 月 31 日において未清算の銀行の補足の価額は 2005 年 1 月 1 日に例外的な方法として 5% とみなして引き上げられるものとする。この補足の価額は、次に、下記の第 4 条で規定する変換まで、段階的協定の付属文書第 12 条を入れ替えた退職年金金庫の規則に従って、発展することとなる。

---

[79] この規定は 1994 年 1 月 1 日以前にその退職年金を清算し、かつ本項所定の条件を満たす従業員についても 2005 年 7 月 1 日から、その充当全体の銀行の年金の引上げについて、前年からの、そのレベルの展開率の算術的な方法について、社会保障の老齢年金、すなわち 1.9% から 1.0% に減られた補足退職年金制度連合（*ARRCO*）および管理職退職年金制度総連合（*AGIRC*）のポイントを享受する。

42

第4条：未清算の銀行の補足の変換

2007年1月1日まで、銀行の補足を享受する、未退職、現役の労働者、または死亡した各受益者については、補足を表す保険数理上の価額は切替の費用という事象を考慮した評価の対象となる。対応する額はその目的が、保険法典L.441-1条によって規制される作用、社会保障法典L.932-24、または共済組合法典L.222-1条による枠組みの中で、後払いの終身年金の獲得によるにせよ、終身年金に義務的に変換される積立の構成によるにせよ、老齢保険の一般制度においてその退職年金の清算の日付から支払い対象となる従業員の受益者としての終身の権利の獲得および収益である集団的契約の枠組における保険者機関（社会保障法典第4部第3編によって規制される相互扶助組織、保険法典によって規制される保険会社、または共済組合法典第2編によって規制される共済組合）の退職年金金庫によって定められる。当該金庫が本項の規定の実施に十分な資産を有していない場合においては、交渉が金庫の状況に応じたこれらの規定の修正のために企業レベルで課されるものとする。合意を欠くとき、これらの規定は適用されない。いずれにせよ、これらの規定は1993年9月13日の段階的協定の付属文書第9条後のその規則の適用の下で退職年金を減額しなければならない金庫に対しては適用されない。保険機関の選択ならびに契約上の規定は企業別協定またはグループ協定によって、また、それを欠くときは各退職年金金庫の管理権限によって定めるものとする。

銀行の補足の典型的価額は、段階的協定によって定義される規則に従って決定され、本協定の付属文書に示される早見表に応じて年金の年賦払いとして示される（その評価に続く支払いの次の段階に相当する）。この早見表は2005年7月1日から有効である。この早見表は、フランス銀行協会（AFB）によって指名され責任を負う鑑定人によって、以下の第8条所定の技術同数委員会の答申に事前に付した上で、今後毎年改訂され、7月1日に発効するものとする。

第3条最終項所定の事前清算の銀行の補足の増額を考慮するために、早見表の適用から生じるような銀行の補足の典型的な価額は5%増額される。

退職年金金庫は本条の受益者に以下について通知するものとする。すなわち：

・その銀行の補足の典型的な保険数理上の価額の評価の方式（この通知の文書のひな型は後で作成され、下記の第8条所定の技術同数委員会に事前に付されるものとする）
・移転した単一資本の管理を担う保険機関の連絡先およびこの資本を確認することができるあらゆる参照
・終身年金の支払条件

例外的に、銀行業退職年金金庫は退職者に対し本条第1項の規定の享受を提案することができる。この場合において、その銀行の補足の典型的な価額は下記の第5条所定の早見表に応じて決定され、定期金の支払は直ちに効力を発する。

第5条：一時金払い

直接的な年金受給者または切替年金の受給者はその銀行の補足の一時金払いを選択することができる。この可能性はその退職年金金庫によって1回でまたは関係する人の数および支出負担額に応じて分割される方法でかつあらゆる場合において2007年1月1日までに与えられなければならない。

一時金の価額は切替のコストと言う事象を考慮し、段階

的協定によって定義された規則に従って決定され、本協定の付属文書記載の早見表に応じて年金の年賦払い（第二四半期）の下で見積もられるものとする。この早見表は2005年7月1日に適用される。この早見表はフランス銀行協会（AFB）によって指名され責任を負う鑑定人によって、以下の第8条所定の技術同数委員会の答申に事前に付した上で、今後毎年改訂され、7月1日に発効するものとする。

本条の規定の各受益者はその退職年金金庫によって単一資本の払込みの選択権の行使の様式について情報提供され、かつ不可逆的であるその選択を表明するために6週間の熟慮期間を享受する。利害関係者がこの期間の終了時にいかなる選択も表明しないとき、銀行の補足は第3条の規定を考慮して当該利害関係者に払い込み続けられるものとする。

当該金庫が本項の規定の実施のために十分な資産を有していない場合において、交渉が当該金庫の状況に応じたこれらの規定を修正するために企業レベルで課される。合意を欠くとき、これらの規定は適用されない。いずれにせよ、本項のこれらの規定は1993年9月13日の段階的協定の付属文書第9条後のその規則の適用の下で退職年金を減額しなければならない金庫に対しては適用されない。

第6条：社会保障法典L.351-1-1条およびL.351-1-3条に基づく60歳前の満額による退職年金の受給者

社会保障法典L.351-1-1条（長期キャリア）およびL.351-1-3条（障碍のある労働者）の受益者は60歳前にその銀行業の補足の清算を請求することができ、かつ早くてその社会保障の年金の清算の日に本協定において、そしてとりわけ上記の第3条および第4条において含まれる規定に応じて満額で請求することができる。

第7条：共同基金の廃止

本協定の署名当事者は、2005年7月1日から、1947年以前に消滅した銀行の従業員の残存する銀行退職年金の清算および支払いを担う共同基金を廃止することを決定する。

共同基金の各受益者（直接的権利および切替年金）解散のときに資本金を受け取り、その金額は、年金の年賦払いで見積もられ（2005年第2四半期）、本協定の付属文書において記される早見表に応じて算定されるものとする。

この資本の支払についての払込みの請求はこの年金の払込みの日まで採用されたのと同じ配賦基準に応じて、すなわち1993年12月31日に登録された保険料に比例配分して、銀行退職年金金庫に対して—人民銀行グループの退職年金金庫は除く—なされることとなる。

第8条：退職年金技術集団同数委員会

銀行業労働協約第7条の適用の下で、退職年金技術同数委員会は構成される。本道数委員会は20人の構成員を含み、10人の構成員は使用者を代表し、10人は銀行職種における代表的労働組合組織ごとに2人の代表の割合で労働者を代表するものとする。同数性は2つの代表、すなわち労働組合および使用者の代表が、代表することで遵守される。

退職年金技術同数委員会は1年に少なくとも1回開催される。同委員会は本協定の機能の状況を検査するものとする。

退職年金技術同数委員会は第3条（第3パラグラフ）、第4条、第5条、第9条、第10条、第12条、および

43

第14条において定められた規定により際立った管轄を有する。

第2章 フランス銀行協会従業員退職年金金庫（CRPB）および海外県銀行従業員退職年金金庫（CRPB DOM）に適用される規定

第9条：フランス銀行協会従業員退職年金金庫（CRPB）および海外県銀行従業員退職年金金庫（CRPB DOM）の地位の変更

フランス銀行協会従業員退職年金金庫（CRPB）および海外県銀行従業員退職年金金庫（CRPB DOM）は、2006年1月1日から、新たな法人格を構成することなく、2003年8月21日の法律2003－775号の規定およびその適用のためにとられたデクレに従って追加補足退職年金の管理組織に組織変更する。フランス銀行協会従業員退職年金金庫（CRPB）および海外県銀行従業員退職年金金庫（CRPB DOM）の取締役会は、これに関係することそれぞれについて、この地位の変更に必要なあらゆる措置をとる責任がある。退職年金技術同数委員会は採られた規定について情報提供されることとなる。

第10条：フランス銀行協会従業員退職年金金庫（CRPB）および海外県銀行従業員退職年金金庫（CRPB DOM）の支出負担の評価

フランス銀行協会従業員退職年金金庫（CRPB）および海外県銀行従業員退職年金金庫（CRPB DOM）に加入する銀行の支出負担の評価は、以下のとおり、2005年から実行され、以後毎年、行われる。すなわち：
・上場銀行グループの連結計算書類に適用される国際会計基準／国際財務報告基準（IAS／IFRS）第19規範（IAS19）に従って
・かつ、上会員の銀行については、1993年について（1993年12月15日の付属文書Ⅸの適用の下で払い込まれた必要に応じた保険料の前金払いを考慮して）同銀行によって払い込まれた保険料の比例配分で
これらの評価は、前記の第8条所定の退職年金技術集団同数委員会の申し出により、各金庫の取締役会によって最大3年の任期で、指名された鑑定人によって作成される報告書の対象となる。

第11条：第4条をフランス銀行協会従業員退職年金金庫（CRPB）および海外県銀行従業員退職年金金庫（CRPB DOM）に適用する特別な条件

前記第4条の適用のもとで、未清算の銀行の補足の典型的な価値は任意の社会保障法典第9部第3編によって規律される相互扶助組合または保険法典によって規律される保険会社または共済組合法典第2編によって規律される共済組合に払い込まれ、場合に応じて、これらはフランス銀行協会退職年金金庫(COPB)または海外県銀行従業員退職年金金庫(CRPB DOM)によって規律される。
しかしながら、加入銀行がその請求を示すとき、その労働者のみ生産の銀行の補足の代表的価値は当該銀行によって指定された社会保障法典第9部第3編によって規律される相互扶助組合または保険法典によって規律される保険会社または共済組合法典第2編によって規律される共済組合に払い込まれる。

第12条：銀行業従業員退職年金金庫（CRPB）および海外県銀行従業員退職年金金庫（CRPB DOM）の資産の移転[80]

第4条および第5条所定の処理の後、2003年8月21日の法律2003－775号第116条の第6パラグラフにしたがって、一方では、銀行協会従業員退職年金金庫（CRPB）の、そして他方では、海外県銀行従業員退職年金金庫（CRPB DOM）の、資産の残存する典型的価値は、第8条所定の技術集団同数委員会の適法な答申の後に、最終的にかつ完全に締結された契約によって、場合によってはフランス銀行協会従業員退職年金金庫（CRPB）または海外県銀行従業員退職年金金庫（CRPB DOM）によって社会保障法典第9部第3編によって規律される相互扶助組合または保険法典によって規律される保険会社または共済組合法典第2編によって規律される共済組合に移転される。

第13条：フランス銀行協会従業員退職年金金庫への銀行の退職年金金庫の払込

段階的協定第8条および段階的協定の付属文書第8編の適用のもとで2004年1月1日から計画されており、当該金庫の規則記載の退職年金金庫のフランス銀行協会従業員退職年金金庫への支払いは停止される。
場合よっては、本章第10条で定義されている方法に従って算定される支出負担の現金化された価値全体が第12条の規定に応じて取り上げられた機関によって保有されている資産の価値を上回るときには、これらの払い込みは必要な高さまでなされる。

第14条：フランス銀行協会従業員退職年金金庫（CRPB）および海外県銀行従業員退職年金金庫（CRPB DOM）の資産の最終的な移転

負債に対して生じた資産の超過は、社会保障法典L.931-20条の適用のもとで、企業委員会または、必要に応じて、中央企業委員会の、情報提供および諮問の後に、1993年について（1993年12月15日の付属文書Ⅸの適用のもとで払い込まれた必要に応じた保険料の前金払いを考慮して）これらの機関によって払い込まれた保険料の確認された割合に応じてフランス銀行協会従業員退職年金金庫(CRPB)および海外県銀行従業員退職年金金庫（CRPB DOM）の各加入企業によって指名された、社会保障法典第9編により規律される機関に移転する。
対応する払い込みは第12条所定の保険者機関によって保有されている資産の価値が第10条の規定に応じて算定された支出負担を上回るときに実行される。この場合において、フランス銀行協会従業員退職年金金庫（CRPB）または海外県銀行従業員退職年金金庫（CRPB DOM）の取締役会は超過の部分について本パラグラフで示された配分の規則に従って各加入企業によって指名された機関に対する払い込みに着手する。分配される金額の合計は以下のように算定される。すなわち：
－支出負担の額の0％以上20％未満を超過する資産の部分の0％
－支出負担の額の20％以上50％未満を超過する資産の部分の10％

---

[80] 本協定の締結の日に現れていない2003年8月21日の法律2003－775号第116条第6パラグラフ所定のデクレの規定の留保付。

44

－支出負担の額の 50％以上 80％未満を超過する部分の 30％

－支出負担の額の 80％を超過する資産の部分の 50％

払い込みは、その額が上記のように定義される規則にしたがって定められ、第 4 条、第 5 条、および第 9 条所定の処理の後に第 1 回について実行され、次に第 10 条所定の報告書の提出の年の終わりの前に毎年実施される。さもなければ、この期限において、これらの基金を受け取ることができる機関を指名することができる加入企業については、これらの企業はその権利を失い、対応する額は第 12 条所定の保険者機関によって保有される一般的積立金に保持される。

フランス銀行協会従業員退職年金金庫（CRPB）および海外県銀行従業員退職年金金庫（CRPB DOM）の受益者の権利の全体の消滅の後、資産の残った価値は第 1 項で定められる機関に対し同項所定の配賦基準に従って払い込まれる。

第 3 章　最終規定

第 15 条：期限、修正、破棄通告

本協定は期間を定めずに締結される。本協定は労働法典（新）L.2222－5 条、L.2222-6 条、および L.2261-7 条～14 条になった労働法典（旧）L.132－7 条および L.132-8 条所定の条件において修正および破棄通告ができる。

第 3 条の付属文書

第 4 編　1993 年 12 月 31 日における退職年金の補足（加入者およびその被扶養者の権利）

第 10 条

1993 年 12 月 31 日時点の引退者はその銀行業におけるキャリアに帰するその毎年の退職年金について 1993 年 12 月 31 日に認められた総計と少なくとも同等の毎年の年金額の総計をその銀行職務活動に基づいて享受し続ける。

そうするために、1994 年 1 月 1 日から、それが明確であるとき、当該引退者は金庫から、以下のものの間の、差額と同等の年金の補足を受ける。すなわち：

a) 1993 年 12 月 31 日のその全体としての銀行業年金。これは、その発展が 1.9％を超えない限りでかつこの超過の競合に応じて、全国労働者退職年金制度連合（UNIRS）および管理職退職年金制度総連合（AGIRC）のポイントについての、社会保障の老齢年金の、先の暦年から、その水準の発展率についての算術的な手法で、その第 1 回を 1994 年 7 月 1 日として、毎年 7 月 1 日に引き上げられる

b)　以下についての金額

・再構成された部分について給付される年金。これは銀行業退職年金金庫の元で 1993 年 12 月 31 日までに獲得された権利に基づいて、全国労働者退職年金制度連合（UNIRC）および管理職退職年金制度総連合(AGIRC)によってなされ、そこには 8b)所定の控除の調整も含まれる。

・1993 年において控除された社会保障の年金。これは社会保障年金の実施係数に応じて引き上げられる

・そして、場合によって、旧金庫の年金および 1967 年 6 月 30 日まで有効であった規則類型の旧第 21 条から生じた年金

銀行業年金の全体が、全国労働者退職年金制度連合（UNIRS）および管理職退職年金制度総連合（AGIRC）のポイントについての、社会保障の老齢年金の、前年からの、その水準の発展率についての算術的な手法で、毎

年 7 月 1 日に引き上げられる 1993 年 12 月 31 日のレベルの 80％を下回った場合、a) に所定の発展の規則は 1.9％から 1％に区切った限界値で適用される。

C) 退職年金銀行債委員会毎年銀行業退職年金金庫に対し上記の項で定義された銀行業年金全体の発展のパーセンテージを通知するものとする。

パリにて、2005 年 2 月 25 日、12 通作成。

（署名一覧）

使用者団体

フランス銀行協会：署名

労働組合

CFDT-銀行および保険会社：非署名

CGT-金融部門従業員（CGT-FNCF）：非署名

CFTC-銀行：署名

CGC-銀行および与信全国組合：署名

CGT-FO-ホワイトカラーおよび管理職：署名

（6）引退措置に関する 2005 年 3 月 29 日の協定*
（2005 年 7 月 18 日のアレテにより拡張－2005 年 7 月
26 日付官報（JO））
序文
本協定は労働法典（新）L.1237－5 条になった（退職年
金の改正についての 2003 年 8 月 21 日の法律 2003－
775 号第 16 条）労働法典（旧）L.122-14－13 条の規定
の枠内において成立する。本協定は、これらの労働者が
社会保障法典の意味での満額での老齢年金を受給でき
るときであって、かつ雇用および職業教育についての代
償措置の実施を条件に、60 歳および 65 歳前の労働者の
引退措置を可能とすることを目的とする。
この協定はとりわけ、労働者および企業のために、現役
生活の停止（退職または引退措置）の年齢の（現役生活
に入るのが年齢が高くなっていることを理由とする）自
然の後退および（退職年金の改正についての法律の効果
としての）法律による後退という文脈において以前のシ
ステムの移行の手はずを整えることを目的とする。

第 1 条：適用領域
本協定の規定は銀行業労働協約第 1 条で定められた企
業、ならびに以下で《使用者》と呼ばれるフランス職業
活動一覧（NAF）の 91-1A,91-1C,91-3E、および 67-1E
のクラスに属する上記企業の合併機関に関係する。
労働法典（新）L.5123-6 条になった労働法典（旧）
L.352-3 条記載の職種別協定または労働法典 L.322-4 条
3 号（2003 年 8 月 21 日の法律 2003-775 号第 18 条に
より廃止された項）の適用のもとで締結された労働協約
の適用のもとであるいは退職年金の改正についての
2003 年 8 月 21 日の法律 2003-775 号の交付の日付以前
に定義された早期引退のあらゆる利益の享受の枠内に
おいて生じた職業活動の停止は本協定の対象とはなら
ない。

第 2 条：65 歳前の引退措置
使用者は 65 歳を下回る年齢の労働者の引退措置に着手
することができるが、ただし、この年齢は社会保障法典
L.351-1 条 1 項で定められた年齢を下回ることができず、
かつ当該労働者が社会保障法典の意味での満額での老
齢年金を受給できることが条件である。法律に従い、雇
用および職業教育についての代償措置は下記の第 3 条
で定義される。

第 3 条：条件および代償措置
3－1 条：事前の情報提供および意見交換
使用者が 65 歳前の労働者に引退措置の実施を検討する
とき、使用者は当該引退措置の予定された日付の少なく
とも 7 ヶ月前に当該労働者に対し面談を提案するもの
とする。この面談のときに、当該労働者はその要求を知
らせ、かつその個人的、家族的、および職業上の状況に
ついて主張することができる。当該使用者は議論された
要素の検査の後にその決定をなすことができ、その決定
を当該引退措置の計画されている日付の少なくとも 5
ヶ月前に通知するものとする。この通知に続く 10 日間
の間に、当該労働者は、最初の面談をリードした、当該
企業の人的資源部局の代表または当該従業員の上司に
対して新たな面談を願い出て不服申立てを行う選択権
を有し、申立てを受けたものは、この者に関する状況の
新たな検査に着手し、この場合において、最終的な決定

---

* この協定は 2010 年 1 月 1 日からもはや適用されない。

は当該引退措置の計画されている少なくとも 3 ヶ月前
に通知するものとする。この第 2 回の面談のとき、当
該利害当事者は従業員を代表する者または労働組合の
構成員に補佐させることができる。

3－2 条：雇用の代償措置
65 歳前の労働者の引退措置は当該企業レベルで実施さ
れる雇用に関する代償措置を伴うものとする。期間の定
めのない契約での代償的雇い入れは優遇されるものと
する。
使用者は以下の 2 つの義務のうちの 1 つを果たさなけ
ればならない。すなわち：
・あるいは、2007 年 12 月 31 日までの期限については
3 件の引退措置につき、2 つの契約を締結し、そのうち
の少なくとも 1 つは期間の定めのない契約であって、
次に、それ以降については、4 件の引退措置につき、2
つの契約を締結し、そのうちの少なくとも 1 つは期間
の定めのない契約であるものとする。第 2 の契約は見
習制度契約、職業人化契約、またはその他あらゆる類型
の交互制職業教育契約であることができる。
・あるいは、2007 年 12 月 31 日までの期限については
2 件の引退措置につき 1 つの期間の定めのない労働契約
を締結し、次に、それ以降については 3 件の引退措置
につき 1 つの期間の定めのない労働契約を締結するも
のとする。
（銀行業労働協約第 48 条 3 項に定義されているような）
経済的困難にある企業はこの枠組みにおいて生じる引
退措置について代償措置をしないことができる。
本状第 3 項および第 4 項所定の代償措置は当該企業が、
労働法典（新）L.1233-61 条になった労働法典（旧）
L.321-4-1 条所定の、雇用保護計画を実施している間は、
銀行業労働協約 29-2 条 b）に所定の第 1 回協議の従業
員を代表する期間の召喚のときから、当該計画の最後の
実施後 12 ヶ月の期限が満了するまで、適用されない。
この義務の遵守は当該代償措置の始まりの引き金とな
る当該引退措置後 6 ヶ月の期限の後に評価される。と
りわけ権限の以上を可能とするために、雇入れはまた先
行する 6 ヶ月において生じさせることもできる。
企業レベルにおいて、使用者は企業委員会に対し、ある
いはそれを欠くときはそれが存在するときには従業員
代表委員に対して、労働法典（新）L.2323-55 条になっ
た労働法典（旧）L.432-4 条所定の毎年の協議のときに
雇入れ代償措置付で当該引退措置の報告書を伝達する
ものとする。

3－3 条：職業教育およびキャリアの管理
当該企業のすべての労働者は、とりわけその権限を維持
するために、その年齢のいかんにかかわらず職業教育を
享受する権利を有している。この原則の実施のフォロー
アップは労働法典（新）L.2323-34 条および D.2323-5
条になった労働法典（旧）L.934-4 条および D.932-1 条
の枠内において実現されるものとする。
中高年（45 歳を超える年齢の労働者）の能力を適応さ
せまたは発展させるために、とりわけ企業における職業
教育計画中に記載の職業人化の期限の枠内で、特別な規
定が銀行業における継続職業教育についての 2004 年
11 月 26 日の職種別協定において採択されたのである。
加えて、使用者は各労働者に対して、遅くとも 58 歳の
年齢になる前に、その職業キャリアの今後および必要に
応じて職業教育の実施に関する手段について検討する
ことを目的とする面談を提案するものとする。

46

第４条：本協定の発効の端緒、期限および継続

本協定の適用のために得られた代償的雇入れの報告書は、遅くとも2007年6月30日までに、作成され、続いて銀行業同数委員会の協議の枠内において産業部門レベルで毎年３年間作成される。

本協定の適用の条件は下記の第５条で明文化する。

本協定の拡張は労働担当大臣に請求されるものとし、当該拡張はフランス共和国官報に拡張のアレテが現れた翌日から有効となるものとする。

本協定は期間の定めなく締結される。

第５条：協定の適用条件

a）この協定は、本質的に、協定に属する企業に対する規範的な性質を有し、実際、退職年金の改正についての2003年8月21日の法律第16条は現在65歳と定められている引退措置の年齢の適用除外の可能性を１つの産業部門に限定している。企業は反対に、労働法典（新）L.2253-1条になった労働法典（旧）L.132-23条１項所定の、企業別協定または事業所別協定による労働者にとってより有利な規定の実施の可能性を保持している。

b）本協定3-1条所定の引退措置の手続は誠実なやり方で実施されなければならず、かつまた関係する労働者の個人的、職業的、および家族的懸念を考慮することならびに、必要に応じて、何ヶ月かの引退措置の延期といった２当事者間にとって満足する解決の追求を考慮することができる。

使用者が労働者の意見に対する3-1条所定の手続の後に当該引退措置に着手する場合において、労働者は銀行業労働協約8-2条または付属文書Ⅱ所定の不服申し立て同数委員会に異議申し立てをしてその個人的、家族的、または職業的状況を主張することができ、その適用領域はこの特別な場合においても拡張される。この不服申し立ては銀行業労働協約27-1条所定のものと同じ条件で実現され、個別的な効果を発する。

c）本協定が有効となった日付後７ヶ月の間、第２条の枠内で労働者の引退措置を検討する使用者は、当該労働者への情報提供および書面による合意の後、かつ法律上の規定を遵守する限りにおいて、3-1条所定の期限を適用除外することができる。

d）第４条で定められた報告書に基づいて、同数委員会の協議が2007年半ばに、たとえば2007年12月31日を過ぎての3-2条所定の義務を延長することによる、雇用の面での代償措置の改正のために行われるものとする。

e）中高年（少なくとも45歳の年齢の労働者）は銀行業における継続職業教育についての公的な優先権者として考慮され、とりわけ銀行業公認資格基金同数機関によって融資される職業人化の期間についてそのように考慮されるものとする。

f）本協定3-3条第３項所定の面談はできる限り早い段階で、すなわち45歳および50歳の間で、行われなければならない。このときにおいて職業教育ならびに他のツール、とりわけ職業能力診断は、当該労働者がそれを望むときは検討されることとなる。本協定の適用の日付において50歳を越える労働者もまたこの面談を享受しなければならない。

遅くとも1951年12月31日までに生まれた労働者については—銀行業における継続職業教育についての2004年10月26日の協定の規定、すなわち《観察および職業人化》を妨げずに、かつ本協定の署名の日付時点での職業教育についての産業部門別交渉の成果を妨げずに—この面談の中で決定された職業教育は労働時間の間になされるものとする。本条のd）に所定の、同数委員会の協議のとき、労働時間中のこれらの職業教育の展開を他の中高年者のカテゴリーに拡張する可能性が検討されるものとする。

g）引退措置の場合において、引退年齢前の活動の停止のあらゆる規定または措置の場合を除き、当該労働者は以下のとおり金額を上乗せされ、当該労働契約の破棄の日付における当該労働者の年齢に応じて算定された、労働法典（新）L.1237-7条になった労働法典（旧）L.122-14-13条2項所定の補償金に対応する引退措置補償金を受け取る。すなわち：

・60歳における引退措置：当該企業における勤続年数[81]による賃金基礎月額[82]の2.5%
・61歳における引退措置：当該企業における勤続年数[83]による賃金基礎月額[84]の2.0%
・62歳における引退措置：当該企業における勤続年数[85]による賃金基礎月額[86]の1.5%
・63歳における引退措置：当該企業における勤続年数[87]による賃金基礎月額[88]の1.0%
・64歳における引退措置：当該企業における勤続年数[89]による賃金基礎月額[90]の0.5%

h）引退による離職または引退措置に関する法的、租税的、および社会的状況の重大な修正の場合において、本協定の文言は労使同数で再度議論されるものとする。

パリにて、2005年3月29日、12通作成。

（署名一覧）
使用者団体
フランス銀行協会：署名

労働組合
CFDT-銀行および保険会社：非署名
CGT-金融部門従業員（CGT-FNCF）：署名
CFTC-銀行：署名
CGC-銀行および与信全国組合：署名
CGT-FO-ホワイトカラーおよび管理職：署名

---

[81] 実労働期間に加え、法律上の規定の適用により、勤続年数の権利が考慮される欠勤期間、および労働協約所定の期間について賃金の全体または一部を維持される権利が与えられている欠勤期間が有効と認められる。

[82] この増額の算定基礎の根拠となる月給は当該労働者が当該引退による離職前暦月12ヶ月の間に受け取るまたは受け取った年間基礎賃金の1/13に等しい額である。

[83] 前掲注81参照。

[84] 前掲注82参照。

[85] 前掲注81参照。

[86] 前掲注82参照。

[87] 前掲注81参照。

[88] 前掲注82参照。

[89] 前掲注81参照。

[90] 前掲注82参照。

銀行業全国労働協約の枠内において締結された協定の拡張適用についての 2005 年 7 月 18 日のアレテ
（2005 年 7 月 26 日付官報第 172 号（JO N°172））

雇用・社会的団結・住宅大臣

労働法典 L.133－1 条以下、

10 の付属文書によって補足される、2000 年 1 月 10 日の銀行業全国労働協約の拡張適用についての 2004 年 11 月 17 日のアレテ、

前掲の全国労働協約の枠内で締結された引退措置に関する 2005 年 3 月 29 日の協定、

前掲の全国労働協約の枠内で締結された 2005 年 2 月 4 日の賃金協定の転換に関する 2005 年 3 月 29 日の協定および引退措置に関する 2005 年 3 月 29 日の協定、

署名組織によって提示された拡張適用の請求、

2005 年 5 月 13 日の官報で公示された答申、

審査中に集められた意見、

2005 年 7 月 8 日の協議で採択された、団体交渉全国委員会（協約および協定小委員会）の正当な意見

に鑑み、

アレテ：

第 1 条

以下の規定は、2004 年 7 月 16 日の付加文書によって修正された、2000 年 1 月 10 日の銀行業全国労働協約の適用領域に含まれるすべての使用者およびすべての労働者について、当該事業所の主要な事業活動が取引所労働協約の適用領域に属し、かつその独自の適用領域を有するものを除き、義務付けられることとなる。すなわち

－前掲の全国労働協約の枠内で締結された引退措置に関する 2005 年 3 月 29 日の協定

－前掲の全国労働協約の枠内で締結された 2005 年 2 月 4 日の賃金協定の転換に関する 2005 年 3 月 29 日の協定および引退措置に関する 2005 年 3 月 29 日の協定。ただし、1978 年 1 月 19 日の法律第 78－49 号が付属する 1977 年 12 月 10 日の全国職際協定第 5 条および第 6 条に反するため、第 2 条によって修正された、第 31 条最終項は除かれる。

第 2 条

上記協定の効果および制裁の拡張は上記協定所定の経過および条件通りの期間を本アレテの交付の日から算定された上でなされる。

第 3 条

労働関係局長は、フランス共和国官報に掲載される、本アレテの執行に責任を負う。

Fait à Paris, le 18 juillet 2005.
Pour le ministre et par délègation：
Le directeur des relations du Travail,
J.-D. Combrexelle
（パリにおいて、2005 年 7 月 18 日
大臣のための委任により
労働関係局長
J.-D. Combrexelle）

（7）2000 年 1 月 10 日の銀行業労働協約の 8－2 条：《不服申立》組織を修正する 2007 年 5 月 29 日の協定

第 1 条

本協定の署名者は 2000 年 1 月 10 日の銀行業労働協約 8－2 条：《不服申立て》組織の最終項を以下に記されたように修正することに合意する。すなわち：

≪協議の間に以下の者が事情聴取される。すなわち：

－当事者、場合によっては当該職種に属する、または同じ銀行グループに属する銀行企業において就労する、当事者の選択した者によって補佐されまたは代理されるが、この場合において、当該労働者は当該職種における代表的組合によって正式に委任されること

－銀行の代表者 1 名、または必要があれば 2 名。

第 2 条
協定の期間

本協定は期間を定めずに締結され、労働大臣に対して拡張適用が申請されることとする。

パリにて、2007 年 5 月 29 日。

（署名一覧）
使用者団体
フランス銀行協会：署名

労働組合
CFDT-銀行および保険会社：署名
CGT-金融部門従業員（CGT-FNCF）：署名
CFTC-銀行：署名
CGC-銀行および与信全国組合：署名
CGT-FO-ホワイトカラーおよび管理職：署名

48

銀行業全国労働協約の枠内において締結された協定の拡張適用についての2007年12月17日のアレテ
2012年1月27日補訂版

労働・労使関係・連帯大臣、
労働法典 L.133－1 条以下、
2000年1月10日の銀行業全国労働協約およびその付属文書ないしこれを修正または補足する文書の拡張適用についての、2004年11月17日のアレテ、特に2007年7月17日のアレテ、
前掲の全国労働協約の枠内で締結された 8－2 条（《不服申立て》組織）を修正する 2007年5月29日の協定、
2007年8月23日の官報で公示された答申、
審査中に集められた意見、
2007年7月10日の協議で採択された、団体交渉全国委員会（協約および協定小委員会）の正当な意見
に鑑み、

アレテ：
第1条
2004年7月16日の付加文書によって修正された、2000年1月10日の銀行業全国労働協約の適用領域に含まれるすべての使用者およびすべての労働者について、当該事業所の主要な事業活動が取引所労働協約の適用領域に属するものを除き、前掲の全国労働協約の枠内で締結された 8－2 条（《不服申立て》組織）を修正する 2007年5月29日の協定の規定は、義務付けられることとなる。

第2条
上記協定の効果および制裁の拡張は上記協定所定の経過および条件通りの期間を本アレテの交付の日から算定された上でなされる。

第3条
労働局長は、フランス共和国官報に掲載される、本アレテの執行に責任を負う。

Fait à Paris, le 17 décembre 2007.
Pour le ministre et par délégation :
La sous-directrice des Relations indivisuelles et
collectives du Travail,
E. Frichet-Thirion
（パリにおいて、2007年12月17日
大臣のための委任により
個別および集団的労使関係課長
E. Frichet-Thirion）

（8）2008年11月24日の2008年賃金協定序
労働法典 L.2241－1 条および銀行業労働協約第42条の適用のもとで、労使当事者は、銀行業労使同数委員会の枠組みにおいて、2008年9月29日、10月22日、および11月24日と、3回繰り返して会談した。
これらの交渉の後、署名当事者は以下の規定を採択した。

第1条：最低賃金についての措置
a）2009年1月1日における最低額の増額：
・レベル A，B，および C について、雇入れ時および勤続年数に対応する最低賃金は以下のとおりとする：

2009年1月1日における最低賃金の数値		
勤続年数0～4年		
レベル	現行	2009年1月1日以降
A	16480	17140
B	16754	17430
C	17098	17780
勤続年数5～9年		
A	16748	17420
B	17079	17760
C	17391	18090
勤続年数10年～14年		
A	17176	17860
B	17515	18220
C	17912	18630
勤続年数15年～19年		
A	17690	18400
B	18040	18760
C	18449	19190
勤続年数20年以上		
A	18220	18950
B	18581	19320
C	（規定なし）	19760

・レベル D から K については、すべての勤続年数を一体とし、最低賃金を 3.5％増額する。

b）勤続年数に応じた部門別最低年間賃金の一覧表の修正（付属文書Ⅶ）
レベル C，D，および E について勤続年数 20年における最低額の創設が決定された。したがって、銀行業労働協約において実際に示している付属文書Ⅶは本協定に付け加えられた一覧表に従って修正される。
a）および b）に所定の規定に従って、添付の付属文書 Ⅵ，Ⅶ，およびⅧの文言は、2009年1月1日から、銀行業労働協約において現行において存在している付属文書を取り消し、これに取って代わる。

第2条：個別的賃金保障（GSI）の実施
銀行業労働協約第41条1項記載の3％の率は、2009年については例外的に、4％とされる。
勤続年数20年についての最低額の一覧表の修正は個別的賃金保障（GSI）の適用についての付属文書Ⅷの修正を前提とし、32,500 ユーロという金額が現行の付属文書のレベル C，D，および E に付け加えられる。

第3条：資格免状手当に関する措置
銀行業労働協約第43条は以下のように補足される。すなわち：
《職業教育の努力を考慮に入れるために、すべての現役の労働者は、見習契約および職業人化契約を除き、1度に限り、継続職業教育による銀行業上級技術者証書（BTS Banque）の取得、"職業顧客コンサルタント"の資格の職業専門化課程および"資産コンサルタント代

理店"の資格の職業専門性発展課程についての、銀行業職業免許、または銀行業職業教育センターの交付する資格免状の獲得につき、部門別協定によって定められた金額の手当を受け取る》

その使用者との協議において、継続職業教育による職業証書の獲得を約するすべての労働者は、雇用、格付け、および／または報酬についてのその職業上の状況の発展に至らしめる職業上の展開の課程に組み込まれる。

2001 年 9 月 3 日の資格免状手当に関する協定の付加文書
《継続職業教育のという間接的な方法で、2009 年 1 月 1 日以降に、銀行業上級技術者証書を獲得した、現役の労働者は、見習契約および職業人化契約を除き、1,600 ユーロの額の手当を享受する。"職業顧客コンサルタント"の資格の職業専門化課程または"資産コンサルタント"の資格の職業専門性発展過程の、銀行業職業免許の獲得については、手当は 1,700 ユーロとする。》

第 4 条：銀行業における男性と女性の間の職業上の平等のための措置
2007 年末の銀行業務における女性および男性の比較状況を示した報告書の検討に続いて作成された認定書に基づいて、2009 年において以下のことが決定された。すなわち：
・以下のことについて取り組む努力を続けること。すなわち：
　－2010 年末までに管理職中の女性比率 40％の目標への到達

・以下についての格差を削減すること。すなわち：
　－女性技術者および男性技術者の間の昇進率の格差。特にキャリアの第一段階における女性の昇進の率に留意すること。
　－技術者から管理職への移行にかかる女性および男性の昇進率の格差。
　－基礎賃金についても賃金の補足についても残存し、とりわけ銀行業のオペレーション管理技術者および銀行業オペレーションを扱う単位責任者または上級技術者について残存する、報酬についての格差。

・以下についての格差を取り除くこと。すなわち：
構造、女性によって占められる雇用の性質、または不均質な賃金取扱いに起因するさまざまな原因を有する報酬の不均衡。企業はこれらの要因の総体を報酬の格差を取り除くために検討するようにすること。
実際、女性および男性の間の、客観的な要素によって正当化されない、あらゆる報酬の格差は、2010 年末までに取り除かれなければならない。したがって、個別の状況の検討に着手するのは各企業の役目であり、それは各企業が定める態様に従ってなされる。これらの検討は場合によってはその存在が認められる賃金の相違を明らかにし、客観的な理由を欠くときは、この格差を改めることとなるものである。

・銀行業における女性および男性の間の職業的平等に関する 2006 年 11 月 15 日の協定の付加文書
第 2 項が、第 9 章《従業員代表機関（IRP）の役割および能力》の中に付け加わる。すなわち：
《企業によって従業員代表機関に提供された、報酬の格差の判断をすることができる要素の中に、2009 年 1 月 1 日からは、その独自の雇用の階層に応じた、特定の主要な雇用類型の報酬についてのデータを、記さなければならない》。

第 5 条：人的資源管理に関する措置
・格付け一覧表の適合：33－2 条の修正
　－技術者、レベル D：同項に以下を付け加える。すなわち：
　《銀行業上級技術者証書（BTS Banque）の"個人の選択権付取引"の資格保持者は、獲得された知識の活用できる責任の実際の行使ができる立場における観察期間の後、少なくともレベル D に格付けされる権利を有するものとする。》

　－技術者、レベル E：同項に以下を付け加える。すなわち：
　《銀行業上級技術者証書（BTS Banque）の"職業的選択権取引"の資格、銀行業の職業免許、または"職業顧客コンサルタント"の資格の職業専門化課程の資格免状の保持者は、獲得された知識の活用できる責任の実際の行使ができる立場における観察期間の後、少なくともレベル E に格付けされる権利を有するものとする。》

　－技術者、レベル F：同項に以下を付け加える。すなわち：
　《"資産コンサルタント"の資格の職業専門性発展過程の資格保持者は、獲得された知識の活用できる責任の実際の行使ができる立場における観察期間の後、少なくともレベル F に格付けされる権利を有するものとする。》

・基準職種の検討
フランス銀行協会《AFB》は、銀行部門の雇用に向けられた変化を自覚しており、銀行業労働協約の付属文書 V で述べられかつ位置づけられている基準職種の一覧の検討を担当する労使同数の作業グループを作ることを提案する。
この労使同数作業グループの仕事は労働者の職業キャリアの安全保障に寄与するという目的を有する。
したがって、この作業グループは以下のことに努めなければならない。すなわち：
・当該職業において発揮される熟練についての一層の可視性を与えること
・あるいは同じ職種の集団の中で、あるいは職種横断的に職業キャリアを識別および説明すること
・格付けについて労働者を位置づけるのに有用な情報をもたらすこと
労使同数作業グループはより特別に格付けの 6 以上あるレベル、とりわけ銀行業のオペレーション管理技術者および銀行業オペレーションを扱う単位責任者または上級技術者といった最も典型的なレベルに位置づけられる職種の検討に努めるものとする。
労使同数作業グループは銀行業における職種、資格等級、および女性と男性の間の平等の監視によって実行される調査に依拠することができ、また、必要な限りで、その経営方針運営委員会との合意により、この観察の支援を要請することができるものとする。

第 6 条：協定の期限
本協定は期間について定めずに締結され、労働大臣に対して拡張適用の申し出がされるものとする。

パリにて、2008 年 11 月 24 日、8 通作成。

（署名一覧）
使用者団体

50
－217－

フランス銀行協会：署名

労働組合
CFDT-銀行および保険会社：署名
CGT-金融部門従業員（CGT-FNCF）：非署名
CFTC-銀行：非署名
CGC-銀行および与信全国組合：非署名
CGT-FO-ホワイトカラーおよび管理職：非署名

（9）銀行業労働協約第54条－病気－についての2009年10月26日の付加文書
第1条
2000年1月10日の銀行業労働協約の署名当事者は病気に関する当該労働協約第54条を以下のとおり修正することに合意する。

54－1条：期間および補償の態様
社会保障の日当補償の払込みをもたらす災害、病気、または公認の温泉治療のための欠勤の場合、当該企業において少なくとも1年の勤続年数[91]を有する労働者は、基礎月例賃金[92]の100%または50%に等しい補償を享受し、これは使用者または委任された第三者によって、以下に定義する条件において払い込まれるものとする。すなわち：

勤続年数	賃金の維持が100%	賃金の維持が50%
1年から5年	2カ月	2カ月
5年から10年	3カ月	3カ月
10年から15年	4か月	4か月
15年から20年	5か月	5か月
20年超	6か月	6か月

税務上の意味で扶養する子を少なくとも1人有する労働者については、賃金の半額の補償の期間は以下のとおりとする。すなわち：
・勤続年数1年から5年：5か月
・勤続年数5年から10年：6か月
・勤続年数10年超：8か月
労働者が、あらゆる労働契約の類型について、その1または2の前使用者において獲得された少なくとも連続する3年の銀行職務の勤続年数を証明するときこれらの使用者が本労働協約第1条の適用領域に属する限り、当該労働者はその雇い入れのときから最初の年の間2ヶ月間について100%の賃金の維持を、続いて2ヶ月間について50%の賃金の維持を本条所定の態様に従って享受する。当該企業における勤続年数1年からは、前掲の表に記された早見表が当該労働者に適用される。当該補償は第1回および第2回の休業については欠勤の初日から実現され、それ以降の休業については欠勤の4日目から実現されるものとする。労働災害、通勤災害、または職業病に由来する欠勤については、賃金はあらゆる場合において欠勤の初日から維持される。
休業の補償の期間および態様は進行する12ヶ月について見積もられる。この期間の算定について、欠勤は考慮されない。しかしながら、災害、病気、または公認の温泉治療、および母性休暇または養子縁組休暇のための報酬の支払われる欠勤は、そこにはそれが取得されたときには、53－1条3項で定められる、報酬が支払われる補

---

[91] 現に就労した期間に加え、法律上の規定の適用の下で、勤続年数として考慮される欠勤期間、さらには労働協約所定の期間について賃金の全部または一部が維持される権利が与えられている欠勤期間が、有効と認められる。

[92] 第39条において定義された契約上の年間基礎賃金の1/13または当該労働者が12カ月で支払われるときにはその1/12。

51

足的休暇および育児教育休暇が含まれるが、当該欠勤は
この期間の算定に含まれる。
補償の期間は当該労働の停止の最初の日から見積もら
れる。この補償期間について当該労働者がこの日付に先
行する連続する 12 ヶ月の間に既に享受した災害、病気、
または公認の温泉治療のための報酬が支払われる休暇
の期間は控除される。

54－2 条：補償の金額
残りは変更なし。

第 2 条
本付加文書は期間について定めることなく締結され、
2010 年 1 月 1 日に発効する。

第 3 条
署名当事者は本付加文書につき労働大臣に対して拡張
適用の申入れをすることに合意する。

パリにて、2009 年 10 月 26 日、8 通作成。

（署名一覧）
使用者団体
フランス銀行協会：署名

労働組合
CFDT-銀行および保険会社：署名
CGT-金融部門従業員（CGT-FNCF）：署名
CFTC-銀行：署名
CGC-銀行および与信全国組合：署名
CGT-FO-ホワイトカラーおよび管理職：署名

（１０）銀行業労働協約付属文書Ⅴを修正する 2010 年 3 月 8 日の協定
序
2008 年 11 月 24 日の賃金協定第 5 条および 2006 年 1 月 11 日の協定の第 2 条の規定の適用のもとで、労使当事者は銀行業労働協約付属文書Ⅴにおいて記されている基準職種および雇用類型の例のリストにおいて考慮する展開を検討した。
これらの作業は銀行業労働協約の格付け一覧表を説明する基準職種の網羅的でないリスト（第Ⅳ編第 1 章）を修正するに至った。

第 1 条
その第 35 条の適用についての銀行業労働協約付属文書Ⅴの規定は本協定の付属文書に記される規定に取って代わられる。

第 2 条
本協定は期間について定めることなく締結される。本協定は 2011 年 1 月 11 日から発効することになる。その拡張適用は労働大臣に対して請求されることになる。

52

付属文書V
第4編　人的資源管理
第1章　格付け
基準職種
基準職種の一覧表および各基準職種に再編成される雇用類型の例

銀行業のオペレーション対応
バックオフィス担当者 (Gestionnaire de back-office)
銀行業務対応のオペレーター、バックオフィス技術者、フローマネージャー、販売後サービス担当者、取立てまたは係争前担当者…

銀行業オペレーションの専門家 (Spécialiste des opérations bancaires)
国際的バックオフィス担当者、市場バックオフィス担当者、大企業バックオフィス担当者、ミドルオフィス（店頭またはネット）担当者、財務担当者、銀行業オペレーションの上級技術者…

銀行業務対応の単位または業務の責任者／指導者 (Responsible／animateur d'unité ou d'activité de traitements bancaires)
バックオフィス責任者、バックオフィス作業班の指導者、国際的バックオフィス責任者、市場バックオフィス責任者、大企業バックオフィス責任者、ミドルオフィス責任者、販売後サービス指導者、取立てまたは係争前責任者…

リスクおよび監督
リスクアナリスト (Analyste Risques)
与信リスクアナリスト、市場リスクアナリスト、国家リスクアナリスト、与信リスク技術者（文書係）、与信責任者、リスク責任者、オペレーションリスクマネージャー、ポートフォリオアナリスト、クレジット《スコアリング》アナリスト…

定期的／常設監督 (Contrôleur périodique／permanent)
定期的監督担当者（経営調査士、監察人）、企業内経営調査士（非金融領域）、常設監督担当者（監査官）、金融安全担当者、定期的監督責任者、常設監督責任者、金融安全責任者（資金洗浄、脱税…）、コンプライアンスマネージャー、契約適合性担当者、契約適合性および／または内部監督担当者…

管理／ロジスティクス／不動産運営
管理運営者／秘書 (Gestionnaire administratif／Secrétaire)
秘書／補佐、支配人秘書／支配人補佐、補佐技術者、管理運営担当者…

ロジスティクス／不動産技術者 (Technicien logistique／Immobilier)
メンテナンス技術者、営業技術者（電話営業を含む）、ロジスティクス担当者（駐車場管理者を含む）、一般サービス技術者、買入れ補佐、不動産管理者、運転手、消防士、セキュリティ担当者…

ロジスティクス単位責任者／指導者またはロジスティクス上級技術者 (Responsible／animateur d'unité ou expert logistique)
企業の不動産責任者、不動産プロジェクト長、不動産工事上級技術者、工事現場監督、工事責任者、安全責任者、バイヤー（通信販売含む）、一般的サービス責任者、買入れ責任者、ロジスティクス責任者…

商取引
顧客に対するアクセスおよびサービス担当者 (Chargé d'accueil et de services à la clientèle)
アクセス担当者、アクセスのホスト、窓口係、顧客サービス担当者、商取引増援担当者、商取引補佐、テレオペレーター…

特定顧客担当者 (Chargé de clientele particuliers)
特定顧客のコンサルタント、保険コンサルタント、特定顧客開発担当者、電子コンサルタント…

職業顧客担当者 (Chargé de clientèle professionnels)
職業顧客コンサルタント、職業取引担当者、独立職業顧客コンサルタント、自由職業顧客担当者、特定職業顧客担当者…

企業顧客担当者 (Chargé de clientele entreprises)
企業取引担当者、国際商取引関係担当者、企業顧客責任者、中小企業－中小産業顧客担当者、大企業顧客担当者、企業 technico-commercial、機関／社団顧客コンサルタント、企業顧客開発担当者…

資産コンサルタント (Conseiller en patrimoine)
資産管理または開発コンサルタント、財産管理コンサルタント、委任財産管理者、私的顧客コンサルタント、財務資産コンサルタント…

商取引単位責任者／指導者（小売り銀行業務） (Responsible／animateur d'unité commerciale (Banque de détail))
事務所責任者、事務所長、特定職種事務所長、取引センター長、企業事業所責任者、事業所グループ責任者、支店責任者、電子コンサルタントチーム責任者、電話マージン交渉機関責任者、外国進出責任者…

市場オペレーター (Opérateur de marché)
市場商品販売人（セールストレーディング）、市場商品交渉人（トレーダー）、オリジネーター、市場商取引オペレーター、市場デスク責任者（責任者デスク）、アービトラージャー…

投資活動および投資商品におけるプランナーおよびコンサルタント (Consepteur et conseiller en opérations et produits financiers)
投資活動交渉コーディネーター、産業アナリスト、上級コンサルタント、上級財務専門職、財務商品取引担当者、合併－取得取引担当者、上級取引専門職、輸出与信交渉者、金融市場研究上級専門職、専門財務取引担当者、地理的区域責任者…

情報処理／組織／品質
情報処理技術者／品質担当者 (Informaticien／charcgé de qualité)
情報処理研究技術者、プログラマーアナリスト、ソフトウェア開発者、情報システム開発者、開発アナリスト、情報処理システム技術者、システム認証人、ウェブマスター、情報処理サポート技術者、情報処理セキュリティ担当者、情報処理システム技術者／専門家、情報処理システム管理者、品質／作業手順担当者…

情報処理／組織／品質責任者 (Responsable informatique／organisation／qualité)
プロジェクト長、研究および開発責任者、業務管理責任者、オーガナイザー、技術／生産責任者、領域責任者、顧客関係情報処理システム責任者、文書処理責任者、情報処理サポート責任者、情報処理セキュリティ責任者、開発責任者、組織責任者、品質／作業手順責任者…

法務／税務
法律家／税務専門家 (Juriste／fiscaliste)
税務コンサルタント／税務専門家、法律家（銀行法、国際法、社会法、取引法、金融事業法…）、法律研究担当者、法律／税務責任者…

経営監査
経営監査人 (Contrôle de gestion)
経営監査補佐、経営監査人、予算監査人、経営監査責任者…

会計
会計／財務技術者 (Technicien comptabilité／finances)
会計／財務補佐、会計担当者、会計処理担当者、会計補佐…

会計／財務専門家／責任者 (Spécialiste／responsible comptabilité／finances)
会計／財務研究担当者、会計／財務アナリスト、会計／財務監査人、会計／財務責任者、金融責任者…

人的資源
人的資源技術者 (Technicien ressources humaines)
従業員賃金支払／雇用管理運営者、職業教育管理者、人的資源補佐、看護師…

人的資源専門家／責任者 (Spécialiste／responsible ressources humaines)
人材募集コンサルタント、人的資源管理者、雇用管理責任者、人的資源責任者、学校関係コンサルタント、報酬責任者、労使関係管理者、労使関係責任者、職業教育指導者、職業教育立案者、職業教育責任者、人的資源開発責任者、従業員賃金支払／雇用管理責任者、医師、福利厚生補佐、福利厚生サービス責任者…

マーケティング／情報伝達
マーケティング／情報伝達運営者 (Gestionnaire marketing／communication)
商取引開発補佐、データベース管理者、販売促進担当者、マーケット推進者…

マーケティング／情報伝達専門家／責任者 (Spécialiste／responsable marketing／communication)
マーケティング研究担当者、商品長、商品責任者、市場責任者、マーケティング責任者、企業内／外情報伝達担当者、情報伝達責任者、マーケット推進責任者…

54

格付け一覧表における基準職種の配置

	A	B	C	D	E	F	G	H	I	J	K
バックオフィス担当者	93	■	■	■	■	■					
銀行業オペレーション専門家				94	■	■	■				
銀行業務対応の単位または業務責任者／指導者						■	■	■	■	■	■
リスクアナリスト					■	■	■	■	■	■	
定期／常設監督						95	■	■	■	■	■
管理運営者／秘書			■	■	■	■	■	■			
ロジスティクス／不動産技術者	96	■	■	■	■	■					
ロジスティクス単位責任者・指導者またはロジスティクス上級技術者						■	■	■	■	■	■
顧客に対するアクセスおよびサービス担当者		■	■	■	■	■					
特定顧客担当者			■	■	■	■	■	■			
職業顧客担当者					97	■	■	■	■	■	
企業顧客担当者						■	■	■	■	■	
資産コンサルタント						98	■	■	■	■	
商取引単位責任者/指導者（小売り銀行業務）						■	■	■	■	■	
市場オペレーター								■	■	■	■

---

93 このレベルへの配置は、当該企業によって、とりわけ銀行業労働協約第 36 条所定の職業上の評価の面談を通じて評価された、持ち場に必要な技術を習得し、それを示すために必要な期間に対応する。
94 前掲注 93 参照。
95 この最初のレベルはこの基準職種の雇用類型における経験のある労働者、技術専門家とこの活動に組み込まれている労働者には関係せず、これは当該企業によって、とりわけ銀行業労働協約第 36 条所定の職業上の評価の面談を通じて評価された、持ち場に必要な技術を習得し、それを示すために必要な期間に対応する。
96 前掲注 93 参照。
97 前掲注 93 参照。
98 前掲注 93 参照。

投資活動および投資商品 プランナー・コンサルタント								▓	▓	▓	▓
情報処理技術者／ 品質担当者						▓	▓	▓	▓		
情報処理／組織／品質 責任者							▓	▓	▓	▓	▓
法律家／税務専門家							▓	▓	▓	▓	▓
経営監査人						[99] ▓	▓	▓	▓	▓	▓
会計／財務技術者					▓	▓	▓	▓			
会計／財務専門家／責任者						▓	▓	▓	▓	▓	▓
人的資源技術者						▓	▓	▓	▓		
人的資源専門家／責任者							▓	▓	▓	▓	▓
マーケティング／情報伝達 運営者						▓	▓	▓	▓	▓	
マーケティング／情報伝達専門 家／責任者							▓	▓	▓	▓	▓

パリにて、2010 年 3 月 8 日、8 通作成。

（署名一覧）
使用者団体
フランス銀行協会：署名

労働組合
CFDT-銀行および保険会社：署名
CGT-金融部門従業員（CGT-FNCF）：非署名
CFTC-銀行：署名
CGC-銀行および与信全国組合：署名
CGT-FO-ホワイトカラーおよび管理職：署名

---

[99] 前掲注 93 参照。

56

銀行業全国労働協約の枠内において締結された付加文書および協定の拡張適用についての 2010 年 10 月 18 日のアレテ
2012 年 1 月 27 日補訂版

労働・連帯・公務員大臣、
労働法典、とりわけその L.2261-15 条、
2000 年 1 月 10 日の銀行業全国労働協約およびその付属文書ないしこれを修正または補足する文書の拡張適用についての、2004 年 11 月 17 日のアレテ、および特に 2010 年 5 月 17 日のアレテ、
前掲の全国労働協約の、第 54 条《病気》を修正する、2009 年 10 月 26 日の付加文書、
前掲の労働協約の枠内で締結された、付属文書V《格付け》を修正する、2010 年 5 月 8 日の協定、
2010 年 2 月 17 日および 2010 年 9 月 7 日の官報で公示された答申、
審査中に集められた意見、
2010 年 9 月 29 日の協議で採択された、団体交渉全国委員会（協約および協定小委員会）の正当な意見に鑑み、

アレテ：
第 1 条
2004 年 7 月 16 日の付加文書によって修正された、2000 年 1 月 10 日の銀行業全国労働協約の適用領域に含まれるすべての使用者およびすべての労働者について、以下の規定は、義務付けられることとなる。すなわち：
－前掲労働協約の、第 54 条《病気》を修正する 2009 年 10 月 26 日の付加文書
－前掲全国労働協約の枠内で締結された、付属文書V《格付け》を修正する 2010 年 5 月 8 日の協定

第 2 条
上記付加文書および協定の効果および制裁の拡張は上記付加文書および協定所定の経過および条件通りの期間を本アレテの交付の日から算定された上でなされる。

第 3 条
労働局長は、フランス共和国官報に掲載される、本アレテの執行に責任を負う。

Fait à Paris, le 18 octobre 2010.
Pour le ministre et par délègation：
Le directeur général du Travail,
J.-D. Combrexelle
（パリにおいて、2010 年 10 月 18 日
大臣のための委任により
労働局長
J.-D. Combrexelle）

（１１）銀行業労働協約第５９条についての 2010 年 9 月 26 日の付加文書
署名当事者は、本付加文書により、2000 年 1 月 10 日の銀行業労働協約の規定を、パートナー契約（以下の条文においては PACS と称する）を結んだパートナーに、拡張することを決定する。

第 1 条
家族的出来事を理由とする欠勤に関する労働協約第 59 条は以下の通り修正される。すなわち：

・59－1 条：欠勤許可

	実労働日[100]
労働者の婚姻または PACS による結合[101]	5 日
直系卑属の婚姻	2 日
この出生または養子縁組	3 日
配偶者または PACS によって結ばれたパートナーの死亡	5 日
労働者の父母またはその配偶者またはその PACS によって結ばれたパートナーの死亡	3 日
労働者の子またはその配偶者またはその PACS によって結ばれたパートナーの死亡	5 日
労働者またはその配偶者またはその PACS によって結ばれたパートナーの傍系血族（労働者、その配偶者、またはその PACS によって結ばれたパートナーの兄弟姉妹）	2 日
労働者のその他の直系卑属ないし直系尊属の死亡	2 日
転居（多くとも 1 年に 1 回、ただし職業上の転居は別とする）	5 日

59－1 条の他の項は変更しないままである。

・59－2 条：報酬
変更なし

第 2 条
本付加文書は期間について定めることなく締結され、2010 年 10 月 1 日に発効する。

第 3 条
署名当事者は本付加文書につき労働大臣に対して拡張適用の申し入れをすることに合意する。

パリにて、2010 年 9 月 27 日、8 通作成。

（署名一覧）
使用者団体
フランス銀行協会：署名

労働組合
CFDT-銀行および保険会社：署名
CGT-金融部門従業員（CGT-FNCF）：署名
CFTC-銀行：署名
CGC-銀行および与信全国組合：署名
CGT-FO-ホワイトカラーおよび管理職：署名

---

[100] パートタイムまたは変形労働時間性の下で就労する労働者はその使用者独自の算出様式に従ってフルタイム労働者と同じ欠勤の権利を享受する。
[101] PACS の締結の後の、その同一のパートナーとの婚姻の場合、2 回目の権利の利用はできない。

57

2010 年 12 月 10 日の協約および協定小委員会において審査された協定および付加文書の拡張適用についての 2010 年 12 月 23 日のアレテ
2011 年 1 月 1 日付フランス共和国官報（JORF）8001 号

労働・雇用・保健衛生大臣、
労働法典、とりわけその L.2261-15 条、
　（中略）
2000 年 1 月 10 日の銀行業全国労働協約の第 59 条《家族的出来事休暇》およびその付属文書を修正する、2010 年 9 月 27 日の付加文書、
　（中略）
署名組織によって提出された拡張適用の請求、
2009 年 10 月 14 日、1020 年 3 月 13 日、2010 年 3 月 16 日、2010 年 4 月 20 日、2010 年 4 月 28 日、2010 年 5 月 21 日、2010 年 5 月 30 日、2010 年 6 月 10 日、2010 年 6 月 16 日、2010 年 6 月 25 日、2010 年 7 月 14 日、2010 年 7 月 31 日、2010 年 8 月 18 日、2010 年 8 月 19 日、2010 年 8 月 24 日、2010 年 9 月 21 日、2010 年 10 月 16 日、2010 年 10 月 21 日、2010 年 10 月 28 日、2010 年 11 月 9 日、2010 年 11 月 16 日、2010 年 11 月 25 日、2010 年 11 月 27 日、2010 年 12 月 1 日付官報（JO）で公示された答申、
審査中に集められた意見、
2010 年 12 月 10 日の協議で採択された、団体交渉全国委員会（協約および協定小委員会）の正当な意見
に鑑み、

アレテ：
　（中略）
第 7 条
2000 年 1 月 10 日の銀行業全国労働協約およびその付属文書の適用領域に含まれるすべての使用者およびすべての労働者について、前掲全国労働協約の、第 59 条《家族的出来事休暇》を修正する、2010 年 9 月 27 日の付加文書の規定は、義務付けられることとなる。

　（中略）

第 30 条
本アレテの付属文書にそのリストが付け加えられている、上記文書の効果および制裁の拡張は、上記文書に所定の経過および条件通りの期間を本アレテの交付の日から算定された上でなされる。

第 31 条
労働局長は、フランス共和国官報に掲載される、本アレテの執行に責任を負う。

付属文書
　（前略）
第 7 条
2010 年 1 月 10 日の銀行業労働協約
　（後略）

Fait à Paris, le 23 décembre 2010.
Pour le ministre et par délégation :
Le directeur général du Travail,
J.-D. Combrexelle
（パリにおいて、2010 年 12 月 23 日
大臣のための委任により
労働局長
J.-D. Combrexelle）

（１２）銀行業《承認》同数委員会の設置に関する 2010 年 9 月 27 日の協定
労使関係の民主主義の改革および労働時間の改正についての 2008 年 8 月 20 日の法律に由来する規定の適用のもとで、本協定の署名当事者は銀行業同数委員会が、以下で明記する条件において、《承認》形態の協議を行うことができることに合意する。
この新たな形態の組織の様式は、以下に詳細を記すものとし、2000 年 1 月 10 日の銀行業労働協約第 8 条記載の規定を補足する。
本協定は労働法典 L.2232－21 条および L.2232－22 条の規定の枠内で銀行業《承認》同数委員会（以下 CPBA と略する）の任務および構成を定め、その規則を規律する。

第 1 条：任務
CPBA は企業委員会、単一従業員代表委員会、またはそれがないときには、労働者数が 200 人より少ない企業において当該企業または事業所において組合代表委員がないとき、または労働者数が 50 人より少ない企業において組合代表委員として委任された従業員代表委員がないときには、従業員を代表する者によって締結された協定[102]の有効性について意見を発する。
CPBA は同委員会に付された集団協定が法律、行政立法、および適用される協約の規定に反しないかを排他的に審査する。
適式に管轄権限を有する産業部門の同数委員会はその通知後遅くとも 4 ヶ月以内に当該協定の有効性について意見を述べなければならない。

第 2 条　構成
銀行業《承認》同数委員会は、一方では、当該部門レベルにおける代表的労働組合組織の代表（各組織毎に 1 の正代表および 2 の補欠代表）で、他方では、多くとも代表的労働組合組織によって指名された構成員の人数と等しい数の使用者代表で、構成される。
補欠代表は正代表の欠席の場合に、その権利の総体の範囲で取って代わるために在籍する。
同数性は 2 つの委任－労働組合の代表および使用者の代表－が代表することによって尊重される。

第 3 条　機能
CPBA は労働法典 L.2232－21 条および L.2232－22 条の規定を遵守して有効性の請求が適式に係属したときに開催される。

3.1 条
その第 1 条の適用のもとで銀行業労働協約の領域に属する企業のみが銀行業《承認》同数委員会に適式に提訴することができる。これを欠くときは、当該企業は CPBA の無管轄を理由としてその請求の却下の答申が送達されることになる。

3.2 条
提訴は受領証明付き書留郵便によってまたは CPBA が現行の規則の適用のもとで通知を行う 4 ヶ月の期限の開始の日付を確認することができる他のあらゆる手段によってなされるものとする。

---

[102] ただし、労働法典 L.1233－21 条記載の協定は除く。

58

3.3条

係属の請求は以下の文書を含んでいなければならない。すなわち：
・署名された協定の原本1冊
・署名当事者の資格を明らかにする従業員の代表機関の直近の選挙の調書の写し1部
・必要に応じて、当該協定の署名について必要な委任を有効にする従業員代表機関の調書
・以下についてを証明する使用者の証明書。すなわち：
　・一方では、当該企業の従業員数が200人を下回ること。
　・他方では、当該交渉および当該協定の署名のときにおいて、当該企業の中にも、当該事業所の中にも、組合代表委員が存在しないこと。
　・および、最後に、労働法典L.2232−21条の規定に従って、部門レベルの代表的労働組合組織が交渉を開始する当該企業の決定を通知されていたこと。

第4条　承認の請求の審理の様式

その通知のためにCPBAが用いることができる4ヶ月の期限は、少なくとも審査される署名済み協定を伴っている、有効化の請求の銀行業同数委員会事務局による受取の日付から始まる。

銀行業同数委員会事務局は遅くとも10労働日までに以下のとおり回答するものとする。すなわち：
・あるいは、CPBAが無管轄であり、開催の必要がなく、請求を却下すべきであって、当該企業は銀行業労働協約の適用に適式に属していないこと。
・あるいは、他の場合においては、当該請求の受理を明示し、かつ定められたCPBAの開催の日付を示すこと。この受理の通知は、必要に応じて、書類の補足の請求を伴うことができる。

あらゆる場合において（係属の却下にせよ受理にせよ）、事務局は部門レベルの代表的労働組合組織に合理的な理由を付した回答の写し1部を送付してこれを通知するものとする。

企業は、3.3条で上げられている、必要な要素の総体を渡すのに最大で3週間を利用することができる。これらの要素の1つでも欠くとCPBAの協議の呼び出しをもたらしても当該協定の有効化について意見を述べることができない。もっとも、同一の協定の承認の請求の新たな係属は同一の条件において可能である。

いかなる場合においても、CPBAの協議はその適式な提訴、すなわち、当該提訴が上記の書類全体を揃えた時から起算して2ヶ月の期限内に開催されるものとする。

銀行業同数委員会事務局は関係する構成員に審査の同数委員会協議のために定められた日付の少なくとも4週間前に全て揃った一件記録を送付するものとする。

第5条：CPBAの答申

CPBAが適式に意見を述べることができる要素が集まり、当該協定が承認同数委員会の審査に服することが確認された後、代表−一方では組合の、他方では使用者の−が、協議の終了後に、その各々の意見をそれぞれ述べるものとする。

CPBAは、以下のとおり意見を述べる。すなわち：
・あるいは、ポジティブな意見
・あるいは、ネガティブな意見

承認は2つの代表とのポジティブな意見である場合に与えられるものとする。組合代表の合意が得られたとみなされるためには、以下の2つの条件がそろう必要がある。すなわち：

１．　1または複数の組織がCPBAに付された協定の有効性についてポジティブな意見を述べること
２．　組織の過半数がこれに反対しないこと

ポジティブな意見がないとき、当該協定は書かれていないものとみなされる。

ネガティブな意見の場合、当該調書は組合代表および使用者代表の立場を示すものとする。

これに対し、提訴の受理から、4ヶ月の期限内に決定がないとき、当該協定は、労働法典L.2232−21条の適用のもとで、有効となる。

CPBAの決定は争訟に親しまない。

事務局はCPBAの決定を請求者、および必要に応じて、使用者に対して、受領証明付き書留郵便によって通知し、現職のCPBAの構成員に対してはその写しを送るものとする。

労使当事者は、本条3項で定められた、組合代表の合意を表す様式を再検討するために、協定の有効化の条件に関する立法の改正の場合または職業部門レベルの労働組合の代表性に関する新たな規定が発効したとき、および遅くとも2013年12月31日に、再招集することに合意する。

第6条：協定の期間および適用日

本協定は期間について定めることなく締結され、2011年1月11日から受理された提訴に適用される第3条および第4条を除き、提出の日から発効するものとする。

第7条：拡張適用

当事者は本協定を労働大臣に対して拡張適用の申請することに合意する。

パリにて、2010年9月27日、8通作成。

（署名一覧）
使用者団体
フランス銀行協会：署名

労働組合
CFDT-銀行および保険会社：署名
CGT-金融部門従業員（CGT-FNCF）：署名
CFTC-銀行：署名
CGC-銀行および与信全国組合：署名
CGT-FO-ホワイトカラーおよび管理職：署名

59

銀行業労働協約の枠内で締結された協定の拡張適用についての2011年4月26日のアレテ
2012年1月27日補訂版

労働・雇用・保健衛生大臣、
労働法典、とりわけその L.2261-15 条、
2004 年 11 月 17 日のアレテ、およびとりわけ 2000 年 1 月 10 日の銀行業全国労働協約、その付属文書、およびこれらを修正または補足する文書の拡張適用に関する 2010 年 5 月 17 日のアレテ、
上記の全国労働協約の枠内で締結された、承認同数委員会の設置に関する 2010 年 9 月 27 日の協定、
署名組織によって提出された拡張適用の請求、
2010 年 11 月 27 日付官報（JO）で公示された答申、
審査中に集められた意見、
2011 年 4 月 21 日の協議で採択された、団体交渉全国委員会（協約および協定小委員会）の正当な意見
に鑑み、

アレテ：
第1条
2000 年 1 月 10 日の銀行業全国労働協約の適用領域に含まれるすべての使用者およびすべての労働者について、上記の全国労働協約の枠内で締結された、承認同数委員会の設置に関する 2010 年 9 月 27 日の協定の規定は、義務付けられることとなる。

第 1 条 1 項は、交渉し、集団協定を締結することができる、従業員によって選出された代表に関する、労働法典 L.2232－21条の規定の適用という留保のもとで拡張適用される。

第2条
上記の協定の効果および制裁の拡張は、上記協定所定の経過および条件通りの期間を本アレテの交付の日から算定された上でなされる。

第3条
労働局長は、フランス共和国官報に掲載される、本アレテの執行に責任を負う。

Fait le 26 avril 2011.
Pour le ministre et par délègation :
Le directeur général du Travail,
J.-D. Combrexelle
（2011 年 4 月 26 日
大臣のための委任により
労働局長
J.-D. Combrexelle）

（13）2011 年 1 月 31 日の賃金協定
第 1 条：最低賃金についての措置：増額および新たな最低賃金の創設
a) 最低賃金の増額は、あらゆるレベルおよびあらゆる勤続年数を一体とし、以下に示す、新たな一覧表の作成によってなされる。

2011 年 4 月 1 日における勤続年数外および勤続年数別年間最低賃金一覧表

労働協約上の職務レベル	勤続年数外	勤続年数5年	勤続年数10年	勤続年数15年	勤続年数20年
技術者					
A	18000	18300	18760	19320	19900
B	18230	18630	19110	19700	20280
C	18550	18940	19510	20100	20700
D	19890	20390	21000	21620	22270
E	20830	21350	21990	22650	23330
F	22720	23280	23980	24700	25440
G	25180	25810	26580	27380	28200
管理職					
H	27910	28600	29465	30345	
I	34100	34950	36000	37080	
J	41200	42220	43490		
K	49020	50250	51750		
単位：ユーロ					

b）勤続年数別部門別年最低賃金一覧表の修正
レベルFおよびレベルGについては勤続年数20年の、管理職のレベルHおよびレベルIについては勤続年数15年の最低賃金を創設することが決定された。
a）項および b）項の結果として、添付の附属文書VIおよびⅦの文言は、2011 年 4 月 1 日から、銀行業労働協約において現時点で記されている文言を削除し、これに取って代わる。

第 2 条：GSI（個別的賃金保障）の実施
銀行業労働協約第 41 条 1 項記載の 3%の率は 2011 年については例外的に 5%とする。
レベル F およびレベル G についての勤続年数 20 年の最低賃金およびレベル H およびレベル I についての勤続年数 15 年の最低賃金にかかる一覧表の修正は GSIの適用についての付属文書Ⅷの修正をもたらす。

第 3 条：銀行業における女性および男性の間の職業上の平等に関する措置
男性および女性の間の職業上の平等に関して、フランス銀行協会（AFB）の提案は 2009 年 12 月 31 日における女性および男性の比較上の地位についての報告の要素および銀行業において到達した活動を考慮する。したがって、当該職業部門は管理職の中の女性の割合を 2014 年末に 44%に達するよう取り組むものとする。
職業部門は職業上の平等に関して企業によって採用された措置の年次報告書を作成するものとする。
退職年金についての法律に由来する新たな規定を明文化するデクレの公布の後、フランス銀行協会（AFB）は職業部門のレベルで生じうる影響について 2011 年に労働組合組織と意見交換しなければならない。
署名組織は使用者に以下のように規定している銀行業における女性および男性の間の職業上の平等に関する 2006 年 11 月 15 日の協定の付加文書の規定を思い起こさせることが望まれる。すなわち、《企業により従業員代表機関に対して提供される、報酬の格差の診断の作成を可能とする要素の中には、2009 年 1 月 1 日から、そ

の固有の雇用階層に応じて、主要な雇用累計の報酬についてのデータを、類型ごとに区分して、記さなければならない。》
この情報伝達は、必要に応じて、2010 年 3 月 8 日の協定の署名によって、基準職種および雇用類型にもたらされた変遷を考慮するものとする。

第 4 条：その他の規定
・経済および財務危機にかかわらず、フランス銀行協会（AFB）は銀行部門が民間部門の使用者の第一線にとどまること、および採用募集が高い水準に維持されることを喚起する。フランス銀行協会（AFB）はその職業活動を継続することが望まれる、とりわけ若年雇用のための職業レベルの雇入れの凍結を認めない。
・署名組織は企業に対して母性休暇から復帰するパートタイム労働者および補助的従業員の雇用およびとりわけそのキャリア管理に特別な注意を払うことを求める。

第 5 条：協定の発効および期限
これらの措置の総体は 2011 年 4 月 1 日から効力を有する。
本協定は期間について定めることなく締結され、その拡張適用は労働大臣に対して提出されることとする。

パリにて、2011 年 1 月 31 日。

（署名一覧）
使用者団体
フランス銀行協会：署名

労働組合
CFDT-銀行および保険会社：署名
CGT-金融部門従業員（CGT-FNCF）：署名
CFTC-銀行：署名
CGC-銀行および与信全国組合：署名
CGT-FO-ホワイトカラーおよび管理職：署名

付属文書Ⅵ
第5編 報酬

2011 年 4 月 1 日付、勤続年数外部門別年最低賃金一覧表
法定労働時間に対応する労働時間あたり

		ユーロ建て	銀行点建て[103]
技術者			
	レベルA	18000	8441
	レベルB	18230	8519
	レベルC	18550	8668
	レベルD	19890	9294
	レベルE	20830	9734
	レベルF	22720	10617
	レベルG	25180	11766
管理職			
	レベルH	27910	13042
	レベルI	34100	15935
	レベルJ	41200	19252
	レベルK	49020	22907

付属文書Ⅶ

2011 年 4 月 1 日付、勤続年数対応部門別年最低賃金一覧表
法定労働時間に対応する労働時間あたり

	ユーロ建て			
	5 年	10 年	15 年	20 年
技術者				
レベルA	18300	18760	19320	19900
レベルB	18630	19110	19700	20280
レベルC	18940	19510	20100	20700
レベルD	20390	21000	21620	22270
レベルE	21350	21990	22650	23330
レベルF	23280	23980	24700	25440
レベルG	25810	26580	27380	28200
管理職				
レベルH	28600	29465	30345	
レベルI	34950	36000	37080	
レベルJ	42220	43490		
レベルK	50250	51750		

---

[103] 銀行点（1 点）の価値＝2.14 ユーロ

62

付属文書Ⅷ

2011 年 4 月 1 日付、勤続年数対応個別的賃金保障（第 41 条）についての参照一覧表
法定労働時間に対応する労働時間あたり

| | ユーロ建て | | | |
	5 年	10 年	15 年	20 年
技術者				
レベル A	32500	32500	32500	32500
レベル B	32500	32500	32500	32500
レベル C	32500	32500	32500	32500
レベル D	32500	32500	32500	32500
レベル E	32500	32500	32500	32500
レベル F	32500	32500	32500	32500
レベル G	32500	33225	34225	35250
管理職				
レベル H	35750	36831	37931	
レベル I	43688	45000	46350	
レベル J	52775	54363		
レベル K	62813	64688		

63

銀行業全国労働協約の枠内で締結された協定の拡張適用についての 2011 年 6 月 7 日のアレテ
2012 年 1 月 27 日補訂版

労働・雇用・保健衛生大臣、
労働法典、とりわけその L.2261-15 条、
2004 年 11 月 17 日のアレテ、および 2000 年 1 月 10 日の銀行業全国労働協約、その付属文書、およびこれらを修正または補足する文書の拡張適用に関する 2010 年 5 月 17 日のアレテ、
上記の全国労働協約の枠内で締結された、賃金に関する 2011 年 1 月 31 日の協定（付属する一覧表）、
署名組織によって提出された拡張適用の請求、
2011 年 5 月 4 日付官報（JO）で公示された答申、
審査中に集められた意見、
労働法典 R.2261－5 条所定の手続に従って集められた、団体交渉全国委員会（協約および協定小委員会）の正当な意見
に鑑み、

アレテ：
第 1 条
2000 年 1 月 10 日の銀行業全国労働協約の適用領域に含まれるすべての使用者およびすべての労働者について、上記の全国労働協約の枠内で締結された、賃金に関する 2011 年 1 月 31 日の協定の規定（付属する一覧表）の規定は、義務付けられることとなる。

第 2 条
上記の協定の効果および制裁の拡張は、上記協定所定の経過および条件通りの期間を本アレテの交付の日から算定された上でなされる。

第 3 条
労働局長は、フランス共和国官報に掲載される、本アレテの執行に責任を負う。

Fait le 7 juin 2011.
Pour le ministre et par délègation :
Le directeur général du Travail,
J.-D. Combrexelle
（2011 年 6 月 7 日
大臣のための委任により
労働局長
J.-D. Combrexelle）

2　金属産業における労働協約
（1）パリ地方金属・機械及び関連産業の地域的労働協約
－1965 年 8 月 11 日のアレテにより拡張適用（1965 年 8 月 25 日付官報）：1965 年 9 月 10 日訂正：1973 年 7 月 13 日の協定により交付：1979 年 12 月 10 日のアレテにより拡張適用（1980 年 1 月 17 日付官報）

前文
　本協約の署名は、パリ地方金属労働者の地位を調整する効力を有する。
　協約当事者は、この協約がこれらの労働者の生活条件および雇用条件の漸進的な改善の一段階を構成するに過ぎないことを考慮する。
　企業の数およびその技術的または経済的条件の多様性ゆえに、一定の分野に関する明確な義務が協約に記載されなかったことがある。
　協約当事者は、使用者が、当該企業の可能な措置により、人的または社会的問題の解決するように努める必要性に注目することを強く望む。
　使用者は、以下について取組む：
　－海外の労働者の住居及びその家族の下でその休暇を過ごすことを可能にするための便宜供与に配慮すること
　－職業教育の促進。特に、1971 年 7 月 16 日の法律、1970 年 7 月 9 日の全国職際協定および 1971 年 4 月 30 日の付加文書、金属産業については、1973 年 4 月 11 日の協定による補足された内容について。
　－出産休暇の満了ののち、その子の看護を十全に行うことができず、その雇用を失うことなく例外的な休暇を必要とする労働者の状況の調査
　さらに、協約の署名者は以下の問題についての研究を共同でとり行う：
　－労働災害の被害者の労働リハビリテーション
　－肉体的衰えのある者及び高年齢労働者の雇用
　－女性労働者の雇用

総則

適用範囲
第 1 条
　本協約は金属・機械産業、同種および関連する産業の両性の使用者及び労働者の関係を規律する。したがって、これに反する規定がない限り、本協約の条項は男性及び女性の労働者に同時に適用される。ただし、1972 年 3 月 13 日の全国労働協約によって規律される技師および管理職は除かれる。
　職業上の適用領域は、付帯文書に示すように、例外を除き、1973 年 11 月 9 日のデクレ 73-1306 号によって記載された産業一覧に応じて定義される。前述の一覧に応じてその 2 つの数字及び名称によって区分されたこの一覧の「等級」が参照され、等級の中では、このグループ（コード APE）の前述の一覧に応じて 4 つの数字およびその名称によって区別された「グループ」が参照される。
　10、11、13、20～34 の等級は本協約の適用領域に含まれるが、所定のグループに属する産業に関わるものおよび明文でその適用場外が規定されているものは除かれる。
　他の等級については、前記一覧に列挙されており、所定のグループに属する産業が、本協約の適用領域に含まれる。

64

その主として営む産業が、列挙された（等級あるいはグループの）項目における等級付けをもたらす使用者は、本協約の適用領域に入る。ただし、本協約による特別な規定による留保がある。

APE（主営業産業）コードは、INSEE（国立統計経済研究所）によって使用者に割り当てられるものであり、それは労働法典 R.143-2 条に基づき賃金支払明細書に記載されなければならず、等級付けの推定をもたらすものである。

したがって、APE コードが主として営む産業に対応しない場合、使用者は、そのことを説明しなければならず、それにより等級付けの正しい基準を構成するものとする。

本協約の条項は、その職業が、直鉄には金属産業に属しない場合であっても、上記に定義された領域に含まれる企業の労働者に適用される。

労働者が属する各等級における特別な労働条件は、関係する付加文書によって規律される。

外交員、商業代理人、及び取次販売員（外交員：VRP）は、本協約に記載の一般的規定のみ援用することができる。

協約はまた、上記に定義した産業を営む施設に付属し、所属するエネルギー（動力、照明、水、ガス、エア・コンプレッサー）施設の従業員に対しても適用される。

本協約の地域的適用領域は、パリ県、セーヌ・サン・ドニ県、オー・ド・セーヌ県、ヴァル・ド・マルヌ県、イヴリーヌ県、ヴァル・ドワーズ県、エソンヌ県に及ぶものとする。

期間、破棄通告、改定
第2条

本協約はその署名の日から起算して 1 年を期間として締結される。

当初定められた期間の満了の 1 カ月前に協約当事者の一方による破棄通告がない場合、本協約は期間の定めのないものとして黙示の更新により継続されることとなる。このようにして更新された協約は 1 カ月間の予告期間をもっていつでも破棄通告ができることとなる。この予告期間中は、当事者はストライキおよびロックアウトを発令しない義務を負う。

協約の破棄通告をしようとする当事者は、破棄通告ののち遅滞なく交渉が開始できるよう、新たな労働協約案を破棄通告の書面に添付しなければならない。

協約当事者の一方が本協約の部分的改訂の要求を表明した場合、他方当事者は同一の権利を主張することができる。改訂に付された規定は 3 カ月の期間内に合意されなければならない。この期間を過ぎたとき、いかなる合意も生じていない場合には、改訂の要求は失効したものとみなされる。

団結権及び思想信条の自由
第3条

協約当事者は、労働者についても使用者についても、労働者または使用者の条件に関する利益を集団的に防禦するために団結する自由を認める。

企業内組合支部の設置および組合代表委員の指名は労働法典 L.412-16 条以下によって規律される。

企業は労働の場所であり、使用者は、雇入れ、労働の指揮および配分、懲戒処分、解雇または昇進措置について決定をなすにあたり、さらに本協約の適用にあたり、組合に加入しているか否かの事実を考慮しないこと、政治的または哲学的意見、宗教的信仰または社会的あるいは人種的出自を考慮しないこと、すなわち、どのような

組合、親睦団体、協同組合、あるいは共済組合のためにも従業員に対していかなる圧力をかけないことについての義務を負う。従業員の側は、労働において、労働者の特定の意見またはどのような組合に加入しているかを考慮に入れない義務を負う。

上記に規定される団結権の行使は、法律に反する行為をもたらしてはならないことをよく理解すること。

欠勤許可
第4条

その組合組織の記名の呼出状を持参し、少なくとも1週間前に提示した労働者は、その組合組織の大会に参加するため、企業長に対し無報酬の、ただし有給休暇に振り替えることができない、欠勤の許可を求めることができる。

この許可は企業の運営に支障をきたすことのない限りにおいて認められ、要求の届出から 48 時間以内に利害関係者に書面で通知されるものとする。

労働者は、その要求について、労働法典 L.451-1 条以下によって定められた条件において、社会経済組合教育休暇の権利を有する。

掲示板
第5条

組合の掲示板は労働法典 L.412-8 条の規定に従って利用されるものとする。

規定がない場合においては、掲示板は同じ方式により組合の情報発信の掲示に割り当てることとなる。

労使同数委員会
第6条

労働者が、使用者組織及び労働組合組織との間で決定した労使同数委員会に参加する場合、それにより失われた労働時間は使用者によって実労働時間として賃金が支払われるが、その限度は、とりわけ、労使同数委員会に参加するために呼び出された労働者の数に関しては、これらの組織による合意の定めるところによる。

これらの労働者はその労使同数委員会への参加についてその使用者に事前に情報提供しなければならず、使用者との合意において、その欠勤が当該企業の一般的運営にもたらす障害を最低限に減らすように努めなければならない。

従業員代表委員の数
第7条

本協約の適用領域に含まれ、10 人を超える労働者を従事させる各事業所には、法律上の規定および以下の条文により定める条件において正従業員代表委員および副従業員代表委員を設ける。

5人から10人までの労働者がいる事業所においては、利害関係者の過半数がそれを秘密投票により要求するときは、1名の正従業員代表委員及び1名の副従業員代表委員を任命することができる。

あらゆる場合において、副従業員代表委員は使用者との会合に際して正従業員代表委員に付き添うことができる。これらの会合に要した時間については労働時間として賃金が支払われる。

従業員代表委員は、その要求に基づいて、その組合組織の代表を出席させることができる。この場合において、従業員代表委員は少なくとも 24 時間前にそのことを事業所長に通知しなければならない。この代表はその組織の正規の委任であることを示さなければならない。使用

者としても、使用者団体の代表を出席させることができる。
　従業員代表委員の数は以下のとおりに定める；
－11人から25人までの労働者：1名の正従業員代表委員及び1名の副従業員代表委員
－26人から50人までの労働者：2名の正従業員代表委員及び2名の副従業員代表委員
－51人から100にまでの労働者：3名の正従業員代表委員及び3名の副従業員代表委員
－101人から250人までの労働者：5名の正従業員代表委員及び5名の副従業員代表委員
－251人から500人までの労働者：7名の正従業員代表委員及び7名の副従業員代表委員
－501人から1,000人までの労働者：9名の正従業員代表委員及び9名の副従業員代表委員
－それ以上：500人の労働者毎に1名の正従業委代表委員及び副従業員代表委員を追加

選挙の準備
第8条
　利害関係のある組合組織は、現職の従業員代表委員の任期満了の1カ月前に、企業長によって労働法典の規定に沿った選挙前の合意の議定書交渉についての交渉に招かれ、従業委代表委員のポストについての事業所毎の候補者名簿の作成に取り掛かるように促されるものとする。
　投票の開始および終了の日時は従業員代表委員の任期満了の前の月に置かれるものとする。
　第1回投票の日付は2週間前に事業所内における掲示板の通知により告知されるものとする。選挙人及び被選挙人名簿は本条最終項において定められる場所に掲示されるものとする。
　この名簿の主体についての異議申し立てはその掲示後3日以内に利害関係者により書面によってなされなければならない。
　法律の規定に従い、第2回投票が必要であるとき、その日付ならびに選挙人及び被選挙人の名簿は、場合によっては改訂され、1週間前に掲示されるものとする。
　この名簿の主体についての異議申し立てはその掲示後3日以内に書面でなされなければならない。
　第1回投票及び第2回投票の候補者は選挙について定められた日付の遅くとも3日前に事業所長に対して提出されなければならない。
　投票は労働時間中に行われる。しかしながら、昼シフトおよびよるシフトを有する事業所においては、2つのシフトが向かい合って同時に投票できるようにするため、選挙は労働の終わり及び再開の間に行うものとする。
　選挙の実施に関する掲示のために、選挙の実施について定められた期間中、専用スペースが割り当てられる。

投票所事務局
第9条
　それぞれの選挙事務局は事業所、事業所の一部、あるいは選挙人団における最古参の者及び最新任の者の2人の選挙人によって構成され、彼らは投票の開始および受付に立ち会う。事務局長は最古参の方の役目とする。
　それぞれの事務局はその活動の全てにおいて、とりわけ、選挙人の欄外署名および開票について、会計課の労働者による補佐をうけるものとする。事務局が決定をした場合、欄外署名を担当する労働者は発言権のみを有する。

投票の組織
第10条

　投票は最も好都合な場所に置かれた投票箱において秘密投票で行われ、かつ投票所事務局が立ち会う。労働者は投票用紙記載仕切において前もって渡された封筒に投票用紙を入れるものとする。
　一律の形式の投票用紙および封筒は使用者によって十分な量を提供されなければならず、また使用者は投票用紙記載仕切を設置するものとする。
　各選挙人団において、2つの別々の投票が行われるものとし、その一方は正従業員代表委員についての投票であり、他方は副従業員代表委員についての投票である。これら2つの投票が同時に行われるとき、異なる色あるいは区別可能な記号を示した投票用紙が用意されることとなる。
　選挙の公的な性格を保証するために、24時間前に、候補者名簿または選挙の実施を補佐する従業員団の名簿を、それぞれ事業所長に対して提示することができる。
　選挙の実施を補佐するために任命された労働者はこのことによりいかなる賃金の削減も被ってはならない。
　当該労働者をその労働の場から引き離す使用者の決定のため、特に出張業務のために、当該事業所において投票することが不可能な状態となった労働者は、通信手段によって投票するものとする。
　通信による投票は必ず二重の封筒を用いて行うものとし、中封筒は識別可能ないかなる記載または記号も記してはならない。
　通信による投票の封筒は投票所事務局に選挙の終了前に手渡されるものとし、投票所事務局はそれを開封し投票箱で保管する手続を進めるものとする。

企業委員会
第11条
　企業委員会についての規制および企業委員会によって運営される福利厚生文化活動の財務については、当事者は現行の法律およびデクレに準拠する。

　労働法典L.432-9条によって規定される参照が存在しない企業において、参照の欠如は使用者及び企業委員会の構成員の間の協定によって福利厚生文化活動の創設することを妨げるものではない。
　企業委員会のメンバーが委員会の毎月の会合に出席するとき、代理としての構成員はそれに費やした時間についてその報酬を支払われるものとする。この時間は労働時間として構成員に賃金が支払われる。
　選挙の準備及び組織については、第8条、第9条及び第10条を適用するものとする。

雇入れ
第12条
　従業員は、掲示の方法により、ポストが空いている職種についての情報提供を受けるものとする。
　企業はその雇用の申込を国立雇用センターの地方事務所に知らせなければならない。
　加えて、企業は、直接に雇入れを行うことができる。契約の条件は書面により明確に示されるものとする。
　市場が不安定に陥りやすい事業所においては、仕事の不足を理由に6か月以内に解雇された労働者を、優先的に利用するものとする。この措置は既に他の企業に雇い入れられた労働者に対しては最初には適用されない。
　しかしながら、この規定は再配置または再雇用の優先権に関する雇用の一般的問題についての1987年6月12日の全国協定26条及び30条の規定における雇用の優先権に関する法的な義務を妨げうるものではない。

66

職階別年間保証収入および最低賃金
第 13 条

　本労働協約によって拘束させる組織は各年度について、11 月の終わりに、職階別年間保証価額及び最低賃金の計算表を改訂する付加文書を締結する可能性を検討するために会合を開くものとする。

労働時間
第 14 条

　週労働時間およびその配分は現行の法律、行政立法および協約上の規定に従って規制されるものとする。とりわけ、金属産業における労働時間の削減についての全国協定の適用がなされるものとする。

有給休暇
第 15 条

　本協約の付加文書において特別に記載された規定による留保のもとで、有給休暇については法律に従って規律される。

　事業所においてその期間を拡大する慣行がある場合を除き、有給休暇を取得する期間は毎年 5 月 1 日から 10 月 31 日までの間である。しかしながら、以前の有給休暇はこの期間以外に取得することができる。

　企業が有給休暇の法定期間すべてについてその取得を認めないとき、その取得停止日は、遅くとも 3 月 1 日までに、従業員に通知されなければならない。

　有給休暇が交代で取得されるとき、有給休暇の期間は遅くともその日までに定められなければならない。各労働者の有給休暇の日付はその休暇の始まる日について、遅くともその 2 カ月前までに定められるものとする。

安全衛生
第 16 条

　使用者は労働安全衛生に関する法律上および行政立法上の規定を適用する義務を負う。

　労働者はその処分に任された安全装置または予防装置を正しく用いる義務を負う。

　可能な限り、仕事の遂行のために従業員の処分に任された物質は健康に無害なものとする。有害物質を用いる場合、使用者はこれらの物質の使用に関する条文によって規定された措置の厳格な適用に気を配るものとする。規制を欠くときは、使用者は当該物質の利用から生じる危険および支障を可能な限り減じるよう努めるものとする。

　仕事によりやむを得ず有害物質を使用する場合は、労働中および労働の場所において当該物質をぬぐいとる手段が十分に提供されるものとする。

　食堂の設置が労働法典 R.232-10 条によって義務的に示されていないときであっても、特に新たな工場の建設の場合においては、企業の食堂がない場合には、従業員のための食堂を用意することが推奨される。

第 17 条（削除）

集団的紛争ー幹旋
第 18 条

　企業レベルで解決することができなかったあらゆる集団的な主張は最も熱心な当事者によって本条により設立される幹旋同数委員会に付託されるものとする。

　本協約の解釈または適用に関係する異議については幹旋同数委員会の管轄とする。

　さらに、この委員会は、「月給制労働者」の付加文書 13 条及び 22 条に定める条件において、男性及び女性間、若年者及び高年齢者間の同一価値労働同一賃金原則の適用に関する異議についても管轄しうるものとする。

　幹旋同数委員会は本協約の署名労働組合組織それぞれの代表及び GIM により指名される同数の使用者の代表を含むものとする。

　集団的な主張が従業員の 1 またはいくつかの職種のみを対象とする場合、この（これらの）職種を代表する組合組織のみが幹旋委員会の代表を指名することができるものとする。

　幹旋委員会の各構成員は同じ組織に所属する者と交代することができるものとする。

　委員会の事務局は GIM が引き受ける。

　幹旋同数委員会は、最も熱心な当事者により付託されたとき、申請の日から丸 3 日間を越えない期間で必ず集まらなければならない。委員会は当事者を聴取し、その事件を審査するための第 1 回の会合の日から丸 5 日を越えない期間で決定を言い渡さなければならない。

　幹旋委員会で合意が成立するとき、その調書はただちに作成され、委員会に出席した委員、当事者、また場合によってはその代理人によって署名される。調書はただちに当事者に通知される。当事者が紛争の全部または一部について合意をなさない場合、あっせん不調の調書が、紛争が継続した点を明確にして、ただちに作成され、必要があれば、委員会に出席した委員、出席した当事者またはその代理人によって署名される。

　幹旋のための申請を行った当事者の不出頭はその要求の放棄をもたらす。

　本協約の適用から生じた紛争の場合、協約当事者は、幹旋手続の終了まで、ストライキ、ロックアウトの決定をしない義務を負う。

　委員会が本協約の解釈または適用に属する問題について決定の言い渡しを求められたとき、調書はこの同じ協約の各署名組織それぞれの立場が記されるものとする。

既得の利益
第 19 条

　本協約において定められた利益は事業所に存在する以前に獲得された個別の利益の削減の原因となることはできないものとする。

　本協約の規定は個別的契約、集団的契約、または組契約から生じる関係を拘束するが、これらの契約の条項が協約の条項よりも労働者にとって有利である場合はこの限りではない。

協約の届出
第 20 条

　本協約は各協約当事者に対する手交のためおよび労働法典 L.132-10 条に定める条件における労働裁判所書記課および労働行政機関に対する届出のために十分な数の部数が作成されるものとする。

適用日
第 21 条

　本協約は、1962 年 7 月 4 日の合意により修正され、パリ地域における金属、機械産業、関連及び類似の産業においてそれ以前に成立したあらゆる条文および集団協定について、1960 年 12 月 30 日の労働協約および 1961 年 12 月 11 日の協定を除き、これを取消し、置き換える。

　労働法典第 1 部の第 31 条に従い、本労働協約は労働裁判所書記課にその届出がなされた翌日から適用される。

67

（2）1954 年 7 月 16 日の修正労働協約の月給制に関する追加協定の付属文書

Ⅰ　職務等級
Ⅱ　年間最低賃金表および職階別最低賃金表

Ⅰ　職務等級

工員の職務等級

等級 4	技手
とるべき手段の選択および諸段階の連続に対する一定の主体性を残したまま、周知のまたは示された方法を対象とする一般的性質のある指針によれば、この等級は、高度な職業資格を必要とする当該職業または隣接活動においてもっとも先進的な活動の過程との組み合わせを求める全体の一部の複雑な利用または研究を行う。	*（指数 285）（T.A.4）* その職務は以下の特徴がある： ―技術的隣接専門分野への活動範囲の拡張 ―採用される方法、手法、手段の選択および実施 ―作業実行に必要な自律性の必要。適宜、必要な補助作業および監督作業を生じさせる ―実行された作業、試作、管理の評価および提示
指針は全体の計画における作業の状況を明示する。	**技手**
	（指数 270）（T.A.3） その職務は以下の特徴がある： ―様々な制限の考慮、類似の適用の対象となる方法、手法、手段の採用および変更のための必要性 ―長所短所を付した複数の考え方の提案 ―作業実行に必要な自律性の必要。適宜、必要な補助作業および監督作業を生じさせる ―実行された作業、試作、管理の評価および提示
この等級は上級の職業資格の水準のもっとも一般的な職長の指揮のもとに置かれる。 この等級は下位の水準の職場の職業的または専門的グループの専門的責任または専門的援助を得られる。	
知的水準 国民教育第Ⅳ水準（1967 年 7 月 11 日の通達） この知識水準は、学校またはそれと同等の教育機関によっても、職業経験によってもえられる。	**技手** *（指数 255）（T.A.2）* その職務は以下の特徴がある： ―通常その企業において用いられる方法、手法、手段の選択についての主体性 ――定の条件のもとでの熟慮結果および成果の提示 ―作業実行に必要な自律性の必要。適宜、必要な補助作業および監督作業を生じさせる ―実行された作業、試作、管理の評価および提示
等級 3	**技手**　*（指数 240）*
作業範囲および利用できる手段に適用される詳細な指示書によれば、この者は達成すべき目的に応じて組み合わせなければならない作業を含む非常に高度な作業を行う。 この者は実行方法および作業の継続を選択する。 この者は、上級の職務等級のもっとも一般的な職長の指揮下におかれる。しかし、一定の状況に応じては、自主性をもって行動することが要請される。	その職務は、当該職種において、専門的難度(P3 レベル)ゆえに繊細かつ複雑な作業を含む、非常に高度な作業の全体を実行することにより特徴付けられる。 その作業は： ―成すべき目標に応じて組み合わされなければならない隣接分野の専門性に属するその他の作業 ―その専門の最も先進的な技術を用いる特別な作業 である。 図案、見取図、平面図、製図またはその他の専門的書類が付随した指示書は、実行の範囲および利用可能な手段に適用される。
職業的知識水準 国民教育のⅤおよびⅣb の水準 （1967 年 7 月 11 日の通達）	場合によってはこれらの指示書を補完および詳細にした後、作業方法を確定し、実行手段を調整し、作業全体の結果を検査することは、労働者に任されている。
この職業的知識は学校教育または同等の教育によっても、職業経験によってもえられうる。 職階の変化のために、職業的知識の検証が、協約の定めのない場合はその事業所において、現行のまたは定められるべきあらゆる手段を用いて行われる場合がある。	**P3**　*（指数 215）* その作業は、非常に高度な作業全体の実行によって特徴付けられている。その作業には、専門的難度ゆえに繊細かつ複雑なものであり、達成すべき結果に応じて組み合わされなければならないものもある。 図案、見取図、平面図、製図またはその他の専門的書類が付随した指示書は、達成すべき目標を示す。 場合によって図案、見取図、平面図、製図またはその他の専門的書類を詳細に、実行方法を確定した後に、実行手段の調整および作業結果の検査を行うのは労働者に任されている。

68

等級 2 遂行すべき作業、利用すべき方法、利用できる手段を指示する詳細かつ完全な作業指示書によれば、この者は、以下の作業からなる熟練作業を実行する： －達成すべき結果に応じて一貫して連携すべき作業 －その作業の多様性または複雑性により特徴づけられる作業 この者は上級の職務等級のもっとも一般的な職長の指揮下におかれる。 *職業的知識水準* 国民教育ⅤおよびⅤの2の水準 （1967年7月11日の通達） この知識水準は学校教育またはそれと同等の教育によっても、職業経験によってもえらうる。 職務等級の変化によって、職業的知識水準の検査が必要な場合は、協約の定めのない場合、その事業所において、現行のまたは定められるべきあらゆる手段を用いておこなわれる場合がある。	**P2** *（指数 190）* その作業は、達成すべき結果に応じて連携すべき作業の実行によって特徴付けられる。この職業の知識は、体系的教育によっても、実務経験によっても取得される。 図案、見取図、平面図、製図またはその他の専門的書類が付随した作業指示書は従事すべき作業を示す。 作業の継続の準備、実行手段の確定、作業結果の検査は労働者がおこなう。 **P1** *（指数 170）* その作業は以下の作業によって特徴付けられている。 －専門的必要性に応じた職業の典型的な作業。この職業の知識は体系的教育によっても実務経験によっても得られる。 －手作業、機械の補助をえるもの、またはその他すべての手段を用いるのであれ、その任務の性質（例えば、作業の高度な熟練性の要求から、および実行する作業または利用する手段の数から生じるもの）ゆえに、または、現在実施されている実行方法（O3レベル）多様性ゆえに、難度のある任務の全体 これらの任務は配慮のある監督および不測の事態に対応するための適切な行動が求められる。生産手段または生産品にかんする責任は重大である。 書面または口頭による作業指示は遂行すべき作業または適用すべき作業類型方法を指示する。作業指示は場合によって、図案、見取図、平面図、製図またはその他の専門的書類が付随している。 受け取った作業指示の枠内で、専門書類を活用し、実行方法を準備し解決し、作業結果の検査を行うのは、労働者である。
等級 1 その作業の性質および適用すべき作業方法を定める簡潔かつ詳細な指示書によれば、その者は、指示された手続に従って、その作業の簡潔性、反復性、類似性によって特徴付けられる任務を実行する。 その者は上級の職業資格の水準にある職長の直接の指揮下におかれる。	**03** *（指数 155）* その作業は、手作業、機械の補助をえるもの、またはその他すべての手段を用いるのであれ、その作業の性質または多様性ゆえに注意を必要とする任務の全体の実行によって特徴付けられる。 口頭または説明と注釈のついた簡潔な専門的書類によって与えられる詳細な指示は、作業方法を定める。 作業は、的確性の確認を対象とする。 作業場所への適用期間は、通常は1月をこえない。 **02** *（指数 145）* その作業は、手作業、機械の補助をえるもの、またはその他すべての手段を用いるのであれ、類似した単純作業の実施によって特徴付けられる。 書面、口頭または実演によって示される正確かつ詳細な指示は、作業方法を強制する。作業は簡潔かつ決められた的確性の検査と作業手段の初歩的調整に限定される。 作業場所への適用の期間は1週間をこえない。 **01** *（指数 140）* その作業は、手作業であれ、簡単に利用できる機械の補助をえるものであれ、生産品の修正をもたらさない初歩的任務によって特徴付けられる。

管理職－技手の職務等級

等級5 その職務の全体の範囲を構成し、その作業の目的をさだめており、新しい問題が生じた際に特別な指令を伴うことのある指令書によれば、この者は、当該階級に応じて複雑な作業全体の多かれ少なかれ重大な全部または一部の作業の実現を行うか、調整をする。これらの作業は、分析されたデータと技術的、経済的、管理的…な制限と場合によってはその他の専門家と共同して提案される解決策の費用とを、考慮し統合することが必要である。 その職務は一般的に、研究、構想、当該階級に従って変動する段階における革新を一部含むが生産品、手段または方法の活用からなる。この職務の幅と大きさは、これらの要素の協同または組み合わせの程度を確定する。すなわち、構想、統合、調整、管理である。 一般的にこの者は技術的な責任を有し、より下位の従業員に対する管理責任も負う。 この者は、企業長をもふくむ上級者の管轄のもと広い責任を持つ。 *知識水準* 国民教育Ⅲの水準（1967年7月11日の通達） この知識水準は学校教育またはそれと同等の教育によっても、職業経験によってもえることができる。	**第3階級**（指数365） この段階における作業は当初から定められていた目的を補完するための専門性の研究、決定、提案を行った後、その結果生じた新しい解決を準備し実施することからなる。
	第2階級（指数335） この段階における革新は、すでに様々な条件において証明された方法を転換することにより、解決策を探究し適用させ、その結果技術的にも経済的にも有用な結果をもたらすことからなる。 このような解決策の作成は、当初定められた目的の一定の性質の変更を提案することを含む場合もある。技術的障害または目的との非両立性がある場合、技術的または上級機関への支援要請は、この目的の一定の性質の変更の提案を伴うものでなければならない。
	第1階級（指数305） この段階における革新は、既定の目標との間の一貫性ならびにそれとの両立性をもつ適応および修正の探求を内容とする。 技術的または権限のある上級機関への求援をできるのは原則として、専門的障害のある場合およびその目的との非両立性の場合である。
等級4 既知または指示された手法を対象とする一般的な指令書によれば、その者は、実現すべき手段の選択および工程の継続に関する主導性を委ねられ、既知の技術の原則を適用して、作業全体のうちの一部について複雑な作業実行または研究といった、管理的または技術的作業を行う。 その指令書は、全体の計画における作業の位置づけを示す。 その者は、下位の職業資格の従業員によって行われた作業の技術的責任を負う場合がある。 その者は上位の職業資格水準にあるもっとも一般的な職長の指揮下に置かれる。 *知識水準* 国民教育Ⅳの水準（1967年7月11日の通達） この知識水準は、学校教育またはそれと同等の教育によっても職業経験によってもえることができる。	**第3階級**（指数285） その作業は以下のものによって特徴づけられる。 —管理的または技術的な隣接分野の専門領域への作業範囲の拡張 —方法、手法、手段の重大な変更 —その作業の執行に必要な自主性の必要性。補助作業および必要な監督作業が適宜生じる場合がある。
	第2階級（指数270） その作業は以下によって特徴づけられる。 —さまざまな制限を考慮するために、類似の適用の対象となる方法、手法、手段の適応および転換の必要性 —長所短所を付した複数の解決策の提示
	第1階級（指数255） その作業は、一般的に、技術分野または製品の分類の分野に関連し、以下のものによって特徴づけられる。 —通常当該企業で用いられる方法、手法、手段における選択を対象とする主導性 —一定の条件のもと、検討された解決策および導出された結果の提示
等級3 正確かつ詳細な指令書ならびに作業方法および目的についての情報書によれば、その者は、一定の技術の原則を適用して、その作業の性質または反復ゆえに、情報の簡単な分析と活用を含む作業を行う。 この作業は、既知の手法の実施によってまたは指示された模範にあわせて行われる。 その者は、下位の職業資格の従業員によって行われた作業の技術的責任をおう場合がある。 その者は、上位の職業資格の水準の職長の指揮下に置かれる。	**第3階級**（指数240） その職務は以下のものによって同時に特徴付けられる。 —連続した操作によって実現する一般的には独立した作業の全体の実行。これはとりわけ、一定の中間データを決定し、作業中における検証と構想の実施を必要とする。 —その専門性または隣接分野の専門性における過去の作業との類似によって得られた提案によって場合により補完される報告書の作成
	第2階級（指数225） その作業は以下のものによって同時に特徴付けられる。

70

—237—

知識水準 国民教育ⅤおよびⅣb の水準（1967 年 7 月 11 日の通達） この知識水準は学校教育またはそれと同等の教育によっても、職業経験によってもえることができる。	―自治的にかつ特定の過程に応じて、作業の遂行の実施（データの抽出および分析、装置の組み立ておよび試用） ―専門性によって求められる方式のもと、専門性から生じる書類の作成。すなわち、報告書、状況説明書、図表、図面、作業記録、計画など。
	第 1 階級（指数 215） その作業は以下のものによって同時に特徴付けられる。 ―標準化された工程に応じて、または通常ではないが、より上級の職業資格を有する作業員の補佐をえられる工程に応じて実施される技術的または管理的作業の実施 ―作業中にえられた有用なデータの転写によって、または報告書の簡潔な方式における、文書の作成
等級 2 遂行すべき作業、遵守すべき制限、利用すべき方法、利用できる手段を指示する正確かつ詳細な作業指示書によれば、その者は、達成すべき結果に応じて、一貫して連携して行われる多様な作業の全体からなる熟練作業を実行する。 その者は、上位の職業資格の水準の職長の指揮下に置かれる。	**第 3 階級**（指数 190） その作業は前の階級の性質に対応しているが、適合性の獲得は職業経験を要する。作業終了時の検査は難度が高く、そこでの過失の帰結はすぐには生じない。
知識水準 国民教育ⅤおよびⅤの 2 の水準（1967 年 7 月 11 日の通達） この知識水準は、学校教育またはそれと同等の教育によっても、職業経験によっても取得されうる。	**第 2 階級**（指数 180） その作業は、適合性の探求および獲得が検証作業の実施を必要とする作業手順の組み合わせによって特徴付けられる。作業の即時検査はつねに可能ではないが、過失の影響はすぐに現れる。
	第 1 階級（指数 170） その作業は、適合性の探求および獲得が典型的な難度をふくむ職業知識を必要とする作業手順の組み合わせによって特徴づけられる。その作業はさらに即時検査の手段によっても特徴づけられる。
等級 1 作業の性質および適用すべき作業方法を定める簡潔かつ詳細な作業指示書によれば、その者は、指示された手続にしたがって、その作業の簡潔性、反復性または類似性によって特徴づけられる任務を行う。 その者は上位の職業資格の水準の職長の指揮下におかれる。	**第 3 階級**（指数 155） その作業は、その性質または多様性ゆえに最低限の注意を要する多種の作業の組み合わせおよび連続によって特徴づけられる。 作業場所への適合期間は通常 1 月を超えない。
	第 2 階級（指数 145） その作業は、熟練度および速度の要請がはっきりと決められており、それに応じた単純作業の実行によって特徴づけられる。その作業は、簡単な適合性検査に限定されている。 作業場所への適合期間は一週間を超えない。
	第 1 階級（指数 140） その作業は容易かつ初歩的作業の実行によって特徴づけられる。その作業は通常の生活における能力と比肩しうるものである（例えば、監視、書類の配布などのようなもの）

71

職長の職務等級

職長の一般的定義
職長は職業能力によって、および管理責任、すなわち技術的責任およびその者に委ねられている範囲内での命令
責任を引き受けるのに必要な人的能力によって特徴づけられる。
職業能力は知識または工業生産技術において得られた経験もしくは管理経験にもとづく。
管理責任は知識または自己の管理する従業員とすくなくとも同等の職業経験を要求される。

等級5	第3階級（AM7）（指数365）
作業、手段、管理の目的および規則の範囲を定める指令から、この職長は多様かつ補足的な作業を調整する任務を負う。 職長は一般的にさまざまなレヴェルの職長の仲介によって、1または複数の集団の管理を行い、その統括をおこなう。 これは次のことを含む。 －グループの新しい構成員の募集および彼らの作業への順応に注意をはらう。 －定められた計画を実現させる。 －適用教育の実施。 －計画の配分、計画の実現の追及、予測と比較した結果の検査および必要な強制措置の実施。 －当初定めた価値と共に達成された結果を定期的に比較し、職長の有する手段に応じたその一体性の管理の検査。 －一定の決断のための権限の委任 －個別的権限の評価、決断、決断から生じた措置を上級の機関へ委託すること、その適用への参加 －すべての段階における安全の促進、特別な措置の促進 －情報の伝達の確保 －機能的サービスを用いた計画およびそれに付随する組織規則作成への参加 職長は一般に企業長をもふくむ上級の責任者の指揮下におかれる。 *知識水準* 国民教育Ⅲの基準（1967年7月11日の通達） これは、学校教育によっても、自己が管理する従業員とすくなくとも同等の当初の職業資格を補足する実務経験によっても得ることができる。	この職長は、多様かつ変化する技術を行うグループの調整をおこなう。職長は最後まで目標の実現の責任を負う。職長は管理予測基準の作成に関わる。 職長は計画綱領において作業をさだめ、目的実現前にまたはその過程における実行手段を与えられる。
	第2階級（AM6）（指数335） この職長は、確立した技術をおこなう集団の調整を行う。 職長は作業計画の製作に関与し、規範の設定および実行条件にも携わる。 職長は結果に至るための指令を与える。
	第1階級（AM5）（指数305） この職長は多様であるが補足的な作業をおこなう従業員の責任をおう。 職長は、追及される結果が得られるために、適用される解決策を決定し、それを実現するに至る。職長は作業工程に参加し作業の調整をおこなう。

等級4	第3階級（AM4）（指数285）
目標および計画すなわち作業組織の条件を明示した指令によって、この職長は、自己が有する手段をもちいて、等級1から3をふくむ銃後湯院の活動について、直接的にまたは下位の職業資格の職長をつうじて責任をおう。 この責任は次のものを含む。 －新しい従業員の募集とその者の順応への配慮。 －従業員および作業手段の適切な利用による、定められた計画の実現、適合した指令、およびその指令実行の監督 －作業の量的質的ノルマを遵守させるための必要な矯正措置の決定および適用 －明白な能力の作業への適用、すべての個別的措置の提案および従業員の進化の促進のための修正の提案 －安全衛生に関する規則遵守の強制およびその精神の促進 －労働条件の範囲におけるもたらされるべき改善の探求と提案 －2方向での職業情報の伝達と説明 職長は上級の職長の指揮下におかれる。 *知識水準* 国民教育Ⅳの水準（1967年7月11日の通達） この水準は、学校教育によっても、管理する従業員とすくなくとも同等の当初の職業資格を補完する実務経験によっても取得されうる。	この職長は、多様な解決策を要し、順応を必要とする作業をおこなう従業員に対して責任を負う。 職長は計画の検討および手段の刷新の検討ならびに作業計画の作成、すなわち実行の方法、規則、基準の作成に参加する。
	第1階級（AM3）（指数255） この職長は、主として等級3の階級の定義に対応した実行作業の遂行の責任を負う。 職長は、定められた規範の遵守に必要な実行方法と検査方法を対象とする技術的な関与によって準備指令を補完する、

等級3 明確に確定された目標および計画、正確かつ詳細な指令によれば、この職長は、適用される手段をもちいて、等級1および2の従業員によって一般的に組織されるグループの活動の責任をおう。 この責任は以下のものを含む。 ーグループの新規メンバー募集とその者たちの作業順応への配慮 ー業務遂行者の任務の配分と割当、有用な指示、すべての適切な意見の聴取と提示 ー作業執行に必要な関係の保持、作業実現の検査（適合性、期間） ー作業への明白な能力の評価の参加、個別の改良措置、とりわけ昇進、の提案 ー安全衛生規則の適切な適用への配慮、安全衛生の改善、および労働条件の改善への参加、危険状況における即時決断 ー従業員に関する、上からのおよび下からの職業的情報の伝達および説明 職長は上位の職長の指揮下に置かれる。 *知識水準* 国民教育VおよびIVb（1967年7月11日の通達） この水準は学校卿言うによっても、管理する従業員とすくなくとも同等の当初の職業資格を補完する実務経験によっても取得されうる。	**第3階級（AM2）（指数240）** この職長は、等級1および2における階級の定義に応じた作業の監督の責任を負う。 製品の特殊性または利用される技術的手段ゆえに、職長は必要な調整と適応を行う場合がある、 **第1階級（AM1）（指数215）** この職長は、主として等級1における階級の定義に応じた作業遂行の責任を負う。 すなわち、 ー詳細かつ完全な準備の対象となる簡潔な実行作業 ー（清掃のような）一般的管理維持作業

Ⅱ　年間最低賃金表および職階別最低賃金表

パリ地域金属、機械および隣接産業労働協約の 2005 年 12 月 8 日の追加協定

　　　　　1 条
月給制の追加協定第 9 条に規定された年間最低賃金は、この追加協定の付属文書にユーロで記載された賃金表によって 2005 年について定められており、これは 2005 年 12 月 31 日の時点でその企業における通常の勤務が継続して 1 年に達したいかなる成人労働者の報酬もこれを下回ってはならない年間報酬額となる。

この表は週 35 法定労働時間、すなわち、各月に換算すれば 151.67 時間を基礎として作成されており、現行の集団的労働時間または当該労働者の労働時間に比例的に適合される。

労働時間短縮の全体について支払われる補償金は実質報酬と年間最低賃金との比較を考慮しなければならない。

　　　　　2 条
勤続手当算定の基礎となる職階別最低賃金を確定する基礎価額（valeur du point）は、週 35 時間労働または月 151.67 時間労働について、2006 年 1 月 1 日からは、4.71678 ユーロとなる。

職階別最低賃金および勤続手当はこの基礎価額から算

パリ地域金属産業団体および署名労働組合組織との間において、以下の内容について合意がなされた。

定されるが、それぞれの労働者の実労働時間に比例的に適用されなければならず、場合によっては、超過勤務時間の割増賃金の算定基礎ともされなければならない。

賃金表はユーロで記載されているが、2006 年 1 月 1 日から適用されるものであり、週 35 法定労働時間、または月 151.67 時間に応じて定められているが、これはこの追加協定に付属されている。この賃金表は、月給制追加協定第 9 条に規定された工員の職階別最低賃金の割増賃金額および月給制のいくつかの分類にかんする追加協定第 8 条に規定された職長（agents de maîtrise）の職階別最低賃金の割増賃金額を考慮する。

職階別最低賃金は労働時間短縮の全体についての補償金を含む。

　　　　　3 条
月給制の追加協定第 18 条に規定された食事手当は 2006 年 1 月 1 日から 6.32236 ユーロと定められる。

　　　　　4 条
当該追加協定は労働法典 L132-10 条の定める条件にしたがいパリ労働雇用局、パリ労働裁判所に届出される。

年間最低賃金表（ユーロ）

2005 年 12 月 8 日の追加協定の付属文書
週 35 実労働時間について
月 151.67 基礎時間
2005 年度について
週 35 法定労働時間に服する企業に適用
基礎価額：4.71678 ユーロ

	管理者および技師	技手	工員	職長
等級Ⅰ　140　1 段階	14 233		O1 14 233	
等級Ⅰ　145　2 段階	14 248		O2 14 268	
等級Ⅰ　155　3 段階	14 268		O3 14 370	
等級Ⅱ　170　1 段階	14 287		P1 14 397	
等級Ⅱ　180　2 段階	14 319			
等級Ⅱ　190　3 段階	14 363		P3 14 902	
等級Ⅲ　215　1 段階	15 864	AM1 15 864	P3 16 630	AM1 16 938
等級Ⅲ　225　2 段階	16 578			
等級Ⅲ　240　3 段階	17 647	AM2 17 647	TA1 18 534	AM2 18 864
等級Ⅳ　255　1 段階	18 596	AM3 18 596	TA2 19 521	AM3 19 869
等級Ⅳ　270　2 段階	19 695		TA3 20 655	
等級Ⅳ　285　3 段階	20 795	AM4 20 795	TA4 21 817	AM4 22 222
等級Ⅴ　305　1 段階	22 123	AM5 22 123		AM5 23 647
等級Ⅴ　335　2 段階	24 289	AM6 24 289		AM6 25 962
等級Ⅴ　365　3 段階	26 315	AM7 26 315		AM7 28 160
等級Ⅴ　395　3 段階	28 505	AM7 28 505		AM7 30 486

職階別最低賃金表

2005 年 12 月 8 日の追加協定の付属文書
週 35 実労働時間について
月 151.67 基礎時間
2006 年 1 月 1 日から
週 35 法定労働時間に服する企業に適用

	管理者および技師	技手	工員	職長
等級Ⅰ　140　1 段階	660.35		O1 693.37	
等級Ⅰ　145　2 段階	683.93		O2 718.13	
等級Ⅰ　155　3 段階	731.10		O3 767.66	
等級Ⅱ　170　1 段階	801.85		P1 841.94	
等級Ⅱ　180　2 段階	849.02			
等級Ⅱ　190　3 段階	896.19		P2 941.00	
等級Ⅲ　215　1 段階	1 014.11	AM1 1 014.11	P3 1 064.82	AM1 1 085.10
等級Ⅲ　225　2 段階	1 061.28			
等級Ⅲ　240　3 段階	1 132.03	AM2 1 132.03	TA1 1 118.63	AM2 1 211.27
等級Ⅳ　255　1 段階	1 202.78	AM3 1 202.78	TA2 1 262.92	AM3 1 286.97
等級Ⅳ　270　2 段階	1 273.53		TA3 1 337.21	
等級Ⅳ　285　3 段階	1 344.28	AM4 1 344.28	TA4 1 411.49	AM4 1 438.38
等級Ⅴ　305　1 段階	1 438.62	AM5 1 438.62		AM5 1 539.32
等級Ⅴ　335　2 段階	1 580.12	AM6 1 580.12		AM6 1 690.73
等級Ⅴ　365　3 段階	1 721.62	AM7 1 721.62		AM7 1 842.13
等級Ⅴ　395　3 段階	1 863.13	AM7 1 863.13		AM7 1 993.55

74

（3）パリ地域金属、機械および関連産業労働協約の2007年12月7日の追加協定（2008年のTGA/SMH）

1条
月給制付属協定の9条に定められた保証年額（TGA）は、2008年について、この追加協定の付属文書に記載されたユーロ単位の表によって定められ、これが年間報酬となる。これを下回る報酬は、通常に勤務をし、2008年12月31日までその企業に1年間在籍するいかなる成人労働者にたいしても支払われることはできない。
この表は週35法定労働時間を基礎として作成されている。すなわち、1月に151.67時間である。この表は、集団管理労働時間または当該労働者個人の労働時間にたいして、比例的に当てはめられる。
削減された労働時間全体について支払われる補償金は、実質報酬と保証年額との比較を考慮することになる。
この表の年間保証額の全ては2008年について予測される年間最低賃金（SMIC）に優位する。
しかし、2008年7月1日に改定されたSMICが予測をこえた場合、その日より、労働法典に定められた条件の下で、労働者の月報酬額は、その者の実労働時間に相応するSMICを下回ることができない。

2条
職階別最低賃金を定める基礎値（valeur du point）は勤続手当の算定の基礎額であるが、2008年1月1日より、週35労働時間または月151.67時間につき、4.81753ユーロとする。
職階別最低賃金および勤続手当はこの基礎値から算出されるが、それぞれの労働者の実労働時間に比例的に当てはめられなければならない。場合によっては、超過勤務時間についての割増賃金の基礎とならなければならない。
週35法定労働時間、すなわち月151.67時間に応じて定められたユーロ単位の表は2008年1月1日より適用されるが、この追加協定に付されている。この表は、「月給制」追加協定第9条に定められた工具の職階別最低賃金の割増賃金および「月給制のいくつかの職種」に関する追加協定第8条に定められた工場作業員の職階別最低賃金の割増賃金を考慮する。
職階別最低賃金は労働時間の削減全体に対する補償金を含む。

3条
「月給制」追加協定第18条に規定された補償金は2008年1月1日より6.45742ユーロとする。

4条
この追加協定は労働法典L132-2-2条に定められた条件において代表的である労働組合組織のそれぞれに通知され、労働法典L132-10条に定められた条件において労働担当相ならびにパリおよびナンテールの労働裁判所書記局に届出がおこなわれる。
この協定の拡張は労働法典L133-8条以下を適用して行うことができる。

（4）金属産業労働協約の職務等級別（hierarchique）最低報酬に関する1983年7月13日の全国協定

1条適用範囲
当該協定の規定は金属産業全国協定の適用範囲に関する1979年1月16日の集団協定によって定められた企業に適用される。フランス北部製鉄業労働協約、ムルト・エ・モゼル県労働協約、モゼル県労働協約を適用している企業または事業所は除かれる。

2条（1991年1月17日の付加文書にとってかわられる）職務等級別最低報酬額の地域別確定
それぞれの金属産業の地域別労働協約の適用範囲内において、職務等級別最低報酬額は修正された1975年7月21日の全国協定による職務分類表の指数に対応しているが、地域別集団協定によって定められることになる。その結果、この地域別労働協約の定める勤続手当の算定基礎となる。最低報酬は権限のある地域別各労使組織によって毎年労使同数で検討されることになる。
職階別最低報酬額は実労働時間に適応され、工具については5％、適用される協約規定によって定められた現場管理者（agent maîtrise d'atelier）については7％の割増賃金が付随する。

3条（1991年1月17日の付加文書にとってかわられる）実質報酬保証金（garantie）の地域別確定
それぞれの金属産業の地域別労働協約の適用範囲内において、修正された1975年7月21日の全国協定による職務分類表のさまざまな等級または指数のそれぞれについて、実質報酬保証金が地域別集団協定によって設定されることになる。実質報酬保証金はこの地域別労働協約の定める勤続手当の算定基礎とはならず、補償実賃金額（taux effectifs garantis）、保証実賃金（salaires effectifs garantis）、保証報酬（rémunérations garantis）などの名称ですでに設定されている場合もある。
これらの地域別実質報酬保証金は、原則として毎年支払われるが、この保証金の性質が、月払いの地域別保証金の設定を禁ずるものではなく、年払いの地域別保証金を設定するわけではない。
これらの地域別実質報酬保証金の総額は、地域別協定により1年に少なくとも1度は団体交渉の対象となるだろう。この協定により、等級または指数ごとに名目価額が決定され、これはその地域の産業において認められる賃金の散逸について労使同数で検討がなされた後、その産業において運用されている賃金水準と関係している。現行のSMICの率である140指数およびその地域の産業における年次義務団体交渉にかんする法規定を遵守しなくてはならない。

4条（1991年1月17日の付加文書にとってかわられた）地域別実質報酬保証金を受ける労働者
地域別実質報酬保証金は、適用される金属産業地域別労働協約によって定められた月給労働者について、地域別協定によって定めることになるだろう。
18歳未満の月給労働者および身体障害のある月給労働者は、1975年7月21日の修正された全国協定によって設定された職務等級に応じて、その者の職務等級の等級または指数について定められている地域別実質報酬保証金を受け取るだろう。これは、地域別最低賃金表の適用にかんする地域別協約条項によって、またはこれらの条項のない場合にはSMICの適用にかんする法規定によって、この者らについて定められた控除額が差し

引かれる。この控除額は実際には企業ごとに適用されることになる。
　地域別実質報酬保証金は家内労働者には適用されないだろう。

5条（1991年1月17日の付加文書にとってかわられた）地域別実質報酬保証金の適用

　地域別実質報酬保証金は法定労働時間に対応して定められるが、その総額は実労働時間に応じて適応されなければならないだろう。したがって、超過勤務時間についての法定割増賃金の基礎とならなければならないだろう。
　以上のように適応される地域別実質報酬保証金の適用のために、その性質および支払頻度がいかなるものであれ、賃金を構成する全収入の総額が、または給与明細に記載され、社会保障法規定にかんする保険料の基礎となる給与の総額が考慮されなければならないだろう。ただし、金属産業地域別協約の適用範囲において適用される地域別協約による定めのない場合、次の報酬は含まれない。
　―適用される金属産業地域別協約によって定められた勤続手当
　―過重(pénible)労働、危険労働、不衛生労働に関して、適用される金属産業地域別協約の規定による割増賃金
　―例外的かつ無償の性質を有する手当(prime)または特別手当(gratification)
　この原則を適用すれば、費用の償還である収入額は社会保障法規定の保険料の基礎とならないのと同様に、利益参加に関する法規定から生じ、賃金の性質を有さない参加(participation)は算定基礎額から除かれる。

6条

　労働法典L132-1条以下にもとづき定められた当該全国協定は、労働法典L132-10条によって定められた条件のもと、それぞれの関連機関への配布および届出のために、十分な冊数が準備される。

（5）工員の月給制化にかんする金属産業において締結された1970年7月10日の全国協定

第1章　月給制化の対象者

第1条（1974年1月29日の付加文書によって修正）適用範囲

第2章　勤続年数

第2条（1974年1月29日の付加文書によって修正）対象者

第3条（1974年1月29日の付加文書によって修正）企業における勤続年数

第3章　月給制化による保証額

第4条（1974年1月29日の付加文書によって修正）労働協約の適用のない月給労働者および工員
　ETAMに、または事業所が地域協約の地域圏外であることからそこの工員に適用される協約または追加協定のない場合、修正された1970年7月10日の全国協定の規定はETAMまたはその事業所の工員に適用される。これは、これらの者が15条の留保のもとにある協約の適用を受けるまでである。

第5条（1974年1月29日の付加文書によって補完）月給額
　報酬は月ぎめで支払われ、実労働時間について、1月の労働日数とは無関係でなければならない。

１．保証月収
　週40時間勤務の場合の保証月収は、その職種の最低時給に173.3をかけた金額である。
　地域別労働協約の適用範囲において最低月給表を定める協定は、最低時給を最低月給に換算することによって月給工員が損害をうけないようするため、必要がある場合は、修正指数を考慮しなければならない。

２．実報酬
a)固定報酬。週40時間勤務の場合の1月の実報酬は、時間単位の実報酬に173.3をかけて算出される。

　企業は、1年につき、1970年7月10日の修正された全国協定によって月給制の対象となった工員が月給制に移行することにより、月給制以前に企業より工員に支払われていた報酬と比較して損害を被ることがないようにしなければならない。すなわち、損害が生じた場合、企業はその損害時に修正指数に応じた基礎額を支払うか、その年のおわりに、報酬補償金を支払うことになる。

b)変動報酬。実報酬はすくなくとも、通常労働についての保証月収と同額が支払われなければならない。実報酬は、事業所において適用されているように、出来高制方式（ならびに様々な割増賃金および補償金の適用の方式）の場合もある。

a、bに加えて、算定に含まれない補償金がある。

３．実労働時間への報酬の適合
　報酬は実労働時間に適合される。超過勤務時間は、以

76

上の通り算出された 1 月の実定額（および場合により手当と補償金）に加えて、40 時間を越えた時間に相当する報酬を生じさせる。超過した時間についての割増賃金は法律および労働協約に従って算出される。

労働時間の短縮による減額の算出の要素は当事者に通知される。

4．この協定の受益者は 1 月に 1 度賃金の支払いを受ける。前払金を請求する者には、報酬の半分の 15 分の 1 に相当する額が支払われる。

5．事業所委員会および協定署名組合に所属する組合代表委員は、月の支払いならびに生じうる適用の障害について意見聴取される。

第 6 条（1974 年 1 月 29 日の付加文書によって修正）祝日

修正された 1970 年 7 月 10 日の全国協定の受益者に対して、事業所の ETAM について現行の祝日に関する法規定および地域的労働協約の規定が適用される。

第 7 条（1974 年 1 月 29 日の付加文書によって修正、2003 年 2 月 26 日の協定によって補完）疾病

第 8 条（1974 年 1 月 29 日の付加文書によって修正）勤続手当

月給制の適用のある工具は以下の条件のもと月報酬に加えて勤続手当を受け取る。

1°　表

a)3 年以上の勤続年数のある月給制の適用される工員が受け取る勤続手当は以下の率に従って算出される。

	1974.1.1 の率	1975.1.1 の率
3 年	2	3
4 年	2	3
5 年	2	3
6 年	3	4
7 年	4	5
8 年	4	6
9 年	4	6
10 年	5	7
11 年	5	8
12 年	6	9
13 年	6	9
14 年	7	10
15 年	7	10
16 年	7	11
17 年	8	12
18 年	8	12
19 年	9	13
20 年	9	13
21 年	10	14
22 年	10	14
23 年	10	14
24 年	11	14
25 年	11	14
26 年	12	14

1976 年 1 月 1 日において、手当は事業所の ETAM に適用される労働協約または付属文書の規定によって定められた勤続手当表に基づいて算出される。これは勤続年数 15 年以上については 15％が制限として設定されている。

しかし、4 条の対象となっている賃金労働者については、勤続手当表は 1976 年 1 月 1 日より、以下のとおりである。すなわち、

- −3%　3 勤続年数以降
- −4%　4 勤続年数以降
- −5%　5 勤続年数以降
- −6%　6 勤続年数以降
- −7%　7 勤続年数以降
- −8%　8 勤続年数以降
- −9%　9 勤続年数以降
- −10%　10 勤続年数以降
- −11%　11 勤続年数以降
- −12%　12 勤続年数以降
- −13%　13 勤続年数以降
- −14%　14 勤続年数以降
- −15%　15 勤続年数以降

b)ETAM に適用される地域的労働協約または付属文書が 15 勤続年数をこえるものにつき、15％をこえた率を定めている場合、この労働協約または付属文書の署名当事者は 1976 年 1 月 1 日の前に月給制の工員に対する率の適用条件を定める。

2°　算定方式

勤続手当は、既存の規定に従って定められた率を、その事業所に適用される労働協約によって保証される当事者の職種の最低賃金に適用することにより算出される。

事業所に適用される地域的労働協約がなく、その事業所がある労働協約によって適用されるまでは、勤続手当は既存の規定に従って定められた率を、事業所の ETAM に支払われる勤続手当の算出の基礎額に用いられる賃金額を決定するために採られるのと同様の方法で決定した賃金額に適用することにより算出される。

第 9 条（1974 年 1 月 29 日の付加文書によって修正）解雇予告期間

重大な過失または不可抗力のあった場合をのぞいて、解雇予告期間はつぎのように定められる。

試用期間の後に労働者による契約の解除の場合、解雇予告期間は 2 週間となる。

試用期間の後に使用者による契約の解除の場合、解雇される労働者が、その使用者のもとで 6 ヵ月継続して勤務していたことを証明できない場合は、休暇期間は 2 週間となる。反対に、解雇予告期間は現行法規定による。

使用者または当該協約の受益者が解雇予告期間を遵守しない場合、予告期間を遵守しなかった当事者は他方当事者に対して、すでに開始しているその予告期間の報酬と同額の賠償金を支払わなければならない。賠償金は解雇予告期間中の実際の週労働時間を基礎として算定される。

解雇の場合および休暇期間の半分がすでに消化されている場合に、解雇される者が新しい職に従事しなければならないときは、使用者にそのことを通知したのち、休暇期間の満了日の前にその事業所を辞することができる。この場合には、休暇期間の不遵守について賠償金を支払う必要はない。解雇予告期間の半分が経過する前

77

に解雇される者は、使用者との合意があった場合には、同じ条件のもとで新しい職に従事するために当該事業所を辞することができる。

解雇予告期間中、労働者は次の条件のもと求職のために欠勤することが認められている。

労働契約の破棄が労働者から行われた場合、欠勤の期間は 20 時間であり報酬は支払われない。

労働契約の破棄が使用者から行われた場合、欠勤の期間は、労働者が 2 週間の解雇予告期間の権利を有する場合には 20 時間、そうでない場合は 1 月に 50 時間である。これらの時間は報酬の削減を生じさせない。

労働者と使用者との合意がない場合、求職のための時間は労働者の希望日と使用者の希望日とに分けられ、それぞれ一日 2 時間に分配される。

求職の次第によって日数が変化するので労働者は使用者と合意することにより、全部または一部について、これらの配慮期間が満了する前に、これらの時間を放棄することができる。職をみつけた労働者は、そのときから当該条項の規定を利用することはできない。

第 10 条（1974 年 1 月 29 日の付加文書によって修正）
解雇補償金

65 歳以前に解雇される場合は、重大な非行があるばあいをのぞき、当該企業での勤続年数に応じて算定される、解雇予告期間とは別の補償金が、当該条項 1 項に定められた受益者に支払われる。

この補償金の額および給付条件は当該事業所に適用される ETAM の協約または追加協定によって定められる。

この協約または追加協定がない場合には、当該事業所は以下の制度を適用する。
－勤続年数 2 年から 5 年：企業に入社してからのすべての年数についての報酬月額の 10 分の 1
－5 年以上：企業に入社してからのすべての年数についての報酬月額の 5 分の 1
－15 年以上：上の金額に、15 年目以降の年数についての報酬月額の 10 分の 1 を加えた額

労働者が過去の契約の解除の際に解雇補償金を受け取っている場合、解雇補償金は、その労働者の勤続年数に相当する月数の 5 分の 1（場合によっては 10 分の 1）にもとづいて算定される。これは、以前の解雇の際に労働者が受け取った解雇補償金の算定基礎となった月数の 5 分の 1 および 10 分の 1 を減じている。

集団的解雇の場合、使用者は最大で 3 ヶ月の額の解雇補償金の支払いを行う。

解雇補償金は当該労働者の直近 12 ヶ月の報酬の平均月額を基礎に算定される。これはこの期間中の実労働時間を基礎として算出される。考慮される報酬は、契約または通常の慣行から生じる賃金のすべての要素を含まなければならない。たとえば、超過勤務時間報酬、勤続手当など。

第 11 条（2003 年 12 月 19 日の付加文書にとってかわられ、2006 年 3 月 3 日の付加文書によって修正）自己都合退職補償金

（6）金属産業における労働時間に関する 1982 年 2 月 23 日の全国協定
（1982 年 4 月 5 日のアレテにより拡張適用）

一般規定

1 条

それぞれの労働者は有給休暇を有する。その期間は、実際の就労月につき 2 日半、または法律もしくは適用される労働協約によって定められる。

1982 年の休暇について、休暇に対する権利の算定は 1981 年 6 月 1 日から 1982 年 5 月 31 日の基準期間の全体に基づいて行われる。

かくして定められた休暇期間に加えて勤続休暇が与えられる。これはすくなくとも、10 年以上のものには 1 日、15 年以上であれば 2 日、20 年以上であれば 3 日である。勤続年数はそれぞれの暦年の 6 月 1 日に評価される。この条項の規定は 27 条の範囲において新たな検討の対象となる。

この休暇期間、補償金および以下に定められた休暇の態様は、以下の規定の留保のもと、労働法典第 2 巻第 2 編第 3 章によって定められた規則にしたがって定められる。

24 労働日をこえた休暇日数は基礎休暇日に加えることはできない。このような休暇を取得する態様は 24 条の範囲における団体交渉の対象となる。これらの休暇は、集団的であれ個別的であれ、一括であれ分割であれ、企業の状況に適合する限りにおいて労働者の要求を考慮して認められることができる。この休暇が 1 度であれ複数であれ、この休暇は L223-8 条が定める分割についての補足的休暇に対する権利を認めるものではない。

法定または地域祝祭日ならびに例外的な慶弔休暇は以上のように定められた休暇に付け加えられる。

本条の規定は企業において適用される規定の総体から導き出される休暇および追加休日の全ての期間を労働者から奪うものではない。

2 条

法定祝祭日に労働をした場合の労働時間は、労働時間として埋め合わされることは出来ず、その労働時間分についての金額が補償される。

いわゆる《ponts》とよばれる祝祭日における労働日は、その後にまたは前もって代償されることができる。

3 条
（2000 年 1 月 29 日の追加協定により削除）

4 条
（1991 年 6 月 24 日の協定にとってかわられる）

以下に定める条件のもと、法定規定に抵触することなく、労働時間は、平均労働時間との比較により、週単位での変形労働時間制の対象とすることができる。したがって平均労働時間をこえたおよびこえない実労働時間は適用された変形労働時間制の期間内において算定上相殺される。

変形労働時間制は雇用時間に影響を与えてはならない。

経済的社会的状況

金属産業における変形労働時間制利用を根拠づける経済的社会的状況は当該全国協定の初めに記載されて

78

いる前文において定められている状況のことをいう。
　この前文はこの条文が定める変形労働時間制の不可欠な部分を構成する。

一年の一定の時期についての変形労働時間制
　この条文の規定は、当該年度の全部または一部を対象とする変形労働時間制にすべて適用される。

基礎時間と労働時間
　変形労働時間制の基礎に用いられる平均労働時間は週 39 時間、または平均労働時間が週 39 時間に満たない場合は当該労働者ごとに定められた時間である。この平均時間は、実労働週ごとに算定され、12 ヶ月間の平均をとる。
　変形労働時間制として定められる労働時間の上限は週 44 時間である。

基礎計画
変形労働時間制は基礎計画の枠内においてまたは当該協定の 24 条の規定を遵守して生じる。基礎計画は当該年度の全部または一部を対象とすることが出来る。

労働時間変更の際の考慮期間
　変形労働時間制は当該協定 24 条の規定、とりわけ労働時間変更の際の考慮期間にかんして遵守しなければならない。
　当該協定の 24 条を適用する企業別協定または事業所協定が存在せず、労働時間変更の際の考慮期間が前出の基礎計画にも定められていなければ、これはすくなくとも 3 日間となる。ただし、実際の状況により例外的な制限が認められる場合を除く。この場合は、使用者が事前に組合代表委員および企業委員会、またはこれらの者が存在しない場合には従業員代表委員に協議していなければならない。

超過勤務時間の割当および代償休日への影響
　変形労働時間制の場合、当該協定の 12 条が定める超過勤務時間の年間割当にかんする算定ならびに労働法典 L212-5-1 条第 1 項の定める代償休日は、適用された変形労働時間制の時間をこえて実際に就労された時間についてしか行われない。

月額報酬の調整
　変形労働時間制を適用する企業においては、それが適用された労働者に対して変形労働時間制の平均労働時間を基礎とした月額報酬の調整をおこなうために、一定の規定が考慮される。
　適用された変形労働時間制の期間内において、超過勤務時間についての割増賃金は週ごとに 39 時間をこえた範囲において加算されつづける。企業別協定または事業所協定による適用除外がある場合を除く。この場合、企業別協定または事業所協定は、これが定める適用除外の規定の適用態様を定める。これらの協定は署名者の評価とともに適切な代償を規定しなければならない。これは、全部または一部について、代償休日、労働時間短縮、または有給職業教育時間という形式をとる。
　非労働時間であるが補償金が与えられる場合、この補償金はその労働者の調整報酬の基礎として計算される。
　解雇補償金の算定は自主退職補償金と同様に、その労働者の調整報酬の基礎として計算される。

79

資料　フランス労働法典【抜粋】
第2巻　集団的労使関係
第2部　団体交渉－労働協約および集団協定
第1編　巻頭規定
第1章　適用範囲
L.2211－1条
本部の規定は私法上の使用者並びにその労働者に適用されるものとする。

本部の規定はまた以下のものにも適用されるものとする。すなわち：
1号　商工業的公施設法人；
2号　行政的公施設法人にあっては、それが私法上の条件において従業員を雇用しているとき

第2編　労働協約および集団協定の目的および内容
第1章　協約および協定の目的
L.2221－1条
本部は使用者および労働者の間の集団的関係による決定に関係するものである。本部は労働者の雇用、職業教育、および労働の条件、並びにその福利厚生の総体についての団体交渉に対する労働者の権利の行使に関する規範を定めるものである。

L.2221－2条
労働協約は、利害関係のあるあらゆる職業範囲について、L.2221-1条記載の内容の総体を扱う能力がある。

集団協定はこれらの総体のうち、1または複数の特定のテーマを扱うものである。

L.2221－3条
社会保障機構に由来する保障の補足として労働者が享受する集団的な保障の定めに関する規定は社会保障法典第9部第1篇によって定められる。

第2章　協約および協定の内容
第1節　協約および協定の適用範囲の決定
L.2222－1条
本部において以下に"協約"および"協定"と呼称される、労働協約および集団協定は、その地域的および職業的適用範囲を決定するものとする。職業的適用範囲は経済活動に基づいて定義されるものとする。

農事法典L.722－20条1号ないし3号、6号、および7号記載の農業職および海洋漁業に関するものについては、協約および協定の適用範囲は、以上に加えて、当該企業の法的地位またはその労働者の加入する社会的保護制度を考慮することができる。

その適用範囲が全国的である協約および協定はそれが海外県、サン・バルテルミー島、サン・マルタン諸島、またはサン・ピエール島およびミクロン島を含むか否かを明文で示すものとする。

L.2222－2条
付属文書または付加文書の適用範囲が、その修正または補足する協約または協定の適用範囲と異なるとき、その適用範囲はL.2222－1条の

規定に従って明文化されなければならない。

第2節　交渉の主題の決定
L.2222－3条
部門別協約または職業別協定は、当該部門または企業において、1または複数の代表的労働組合組織から発せられた交渉事項に関する要求を取り上げる方式を、L.2241－1条ないしL.2241－8条、およびL.2242－5条ないしL.2242－19条を妨げずに、定めるものとする。

第3節　協約および協定の期間の決定
L.2222－4条
協約または協定は期間を定め、または期間を定めることなく締結されるものとする。

これに反する定めのない限り、その期限の満了に至った期間の定めのある協約または協定は期間の定めのない協約または協定と同様にその効力を生み続けるものとする。

協約または協定が期間の定めをして締結されるとき、当該期間は5年を超えることはできない。

第4節　更新、修正、および破棄通告の様式の決定
L.2222－5条
協約および協定はそれにより更新または修正ができる形式および期限を規定するものとする。

L.2222－6条
協約または協定はその範囲で破棄通告をなしうる条件、とりわけ当該破棄通告に先んじなければならない予告期間を規定するものとする。

第3編　労働協約および集団協定についての交渉および締結の条件
第1章　有効性の要件
第1節　交渉能力
L.2231－1条
協約および協定は以下の者の間で締結されるものとする。すなわち：
－一方では、当該協約または協定の適用範囲における1または複数の代表的労働組合組織
－他方では、1または複数の使用者組合、または他のあらゆる使用者団体、あるいは1または複数の個別に要求を受けた使用者。

非営利社団契約に関する1901年7月1日の法律の規定に従って成立した使用者団体は、協約および協定について交渉する権限を有し、本編によって与えられた権限について使用者組合と同一視される。

L.2231－2条
L.2231－1条記載の組織の代表者は、その者が代表する組織の名において、以下に基づいて協約を締結する権限が与えられる。すなわち：
1号　この組織の規約上の条項；
2号　この組織の特別な決議；
3号　この組織のすべての組合員によって個別にその者に与えられた書面による特別な委任使用者団体はその議決の方式を自身により決定するものとする。

80

第2節　形式的要件
L.2231-3条
協約または協定は、無効の制裁を伴う、書面行為とする。

L.2231-4条
協約および協定並びに企業および事業所協約はフランス語で書かれるものとする。

外国語で書かれたあらゆる条項は労働者に対して不利益をもたらすものについては対抗できない。

第3節　通知および法定納本
L.2231-5条
協約または協定の最も熱心な署名当事者は署名手続の後、その条文を代表的組織の全てに通知するものとする。

L.2231-6条
協約および協定は行政立法により定められた条件において法定納本の対象となる。

L.2231-7条
協約および協定は、異議申立て手続に付されるとき、当該異議申立て期間の満了まで、提出することができない。

第4節　異議申立
L.2231-8条
協約または協定の発行に対する異議申立ては書面により理由を付して示されるものとする。異議申立ては異議を申し立てる点を明記するものとする。

この異議申立ては署名者に対して通知されるものとする。

L.2231-9条
過半数の異議申立を受けた協約および協定並びに労働者の過半数の承認を得なかった協約および協定は、第2章の規定の適用のもとで、書かれていないものとみなされる。

第2章　各交渉レベルに適用される規範
第1節　職際協定
L.2232-1条
職際協定の地理的適用範囲は、全国、州、地方となしうる。

L.2232-2条
職際協定の有効性は、L.2122-9条3号所定の支持率調査を考慮する選挙において、このレベルを代表すると認められる組織として、投票者数のいかんにかかわらず、有効投票数の少なくとも30％の支持を獲得した、1または複数の代表的労働組合組織の署名に服し、かつこの同じ選挙において、投票数のいかんにかかわらず、有効投票の過半数の支持を獲得した1または複数の代表的労働組合組織の異議申立がないことを要する。

異議申立てはこの協定の通知の日付から起算して15日の期限内に、L.2231-8条所定の条件において、示されるものとする。

L.2232-2-1条
総連合体がこれを代表する能力を規約上有する労働者のために職業別労働組合総連合体に加入する職業別労働組合組織に認められる代表性はこの労働者の職業に適用されるあらゆる規定について交渉する権限を付与する。

職際協定が選挙人団に属する特定の職業にしか関係しないとき、その有効性は、L.2122-9条3号所定の支持率調査を考慮する選挙において、このレベルを代表すると認められる組織として、投票者数のいかんにかかわらず、この選挙人団において有効投票の少なくとも30％の支持を獲得した、1または複数の代表的労働組合組織の署名に服し、かつこの同じ選挙において、投票者数のいかんにかかわらず、この選挙人団において有効投票の過半数の支持を獲得した1または複数の代表的労働組合組織の異議申立がないことを要する。

L.2232-3条
職際協定は、交渉に参加する企業の労働者のために、協定が創設する同数機関の協議と同様に、欠勤の権利の行使の様式、賃金の喪失の補償、または賃金の維持、並びに出張費の補償に関する定めを含むものとする。

L.2232-4条
職際協定は解釈同数委員会を創設するものとする。

第2節　産業部門別協約および職業別協定
L.2232-5条
産業部門別協約および職業別協定の地理的適用範囲は全国、州、または地方となしうる。

L.2232-6条
産業部門別協約または職業別協定の有効性は、L.2122-5条3号所定の支持率調査を考慮する選挙において、または、必要に応じてL.2122-6条で定められた選挙において、このレベルを代表すると認められる組織として、投票者数のいかんにかかわらず、有効投票の少なくとも30％の支持を獲得した、1または複数の代表的労働組合組織の署名に服し、かつこの同じ選挙において、投票者数のいかんにかかわらず、有効投票の過半数の支持を獲得した1または複数の代表的労働組合組織の異議申立がないことを要する。

異議申立てはこの協定またはこの協約の通知の日付から起算して15日の期限内に、L.2231-8条所定の条件において、示されるものとする。

L.2232-7条
総連合体がこれを代表する能力を規約上有する労働者のために職種別労働組合総連合体に加入する職種別労働組合組織に認められる代表性はこの労働者の職種に適用されるあらゆる規定について交渉する権限を付与する。

産業部門別協約および職種別協定が選挙人団に属する特定の職業領域にしか関係しないとき、その有効性は、L.2122-5条3号所定の支持率調査を考慮する選挙において、または、場合によ

ってはL.2122-6条で定められた選挙において、このレベルを代表すると認められる組織として、投票者数のいかんにかかわらず、この選挙人団において有効投票の少なくとも30%の支持を獲得した、1または複数の代表的労働組合組織の署名に服し、かつこれらの同じ選挙において、投票者数のいかんにかかわらず、これらの選挙人団において有効投票の過半数の支持を獲得した1または複数の代表的労働組合組織の異議申立がないことを要する。

L.2232－8条

産業部門別協約または職種別協定は、交渉に参加する企業の労働者のために、彼らが創設する同数機関の協議と同様に、欠勤の権利の行使の様式、賃金の喪失の補償、または賃金の維持、並びに出張費の補償に関する定めを含むものとする。

L.2232－9条

産業部門別協約または職種別協定は解釈同数委員会を創設するものとする。

L.2232－10条

産業部門別協約または職種別協定は団体交渉についての労使同数のオブザーバーを創設するものとする。

産業部門別協約または職種別協定は、これと同じ射程を有する協約上の条項を欠くとき、これらのオブザーバーが法律上の規定の実施のために締結された企業別協定または事業所別協定の名宛人となる様式を定めるものとする。

第3節　企業別または事業所別の協約または協定
第1款　適用範囲
L.2232－11条

本節は企業及び企業グループにおける労働者の団体交渉に対する権利を行使する条件を定めるものである。

第2款　1または複数の組合代表委員がいる企業
第1目　有効化の要件
L.2232－12条

企業別または事業所別協定の有効化は企業委員会または単一従業員代表委員会、あるいは、それがないときには、従業員代表委員の直近の選挙における第1回投票において、投票者数のいかんにかかわらず、有効投票の少なくとも30%の支持を獲得した、1または複数の代表的労働組合組織の署名に服し、かつこれらと同じ選挙において、投票者数のいかんにかかわらず、有効投票の過半数の支持を獲得した1または複数の代表的労働組合組織の異議申立がないことを要する。

異議申立てはこの協定の通知の日付から起算して8日の期限内に、L.2231-8条所定の条件において、示されるものとする。

L.2232－13条

総連合体がこれを代表する能力を規約上有する労働者のために職種別労働組合総連合体に加入する職種別労働組合組織に認められる代表性はこの労働者の職種に適用されるあらゆる規定について交渉する権限を付与する。

協約または協定が選挙人団に属する特定の職業領域にしか関係しないとき、その有効性は、企業委員会または単一従業員代表委員会、あるいは、それがないときには、従業員代表委員の直近の選挙における第1回投票において、この選挙人団における有効投票の少なくとも30%の支持を獲得した、1または複数の代表的労働組合組織の署名に服し、かつこれらの同じ選挙において、投票者数のいかんにかかわらず、これらの選挙人団における有効投票の過半数の支持を獲得した1または複数の代表的労働組合組織の異議申立がないことを要する。

L.2232－14条

職種別選挙の第1回投票が存在しない場合、L.2143-23条第1項で定められた規定が適用されるとき、組合支部の代表と交渉され、締結された企業別または事業所別協定の有効性はデクレにより定められた条件においてかつ選挙法の一般原則を遵守した上での有効投票の過半数の労働者による承認に服する。

（L.2232-15条：2008年8月20日の法律2008-789号により削除）

第2目　交渉の様式
L.2232－16条

企業別の協約または協定は使用者および当該企業における代表的労働組合組織との間で交渉されるものとする。

協約または協定は事業所のレベルまたは事業所グループのレベルにおいて同様の条件で締結することができる。

L.2232－17条

企業における交渉の当事者たる各代表的労働組合組織の代表は当該企業における組合代表委員を、また組合代表委員が複数である場合には、少なくとも2人の組合代表委員を含むものとする。

各組織は当該企業の労働者によってその代表を補佐することができ、その人数は第1項記載の使用者と労働組合組織全体との間での協定によって定めるものとする。協定を欠くとき、代表を補佐する労働者の数は、各代表ごとに、組合代表委員の数以上の人数とする。ただし、1人の組合代表委員しかいない企業においては、この人数を2人とすることができる。

L.2232－18条

交渉に費やされた時間は通常の履行期において労働時間として報酬が支払われるものとする。

L.2232－19条

企業がその地方において、あるいは当該企業が企業全体として責任者となっている作業場において、1または複数の外部企業に属する労働者を雇用するとき、これらの企業における代表的労働組合組織の代表は、その要求に応じて、交渉の際に意見聴取されるものとする。

82

L.2232−20条

交渉の目的および周期並びに当該企業または事業所の組合代表委員に事前に渡される必要がある情報については使用者および当該企業における代表的労働組合組織との間の協定によって、企業における義務的年次交渉に関するL.2242-1条以下の規定に反しない限りで、定めるものとする。

第3款　組合代表委員を欠く企業における交渉の様式
第1目　企業委員会または従業員代表委員で選出された代表による締結
L.2232−21条

労働者が200人を下回る企業において、当該企業または事業所において組合代表委員を欠くとき、あるいは労働者数が50人を下回る企業において組合代表委員として指名された従業員代表委員を欠くとき、企業委員会または単一従業員代表委員会において従業員から選出された代表、あるいは、それを欠くときは、従業員代表委員が、その実施が集団協定についての法律によって規律されている措置について交渉をし、集団協定を締結することができるが、ただし、L.1233-21条記載の集団協定は除かれる。

当該企業が属する産業部門における代表的労働組合組織は交渉開始の決定を当該使用者によって通知されるものとする。

産業部門別同数委員会はその伝達から4ヶ月以内に当該協定の有効性について言い渡すものとし、これを欠くときは、当該協定は有効となったとみなされる。

L.2232−22条

L.2232-21条に従って交渉され、締結された企業別または事業所別協定の有効化は、直近の職場選挙の際に有効投票の過半数を代表する、企業委員会、または、それを欠くときは、従業員代表委員で選出された名義人による締結に服し、かつ産業部門別同数委員会による承認に服する。産業部門別同数委員会は当該集団協定が適用される法律、行政立法、または協約上の規定に反しないかを審査するものとする。

上記2つの要件のうちの1つでも満たされないとき、当該協定は書かれなかったものとみなされる。

産業部門別協定で異なる定めがあるときを除き、産業部門別同数委員会は当該産業部門におけるそれぞれの代表的労働組合組織から各1名の正代表および1名の補欠代表、およびこれと同数の使用者の職業団体の代表を含むものとする。

L.2232−23条

L.2232-21条所定の交渉で経過した時間はL.2315-1条およびL.2325-6条所定の代表活動時間に繰り入れられないものとする。L.2232-21条の適用のもとでの交渉の参加のために呼び出された各参加資格者は一定時間内でその任務の実行に必要な時間を用いることができるが、この時間は、例外状況を除いて、1ヶ月毎に10時間を超えることができない。代表活動時間は法律上当然に労働時間として考慮され、通常の履行期に賃金が支払われる。代表活動時間としての利用に異議を有する使用者は司法裁判官に対して提訴するものとする。

第2目　1または複数の委任された労働者による締結
L.2232−24条

組合代表委員を欠く企業においてかつ不存在の調書が従業員から選出された代表を欠くことを証明したとき、企業別または事業所別協定は当該産業部門における1または複数の代表的労働組合組織によって明文で委任された1または複数の労働者によって交渉され、締結されることができる。これらの集団協定はその実施が集団協定に関する法律に服する措置を射程とし、ただしL.1233-21条で定められた集団協定は除かれる。この目的のために、1つの労働組合組織は1人限りの労働者にしか委任できない。

当該企業が属する産業部門における代表的労働組合組織は交渉開始の決定を当該使用者によって通知されるものとする。

L.2232−25条

委任された各労働者は一定時間内でその任務の実行に必要な時間を用いることができるが、この時間は、例外状況を除いて、1ヶ月毎に10時間を超えることができない。代表活動時間は法律上当然に労働時間として考慮され、通常の履行期に賃金が支払われる。代表活動時間としての利用に異議を有する使用者は司法裁判官に対して提訴するものとする。

L.2232−26条

その者が有する権限を理由として、使用者と同一視されうる労働者、並びにL.2324-15条第1項記載の使用者と結ばれた労働者は、委任を受けることができない。

L.2232−27条

一人の委任された労働者によって署名された協定はデクレによって定められた条件においてかつ選挙法の一般原則を遵守する限りで、有効投票の過半数の労働者によって承認されなければならない。

承認を欠くとき、当該協定は書かれていないものとみなされる。

第3目　組合代表委員を欠く企業において締結された協定の交渉、有効化、改訂、および破棄通告の条件
L.2232−27−1条

使用者および被選任者または委任された当該企業の労働者との間の交渉は以下の規範を遵守しつつ展開するものとする。すなわち：
1号　使用者に対する交渉者の独立
2号　交渉者による協定案の共同作成
3号　労働者との協議
4号　当該産業部門の代表的労働組合組織とのつながりを利用する自由

他方で、当該交渉に先立って名義人または委任された労働者に渡される情報は彼らと使用者

との間の協定によって定められるものとする。

L.2232−28 条
　第1目および第2目で定められた様式に従って締結された企業別または事業所別協定は行政立法所定の条件における行政機関に対するその届出の後にしか適用下に入らず、加えて、届出について、第1目で定められた様式に従って締結された協定に関しては、管轄を有する産業部門の全国同数委員会における有効化の調書の抄本を添付するものとする。

L.2232−29 条
　第1目および第2目で定められた様式に従って締結された企業別または事業所別協定はこれらの目のそれぞれに記載の様式に従って署名した使用者、従業員から選出された代表者、またはこの目的で委任された労働者によって更新し、改訂し、あるいは破棄通告することができる。

第4節　グループ協約またはグループ協定
L.2232−30 条
　グループ協約またはグループ協定はグループの構成員である企業の全部または一部から構成されるその適用範囲を定めるものとする。

L.2232−31 条
　グループ協約またはグループ協定は以下の者の間で交渉されるものとする。すなわち：
　－一方では、支配的企業の使用者または当該協約または協定の適用範囲において利害関係を有する企業の使用者から、この目的のために委任された、1または複数の代表者
　－他方では、当該グループまたは当該協約あるいは協定の適用範囲において利害関係を有する企業全体における代表的労働組合組織

L.2232−32 条
　問題となる交渉のために、代表的労働組合組織は当該グループの組合代表委員の中から選ばれ、当該グループ協約またはグループ協定について交渉し、署名する権限を有する1または複数のグループ組合統括者を指名することができる。

L.2232−33 条
　グループ協約またはグループ協定は企業別協約または協定と同じ効力を得るものとする。

L.2232−34 条
　グループの全部または一部の中で締結された協定の有効化はこの協定の区域に含まれる企業において企業委員会または単一従業員代表委員会、あるいは、それがないときには、従業員代表委員の直近の選挙における第1回投票において、投票者数のいかんにかかわらず、有効投票の少なくとも30％の支持を獲得した、1または複数の代表的労働組合組織の署名に服し、かつこれらと同じ区域における同じ選挙において、投票者数のいかんにかかわらず、有効投票の過半数の支持を獲得した1または複数の代表的労

働組合組織の異議申立がないことを要する。
　異議申立てはこの協定の通知の日付から起算して8日の期限内に、L.2231-8 条所定の条件において、示されるものとする。

L.2232−35 条
　グループ協約またはグループ協定はこのグループに属する企業または事業所が属する産業部門別協約または職種別協定によって適用される規定を適用除外する規定を含むことはできないが、ただしこれを認めるこれらの産業部門別協約または職種別協定の明文の規定がある場合は除かれる。

第3章　公的部門において締結される労働協約および集団協定
L.2233−1 条
　公企業および商工業的公施設法人および行政的公施設法人および商工業的公施設法人の公役務を同時に任務とするデクレによって定められた公施設法人において、これらの法人が私法上の条件で従業員を雇用するとき、雇用条件および労働条件並びに福利厚生の条件は、特別の身分規程に服することのない従業員の領域に関するものについては、本編の規定に従って締結される協約または協定によって決定することができる。
　これらの規定は従業員の一定の範囲が当該公企業または公施設法人と同じ身分規程によって規律されているとき私企業に対して適用される。

L.2233−2 条
　L.2233-1 条記載の企業および法人において、企業別協約または協定は身分規程の規定を補足しまたは当該身分規程によって定められた限りにおいてその適用の様式を決定することができる。

L.2233−3 条
　拡張適用のアレテの対象となった産業部門別協約または職種別協定あるいは職際協定の規定は、特定の身分規程に属さない従業員の範囲に関するものについては、その従事する活動を理由として、アレテに記載された適用範囲内にある、L.2233-1 条記載の企業および法人に適用される。

第4章　地方同数委員会
L.2234−1 条
　職種別または職際同数委員会は地方、県、または地域圏レベルで、L.2231-1 条所定の条件において締結された協定により、創設することができる。
　第1項の適用のもとで結ばれる協定はこれらの委員会の構成は本巻第1部第2編第2章で所定の支持率調査の結果を考慮することを定めることができる。これらの協定はまた、これらの委員会が L.2234-2 条で定められた任務の一部についてしか従事しないことを定めることができる。
L.2234−2 条
　同数委員会は、以下のことを行う。すなわち：

84

−251−

1号　とりわけ雇用および継続職業教育に関して、労働協約および集団協定の作成および適用に協力すること、地方間協定の交渉および締結をすること

2号　個別的および集団的異議申立てを審査すること

3号　利害関係のある労働者の雇用条件および労働条件に関する他のあらゆる問題を審査すること

L. 2234−3条

職種別または職際同数委員会を創設する協定は、交渉に参加する労働者のために、同数委員会の協議においてと同様に、欠勤の権利の行使の様式、賃金の喪失の補償、または賃金の維持、並びに出張費の補償に関する定めをするものとする。

これらの協定はまたこれらの委員会の構成員たる労働者の解雇に対する保護の様式およびこれらの労働者が保護される労働者に関する第4部の規定によって定められた保護を享受する条件を定めるものとする。

第5章　刑罰規定
(本章は法律上の規定を含まない)

第4編　義務的交渉の領域および区域
第1章　産業部門別および職種別交渉
第1節　年次交渉
L. 2241−1条

産業部門別労働協約、または、それを欠くときには、職種別協定によって拘束される組織は、少なくとも1年に1回、賃金について交渉するために集まらなければならない。

これらの交渉は女性および男性の間の職業上の平等という目的も考慮するものとする。

L. 2241−2条

賃金についての交渉は、当事者にとって、少なくとも1年に1回、当該産業部門において以下の資料を検討する機会である。すなわち：

1号　経済的発展、当該産業部門における雇用の状況、その特定の1年単位または数年にわたる展開および見通し、とりわけ期間の定めのある労働契約に関する展開および見通し並びに派遣労働者の職務

2号　これらの見通しを考慮して検討される可能性のある予防的活動

3号　場合によっては、職階別最低賃金の見地からの、職務領域間および性別間の実賃金の展開

交渉に必要な情報は行政立法によって定めるものとする。

第2節　3年毎の交渉
第1款　女性および男性の間の職業上の平等
L. 2241−3条

産業部門別労働協約、または、それを欠くときには、職種別協定によって拘束される組織は、3年毎に女性および男性の間の職業上の平等の保障に努めるための措置および認識されている不平等を改善するよう努める調整措置について交渉するために集まるものとする。

第2款　労働条件および雇用能力予測管理
L. 2241−4条

産業部門別労働協約、または、それを欠くときには、職種別協定によって拘束される組織は少なくとも3年に1回、労働条件、雇用能力予測管理、および、とりわけ職業キャリアの予測および職業教育の見地からの、高年齢者の雇用について、さらに労働に伴う苦痛の考慮について、交渉するために集まるものとする。

また、これらの組織は3年毎にL.2242-15条およびL.2242-16条で定められた事項について交渉するために集まるものとする。

第3款　障碍のある労働者
L. 2241−5条

産業部門別労働協約、または、それを欠くときには、職種別協定によって拘束される組織は、3年毎に、障碍のある労働者の雇用における職務復帰およびその雇用の維持に努める措置について交渉するために集まるものとする。

当該交渉はとりわけ雇用、職業教育、および職業上の昇格へのアクセスの条件、並びに労働条件、雇用条件、および雇用の維持の条件を射程とするものとする。

交渉に必要な情報は行政立法で定めるものとする。

第4款　職業教育および見習制度
L. 2241−6条

産業部門別労働協約、または、それを欠くときには、職種別協定によって拘束される組織は少なくとも3年に1回、労働者の職業教育の優先順位、対象、および手段について交渉するために集まるものとする。

この交渉はとりわけその職業領域およびその企業の規模に応じた労働者の職業教育へのアクセスの平等、職業教育に対する個別の権利の移植可能性、経験の獲得の有効化、資格証書へのアクセス、職業指導および職業教育パスポートの実施、チューター制の発展、およびチューターの職務の適正評価、あるいは見習指導者制度を射程とし、特に55歳を超える高年齢労働者によるその実施およびその実施条件を対象とする活動を射程とするものとする。

前項で定める経験の獲得の有効化についての交渉は以下を射程とする。すなわち：

1号　L.6314-1条記載の職業資格の獲得のために実施される経験の獲得の有効化活動についての企業および労働者に関わる情報の様式

2号　集団的あるいは個別的枠組みにおいて、労働者の経験の獲得の有効化へのアクセスを促進する独自の条件

3号　審査委員会または経験の獲得の有効化への労働者の参加に関する支出について労使同数の公認共同機関によって負担される様式

第3節　5年毎の交渉
第1款　格付け
L.2241－7条
　　産業部門別労働協約、または、それを欠くときには、職種別協定によって拘束される組織は、少なくとも5年に1回、格付けを改訂する必要性を検討するために集まるものとする。
　　これらの交渉は女性および男性の間の職業上の平等という目的を考慮するものとする。

第2款　賃金貯蓄
L.2241－8条
　　産業部門別労働協約、または、それを欠くときには、職種別協定によって拘束される組織は、これについて定めるこのレベルにおいて締結されたいかなる協定も存在しないときには、5年毎に1または複数の企業間貯蓄計画または企業間企業年金積立計画の制度について交渉を開始するために集まるものとする。

第4節　年次交渉および5年毎の交渉に共通の規定
L.2241－9条
　　L.2241-1条およびL.2241-7条所定の年次交渉および5年毎の交渉はまた、女性および男性の間の報酬の格差を取り除くことを可能とする措置を定め、計画することを目的とする。

L.2241－10条
　　女性および男性の間の賃金の平等に関する2006年3月23日の法律2006-340号の審署以降、年内に使用者側当事者の発意がないとき、L.2231-1条における代表的労働組合組織の請求後15日以内に当該交渉は開始されるものとする。

L.2241－11条
　　年次交渉および5年毎の交渉の後に締結された報酬の格差を取り除くことを目的とする協定はL.2231-6条で定められた条件において行政機関に対する届出の対象となる。
　　この機関に対する協定の届出または、両当事者のその最終的な状態における協定案を含む、不一致の調書の伝達を欠くとき、L.2261-20条記載の合同委員会がL.2241-9条所定の交渉を開始し、または継続するために労働大臣の発意により招集されるものとする。

L.2241－12条
　　合同委員会は交渉が信義誠実に行われない場合にL.2241-11条所定の条件において招集されるものとする。
　　交渉の信義誠実な実施とは使用者側の当事者が事情を完全に理解して交渉することを可能にするのに必要な情報を労働組合組織に通知していたことおよび労働組合組織の随時の提案に対して合理的な方法で回答したことを含意する。

第2章　企業における義務的交渉
第1節　義務的交渉の様式
L.2242－1条
　　1または複数の代表的組合の企業内組合支部がある企業においては、当該使用者は毎年、本章所定の事項についての交渉を実施するものとする。
　　先の交渉後12ヶ月を超えて当該使用者の発意がないとき、交渉は代表的組合組織の要求に応じて義務的に実施されるものとする。
　　労働組合組織によって申し立てられた交渉の要求は8日以内に当該使用者によって他の代表的労働組合に対して伝達されるものとする。

L.2242－2条
　　第1回協議に際しては以下を明確にするものとする。すなわち：
1号　協議の場所およびスケジュール
2号　当該使用者が組合代表委員および本章所定の事項についての代表を構成する労働者に対して提出されることとなる情報およびこの提出の日付。これらの情報は雇用および職業資格に関する男性および女性の状況、支払われる賃金、実労働時間、および労働時間編成の比較分析か可能でなければならない。これらの情報はこれらの状況の根拠を明らかにするものとする。

L.2242－3条
　　当該交渉が本節の規定に合致する限りにおいて、使用者は、扱われている事項について、労働者の集団に関わる一方的な決定をすることはできない。ただし、緊急性がこれを正当化する場合は除かれる。

L.2242－4条
　　当該交渉の終了時に、いかなる協定も締結されなかった場合、不一致の調書が作成され、そこには、その最終的な状態における、当事者それぞれの提案および当該使用者が片務的に適用することに合意する措置を記入するものとする。

第2節　年次交渉
第1款　女性および男性の間の職業上の平等
L.2242－5条
　　使用者は毎年当該企業における女性および男性の間の職業上の平等を対象として、並びにこれに達することを可能とする措置について交渉を実施するものとする。この交渉は、必要に応じて当該企業における特別な状況を考慮した指標によって補足された、L.2323-57条所定の比較状況報告書に記される要素に依拠するものとする。この交渉はとりわけ雇用、職業教育、および職業上の昇格へのアクセスの条件、労働条件並びに雇用条件、特にパートタイム労働者のそれ、および職業生活と家族的責任との間の関係を射程とするものとする。
　　この交渉はまた、社会保障法典L.241-3-1条の適用及び当該使用者が保険料の補足の全部または一部を負担することができる条件について射程とするものとする。
　　これらの目的および措置を含む協定が当該企業において署名されたとき、交渉の周期は3年になるものとする。

L.2242－5－1条
　　少なくとも50人の労働者を有する企業は

L.2242-5 条記載の職業上の平等に関する協定
または、それを欠くときは、L.2323-47 条およ
び L.2323-57 条所定の報告書において定められ
た行動計画を構成する目的および措置によって
カバーされないとき使用者の責任についての刑
罰に服する。協定および行動計画の目的および
措置の実現の追跡監視の様式はデクレにより定
める。
　本条第 1 項所定の刑罰の額は社会保障法典
L.242-1 条および農事・海洋漁業法典 L.741-10
条第 1 項報酬の 1％を上限に定められ、当該企
業が協定または本条第 1 項記載の行動計画によ
ってカバーされていない期間について労働者ま
たはこれと同視される者に対して払い込まれる
ものとする。当該金額は、コンセイユ・デタに
おいてデクレによって規定される条件内で、女
性および男性の間の職業上の平等並びに本項に
おいて定められた義務の遵守に関するその不履
行の理由について当該企業において認められた
努力に応じて、行政機関によって定められる。
　この刑罰の収入は社会保障法典 L.135-1 条記
載の基金に充当される。

L.2242－6 条
　L.2242-5 条所定の規定を妨げない限りで、本
章の適用下で展開される企業における義務的交
渉は女性および男性の間の職業上の平等という
目的を考慮するものとする。

L.2242－7 条
　当該使用者が各年について支払うべき実賃金
についての交渉は、L.2242-8 条 1 号の規定に従
い、女性および男性の間の報酬の格差を取り除
くことを可能とする措置を定め、計画すること
をも目的とするものとする。
　女性および男性の間の賃金の平等に関する
2006 年 3 月 23 日の法律 2006-340 号の審署以
降、年内に使用者側当事者の発意がないとき、
L.2231-1 条における代表的労働組合組織の請
求後 15 日以内に当該交渉は開始されるものと
する。

第 2 款　賃金および労働時間
L.2242－8 条
　毎年、使用者は以下を射程とする義務的年次
交渉を実施するものとする。すなわち：
1 号　実賃金
2 号　実労働時間および労働時間編成、とりわ
　　　けパートタイム労働の実施または労働時
　　　間の増加については労働者の請求に応じ
　　　て交渉するものとする。
　この交渉はまた労働時間の構成または削減を
射程とすることもできる。

L.2242－9 条
　年次交渉は当該企業における雇用の発展につ
いて当事者により検討する場であり、とりわけ
以下の点について検討されるものとする。すな
わち：
1 号　期間の定めのある労働契約の数、派遣労
　　　働者の職務、利害関係者が就労する労働
　　　日数

2 号　当該企業において生じる雇用の年単位ま
　　　たは複数年単位の見通し

L.2242－9－1 条
　年次交渉は当該使用者により L.2231-1 条記
載の労働組合組織または使用者団体に対して労
働者の配置についての情報をもたらすものとす
る。
　L.2242-1 条所定の年次交渉義務に服さない
企業においては、当該使用者はそれを請求する
労働者に対して L.2231-1 条記載の労働組合組
織または使用者団体に対しての労働者の配置に
ついての情報を伝達するものとする。

L.2242－10 条
　実賃金についての企業別集団協定は、
L.2231-6 条所定の条件において、当事者それぞ
れの提案を記入した、女性および男性の間の報
酬の格差を射程とする交渉の実施の調書を伴っ
てのみ、行政機関に対して届け出ることができ
る。
　当該調書は当該使用者が信義誠実に当該交渉
を実施したことを証明するものとする。交渉の
信義誠実な実施とは当該使用者が当該交渉に当
該企業における代表的労働組合組織を招請し、
かつ協議の場所およびスケジュールを定めたこ
とを含意する。当該使用者はまた、代表的労働
組合組織に対し、彼らが事情を完全に理解して
交渉することを可能にするのに必要な情報を労
働組合組織に通知し、かつ労働組合組織の随時
の提案に対して合理的な方法で回答しなければ
ならない。

第 3 款　疾病の相互扶助
L.2242－11 条
　労働者が疾病の相互扶助の制度の様式を定め
る産業部門別協約または企業別協定によってカ
バーされないとき、当該使用者は毎年この主題
についての交渉を実施するものとする。
　これらの企業において、区別される事業所ま
たは事業所グループを含むとき、この交渉はこ
れらの事業所または事業所グループレベルで行
うことができるものとする。
　農事・海洋漁業法典 L.722-1 条 3 号記載の森
林労働の企業においては、第 1 項および第 2 項
所定の交渉は社会保障法典 L.911-2 条記載の集
団的保障へのアクセスを射程とするものとする。

第 4 款　利益参加、参加、および賃金貯蓄
L.2242－12 条
　労働者が利益参加協定、参加協定、企業別貯
蓄計画、企業間企業年金積立計画、またはこれ
らの規定の 1 または複数の制度を含む産業部門
別協定によってカバーされていないとき、当該
使用者は、毎年、この目的の交渉を実施するも
のとする。
　使用者はまた、毎年、必要があれば、L.3334-1
条記載の企業間企業年金積立計画の枠内での拠
出金額の部分の割当および L.3334-13 条記載
の連帯基金の持分の取得について交渉するもの
とする。同様の義務は使用者グループに対して
も課される。

87

第5款　障碍のある労働者
L. 2242－13 条
　　使用者は、毎年、障碍のある労働者の職業上の復帰および当該雇用の維持に関する措置について交渉を実施するものとする。
　　当該交渉はとりわけ以下について射程とする。すなわち：
1号　雇用、職業教育、および職業上の昇格へのアクセスの条件
2号　労働条件および雇用条件
3号　当該企業の従業員全体の障碍についての啓発活動
　　上記の措置を含む集団協定が当該企業において署名されている時、交渉の周期は3年となるものとする。

L. 2242－14 条
　　障碍のある労働者の職業上の復帰および当該雇用の維持についての交渉は L.5212-1 条以下に所定の障碍のある労働者の雇用義務に関する状況をあきらかにする使用者によって作成された報告書に基づいて執り行われるものとする。

第3節　3年毎の交渉
単一款　雇用予測管理および経営上の配置転換予防措置
L. 2242－15 条
　　300 人以上の労働者を有する L.2331-1 条における企業および企業グループ、並びにフランスにおいて150 人の労働者を有する事業所または企業を少なくとも1つ含む L.2341-1 条および L.2341-2 条における共同体レベルの企業および企業グループにおいては、使用者は3年毎に以下を射程とする交渉を実施するものとする。すなわち：
1号　当該企業の戦略並びにその予測される雇用および労働者に対する効果について企業委員会に情報提供および諮問する様式
2号　雇用能力予測管理制度の実施、これについての企業委員会に対する情報提供、並びにそれに関連して付随しうる措置、特に職業教育、経験の獲得の有効化、職業能力診断、並びに労働者の職業的および地理的移植可能性の支援について

L. 2242－16 条
　　L.2242-15 条所定の交渉はまた以下を射程とすることができる。すなわち：
1号　本条所定の様式に応じて、L.1233-21 条および L.1233-22 条記載の事項について
2号　経済および技術発展により脅かされる雇用領域の職業資格について

L.2242-17 条（2010 年 12 月 29 日の法律 2010-1657 号により削除）

L. 2242－18 条
　　グループ別協定が L.2242-15 条記載の3年毎の交渉範囲に含まれる主題について締結された場合、当該グループ協定の範囲に含まれる企業は同条所定の交渉の義務を満足したものとみなされる。

L. 2242－19 条
　　300 人以上の労働者を有する企業、並びに L.2331-1 条および L.2341-3 条記載の企業で、全体として 300 人以上の労働者を雇用するものにおいては、L.2242-15 条および L.2242-16 条所定の雇用予測管理および経営上の配置転換予防措置についての交渉はまた復帰の条件並びに高年齢労働者の雇用の維持およびその職業教育へのアクセスについても射程とするものとする。

L. 2242－20 条
　　300 人以上の労働者を有する企業、並びに 300 人以上の労働者を雇用する L.2331-1 条および L.2341-3 条記載の企業においては、L.2242-15 条所定の交渉はまた労働組合の責任を行使する労働者のキャリアの展開およびその職務の実施についても射程とするものとする。

第3章　刑事規定
L. 2243－1 条
　　年次交渉の当事者の召喚および交渉の周期性の義務に関する、L.2242-1 条所定の義務を免れる行為は、1 年の拘禁刑および 3,750 ユーロの罰金の制裁を受ける。

L. 2243－2 条
　　義務的年次交渉の内容に関する、L.2242-5 条、L.2242-8 条、L.2242-9 条、L.2242-11 ないし 14 条、および L.2242-19 条所定の義務を免れる行為は、1 年の拘禁刑および 3,750 ユーロの罰金の制裁を受ける。

第5編　協約および協定の相互関係
第1章　協約または協定と法律および行政立法の間の関係
L. 2251－1 条
　　協約または協定は現行の法律上の規定よりも労働者にとってより有利な条項を含むことができる。協約または許定は公序の性質を帯びる規定を適用除外することはできない。

第2章　産業部門別または職種別協定とより広い地域的または職業的範囲をカバーする協定の間の関係
L. 2252－1 条
　　産業部門別協約または職種別あるいは職際協定はより広い地域的または職業的範囲をカバーする協約または協定に基づいて適用される条項よりも不利な条項を含むことができるが、ただし、この協約または協定が明文でその全部または一部について適用除外することができない旨を定めているときは除かれる。
　　当該協約または協定よりも上位のレベルの協約または協定が締結されるとき、当事者は上位のレベルの協約または協定の条項がそれを明文で規定している場合には労働者にとって不利な旧協約または協定の条項を適応させるものとする。

88

第3章　企業別または事業所別協定とより広い地理的または職業的範囲をカバーする協定の間の関係

L.2253−1条

　企業別または事業所別協約または協定は当該企業または事業場に特有の条件をつけて当該企業において適用される産業部門別協約または職種別あるいは職際協定の条項を適応させることができる。

　協約または協定はまた新たな条項および労働者にとってより有利な条項も含むことができる。

L.2253−2条

　産業部門別労働協約または職種別あるいは職際協定が本部にしたがって交渉された企業別または事業所別の協約または協定の締結の後に当該企業に適用されるようになるとき、これらの企業別または事業所別の協約または協定の条項は結果として適応される。

L.2253−3条

　最低賃金、格付け、社会保障法典 L.912-1 条記載の補足的集団的保障、および職業教育基金の共済組合化に関しては、企業別または事業所別の協約または協定は産業部門別協約または職種別あるいは職際協定の条項を適用除外する条項を含むことができない。

　他の事項においては、企業別または事業所別の協約または協定はより広い地理的または職種的範囲をカバーする協約または協定に基づいて適用される条項の全部または一部を適用除外する条項を含むことができるが、ただし、この協約または協定が異なる定めをする場合は除かれる。

L.2253−4条

　L.2253-3 条の規定を妨げない限りで、企業別または事業所別の協約または協定の賃金条項は当該企業において適用される産業部門別協約または職種別あるいは職際協定によって決定される賃金の増額の適用について特別な様式を規定することができる。

　しかしながら、一方では、全体としての賃金額の引き上げは当該労働者について上記の協約または協定により合意された増額の適用から生じる引き上げと少なくとも同等でなければならず、他方で、職務等級別最低賃金は遵守されなければならない。

第4章　労働協約および集団協定と労働契約の間の関係

L.2254−1条

　使用者が協約または協定の条項に拘束されるとき、これらの条項は当該使用者と締結された労働契約に適用されるが、ただし、より有利な条項は除かれる。

第6編　労働協約および集団協定の適用
第1章　協約および協定の適用要件
第1節　発効日

L.2261−1条

　協約および協定は、これに反対の条項がある場合を除き、行政立法で定める条件において、管轄を有する機関に対してこれを届け出た翌日から、適用されるものとする。

第2節　適用される労働協約の決定

L.2261−2条

　労働協約は当該使用者により営まれる主たる事業活動がこれに属するものが適用される。

　ある協約の範囲の企業と合併することによりこの基準の適用を不確かにする事業活動の多元性が生じる場合、労働協約および職種別協定は、相互の約定によりおよび同一の性質を有することにより、当該企業がこれに適用される協約および協定を定める様式を規定することができる。

第3節　加入

L.2261−3条

　あらゆる代表的労働組合組織並びにあらゆる労働組合組織あるいは使用者団体または使用者は個別に協約または協定に加入することができる。

　しかしながら、その者が営むまたはその組織の加入者が営む事業活動が当該協約または協定の適用範囲に入らない場合、その加入は、場合に応じて、L.2261-5 条または L.2261-6 条の規定に服するものとする。

　加入は当該協約または協定の署名者に通知され、かつ行政立法により規定された条件における、その者またはその組織の加入者による、届出の対象となるものとする。

L.2261−4条

　当該協約または協定の適用範囲における労働組合組織または代表的使用者組織が産業部門別労働協約あるいは職種別または職際協定の条項の全体に加入するとき、この組織は署名当事者と同一の権利および義務を有するものとする。

　この組織はとりわけ同数機関の議席を占めることおよび当該産業部門別労働協約あるいは職種別または職際協定により創設された制度の管理に参加すること、並びに問題となる条文の修正または改訂を射程とする交渉に参加することができるものとする。

L.2261−5条

　当該加入がある地理的または職業的領域において適用される産業部門別労働協約あるいは職種別または職際協定をその適用範囲に含まれないようにすることを目的とする場合、当該加入は L.2231-1 条の規定による利害当事者およびこの協約または協定の署名当事者との間の集団協定の形態を取らなければならない。

L.2261−6条

　当該企業が、あるいは産業部門別協約の、あるいは職種別または職際協定の、地理的または職業的適用範囲に入らないとき、そうした協約または協定への当該使用者の加入は、この主題についての交渉の後、L.2232-16 条記載の組織の承認に服するものとする。

89

第4節　改訂
L.2261−7条
　協約または協定の署名者あるいはこれに
L.2261-3条の規定に従って加入した、代表的労
働組合組織は、第3編第2章所定の条件におい
て、単独でこの協約または協定の改訂を射程と
する付加文書に署名することができるものとす
る。

L.2261−8条
　協約または協定の全部または一部の改訂を射
程とする付加文書は法律上当然に当該付加文書
が修正する対象である協約または協定の条項に
置き換わるものとする。
　当該付加文書は、L.2231-6条所定の届出の条
件において、当該協約または協定に拘束される
使用者および労働者全てに対して対抗できる。

第5節　破棄通告
第1款　手続
L.2261−9条
　期間の定めのない協約および協定は署名当事
者により破棄通告がなされうるものとする。
　明文の条項を欠くとき、当該破棄通告に先行
すべき予告期間は3ヶ月とする。
　破棄通告はその実施者により当該協約または
協定の他の署名当事者に対して通知されるもの
とする。
　破棄通告は行政立法により規定される条件に
おいて届出がなされるものとする。

第2款　使用者側または労働者側の署名者全てに
　　　　よる破棄通告
L.2261−10条
　破棄通告が使用者側の署名者または労働者側
の署名者の全体から発せられるとき、当該協約
または協定はこれに置き換わる協約または協定
が発効するまで、または、これを欠くときは、
予告期間満了から起算して1年の期間の間、そ
の効果を発し続けるものとするが、ただし、こ
れを上回る期間を規定する条項がある場合は除
かれる。
　新たな交渉は、利害関係のある当事者のうち
の一組織の請求に応じて、当該破棄通告の日付
から3ヶ月以内に開始されるものとする。
　L.2261-12条所定の条件における協約または
協定の破棄通告の場合においても、当該破棄通
告に関係する領域の、利害関係のある労働者の
代表的組合組織の1つによる請求により、同様
に行われるものとする。
　当該協約または協定の署名者たる労働組合組
織の1つがこの協約または協定の適用範囲にお
いて代表的組織の資格を失うとき、この条文の
破棄通告はこれが第3編第2章所定の条件にお
いて有効投票の過半数を獲得したその適用範囲
における1または複数の代表的労働組合組織か
ら発せられた場合にしか効果を有さない。

第3款　使用者側または労働者側の署名者の一部
　　　　による破棄通告
L.2261−11条
　破棄通告が使用者側または労働者側の署名者

の一部のみによってなされるとき、当該破棄通
告は他の署名当事者の間での当該協約または協
定の効力の維持を妨げない。
　この場合において、当該協約または協定の規
定は当該破棄通告の実施者に対してはこれに置
き換わる協約または協定が発効するまで、また
は、これを欠くときは、予告期間満了から起算
して1年の期間の間、その効果を発し続けるも
のとするが、ただしこれを上回る期間を規定す
る条項がある場合は除かれる。

L.2261−12条
　産業部門別労働協約あるいは職種別または職
際協定の破棄通告が署名者のうちの、使用者側
にせよ、労働者側にせよ、破棄通告される条文
の適用範囲に含まれる地理的または職業的領域
に関係する、1組織のみから発せられるとき、
この適用範囲は結果として修正される。

第4款　既得の個別の利益の維持
L.2261−13条
　破棄通告された協約または協定が予告期間満
了から起算して1年の期限内に新たな協約また
は協定によって置き換わらなかったとき、当該
企業の労働者は、当該協約または協定の適用の
もとで、この期間満了の時点において、その者
が獲得済みの個別の利益を保持するものとする。
　破棄通告された協約または協定が1年を超え
る期間の間その効力を発し続けることを規定す
る条項があるとき、第1項の規定はこの期間の
満了のときから適用される。

第6節　再検討
L.2261−14条
　労働協約または集団協定の適用が特定の企業
においてとりわけ合併、事業譲渡、または事業
活動の変更を理由として再検討されるとき、こ
の協約または協定はこれに置き換わる協約また
は協定が発効するまでの間、または、これを欠
くときには、L.2261-9条所定の予告期間満了時
から起算して1年の間、その効果を発し続ける
ものとするが、ただしこれを上回る期間を規定
する条項がある場合は除かれる。
　再検討される協約または協定が第1項で定め
た期間内に新たな協約または協定によって置き
換えられないとき、当該企業の労働者は、当該
協約または協定の適用のもとで、この期間満了
の時点において、その者が獲得済みの個別の利
益を保持するものとする。
　新たな交渉は当該企業において、新たに適用
される協約の規定の適応についてにせよ、新た
な条項の作成についてにせよ、利害関係のある
当事者のうちの一組織からの請求に応じて、当
該見直し後3ヶ月以内に、実施されなければな
らない。

L.2261−14−1条
　協約または協定の署名者たるあらゆる労働組
合組織についてその代表的組合としての資格の
喪失はこの協約または協定の再検討をもたらさ
ないものとする。

90

第7節　拡大適用および拡張適用
第1款　原則
L.2261-15条

産業部門別協約あるいは職種別協定または職際協定の条項は、第2款により定められた特別な条件に応じて、労働大臣のアレテにより、団体交渉全国委員会の合理的であるという意見を受けて、この協約または協定の適用範囲に含まれるすべての労働者および使用者に対してこれを義務付けることができる。

協約または協定の効果および制裁の拡張適用は対象となる当該協約または協定所定の期間および条件に応じてなされるものとする。

L.2261-16条

労働大臣はまた、第3款所定の拡張適用手続に従い、アレテにより、拡張適用された協約または協定の付加文書または付属分書を義務付けることができる。

拡張適用された協約または協定の付加文書または付属文書の拡張適用は準拠する協約または協定の適用範囲において効果を有するが、ただし、異なる適用範囲を定める明文の規定がある場合は除かれる。

L.2261-17条

特定の活動部門または地理的領域において協約または協定の締結の持続的な不可能性として現れる労働組合組織または使用者組織の欠缺または不存在の場合、労働大臣は、利害関係のあるまたはその独自の発意による代表的組合組織の請求に応じて、団体交渉全国委員会の構成員の過半数による書面によりかつ合理的な理由のある異議申立がある場合を除き、以下のことをなしうる。

1号　当該地理的領域において、異なる地理的領域においてすでに拡張適用されている産業部門別協約または協定を義務付けること。拡大適用のアレテの対象となる地理的領域は拡張適用がすでになされた領域のものと類似の経済的条件を示すものでなければならない。

2号　当該職業領域において、すでに他の職業領域で拡張適用されている職種別協定または協定を義務付けること。拡大適用のアレテの対象となる職業領域は、従事する雇用に関して、拡張適用がすでになされた領域のものと類似の条件を示すものでなければならない。

3号　ある拡張適用された職際協定の適用範囲に含まれていない1または複数の活動部門にその適用を義務付けること。

4号　協約または協定の拡大適用が前項に従って命じられたとき、この拡大適用により定められた領域においてその後に拡張適用された付加文書または付属文書を義務付けること。

L.2261-18条

産業部門別協約が少なくとも5年間付加文書または付属文書の対象とならなかったか、あるいは、協約を欠いて、少なくとも5年間そこで協定が締結されなかったとき、この状況はL.2261-17条における組合組織の欠缺または不存在の場合と同一視することができ、同条所定の手続の適用をもたらしうる。

第2款　協約および協定の拡張適用の条件
L.2261-19条

産業部門別協約あるいは職種別協定または職際協定、その付加文書または付属文書は、拡張適用されるために、同数委員会において事前に交渉され、その旨が締結されなければならない。

この委員会は当該適用範囲における使用者の組合組織の代表および代表的労働組合組織で構成されるものとする。

L.2261-20条

使用者の組合組織および代表的労働組合組織のうちの一組織の請求に応じて、またはその独自の発意により、行政機関は混合同数委員会の協議を促すことができる。

これらの組織のうちの2つがその請求をなすとき、行政機関は混合同数委員会を招集するものとする。

L.2261-21条

混合委員会を構成する代表の多数を射程とする事案においては、代表はコンセイユ・デタのデクレにより定められた条件で招集される。

L.2261-22条

Ⅰ．全国レベルで締結された産業部門別協約は、拡張適用されるためには、以下の条文に所定の、交渉および締結の規範についての定めを射程とする条項を含むものとする。すなわち:

1号　地理的および職業的適用範囲に関するL.2222-1条およびL.2222-2条

2号　更新、改訂、および破棄通告に関するL.2222-5条およびL.2222-6条

3号　労働者の交渉への参加についての保障に関するL.2232-3条およびL.2232-9条

Ⅱ．さらに、当該産業部門別協約は以下を射程とする条項を含むものとする。すなわち:

1号　組合の権利の行使および労働者の意見表明の自由、労働組合の責任を行使する労働者のキャリアの展開およびその職務への従事

2号　従業員代表委員、安全衛生労働条件委員会、企業委員会、およびこれらの委員会によって運営される社会的および文化的活動の財務

3号　職務の格付けおよび職業資格のレベルの決定に資する主要な要素

4号　無資格の労働者の職業別全国最低賃金および職種別カテゴリーごとに適用される賃金の算定に影響する要素のすべて、並びにその改訂について定める手続および周期性

5号　有給休暇

6号　労働者の募集の条件

7号　労働契約の破棄の条件

8号　職業生活全体にわたる職業教育の体系および機能の様式

9号 女性および男性の間の職業上の平等、報酬の格差の除去および認識されている不平等の改善に努める措置

10号 労働者間の取扱いの平等および差別の予防措置

11号 障碍のある者の労働権を具体化するための独自の条件

12号 当該産業部門における必要に応じた以下の事項。すなわち：

　a) 妊娠女性、産前または授乳中の女性、および若年労働者の労働に特有の条件

　b) パートタイムの従業員の雇用および報酬の条件

　c) 家内労働者の雇用および報酬の条件

　d) その活動に海外で従事する地位にある労働者に対する保障

　e) 派遣労働者または外部企業の労働者の雇用条件

　f) 知的所有権法典 L.611-7 条第3項の規定に基づいて使用者に帰属する発明の作者たる、労働者の報酬の条件

　g) 主要都市県に居住する労働者および海外県、サン・バルテルミー島、サン・マルタン諸島、またはサン・ピエール島およびミクロン島、マイヨット島、ワリス・エ・フトゥナ諸島、およびフランス領南方・南極地域において就労する地位にある労働者に対する保障

13号 当該協約によって拘束される使用者および労働者の間で生じうる集団的労働紛争が規律されることとなる協約上の斡旋手続

14号 疾病の相互扶助制度へのアクセスの様式

15号 労働者の利益参加、参加、および貯蓄に関する規程の実施様式

16号 1または複数の代表的労働組合組織から発せられた交渉の主題に関する要求についての当該産業部門または当該企業における考慮の様式

L. 2261−23 条

　全国レベルの協約を欠くとき、L.2261-22 条所定の拡張適用の条件は、当該地理的領域に独自の条件によって必要な適応がなされるという留保付きで、他の地理的レベルで締結された産業部門別協約に適用される。

第3款　拡大適用および拡張適用手続

L. 2261−24 条

　産業別労働協約あるいは職種別協定または職際協定の拡大適用手続は使用者組合組織または L.2261-19 条記載の代表的労働組合組織の請求に応じて、または労働大臣の発意により、団体交渉全国委員会の合理的であるという意見の後に、実施されるものとする。

　この請求が申し立てられたとき、労働大臣は遅滞なく拡張適用手続を実施するものとする。

L. 2261−25 条

　労働大臣は、団体交渉全国委員会の合理的であるという意見の後に、法律上の規定に反する

と思われる条項を、当該拡張適用から除外することができる。

　労働大臣はまたその構成を修正することなく当該協約または協定から切り離しうるものであって、かつ当該適用範囲における産業部門の状況に沿わない条項を除外することができる。

　労働大臣は、同様の条件において、法律上の規定の適用の留保を付けて、これらの規程に照らして不十分な条項を拡張適用することができる。

L. 2261−26 条

　拡張適用された協約の付加文書が賃金のみを射程とするとき、当該付加文書は団体交渉全国委員会への諮問の後に行政立法によって定められた迅速審査手続に服するものとする。この手続は第三者の権利を守る性質のものでなければならない。

　農事職においては、地域圏または県単位で拡張適用される労働協約の賃金に関する付加文書はアレテにより拡張適用されるものとする。

L. 2261−27 条

　団体交渉全国委員会の好意的な合理性があるとの意見が、この委員会で代表する、あるいは2つの使用者組織の、あるいは2つの労働組合組織の、下記の合理的な理由を付した書面による異議申立なく発せられた時、労働大臣は協約または協定あるいはその付加文書または付属文書をアレテにより拡張適用することができる。すなわち：

1号 当該条文が利害当事者のうちで最も代表的な組合組織の全体によって署名されていないとき

2号 当該労働協約が L.2261-22 条で列挙された義務的条項のすべてを含んでいないとき

3号 当該労働協約が当該産業部門の職種領域の全体をカバーしておらず、そのうちの1または複数のみをカバーするものであるとき

　第1項所定の条件における異議申立ての場合、労働大臣は問題となる規定の射程並びに拡張適用された場合の影響を明確にした報告書に基づいて新たな委員会に諮問することができる。

　労働大臣は、委員会から発せられた新たな意見に照らして、拡張適用を決定することができる。

L. 2261−28 条

　協約または協定の拡張適用のアレテは当該協約または協定がその効力の発生を停止した日から失効となる。

L. 2261−29 条

　拡大適用のアレテは当該条文の拡張適用のアレテがその効力の発生を停止した日から失効となる。

L. 2261−30 条

　協約または協定が拡大適用のアレテの対象である地理的または職業的領域においてその後に

締結された場合、当該アレテはこの協約または
この協定により拘束される使用者に対しては失
効となる。

　当該拡張適用のアレテは当該拡張適用が言い
渡された適用範囲における拡大適用のアレテの
廃止をもたらす。

L.2261−31条

　本款の規定は以下に対しては適用されない。
すなわち：

1号　L.5422-20条所定の失業保険に関する協
　　　定
2号　企業の成果に対する労働者の参加につい
　　　ての協約または協定の枠内で締結された、
　　　これを享受する労働者に認められる権利
　　　の性質および管理の様式を定める協定

第2章　協約および協定の適用の効果
第1節　執行の義務
L.2262−1条

　拡張適用または拡大適用に結びついた効果を
妨げない範囲で、協約または協定の適用はすべ
ての署名者または署名組織あるいは署名団体の
構成員に義務付けられる。

L.2262−2条

　署名組織または署名団体への加入は当該労働
協約または集団協定それ自体への加入の結果を
もたらすが、L.2261-3条所定の条件が揃うとい
う留保が付される。

L.2262−3条

　当該協約または協定の署名の後に署名組織ま
たは署名団体を辞した使用者はこれらの協約ま
たは協定に引き続き拘束されるものとする。

L.2262−4条

　協約または協定に拘束される、労働組合組織
および使用者組織または使用者団体、あるいは
個別の使用者は、その誠実な履行を損なう性質
を有することをなさないようにしなければなら
ない。これらの者は当該協約または協定が定め
る範囲においてこの執行を保証するものとする。

第2節　情報提供および意思疎通
L.2262−5条

　当該企業または事業所において適用される協
約上の法についての労働者および従業員を代表
する者に対する情報提供の条件は産業部門別協
約または職種別協定により定めるものとする。

　協約または協定を欠くとき、適用される協約
の条文に関する情報提供の様式は行政立法によ
って定めるものとする。

L.2262−6条

　使用者は毎年、企業委員会、組合代表委員、
または、これを欠くときには、従業員代表委員
に対して、当該企業において適用される協約ま
たは協定にもたらされた修正のリストを提供す
るものとする。

　従業員代表委員を欠くとき、この情報は労働
者に対して伝達されるものとする。

L.2262−7条

　協約または協定の署名組織から辞するとき、
当該使用者はL.2262-6条で定める条件におい
て従業員に対して遅滞なくその旨の情報提供を
なすものとする。

L.2262−8条

　従業員は、コンセイユ・デタのデクレにより
定められた条件において、行政機関に対して提
出された協約の条文についての情報伝達を受け、
その写しの交付を受けることができる。

第3節　裁判上の訴え
L.2262−9条

　裁判上の訴えを提起する能力を有する組織ま
たは団体は、その構成員が協約または協定に拘
束されているとき、当事者の委任による正当化
をするまでもなく、その者がこれを知らされて
おりかつこれに異議を申し立てていない限りに
おいて、その構成員のためにこれに由来する一
切の訴権を行使することができる。

　当事者は当該組織または団体によって開始さ
れた訴訟手続にいつでも参加することができる。

L.2262−10条

　協約または協定に由来する訴えが、あるいは
ある従業員により、あるいは組合組織または団
体により、提起されたとき、裁判上の訴えを提
起する能力を有するあらゆる組織または団体は、
その構成員が協約または協定に拘束されている
とき、その訴訟上の解決がその構成員に示す集
団的利益を理由として、開始された訴訟手続に
いつでも参加することができる。

L.2262−11条

　協約または協定に拘束されている、裁判上の
訴えを提起する能力を有する組合組織または団
体は、自己の名において契約上の債務の履行を
獲得することを目的とするあらゆる訴えを提起
することができ、必要に応じて、他の組合組織
または団体、その構成員、あるいは当該協約ま
たは協定に拘束される全ての者に対して損害賠
償請求の訴えを提起することができる。

L.2262−12条

　協約または協定に拘束されている全ての者は
契約上の債務の履行を獲得することを目的とす
るあらゆる訴えを提起することができ、必要に
応じて、当該協約または協定に拘束される、こ
れらの債務に反した、他の者あるいは組合組織
または団体に対して損害賠償の訴えを提起する
ことができる。

第3章　刑事規定
L.2263−1条

　ある特定の事項についての法律上の明文の規
定の適用のもとで、拡張適用される労働協約ま
たは集団協定は法律上の規定を適用除外するが、
適用除外条項についての犯罪は適用除外対象と
なっている法律上の規定の違反がもたらす制裁
として罰せられるものとする。

93

第7編　団体交渉全国委員会
第1章　任務
L.2271－1条
　　団体交渉全国委員会は以下の責任を負っている。すなわち：

1号　労働大臣に対して団体交渉の発展の助けとなる性質を有するあらゆる措置、とりわけ産業別協約上の定めを調整するための措置を提案すること。

2号　個別的および集団的労使関係、とりわけ団体交渉を射程とする一般的な規範に関する政府提出法律案、オルドナンス、およびデクレについての答申を発すること。

3号　労働大臣に対して労働協約および集団協定の拡張適用および拡大適用について、並びに拡張適用および拡大適用のアレテの廃止についてこれを合理的とする意見を与えること。

4号　先だって係属した管轄権限のある解釈委員会の構成員の少なくとも半数の請求に応じて、労働協約または集団協定の条項の解釈について意見を与えること。

5号　その目的で鑑定人集団によって作成された年次報告書を精査した後に、L.3231-6条およびL.3231-10条所定の場合において労働大臣に対して最低賃金額の決定についての意見を与えること。

6号　労働協約および集団協定によって定められた実賃金および最低報酬の展開並びに公企業における報酬の展開を監視すること。

7号　団体交渉年次報告書を検査すること。

8号　「同一労働同一賃金」原則、女性および男性の間の職業上の平等原則、および、真実であるか偽りであるかを問わず、民族、国籍、または人種への帰属または不帰属の考慮をしない労働者間の平等取扱原則、並びに場合によっては持続的な不平等が認識される、障碍者の労働に対する権利のための措置、および当該不平等の原因を分析することについての、労働協約における適用の年次的な監視をすること。全国委員会は労働大臣に対してこれらの行為およびこれらの平等原則の文言を促進するためのあらゆる提案をする資格を有する。

9号　労働大臣に対してその雇用の維持または雇用への復帰を促す性質を有するあらゆる提案をするために50歳を超える者の活動率の変遷の年次的な監視をすること。

第2章　組織および機能
L.2272－1条
　　団体交渉全国委員会は政府代表、コンセイユ・デタの代表、並びに全国レベルの代表的使用者組織の代表および全国レベルの代表的労働組合組織の代表を含むものとする。

L.2272－2条
　　団体交渉全国委員会の組織および機能の様式はコンセイユ・デタのデクレが定めるものとする。

第8編　労働者の直接的かつ集団的意見表明権
第1章　一般規定
L.2281－1条
　　労働者はその労働の内容、従事する条件、およびその組織について直接的かつ集団的意見表明権を享受する。

L.2281－2条
　　労働者の直接的かつ集団的意見表明はその者が所属する労働の単位および企業における労働条件、活動する組織、および製品の品質を改善するために実施する活動を定めることを目的とするものとする。

L.2281－3条
　　その場所が職場の組織内であったとしても、労働者が意見表明権の行使として述べた意見は制裁または解雇の理由とすることはできない。

L.2281－4条
　　労働者の直接的かつ集団的意見表明権は職場で労働時間中に行使されるものとする。

L.2281－5条
　　L.2212-1条記載の企業および組織であってかつ組合代表委員を指名している1または複数の代表的労働組合の組合支部があるところにおいては、意見表明権の行使の様式は当該使用者および代表的労働組合組織との間で締結される協定によって定められるものとする。

　　この協定についてはL.2232-16条ないし18条の規定に従って交渉されるものとする。

L.2281－6条
　　意見表明権についての協定を欠くとき、当該使用者は1年につき少なくとも1回、そうした協定の締結の可能性を模索するための交渉を実施するものとする。

L.2281－7条
　　意見表明権についての協定が存在するとき、当該使用者は、少なくとも3年毎に1回、この協定の結果を検討するための代表的労働組合組織との協議を提案するものとし、代表的労働組合組織の請求に応じて再交渉を実施するものとする。

L.2281－8条
　　協定がある場合には1年間、協定を欠くときは3年間の期限内に当該使用者の発意がないとき、代表的労働組合組織の請求に応じてこの請求の提出後15日以内に交渉が義務的に実施されるものとする。

　　この請求は他の代表的労働組合に対して当該使用者により8日以内に伝達されるものとする。

　　1年または3年の期限の起算点は先の交渉の開始日とする。

L.2281－9条
　　協定または不一致の調書は、L.2242-4条の適用のもとで作成され、行政機関に対して行政立法所定の条件で届け出られるものとする。

94

L. 2281－10 条

区別される事業所または事業所グループを含む企業においては、当該区別される事業所および事業所グループ全体が当該交渉によってカバーされるという条件付きで事業所または事業所グループレベルで交渉を行うことができるものとする。

L. 2281－11 条

意見表明権についての協定は以下を射程とする条項を含むものとする。すなわち：

1 号　労働者の意見表明を可能とする協議のレベル、組織の様式、頻度、および協議の期間

2 号　一方では、各人の意見表明の自由を、他方では、従業員代表機関に関する規定を妨げない限りで、労働者の要求および提案並びに使用者により意見聴取された場合における労働者によって発せられた意見の使用者に対する伝達を保障するための措置

3 号　利害関係のある労働者、代表的労働組合組織、企業委員会、従業員代表委員、安全衛生労働条件委員会が当該集団から発せられた意見および提案並びにそのものに対して回答された結果を精査することを可能とするための措置

4 号　職階上の責任を有する幹部職員が享受する意見表明権の行使、さらにはその者がその責任に関係する集団への参加することについての特別な条件

L. 2281－12 条

あらゆる組合代表委員が指名されていないか、または意見表明権についての協定が締結されていない企業においては、当該使用者は企業委員会、または、それがないときには、従業員代表委員に、労働者の意見表明権の行使の様式について、諮問するものとする。

あらゆる組合代表委員が指名されていない企業においては、この諮問は少なくとも 1 年に 1 回、行われるものとする。

当該諮問は L.2281-11 条記載の条項を射程とする。

第 2 章　公共部門の企業および事業所

L. 2282－1 条

本章の規定は、補足的に、公共部門の民主化に関する 1983 年 7 月 26 日の法律 83-675 号第 1 条記載の企業に適用されるものとする。

L. 2282－2 条

直接的な責任を有する幹部職員も含め、労働の単位を構成する各事業所または局ごとの労働者のすべては事業所または局の評議会における協議の権利を享受する。

労働者は 2 ヶ月につき少なくとも 1 回、労働時間中に 1 年で少なくとも 6 時間の割合で事業所または局に招集されるものとする。これらの協議に充てられた時間が報酬の減殺をもたらしてはならない。労働者は当該事業所または局の職業生活に関わるあらゆる領域について意見を述べるものとする。

当該事業所または局について直接的な責任を有する幹部職員は協議機関に参加しこれに答えるものとする。

L. 2282－3 条

意見表明権についての協定に含まれる条項は以下を射程とする規定によって補足されなければならない。すなわち：

1 号　事業所または局の評議会における協議の枠組みとして考慮される労働の単位の定義。これらの単位は縮小された規模を有していなければならない。

2 号　協議の頻度および期間

3 号　協議機関に参加しその要求に答える幹部職員の参加の様式

4 号　必要に応じて、連続的なチームであるいは他の労働者の全体から切り離された条件で就労する労働者の参加の様式

5 号　当該労働条件および労働の体系の把握、当該事業所または局についての企業の事業計画および投資計画の具体的な適用、当該事業所または局における技術革新および生産性の向上の追求をしなければならない事業所または局の評議会の管轄の範囲

6 号　事業所または局の評議会への関与の様式および形態

7 号　当該企業または事業所の管理部局との協議および従業員を代表するものから選出された機関との協議の 2 つの協議の間の関係

当該協定はさらに、事業所または局に 5 号記載の管轄の 1 または複数の領域についての責任を与える可能性を規定することができる。

第 3 章　刑事規定

L. 2283－1 条

使用者が、L.2281-5 条所定の、労働者の意見表明権の行使の様式を定める協定の締結のための交渉の実施を拒否する事実は、1 年間の拘禁および 3,750 ユーロの罰金の制裁を受ける。

L. 2283－2 条

あらゆる組合代表委員が指名されていない、または、L.2281-5 条所定の、労働者の意見表明権の行使の様式を定める協定が締結されていない企業または組織において、企業委員会、または、それがないときには、従業員代表委員に諮問することを拒否する事実は、1 年間の拘禁および 3,750 ユーロの罰金の制裁を受ける。

95

労働政策研究報告書　No.197
　現代先進諸国の労働協約システム（フランス）

定価（本体1,200円＋税）

発行年月日　2018年 3月 30日
編集・発行　　独立行政法人　労働政策研究・研修機構
　　　　　　　〒177-8502　東京都練馬区上石神井4-8-23
　（照会先）　研究調整部研究調整課　TEL:03-5991-5104
　（販　売）　研究調整部成果普及課　TEL:03-5903-6263
　　　　　　　　　　　　　　　　　　FAX:03-5903-6115
印刷・製本　　有限会社　正陽印刷

Ⓒ2018　JILPT　　　　　ISBN978-4-538-88200-0　　　Printed in Japan

＊労働政策研究報告書全文はホームページで提供しております。（URL:http://www.jil.go.jp/）